KB194041

대통령을 위한 안보론 ④

이야기로 쉽게 풀어 쓴 원자력

한국의 핵주권

그래도 원자력이다

뉴클리어 코리아는 계속 되어야 한다

나는 참 답답한 사람이다. 필(feel)이 꽂히면 전후좌우를 돌아보지 않고 하나에 매달려버리기 때문이다. 책을 내겠다고 할 때는 얼마나 팔릴 지도 생각해보고 해야 하는데, '중요한 분야이니 꼭 책으로 정리 해야겠다'는 판단이 들면 이것저것 따져보지 않고 쓰기부터 시작한다.

때문에 판매는 많이 하지 못했어도 『발로 쓴 반(反) 동북공정』『T-50 이렇게 만들었다』『대양해군』특히 지난해 천안함 2주기에 맞춰 출간한 『천안함 정치학 : 이명박 식 보수는 왜 실패했는가』까지 책을 몇 권 만들어냈다. 『한국의 핵주권』도 같은 계열의 책이다. 그런데 이 책이 뜻밖에도 팔려나가, 최근 일까지 보탠 개정 증보판(3版)을 내놓게 되었다. 원자력에 대한 찬반 논쟁이 뜨거운 이때 전에 없던 일을 맞았으니 독자 여러분들에게 새 인사를 올리고 싶다.

세상의 변화를 예측하며 미래를 준비하자는 갑갑한 소리를 하고 싶은 것이다. 25년간 기자를 하다 보니 세상은 물(水)과 불(火) 때문에 돌아간다는 것을 발견했다. 물과 불이 작용해 생명이 성장하고 이어진다고 본 것이다. 생명은 물에서 나오고 변화는 불 때문에 일어난다. 생물이 갖고 있는 불이 체온(體溫)인데, 체온 때문에 생물은 물을 이용해 성장을 한다.

식물은 체온이 없다. 하지만 날이 따뜻해지면, 식물의 온도(체온)도 올라가므로 뿌리에서 물을 끌어올리는 에너지를 내게 된다. 식물은 그 물기를 햇볕과 결합시키는 광합성을 해, 장에 필요한 에너지를 만들어낸다. 이렇게 해서 만드는 에너지는 매우 많아서 초식동물 등이 배불리 먹을 수 있는 먹이도 된다. 식물은 초식동물 등에 먹이를 주고 자기 씨앗을 퍼뜨리는 혜택을 본다.

그리고 날이 추워지면 식물은 에너지를 잃어 더 이상 물기를 끌어올리지 못하게 된다. 나무는 목질(木質)에 의존해 다음 봄을 기다리고, 풀은 씨앗으로 겨울을 넘기는 '부동(不動)의 시간'을 맞는 것이다. 그래서 그들은 뿌려지거나 심어진(植) 자리에서 성장하고 인고(忍苦)하는 식물(植物)이다.

동물은 움직이기에 자기 체온이 있다. 그런데 벌레와 어류 양서류 파충류까지는 온도에 따라 체온이 오르내리는 변온(變溫)동물이다. 온도가 높아져 자기 체온도 높아지면 이들은 활동이 왕성해지고 빠른 성장을 한다. 온도가 크게 내려가면 심장 박동 등 최소한의 생명작동만 하고, 죽은 듯이 부동(不動)하는 시기에 들어간다.

조류와 포유류는 일정한 체온을 가진 정온(定溫)동물이기에 날씨와 계절에 구애받지 않고 움직이고 번식한다. 그러나 체온이 떨어지면 죽기 때문에, 체온을 유지하기 위한 시스템을 가동한다. 매일 같이 먹어서 에너지원을 보충해주고, 털이나 집 같은 것으로 추위를 막아낸다. 사람은 조류나 다른 포유류보다 체온이 1~3도 정도 낮은 편이다. 그런데도 이상하게도 체온을 지켜줄 털이 없다.

그렇다면 인류는 처음 만들어진 때부터 체온을 낼 수 있게 매일 같이 먹거나, 따뜻한 곳을 찾아가거나, 굴을 파고 들어가거나, 집을 짓거나, 짐승 가죽을 덮어쓰거나, 옷을 만들어 입는 등 추위를 막기 위한 노력을 했어야 한다. 인류는 만들어진 때부터 의식주(衣食住)를 만들었어야 하는 것이다. 의식주를 만드는 가장 빠른 방법은 불을 이용하는 것이다. 불로 추위를 밀어내고 불로 음식을 만들고, 불로 벽돌을 구워 집을 짓고 등등.

다른 동물은 먹이를 소화시키는 것으로만 에너지(체온)를 얻었지만, 손을 가진 인류는 불이라고 하는 신체 밖에 또 하나의 에너지원을 가짐으로써, 다른 동식물이 갖지 못한 문화를 일궈냈다. 정온동물인 다른 포유류는 겨울에는 에너지가 부족해 먹이 사냥 외에는 이렇다 할 행동을 하지 않는데, 불을 다루게 된 인류는 겨울에도 영역을 확장해 전 지구를 지배한 만

3

물의 영장이 되었다.

그러나 그러한 인류도 에너지 제약을 받아왔다. 한반도의 절반을 차지한 한국(남한)의 인구는 약 5000만 명이지만, 조선은 전 한반도를 경영했음에도 500만 명을 넘기 어려웠다. 조선 인구가 지금보다 적었던 것은 먹거리 부족 때문만은 아니었다. 에너지도 조선의 인구를 제약했다. 지금은 에너지도 충분하기에 한국 인구는 5000만 명까지 늘어난 것이다.

조선시대 때까지 가장 중요한 에너지원은 나무였다. 나무는 그야말로 재생 가능한 에너지원인데, 쓸만하게 재생되는데 20~30년이 걸린다. 때문에 당시의 인구는 산이 재생해줄 수 있는 나무의 양에 맞춰 구성됐다. 석기시대부터 그렇게 살아온 인류는 석탄과 석유를 에너지로 사용하게 되면서 인구를 폭발적으로 증가시키게 되었다.

그렇다면 이미 인구가 늘어난 인류는 화석에너지를 소진한 다음에는 어떻게 할 것인가란 문제가 대두한다. 석탄과 석유는 2억~3억 년 전에 묻힌 유기물이 변한 것이다. 그렇다면 지금 유기물을 묻고 2억~3억 년을 보내야 석탄과 석유가 재생된다는 계산이 나오는데 이러한 노력은 할 수가 없다. 따라서 유일한 대안은 원자력이 된다. 우라늄 238을 활용하는 고속증식로가 개발된다면 인류는 적어도 몇 천 년 동안은 에너지 문제로 고민하지 않아도 될 것이기 때문이다.

에너지 제약에서 해방될 때 인류는 더욱 많이 움직이는 진정한 동물(動物)이 될 수 있다. 불을 다루면서 인류는 많은 화재 사고를 당했다. 인류는 불을 남을 해치는 살생의 도구로 사용했다. 그래서 지금도 총기(銃器)와 화기(火器)는 같은 단어로 쓰고 있다. '발사'를 뜻하는 영어는 'fire(불)' 다. 이렇게 불은 매우 위험한 것이지만 인류의 생존을 위해서는 꼭 필요한 것이기에 우리는 '불조심'이라는 구호를 붙여놓고 불을 사용하고 있다.

원자력은 매우 위험한 불이다. 그러나 원자력 없이 희망찬 미래를 만들어가긴 어렵다. 때문에 보다 안전한 원전을 만들라는 주문을 해야 한다. "원자력은 위험하니 없애라"고 하지 말고 '핵조심'이라는 구호를 붙여놓고, 안전한 원전을 만들라는 강요를 해야 한다. 이것이 우리가 후손에게 넘겨줄 중요한 유산이고 필자가 생각하는 핵주권이다.

다행히도 지난 2012년 12월 19일 제18대 대통령선거에서 반핵(反核)을 외치지 않고 안전을 전제로 한 원자력 발전을 주장한 후보가 대통령에 당선되었다. 한국은 후쿠시마 사고처럼 강력한 지진과 쓰나미(지진해일)에도 견디는 안전한 원전을 값싸게 만들어야 한다. 그러한 원전이라야 세계로 수출돼 돈벌이를 할 수가 있다.

2012년 내내 한국 원자력계는 부정과 비리로 얼룩졌다. '뉴클리어(new clear)' 란 말이 무색할 정도로 부끄러운 실상이 밝혀진 것이다. 이 사건이 일어나게 된 근본 원인 중의 하나는 '인증(認證) 부재' 에 있다. 한국은 기술 국산화에만 매진하고 그 기술을 인증해주는 검증제도를 발전시키지 않았다. 때문에 국산화한 부품을 모두 미국 등에 보내 인증을 받아오게 했다. 외국에서 인증을 받는데 비용과 시간이 너무 많이 걸리자 업자들은 전에 받은 인증을 토대로 가짜 인증서를 만들어 부품을 납부하는 비리를 저질렀다.

한국산 원전을 수출하려면 우리는 인증 능력을 갖춰야 한다. 인증 능력을 육성해 원자력을 뉴클리어(new clear)하게 굴러가게 해야 한다. 원자력은 공학만이 아니라 정치학이고 사회학에도 속한 분야라는 것을 알고 부정이 없는 시스템을 만드는 노력을 해야 한다.

문명과 문화를 발전시키며 살고 싶다면, 나와 우리의 후손이 그래도 잘 살게 하고 싶다면 '뉴클리어 코리아' 는 계속 이어나가야 한다고 생각한다. 이를 위해서는 한국도 평화목적의 재처리를 할 수 있는 나라로 만드는 것이 필요하다. 갑갑하게 살아온 필자가 던지는 이 말이 답답한 잔소리로 들리지 않았으면 한다.

2013년 5월

李政勳

평화적인 핵주권을 확보하는 것이
우리나라의 살 길이라는 생각에서
이 책을 집필하다…

　사람의 운명은 참 예측하기 힘들다. 종합지 기자들의 95퍼센트 이상
이 인문사회계열 출신이다. 때문에 과학에 대한 기사는 쓰기 힘들어 한
다. 산업을 담당하는 일부 기자와 의학을 전문으로 하는 소수의 기자를
제외하곤 대개 이과(理科) 쪽 기사는 쓰지 않으려 한다.

　필자도 인문계열 출신이다. 그런데도 군사와 원자력, 우주개발 등 전
형적인 과학분야를 다뤄왔다.

　초등학생 때는 자연 과목을 그럭저럭 했었고, 중학생 때는 물상을 꽤
잘했다. 그런데 고등학교에 가서는 화학과 물리가 두드러기가 날 정도
로 아주 싫어졌다. 두 과목의 교과서는 읽어봐도 무슨 소리인지 모르겠
다는 생각만 들었다. 그래도 중앙지 기자를 하려면 성적이 괜찮아야 하
는데, 고등학교 시절의 내 성적표엔 화학과 물리가 '양(良)'으로 기록돼
있다. '미(美)'도 아닌 양이…. 내 생전 그런 성적이 나온 것은 그때가 처
음이었다.

그리고 대학에 가서 제2외국어로 선택한 불어에서 또 D를 맞았다. 고등학교 때 선택한 제2외국어인 독어가 하도 지겨워, 대학에 입학해선 주저하지 않고 불어로 바꿨는데, 경찰관 피하려다 경찰서로 들어간 꼴이 돼 버렸다. 도저히 불어를 따라갈 수 없다는 생각에 한문으로 바꿔 그만그만한 성적을 올렸다. 그런데 졸업반이 돼서 알아보니 제2외국어는 교양필수 과목이라 한번 선택하면 바꿀 수 없다는 것이었다.

교양필수 과목은 이수하지 않으면 졸업하지 못한다. 그 사이 군대도 다녀왔으니 불어는 손을 놓은 지 6년이 지났다. 그래도 졸업은 해야겠기에 '울며 겨자 먹는' 심정으로 4학년 2학기 때 불어를 신청해 간신히 C를 맞았다. 그렇게 나를 힘들게 한 것이 화학과 물리, 불어였는데, 원자력을 다루는 기자로 활동하면서 셋을 모두 만나게 되었다.

왜 나는 원자력을 취재하게 됐는가.

원자력과의 만남은 우연이었다. 「월간조선」에서 신참 기자를 할 때 대기자 조갑제 씨를 편집장으로 모시게 되었다.

대학생 시절 필자는 도서관에서 「신동아」와 「월간조선」 등 시사월간지를 뒤적이는 게 큰 취미였다. 그러한 월간지를 누비는 최대의 기자가 조갑제였는데, 그것이 인연이 됐는지 「월간조선」에 들어가 그를 부장(편집장)으로 모시고 배우게 되었다. 조갑제 부장이 원자력에 대단한 관심이 있었다.

당시 나는 참 순진했던 것 같다. 존경하는 사람이 있으면 그를 롤모델로 설정해 놓고 모든 것을 따라하려고 했다. 그의 가치관까지도 일단은 수용해보려고 했으니까…. 조갑제 부장은 국방과 정보, 북한에 대해 해박한 지식을 갖고 있었는데, 필자가 대학생이던 시절 그는 「월간조선」에 광주사태를 밝힌 초대형 기사를 터뜨렸었다. 그는 대형 사건을 추적하는 능력이 아주 탁월했다.

박정희에 대한 그의 탐구도 인상적이었다. 그때만 해도 나는 박정희를 독재자로만 인식하고 있었다. 그래도 존경하는 분이 하는 일이라 박정희에 대한 그의 열의를 인정해 일단을 받아들여보자고 했다. 이러한 그가 원자력을 취재하라고 했다. 그것도 원자력발전이 혐오스러운 존재로 인식돼 가장 많이 욕을 먹고 있는 시점에…. 박정희는 받아들여도 원자력은 받아들일 수 없다는 생각이 들었다.

필자가 신참 기자를 한 1990년대 초 북한은 지금 문제가 되고 있는 북핵 위기를 만들어가고 있었다. 그때의 북핵 위기는 지금의 북핵 위기보다 훨씬 더 공포스러웠다. 뭐든지 처음 닥쳐오는 것은 충격이 크다. 정체를 알 수 없는 것은 두렵게 느껴진다.

1년에 교통사고로 숨지는 한국인이 6000여 명 안팎이다. 두 개 연대 병력이 도로에서 전멸하고 있는 것이다. 그런데도 많은 사람들은 차를 몰고 나간다. 어제 사고가 난 길을 '언제 그런 일이 있었느냐'는 듯이 달린다. 교통사고의 위험을 알면서도 차를 타고 운전하는 것은 교통사고의 실체를 알기 때문이다. 끔찍한 것도 알고 나면 덜 무서워진다.

기자가 되기 전에는 살인사건이 일어난 현장에 가는 것이 끔찍하게 여겨졌다. 그런데 기자가 돼 살인자를 찾기 위해 살인한 이유와 방법을 세밀히 취재하는 일이 잦아지면서 그런 느낌이 많이 사라졌다. 알면 덜 두렵다. 강력계 형사나 감식요원들이 살인사건 현장을 대수로이 여기지 않으면서 조사하는 것도 같은 이유 때문이다.

교통사고로 죽거나 다치는 사람이 많다 보니 교통사고가 어떠하다는 것은 누구나 아는 일이 되었다. 그러니 사람들은 큰 두려움 없이 오늘도 차를 타거나 몰고 나갈 수 있다.

북핵에 대해 두려움을 느끼는 것은 핵무기의 실체를 모르기 때문이다. 1945년 미국이 원폭 두 발을 떨어뜨린 일본 히로시마와 나가사키 주택의 절대 다수는 목조였다. 나무로 만든 집은 화염이나 폭압에 아주 약하다. 이러한 곳에 원폭이 떨어졌으니 그 피해는 자심할 수밖에 없다.

그러나 지금 대부분의 한국인은 시멘트로 만든 집에 산다. 아파트가 대표적인 예이다. 한국엔 산과 언덕도 많다. 산과 언덕과 아파트 등은 나무집보다는 폭압을 훨씬 더 잘 막아낸다.

같은 핵폭탄이 떨어진다면, 지금 한국에서는 히로시마나 나가사키에서와 같은 피해는 발생하지 않을 것이다. 북한이 두 차례 실험한 핵무기의 위력은 보잘것없었다. 방사능만 나온 짝퉁 핵무기인 것이 확실하다.

그러나 1990년대 초반 우리 사회는 이러한 사실을 알지 못했다. 핵폭탄은 제조의 성패를 불문하고 무조건 엄청난 것으로 이해했기에 북한이 일으키는 핵 위기를 두려운 눈으로 바라보았다. 당시엔 북한이 핵실험을 한 것도 아니었는데, 북한이 핵무기를 갖고 있을 것으로 지레짐작하고 겁을 먹었다.

한편으로는 북한이 연착륙으로 무너지기를 기대하면서 다른 편으로는 북한이 핵미사일을 쏘아 올리지 않을까 두려워했다. 그래서 1994년 북한이 서울을 불바다로 만들겠다고 위협했을 때 우리 사회는 곧 전쟁이 일어날 것 같은 공황(恐惶)에 빠져들었다.

핵에 대한 이러한 두려움이 원전 거부 운동과 방사성폐기물 처분장 거부 운동을 강하게 일으켰다. 1990년 안면도를 방사성폐기물 처분장으로 지정하자 이를 철회하라는 거대한 시위가 일어난 것이다. 안면도 사태를 계기로 연속해서 방사성폐기물 처분장과 원전을 거부하는 거센 운동이 일어났을 때 조갑제 부장은 반핵운동의 허구를 취재하라고 했다.

반핵을 외치는 사람을 진보로 부르는 경우가 많았다. 당시 기자는 진보라고 하는 것에 묘한 매력을 느끼고 있었기에 거부감 없이 반핵을 수용했다. 국내 원전에서 잘못한 것이 걸려들기만 하면 대서특필을 하겠다는 강한 의욕을 갖고 있었다. 그리고 「월간조선」에 '오염국토기행'이라는 근 1년짜리 연재물을 혼자서 진행하고 있었다. 스스로도 환경문제 전문 기자란 생각이 강했기에 원전에 대해서는 적대감을 품고 있었다. 이런 기자에게 조 부장은 친핵(親核) 기사를 쓰라고 한 것이다.

안면도 사태 이후 반핵운동은 원전을 짓고 있던 전남 영광지역에서 강하게 표출됐다. 반핵세력들은 영광원전에서 일한 사람의 부인이 낳은 아이가 대뇌아(대두아라고도 했다)와 무뇌아라는 포스터를 만들어 뿌렸다. 조갑제 편집장은 기자에게 방사선으로 인해 대두아나 무뇌아가 태어난 예는 없다며, 이를 반핵운동의 허구를 폭로하는 기사로 만들라고 지시했다.

상당히 곤란한 주문이었다. 그래도 편집장이 무서워 하는 시늉은 해보려고 했다. 현지 취재를 하고 한국전력에 전화를 걸어 반론을 해보라고 했다. 이렇게 해서 만난 인물이 한전 홍보부의 강재열 과장(훗날 영광원자력본부장)이었다. 강 과장은 영화배우 뺨칠 정도로 미끈한 얼굴을 가진 분인데 목소리는 기차 화통을 삶아 먹은 것처럼 우렁우렁했고 큰 웃음을 잘 지었다.

그는 호탕하게 웃어가며 그 큰 목소리로 반핵논리를 공박했다. 방사선과 방사성폐기물을 만들어내는 곳에 근무하고 있는 사람이니 조금은 미안하다는 투로 해명을 할 줄 알았는데, 느닷없다는 느낌이 들 정도로 원전의 안전성을 주장한 것이다. 홍보실 사람이라 '조직 논리에 충실해서 그런가 보다'라는 생각을 하면서도 일단은 그의 말을 들어주었다.

그러자 그는 "나는 본래 홍보 전문가가 아니라 원자로를 운전하는 사람이다. 그런데 하도 많은 사람이 원전을 위험하다고 하길래, 회사는 나를 홍보실로 보내 원자로의 실체를 설명하게 했다. 원자로가 위험하다면 그 위험에 가장 많이 노출되어 있는 이는, 나처럼 원자로를 조종하는 사람이다. 원자로 조종사인 나와 내 동료들은 안전하다고 하는데, 원자로 근처에도 와보지 못한 사람들은 위험하다고 하니 이게 말이 되는 소리냐"며 목소리를 높였다.

논리상 말이 되는 소리인지라, 그렇다면 원자로 조종실로 가보자고 했다. 그리하여 지금도 그렇지만 당시는 출입이 더욱 힘들었던 원전 제어실(조종실)을 방문하게 되었다. 어린 시절 만화영화에서 본 우주선 조종실 같은 수많은 계기판이 깔려 있는 방에 들어가게 된 것이다. 그곳에서 만난 원자로 조종사들은 하나같이 "나도 가족이 있는 사람인데, 위험하면 우리가 왜 여기에서 근무하겠습니까?"라고 반문했다.

그리고 찾아간 곳이 월성원전이었다. 월성원전 소장은 원전에서 나오는 온배수(溫排水)로 전복을 키우고 있다며 그 전복을 먹으러 가자고 했다. 그때까지 기자는 활(活) 전복을 본 적도 없고 먹어본 적도 없었다.

소장은 직원을 시켜 도마와 회칼, 초고추장을 준비하더니 기자를 차에 태워 온배수를 이용해 전복 키우는 곳으로 달려갔다. 그리고 바닷물에서 건져 올린 전복에서 속을 꺼내 칼로 친 다음 초고추장에 찍어 자기 입에 집어넣고, 내 입으로도 들이밀었다.

그때 기자의 큰 아이는 만 두 살이 되지 않았고 둘째는 제 엄마 뱃속에 있었다. 순간 '이 전복을 받아먹어야 하나 말아야 하나' 하는 갈등이 일었다. 취재는 반이 기 싸움이다. 상대가 들이미는데 이를 피하면 취재가 되지 않는다. 그래서 속으로 켕기는 것을 감추고, 공을 상대에게 떠넘기기 위해 이렇게 물었다. "소장님. 이것을 먹은 후 우리 아이가 무뇌아로 태어나면 어떻게 하시겠습니까?"

그러자 소장은 대뜸 "책임지지, 책임져. 걱정 말고 싱싱한 전복 맛 좀 봐요"라고 했다. 이렇게까지 나오는데 안 먹을 수 있는가. 이런 상황에서는 전복이 아니라 지렁이일지라도 받아먹어야 한다. 그렇게 난생처음 활 전복을 삼켰다. 그리고 속으로 많은 후회를 했다.

'내 아이는 내가 지켜야 하는데…. 이게 무슨 바보 같은 짓이냐. 소장은 원자력의 안전을 보여줘야 하는 입장이니 무슨 소리를 못하겠는가. 하느님도 아닌데 그가 책임지겠다고 한 말을 믿고 덥석 받아먹은 내가 참 어리석은 놈이다' 하는 생각이 든 것이다.

취재를 위해 활 전복을 먹은 것인데 먹고 나니 상황이 바뀌어버렸다. 활 전복이 방사선에 오염돼 있으면 내 아이가 위험해지니, 내 아이를 위

11

해서라도 소장의 말은 사실이어야 했다. 하룻밤을 자도 만리장성을 쌓는다고 순식간에 나는 소장과 한 배를 탄 처지가 된 것이다.

이렇게까지 해서 나는 원자력 발전의 안전을 자신하는 사람들의 말을 믿어보는 것도 합리적일 수 있다는 생각을 하게 되었다.

이것이 나와 원전의 아찔한 첫 만남이었다.

그후 조 부장은 걸핏하면 나에게 원자력 발전 취재를 맡겼다. 할 수 없이 강 과장을 다시 만나게 되었다. 만나는 횟수가 잦아지고 알아듣는 말이 많아지자 원자력 발전의 많은 것을 이해하게 되었다.

시간이 흐르면서 그가 한 말의 진위를 확인할 수 있었다. 그리고 거듭해서 발견한 것이 원전 종사자들의 확신이었다. 그들은 "원전이 위험하면 우리가 제일 먼저 위기에 빠지는데, 왜 우리가 원전의 위험성을 감추겠느냐"는 말을 반복했다.

기자는 그들의 말을 검증해볼까 생각했다. 그러나 고등학교 때 '양'을 받으면서 포기한 화학과 물리를 다시 배워 이들의 말을 검증한다는 것은 현실적으로 불가능했다. 기자가 원자력 박사가 되지 않는 한 이들의 말은 검증할 수가 없다. 그런데 원자력 박사들은 원전의 안전성을 확신하고 있었다.

이것이 원자력 발전에 대한 우리 사회의 큰 간극이었다. 원전 전문가들은 안전을 자신하는데 비전문가들이 위험을 주장하는 것….

원전의 안전성을 따질 수 있는 이들은 따로 있는데 우리는 그들의 말을 믿지 않는다. 그렇다면 이것은 과학의 문제가 아니라 커뮤니케이션을 비롯한 사회의 문제이다. 원전에 대한 우리 사회의 강한 거부감은, 원전 종사자들과 비원자력인들 사이의 커뮤니케이션 부족에 있다는 생각이 든 것이다. 원자력은 전문 분야여서 원전 종사자끼리 나누는 대화는 비전문가는 도저히 알아들을 수 없다. 분명 한국어로 이야기하는데 내용을 종잡지 못하는 것이다.

『손자병법』은 매우 유명한 책이다. 그러나 병법에 문외한인 사람이 병법을 알기 위해 이 책을 펼치면 영 진도가 나가지 않는다. 『손자병법』에 쓰여 있는 글은 여러 전사(戰史)를 녹여 만든 것이라, 한자를 알아도 전사를 알지 못하면 따라갈 수가 없다. 그런데 나관중이 쓴 소설 『삼국지연의』에 나오는 제갈공명이 쓰는 병법은 쉽게 이해된다.

왜 그럴까.

차이는 필자에 있다.

춘추시대를 살았던 손자는 병법의 전문가이기에 전문가의 언어로 책을 지었다. 반면 나관중은 소설가이기에 병법을 소설로 녹여 묘사했다. 엑기스만 뽑은 것이 『손자병법』이라면 이를 스토리텔링으로 풀어준 것이 『삼국지연의』다. 나관중은 전문가들만 이해할 수 있는 용어를 일반인들이 쓰는 용어로 번역하고, 사례를 들어 설명해준 것이다. 그리고 그것을 전투에 적용시켜 풀어주었다.

원전과 핵무기에 대한 자료는 원자력을 공부한 사람들만 이해할 수 있다. 우리 사회에는 이것을 일반인들이 이해할 수 있는 말과 논리로 풀어주는 나관중 같은 사람이 없다. 필자는 이것이 원전에 대한 거부감을 장기간 유지하게 된 이유로 보았다.

그때부터 원전의 안전에 대한 분석은 원자력 전문가에게 맡기고, 원전과 핵무기를 일반인들이 알아들 수 있도록 풀이하는 일에 주력하기로 했다. 원전의 모든 것을 알겠다는 욕심을 버리고 필자가 알아듣고 목격한 원자력을 일반인들이 이해할 수 있도록 '번역' 하는 일에 치중한 것이다. 이러한 노력을 펼치자 오히려 원자력을 더 잘 이해할 수 있게 되었다. 이때쯤 필자는, '기자는 자기 분야에서는 전문가 소리를 들어야 하지만, 결국은 전문가는 아니다' 라는 결론을 내렸다.

기자는 제너럴리스트(generalist)이다. 그러나 그냥 제너럴리스트는 아니고 수많은 스페셜리스트(specialist)를 알고 있는 제너럴리스트이어야 한

13

다고 판단했다.

제너럴리스트는 문제가 생길 때마다 신뢰할 수 있는 스페셜리스트에게 묻는다. 그리고 그 설명이 합리적이라고 판단되면 이를 일반인들이 이해할 수 있는 말로 풀어주는 것이다. 이런 점에서 기자는 전문가들이 전문용어로 표현한 것을 일반인들이 알아들을 수 있는 말로 바꿔주는 전문가이다. 이렇게 내 역할을 규정하고 나자 원전에 대한 이해는 빨라졌고 급기야 핵무기까지도 이해할 수 있게 되었다.

이 과정에서 가교 역할을 해준 사람이 한국전력의 정통 홍보맨인 강덕구 처장과 강신헌 실장 등이었다. 이들의 소개로 원자력 발전에 종사하는 수많은 전문가를 만나 전문분야에 대한 이야기를 들을 수 있었다. 조갑제 부장에게 떠밀려 강제로 원자력을 접했던 필자는 스스로 원자력을 취재할 수 있게 된 것이다.

한번 폭을 넓히면 더 큰 세상을 볼 수 있게 된다. 고려대 행정학과 교수를 지내고 퇴임하신 김영평 교수를 만난 것이 그런 경우다.

미국 스리마일 섬 원전사고가 끼친 사회적 영향을 연구했던 김 교수는 한국 사회가 방사성폐기물 처분장 문제로 19년 동안 갈등한 것을 보며 한국 원자력에 접근해, 원자력 갈등 분야의 대가가 된 사회과학자이다. 그는 갈등과 평화는 함께 간다고 설명한다.

"사람들이 평화를 추구하는 것은 갈등이 있기 때문이다. 따라서 평화를 추구하는 한 평화 옆에는 항상 갈등이 붙어 있다. 둘은 손바닥과 손등처럼 늘 같이 움직인다. 갈등을 없애자는 것은 손등은 남겨두고 손바닥만 지우자는 것인데, 이렇게 되면 손은 제 역할을 하지 못한다. 갈등을 없애자는 것은 결국 평화를 없애자는 것과 같은 말이다. 평화를 원한다면 우리는 갈등을 없애려하지 말고 갈등을 잘 관리해야 한다. 갈등이 커지는 것을 막는 것이 평화를 극대화하는 길이다. 갈등이 90이고 평화가 10인 세상이 아니라, 갈등이 10이하가 되도록 갈등을 잘 관리하는 것이 큰 평화에 수렴하는 길이다."

이어 그는 갈등 예찬론을 설파했다.

"갈등은 문제를 풀 수 있는 기회이다. 모든 사회 시스템은 모순을 갖고 있는데, 이 모순이 불거져 나오면 갈등이 일어난다. 따라서 갈등이 커지지 않도록 관리하는 것은 모순 관계를 극대화하지 않는 것이고, 갈등이 터져 나오면 모순을 해결할 수 있는 기회를 잡은 것으로 보면 된다. 갈등을 두려워하지 말고 풀어나가면 결국 모순을 해결하게 되니 평화의 비율이 높아진다. 갈등은 평화를 이루는 디딤돌이다."

이러한 김 교수는 원자력정책포럼을 이끌어왔는데 우연한 기회에 필자를 끌어 넣어주었다. 이 포럼에는 원자력을 전공한 교수뿐만 아니라 다양한 사회과학자들이 참여하고 있었다. 여기서 만난 분이 이은철 서울대 원자핵공학과 교수와 경희대 원자력공학과의 황주호 교수 등 진짜 전문가들이었다. 김영평 교수의 제자인 정주용 박사도 만났다.

이들과의 만남을 통해 또 한 번 깨달은 것은 원자력은 자연과학이면서 사회과학 분야라는 사실이었다. 과학으로 위험성을 제로화하는 것 못지않게 사회 각 집단이 안고 있는 모순과 대립을 풀어가는 것 역시 매우 중요하다는 것을 깨달았다.

가장 예민한 시기에 원자력연구소 소장을 지낸 장인순 박사와의 만남도 인상적이었다. 그는 애국을 위해 원자력을 연구한 사람이다. 그러면서도 날마다 시를 읽는 따뜻한 인문학인이었다. 그러한 그가 연구 목적으로 우라늄 농축을 시도해 국제적으로 큰 문제를 일으켰다. 이러한 장박사에게 우리 사회의 민초들은 따뜻한 격려를 보냈다. 엘리트들은 그를 비난했어도 국민들은 그를 따르고 싶은 과학자로 선정했다.

원자력계도 사람이 사는 곳이라 따뜻함이 있었다. 경주방폐장 건설을 성공시킨 송명재 전 한국수력원자력 전무와 두산중공업의 김태우 부사장, 서강철 차장은 늘 따뜻이 대해주었다. 원자력계에서 진짜 센 것은 술이었다. 원자력을 공부한 다음에는 어김없이 폭탄주를 터뜨려야 했다. 그 폭탄주는 북핵보다 센 '수폭주'였다. 그 술 덕분에 더 많은 전문가와 '통'할 수 있었다.

원자력과 핵무기는 자연과학뿐만 아니라 정치·사회학 분야에서도 밀도 있게 다뤄야 한다. 핵무기를 사용할 것이냐의 여부는 지극히 국제정치적이고 안보적인 문제이기 때문이다. 또 원전과 방폐장의 안전성 여부는 사회적인 이슈이다.

조갑제 부장의 강제로 원자력을 들여다보기 시작한 지 어느덧 18년이 흘렀다. 그 사이 프랑스의 재처리공장까지 둘러봄으로써 필자는 학창시절 양을 받았던 과목을 모두 동원해야 하는 절박함에 여러 번 처하게 되었다. 그러나 아무리 노력해도 화학과 물리·불어는 모르겠다.

하지만 "서당개 3년이면 풍월을 읊는다"고 18년간 드문드문 원자력을 들여다보고 나니 원자력 발전과 핵무기를 인문사회학적으로 풀어 쓰고 싶다는 생각이 들었다. 그리고 대한민국을 위해 원자력을 옹호해주고 싶었다. 이 책은 이러한 생각의 소산이며 또 내 기자 생활을 점검하는 징검다리이다.

많이 안다고 해도 원자력은 필자에게 여전히 어려운 분야이다. 이해 부족으로 인해 이 글 중간중간엔 과학적으로 옳지 않은 설명도 적지 않게 들어있을 것이다. 이러한 오류는 모두 필자 탓임을 자인한다.

아울러 복잡한 편집을 묵묵히 수행해준 글마당의 최수경 대표와 하경숙 편집국장 이하 편집실 제위께 감사의 인사를 올린다.

64번째 광복절을 지내면서 이 책을 내는 것은 평화적인 핵주권을 확보하는 것이 우리나라의 살 길이라는 생각에서이다.

자원 빈국인 한국이 환경을 보존하면서 고도성장을 거듭하려면 원자력이라고 하는 대형 에너지원을 늘려야 한다. 그리고 원전에서 나오는 사용후핵연료를 평화 목적으로 재처리할 수 있어야 방폐물을 줄일 수 있다. 이 재처리는 핵무기를 제조하려는 것이 아니기에 재활용으로 불러야 한다. 재활용을 위한 사용후핵연료의 재처리는 지금의 우리가 아니라 후손을 위한 것이다.

아빠가 원전 온배수로 키운 활 전복을 먹었음에도 건강하게 자라준 세 아이에게 이 책을 바친다.

반핵의 격랑을 뚫고 대한민국을 위해 원자력을 발전시킨 이 땅의 원자력인들에게도 이 책을 정중히 바치고 싶다.

2009년 8월 15일
글쓴이 이 정 훈

CONTENTS

개정증보판 서문
머리말

SECTION 1 한국은 세계 원자력계의 3강이다

chapter 1   대체에너지는 허상이다
            신재생 에너지에 대한 과대한 기대를 버리자   33

      2030 국가에너지 기본계획의 허실   35
      신재생 에너지는 경제적이지 않다   36
      경제성까지 따지면 그래도 원자력   43

chapter 2   한국, 3세대 원자로 개발로 세계 3강에 진입한다   44

      '너무 오래 낮잠 잔' 미국   47
      TMI 사고로 문 닫은 밥콕 앤드 윌콕스   50
      오스트리아가 無원전 국가가 된 사연   51
      원천기술 사용권 구입한 프랑스   53
      체르노빌 사고 덕 본 한국   55
      한국에 기술 주고 무너진 컴버스천 엔지니어링   59
      신포 가압경수로 공사는 한국 원전의 첫 수출   61
      2000년과 함께 열린 원전 르네상스   62
      KSNP의 새 이름 'OPR-1000'   64
      최초 3세대 원자로 가동시킨 일본 히타치와 도시바   66
      4세대 원전 개발하는 웨스팅하우스   67
      심층 취·배수 시설   70
      국가를 이끄는 견인차   72

chapter 3　원자로의 종류와 핵폭탄　　　　　　　　　　　　　76

　　　터지는 우라늄, 안 터지는 우라늄　　　　　　　　　77
　　　사용후핵연료에서만 만들어지는 플루토늄　　　　80
　　　핵폭탄 폭발시키려면 기폭이 필요　　　　　　　　83
　　　수소폭탄은 원자폭탄을 기폭장치로 이용　　　　　85
　　　핵연료는 폭발하지 않는다　　　　　　　　　　　87
　　　커피포트와 비슷한 비등경수로　　　　　　　　　88
　　　1차 냉각수와 2차 냉각수가 분리된 가압경수로　　89
　　　캐나다에서 발전한 중수로　　　　　　　　　　　93

SECTION 2 세계 원자력史 속에서 본 한국 원자력史

chapter 1　1940년대 원폭 투하 결심한 트루먼,
　　　　　원자력 이용 천명한 아이젠하워　　　　　　103

　　　'희망 없는 나라'에서 세계 6위의 원전대국으로　104
　　　핵무기의 등장　　　　　　　　　　　　　　　106
　　　맨해튼 프로젝트　　　　　　　　　　　　　　109
　　　'꼬마'와 '뚱보' 사용 결정　　　　　　　　　　111
　　　핵폭탄 투하 공개한 트루먼　　　　　　　　　　114
　　　소련 핵실험 등으로 퇴조한 핵폭격 만능론　　　116
　　　핵개발 도미노를 막아라　　　　　　　　　　　119

목 · 차

CONTENTS

chapter 2   1950년대 이승만의 집념과
시슬러의 우정 위에 출범한 한국 원자력   124

한국을 도와준 시슬러   125
원자력은 '머리에서 캐는 에너지'   126
원폭보다 먼저 개발된 원자로   129
김일성, 소련원전 준공식 참석   132
높았던 공학 열기   136
"자네 원자력을 공부했지. 그럼 원자탄을 만들 수 있나?"   138
미국 원조로 연구용 원자로 처음 도입   140
원자력연구소 부지 선정문제로 한미 대립   143
북한도 같은 시기에 원자력 시작   147
일본과 비슷한 시기에 시작한 한국 원자력   148

chapter 3   1960년대 가압경수로 선택을 위한 최후의 도박
"아이젠버그를 따돌려라"   152

정변(政變)의 시대   153
원자력계도 장악한 군인들   154
기념우표까지 발행한 연구용 원자로 준공   155
현실적인 박정희, 원자력 발전에 도전하다   158
고리 1호기 건설은 무모했다?   160
험난했던 한반도의 안보환경   162
고리(월내리) 일대를 최초 원전 부지로 선정   164
아이젠버그를 따돌려라   165
김종주의 결단   167
한국은 뱁새, 일본은 황새   170

chapter 4 1970년대 박정희의 야심 중수로 건설
미국의 태클 "NPT를 비준하라"   173

전략핵잠수함 거론하며 원자력발전 설명한 박정희   174
독재 속에 밀어붙인 원자력 건설   178
73개월 만에 공사 완료   181
40년을 앞서 간 박정희의 꿈   184
늦어진 고리 2호기 공사   186
재처리하기 좋은 사용후핵연료 만드는 중수로   188
영국의 선택, 캐나다의 선택   191
콜롬보계획과 인도 그리고 한국   193
인도 핵실험이 끼친 파장   195
미중관계 위해 대만을 주저앉힌 미국   197
NPT 비준 대가 요구한 박정희의 벼랑끝 전술   198
재처리까지 질주한 일본의 원자력   201
佛, 프라마톰과 웨스팅하우스 컨소시엄 구성   203
원자력보다는 한반도 공산화에 주력한 북한   204

chapter 5 1980년대 영광 원전 3, 4호기
원자력 기술 자립을 위한 거보(巨步)를 딛다   206

논 턴키로 발주된 고리 3, 4호기   207
격동의 1979년   208
핵개발 문제로 미국과 충돌한 박정희 정부   210
전두환-레이건 체제 등장   213
佛 프라마톰, 김종필 총리 언급으로 한국 공략 시도   215
가압경수로냐, 비등경수로냐?   216
비등경수로 선택으로 실패한 대만 원전   217
"프라마톰을 배워라"   220

목 • 차

컴버스천 엔지니어링 기술로 만들어진 한국형 원전   222
윈저와 차타누가에서 기술 배워   224
컴컴한 반격들   226
고속증식로 시작한 프랑스   229

chapter 6   1990년대 뒤죽박죽의 시절
              북핵은 OK, 재처리는 물 건너가다   231

영광원전의 영광과 고통   232
1970년대의 핵주기 완성 노력   234
영남화학이 참여   235
재처리는 중단, 성형가공만 살아남아   238
중수로 세 기를 추가 건설 추진한 이유   240
5메가와트 연구용 원자로 자체 제작한 북한   243
비핵 3원칙으로 1석 4조 이룬 일본   245
북핵 실험으로 실패한 한국의 비핵화 선언   247
미국과 단독협상 성공시킨 북한   249
너무 쉽게 결정된 KEDO 원전 두 기 건설   250
'북한에 원전 두 기 제공'은 무모한 발상   254
한 발 전진, 한 발 후퇴   255

chapter 7   2000년대 도래한 원자력 르네상스
              그러나 갈길은 멀다   263

원자력발전에 대해 언프랜드리했던 김대중 정부   264
APR-1400 원전을 지을 곳이 없다   266
북한, 불완전한 핵실험 감행   269
레이저 농축기술 보여준 한국   270
남북한 원자력 게임의 승자는 한국   273
4세대 원전인 고속증식로 개발에 앞서가는 일본   275
고준위폐기물 줄이려면 재처리를 해야 한다   277

SECTION 3 반핵(反核)에서 용핵(容核)으로
험난했던 원전의 사회 수용 30년

chapter 1 워싱턴이 기침을 하면 한국은 몸살을 앓는다   *283*

反美구호로 떨쳐버린 엽전의식   *284*
해외에서 불어온 반핵의 열풍   *285*
스리마일 섬 원전 2호기 용융사고   *287*
방사선이 아니라 엑소더스에 놀란 세계   *290*
스웨덴도 국민투표로 원전건설 중단 결정   *293*
이스라엘 공군의 이라크 오시라크 원전 공습   *294*
'한국 원전에 문제 있다' 는 기사 등장   *297*
미국의 핵실험과 충돌한 그린피스   *298*

chapter 2 세계를 뒤덮은 체르노빌의 그림자,
한국에 상륙한 반핵   *300*

한국도 원전을 환경문제와 결부하기 시작   *300*
프랑스와 충돌한 그린피스   *303*
체르노빌 원전 4호기 용융 및 화재 사고의 충격   *306*
과장된 체르노빌 원전 사고   *310*
과학이 아니라 믿고 싶은 것만 믿는 사람의 심리   *312*
이탈리아도 스위스도 원전건설 중단 결정   *313*

목 • 차

23

chapter 3   무뇌아에서 굴업도까지
방폐장 선정 놓고 강경해진 반핵시위   315

민주화운동→노사갈등→반핵시위로 발전   316
무뇌태아-대두아 사건   318
방폐장 선정 문제로 터져나온 반핵운동   323
1989년 경북 영덕군 남정면의 방폐장 반대 시위   326
1990년 안면도 반핵시위   328
기형가축 출산 사건   330
방촉법(放促法) 제정으로 경제적 지원 약속, 그런데도 또 실패…   332
1년을 끈 굴업도 사태, 정부 또다시 항복하다   334

chapter 4   그래도 원자력이다
반핵에서 용핵(容核)의 시대로   338

북한 의식해 별다른 움직임이 없었던 김대중 정부   339
부안사태 속의 김종규 군수 소신   340
패트릭 무어 박사가 폭로한 그린피스의 비리   344
지역 경쟁 구도를 만들어 숙원사업을 이루다   348
'김종규 원자력문화상' 제정을   351

SECTION 4 재처리를 위하여

chapter 1 명분이 아니라 실속을…
일본 핵연료 클러스터인 롯카쇼무라를 가다   *361*

사과 산지와 공군기지로 유명한 곳   *362*
도끼 모양 반도에 모인 여섯 개 마을   *363*
핵연료 클러스터가 들어선 이유   *365*
쓰치다 촌장(村長)의 벼랑끝 전술   *367*
재처리공장 가동하고 MOX 공장 착공   *369*
사고를 극복하고 이룬 원자력 기술 자립   *375*
임계사고 극복한 일본 원자력   *377*
일본에서 가장 깊이 판 온천   *378*

chapter 2 쉘부르에는 우산이 없다. 재처리공장이 있다
프랑스 라아그 사용후핵연료 재처리공장을 가다   *380*

막막한 아쉬움, 쉘부르의 우산   *381*
프랑스 최초의 핵잠수함 르두타블   *383*
"방문자가 직접 사진 찍을 수는 없다"   *386*
시속 160킬로미터로 충돌해도 파손 안 돼   *388*
콩 심은 데 콩 나고, 팥 심은 데 팥 나야   *390*
남프랑스 마쿨에서 MOX연료 제작   *393*
한국은 '양날의 검' 휘두를 것인가   *396*

목·차

25

chapter 3   이종훈이 불 붙이고 장영식이 물 끼얹었다
1990년대 핵 재처리 추진 실패 내막   *397*

한국, 일찌감치 원자력에 눈떠   *398*
이종훈 씨의 비밀 행보   *399*
안보회의에서도 중지 결정   *401*
정치적으로 결정된 DJ 시절의 원전정책   *403*

chapter 4   한미원자력협정 평화목적의 재처리
가능한 쪽으로 개정하라   *404*

한국은 제2의 일본이 될 수 있을 것인가   *405*
박근혜 대통령 의지와 미국 의회 설득이 관건   *409*

SECTION 5 한국 원자력의 중심부 탐구

chapter 1   "우리는 후손을 위해 원자력을 연구한다"
한국 원자력의 두뇌, 한국원자력연구원   *415*

한국 원자력 연구의 뿌리   *419*
방사능 재해 막기 위해 한국원자력안전기술원(KINS) 설립   *421*
'핵 비확산' 수행 위해 한국원자력통제기술원(KINAC) 설립   *423*
한국원자력의학원 설립   *424*
중소형 원자로 SMART   *426*
원자로 용융사고 처리 연구하는 시뮬레이터 ATLAS   *432*
사용후핵연료를 재활용하는 DUPIC(듀픽)   *434*
파이로 프로세싱   *439*

chapter2   특급 지상과제 "원자로용 실탄을 국산화하라"
                 핵연료 제조하는 한전원자력연료   442

    원자로가 소총이면, 핵연료는 실탄   443
    플러스-7과 에이스-7 양산   445
    중수로용 핵연료, 캐나다와 공동 개발   447

chapter 3   APR-1400 원자로로 세계시장 공략
              한국 '원자력산업의 공장' 두산중공업   450

    '볼보고개'   450
    공장을 만드는 공장   452
    쫀득쫀득한 쇠를 만든다   454
    담금질은 보약   456
    증기발생기는 미국으로 수출   458
    해외시장 진출로 활로 모색해야   462

목 · 차

SECTION 6 그래도 원자력이다
—후쿠시마 사고방사능 사망자 단 한 명도 없다

chapter1   동일본 대지진 "정녕 인류 최후의 모습이란 말인가?" 467

거대한 너울을 만드는 섭입대 지진   469
물지옥 불지옥   473

chapter 2   매뉴얼 사회의 한계, 과학을 너무 믿었다   475

원전, 동일본 대지진 때 자동정지   476
원전을 멈춰도 노심 용융이 일어날 수 있다   477
과학을 너무 믿었다   480
쓰나미로 인한 후쿠시마 제1발전소 사망자는 단 두 명   481
과학을 너무 믿은 일본   484

chapter 3   일본의 한계가 가져온 돌이킬수 없는 수소 폭발   486

"원자로가 뚫렸다"   487
혼자서 독배를 마실 수는 없다   490
쓰나미에서 후쿠시마로 관심 이동   492
물러난 간 나오토 총리   493

chapter 4   사고 후 대처를 잘 한 일본   496

수소제거기 설치한 한국원전   497
소외(所外)전원 복구로 간신히 사태 진정   499

chapter 5 '원전제로' 정부방침으로 선택하지 않아   *501*

    급격히 수치가 높아지는 방사선 선량계   *502*
    도쿄전력, 후쿠시마 제1발전소 폐쇄 로드맵 발표   *503*
    反원전 시위 일어나다   *505*
    무산된 '원전제로'   *506*

목 · 차

SECTION 1

1. 대체에너지는 허상이다. 신재생 에너지에 대한 과대한 기대를 버리자
2. 한국, 3세대 원자로 개발로 세계 3강에 진입한다
3. 원자로의 종류와 핵폭탄

한국은
세계 원자력계의 3강이다

한국수력원자력(주) 고리원자력본부 전경 / ⓒ 한국수력원자력

한국은 세계원자력계의 3강이다

대부분의 서방국가들은 1979년 미국의 스리마일 섬 원전 사고와 1986년 소련의 체르노빌 원전 사고를 계기로 원전 건설을 중단했다. 예외가 프랑스와 일본과 한국이었다.

미국을 위시한 서방국가들이 원전 건설을 중단했을 때 프랑스는 중대한 결정을 내렸다. 가장 안전한 원자로로 평가받는 가압경수로 설계기술을 갖고 있는 미국의 웨스팅하우스에 5억 달러를 지불하고 원천기술 사용권을 확보한 것이다. 이로써 프랑스는 그들이 제작한 원자로를 전 세계에 수출할 수 있는 권리를 확보했다.

일본도 유사한 조치를 취했다. 일본의 도시바는 웨스팅하우스를 인수함으로써 프랑스와 같은 효과를 누렸다. 웨스팅하우스는 과거 한국에 원전 기술을 전파한 컴버스천 엔지니어링을 합병한 바 있으므로 일본 도시바는 한국원전 기술도 알 수 있게 되었다.

후발국인 한국은 컴버스천 엔지니어링으로부터 기술을 넘겨받아 기술자립은 이뤘으나, 몇 가지 원천기술 사용권은 확보하지 못했다. 이 기술은 독자개발 해야 하는데 우리는 해냈다. 한국의 원자력은 눈부신 발전을 한 것이다. 덕분에 한국은 일본 프랑스에 이어 3세대 원전을 개발해 UAE(아랍에미리트)에 수출할 수 있게 되었다.

바야흐로 녹색성장의 시대가 열렸다. 재생 가능한 에너지는 생산단가가 너무 비싸 많은 에너지를 필요로 하는 현대와 미래사회를 받쳐주지 못한다.

그로 인해 녹색성장을 주도할 에너지로 원자력이 다시 주목을 받고 있다. 원자력 르네상스 시대를 맞아 프랑스 일본 한국이 펼칠 '원자력 3국지' 구도를 살펴본다.

Chapter 1

대체에너지는 허상이다
신재생 에너지에 대한 과대한 기대를 버리자

저탄소 녹색성장에 대한 관심이 지대하다. 이명박 정부 들어 더욱 그러한 것 같다.

세계적으로도 마찬가지이다. 이산화탄소나 일산화탄소 형태로 배출되는 탄소는 지구 온난화의 주범으로 꼽히고 있기 때문이다.

G-8 회담과 다보스 포럼, UN 등에서도 온실효과를 비롯한 환경 유해요소를 배제하고 지속적인 경제성장을 해야 한다며 저탄소 녹색성장을 강조하고 있다.

한국은 제조업이 강한 나라이기에 세계 9위의 이산화탄소 배출국이 되었다. 한국이 소비하는 에너지의 절대다수는 석유나 석탄 같은 화석연료를 때서 얻은 것이다. 한국은 화석 에너지를 대부분 수입하고 있다. 한국은 세계 열 번째의 에너지 소비 대국(세계 에너지 소비량의 2.1퍼센트 소비)인데, 이러한 에너지의 97퍼센트를 수입에 의존하고 있다.

2007년 한국이 양대 수출품인 자동차와 반도체를 통해서 벌어들인 돈이 764억 달러였는데, 에너지 수입액은 그보다 186억 달러가 많은 950억 달러였다.

저탄소 녹색성장을 하려면 화석연료의 소비량을 획기적으로 줄여야 한다. 그러면서도 경제성장은 해야 하니 화석연료를 대체할 에너지원을 확보해야 한다. 이 에너지원은 수입하지 않는 것이면 더욱 좋겠다.

수입에 의존하지 않으면서 화석 에너지가 아닌 것은 무엇이 있을까. 언뜻 떠오르는 것은 수력발전이다. 그러나 수력발전은 인구는 적고 광대한 수자원을 가진 몇몇 나라에서만 핵심 에너지원이 되고 있다.

한국은 이러한 혜택을 누릴 수 없는 나라이다. 대부분의 나라는 한국과 같은 처지이므로 수력발전에만 의존해서는 에너지 소비가 많은 고도성장 사회를 이끌어나갈 수 없다.

저탄소 녹색성장의 중요성이 강조되면서 주목을 받는 것이 태양광과 조력, 파력, 풍력 등을 이용한 발전이다. 수력처럼 자연의 힘을 이용해서 전기를 얻어보자는 아이디어가 백출하고 있는 것이다.

이러한 에너지원은 이산화탄소를 발생시키지 않는다. 지구상에서는 무한히 일어나는 힘인지라 화석연료처럼 고갈을 염려하지 않아도 된다. 이들은 새롭게 주목되는 에너지원이라 '신재생 에너지원' 이라는 타이틀을 얻었다. 화석 에너지원은 공해를 유발하거나 골치 아픈 쓰레기를 대량 발생시키는데, 신재생 에너지원은 이런 것도 발생시키지 않는다.

사람들은 '가보지 않은 길은 장밋빛 길' 일 것으로 생각하는 경향이 있다. 가보지 않은 길도 길이기에 수렁이 있고, 진창이 있고, 고개가 있고, 구비가 있을 터인데, 사람들은 아름다운 길일 것으로만 생각하는 것이다. 현재의 길이 힘들고 거칠수록 이런 생각에 빠지기 쉽다. 의욕은 넘치는데 세상 경험이 적은 사람일수록 이런 현상은 강하게 나타난다.

재생 가능한 대체에너지로 불리는 것들은 과연 미래의 에너지원이 될 수 있을 것인가.

2030 국가에너지 기본계획의 허실

2008년 8월 27일 이명박 정부는 2030년까지의 에너지 마련 계획인 '2030 국가에너지 기본계획'을 발표했다.

2008년에서 2030년 사이엔 22년의 세월이 놓여 있다. 5년밖에 가지 못할 정부가 22년 뒤에 이룰 계획까지 발표한 것이다. 22년이면 5년짜리 단임 정권이 다섯 번 들어설 수 있는데….

차기 대통령 중에는 이명박 정부의 에너지 계획에 동조하는 사람도 있겠지만 그렇지 않을 대통령도 있을 것이다. 그렇다면 이명박 정부가 세운 '2030 국가에너지 기본계획'은 이루기 힘든 허상을 그린 것이 된다. 이명박 정부는 차라리 그들이 목표한 바를 이룰 수 있도록 2012년을 달성시점으로 한 국가에너지 기본계획을 만들었어야 한다.

이런 지적을 하는 것은 이명박 정부의 단견을 지적하기 위해서가 아니다. 사람이나 사회는 '목표'라고 하는 미래 비전이 있어야 발전을 한다. 구체적인 목표를 주고 독려할 때 사람과 사회는 힘을 내는 것이므로, 엉터리일지라도 목표가 있는 것이 없는 것보다 훨씬 더 낫다.

그러나 그 목표가 허황된 것이라면 이야기는 달라진다. '가보지 않는 길은 장밋빛 길'일 것이라는 환상에 젖어 가보지 않은 길을 가는 것만을 목표로 정한다면, 이러한 도전은 필패(必敗)로 끝날 가능성이 높다. 비전은 세우되, 현실적인 것으로 세워야 한다.

2030 국가에너지 기본계획은 국제 유가가 급등하고 변화무쌍함을 예로 들어 대한민국은 새로운 에너지를 찾아야 한다고 강조하고 있다. 2007년 한국이 사용하는 에너지 가운데 석유에서 얻는 에너지의 비율은 무려 43.6퍼센트이다. 이러한 석유 의존 에너지를 이명박 정부는 2030년엔 33퍼센트로 낮추고자 한다. 그리고 2.2퍼센트에 불과한 신재생 에너지 비율을 11퍼센트대로 끌어올리겠다고 한다.

발전설비용량 기준으로 26퍼센트인 원자력 발전도 41퍼센트로 올리겠다고 해놓았다.

원자력발전은 다른 발전에 비해 발전단가가 싸기에 고장이 났거나 핵연료를 교체할 때가 아니면 항상 원자로를 가동시킨다. 반면 가스발전소나 중유발전소 등은 발전단가가 높아, 피크 타임을 중심으로 전력 수요가 많을 때만 가동시키고 그렇지 않으면 세워두는 경우가 많다. 따라서 원자력발전은 설비용량 비율에 비해 실제 발전량이 많은 편이다.

2007년 현재 원자력발전의 실제 발전비중은 36퍼센트 정도인데 이명박 정부는 2030년에는 59퍼센트대로 끌어올리겠다고 밝혔다.

놀랍게도 이명박 정부는 2030년이라고 하는 미래 사회의 주된 에너지원으로 원자력을 염두에 두었다. 그러나 이것보다 더 주목해야 할 것이 있다. 2.2퍼센트에 불과한 신재생 에너지 비율을 11퍼센트대로 끌어올리겠다고 한 것이 그것이다.

신재생 에너지 비율을 높이는 것이 왜 문제인지는 경제성을 따져보면 금방 자명한 대답이 나온다.

신재생 에너지는 경제적이지 않다

원자력으로 1백만 킬로와트 전기를 생산하는 발전소를 만들려면 서울 상암 월드컵 경기장만한 땅이 있어야 한다. 그런데 같은 양의 전기를 생산하는 풍력발전소 단지를 만들려면 상암 월드컵 경기장 51개를 지을 수 있는 땅이 필요하고, 태양광발전소를 세운다면 상암 월드컵경기장 151개를 지을 수 있는 땅이 있어야 한다.

각각의 발전소가 들어서는 땅은 발전용으로만 쓰일 뿐 다른 용도로는 쓰이지 못한다. 발전을 하면서 농사를 짓거나 목축 등을 하지는 못하는 것이다. 태양광발전을 한다면 태양광을 모으는 거대한 집열판을 설치해야 한다. 이 집열판 밑으로는 그늘이 지므로 농사를 지을 수가 없다. 집

© 이정훈

풍력발전
일본 돗토리현 일한(日韓)우호공원 옆에 설치돼 있는 풍력발전기. 풍력발전은 바람이 약할 때는 물론이고 강할 때도 가동하지 못한다. 또 새가 풍차에 부딪쳐 죽은 경우가 많고, 가축들은 돌아가는 풍차에서 나오는 초음파 때문인지 수태가 잘 안 되거나 낙태를 하는 경우가 많다.

© wikipedia

태양광발전
태양광 집열판은 하루종일 태양을 향해 돌아간다. 집열판이 모아준 태양 에너지는 암모니아 가스가 들어 있는 관을 데워 증기를 발생시키고, 이 증기로 터빈과 발전기를 돌려 전기를 생산하는 것이 태양광발전이다. 그러나 태양광발전은 밤에는 물론이고 흐린 날에도 전기를 생산하지 못한다. 그리고 집열판을 설치한 넓은 땅을 불모지로 만든다는 문제가 있다.

열판은 항상 태양을 향해 돌아가야 하는데, 그 밑으로 동물을 지나다니게 한다면 집열판 회전 장치를 고장 내는 사태를 맞을 수 있다. 1백만 킬로와트의 전기를 생산하기 위해 집열판을 설치한 여의도 아홉 배의 땅은 불모지가 되어야 한다.

이렇게 많은 땅을 차지하는데도 태양광발전은 해가 지면 더 이상 전기를 생산하지 못한다. 비가 오거나 흐린 날에는 발전량이 현저히 줄어들거나 아예 발전을 하지 못하게 된다.

그러나 상암 경기장 하나만 차지하는 원자력발전소는 밤에도 전기를 생산할 수 있다. 고장이 나거나 핵연료를 교체할 때가 아니면 원자력발전소는 사시사철 균일한 양의 전기를 생산한다.

풍력발전기는 키가 우뚝하다. 평지보다는 산지가, 내륙보다는 해안이 바람이 강하게 부니 풍력발전기는 대개 산지나 해안에 설치한다. 산지나 해안은 별로 농사를 짓지 않는다. 이러한 곳에 풍력발전기를 세워놓고 그 밑에는 가축을 방목한다면 발전도 하고 목축도 하는 효과를 누릴 수 있다고 생각할 것이다.

그러나 풍력발전과 목축은 함께 가지 못한다. 풍력발전기가 전기를 생산하려면 풍차로 불리는 회전 날개가 대략 분당 2백 회 이상 돌아야 한다. 풍력발전기의 풍차 직경은 2미터가 넘는다(필자 주-풍차의 직경과 분당 회전수는 발전 용량에 따라 달라진다).

가장 큰 풍력발전기의 풍차 직경은 약 50미터에 이르는데 이렇게 큰 풍차가 분당 2백 회를 돈다면 여기에서는 거대한 회전음이 나올 수밖에 없다. 선풍기를 돌려도, 천장에 달려 있는 실링 팬(ceiling fan)을 돌려도 회전음이 나오는데, 실링 팬보다 훨씬 큰 풍력발전기가 돌아가는데 소리가 나지 않는다면 오히려 이상하다. 이 소리는 초음파이기에 사람 귀에는 들리지 않을 수도 있다.

그러나 동물에겐 영향을 끼친다. 수태를 한 암소가 이 소리를 장기간

들으면 불안감을 느껴서인지 낙태를 하는 경우가 많고, 수태가 잘 되지 않는 경우도 있다. 새들도 풍차로 인해 목숨을 잃는 경우가 많다. 새들은 자기보다 큰 물체가 빠르게 움직이는 것은 잘 인지하지 못한다.

시속 3백 킬로미터로 달리는 KTX기관차 조종사들에 의하면, 고속운전 중인 KTX기관차에 부딪쳐서 가루가 되는 새들이 적지 않다고 한다. 시속 3백 킬로미터면 어마어마한 속도인데 KTX가 워낙 크다 보니 새들은 KTX의 속도가 빠르지 않다고 보고 천천히 움직이다 황천길로 가는 것이다. 새는 분당 2백 회 이상의 속도로 돌아가는 거대한 풍차를 자신보다 늦게 움직이는 것으로 인식해서 통과하려다 부딪쳐 죽는 것이다. 자연 친화적인 것으로 알려진 풍력발전소가 의외로 자연과 친하지 못한 예이다.

태양광발전소가 밤이나 흐린 날 전기를 생산하지 못하듯 풍력발전소도 일정하게 전기를 생산하지 못한다. 당연한 이야기겠지만 풍력발전소는 바람이 약해지면 전기를 생산하지 못한다. 바람이 아주 강해도 전기를 생산하지 못한다. 바람이 너무 강하면 풍차의 회전이 빨라지는데, 회전이 너무 빠르면 날개가 빠져나갈 수 있기 때문이다.

풍차에서 빠져나온 날개는 거대한 흉기이다. 이것에 맞으면 누구도 목숨을 유지하지 못한다. 따라서 풍력발전소는 태풍 등이 불어서 더욱 바람이 풍부한 날이면, 가동을 멈추고 풍차가 돌지 못하게 해야 한다. 바람이 적은 날은 바람이 적어 멈춰 서 있어야 하고, 바람이 강한 날은 사고가 무서워 멈춰 놓아야 하는 것이 풍력발전소이다.

이러하니 풍력발전소에서 생산하는 전기량은 일정하지 않다는 문제가 생긴다. 전기는 들어오는 전기량이 일정해야 쓸 수가 있다. 풍력발전기는 바람의 양에 따라 생산하는 발전량이 들쑥날쑥하니 소비자들에게 안정된 전기량을 공급을 해 줄 수 없다.

바다의 힘을 이용한 조력(潮力) 발전에도 숨어 있는 수렁과 진창이 적지 않다. 조력발전은 간만의 차가 큰 바다에서만 할 수 있다. 동해처럼

© wikipedia

파력발전

영국의 오션 파워 딜리버리(Ocean Power Delivery) 사가 포르투갈 앞바다에 띄운 '펠라미스 (Pelamis)' 파력발전소. 이 발전소는 화물열차 한 량 정도 크기인 원통형 실린더 네 개가 연결돼 바다에 뱀처럼 떠 있는 모습이다. 파도가 치면 각각의 실린더가 움직이는데, 이때 실린더 연결 부분이 밀고 당겨져 전기가 발생한다. 오션 파워 딜리버리 사는 1제곱킬로미터 넓이의 바다에 40개의 펠라미스를 띄우면 2만 가구가 쓸 수 있는 전기를 생산할 수 있다고 주장한다. 그러나 파력은 파도가 너무 강하거나 약해지면 기대한 전기를 얻지 못한다는 문제가 있다.

© 한국수자원공사

조력발전

경기도 시화호에 짓고 있는 조력발전소(2011년 완공)는 신재생 에너지 가운데 가장 현실성이 높은 에너지원이다. 그러나 조력발전도 24시간 발전이 불가능하고 발전단가가 원자력에 비해 비싸다는 약점이 있다.

간만의 차이가 적은 바다에서는 할 수가 없고, 서해처럼 썰물과 밀물간의 차이가 큰 바다에서만 가능하다.

조력발전을 하기 위해서는 거대한 바다 저수지를 만들어야 한다. 저수지를 만드는 댐에는 수문이 있어야 한다.

밀물이 되면 바다의 수위가 오르는데 이때 이 수문을 열어주면, 바닷물이 저수지 안으로 들어온다. 그리고 만조(滿潮)에 도달했을 때 수문을 닫고 기다리면, 바다의 수위가 낮아져 저수지의 수위가 바다보다 높아진다. 바다가 썰물로 갈 때 수문을 열고 그 낙차를 이용해 발전하는 것이 조력발전이다. 이 발전은 저수지의 수위와 바다의 수위가 거의 같아질 때까지 할 수 있다.

바다와 저수지의 수위가 비슷해질 무렵 다시 바다의 수위가 올라가 밀물이 된다. 이때는 바다의 수위가 저수지보다 높으므로, 수문을 열면 저수지 안으로 바닷물이 들어온다. 일각에서는 이 낙차를 이용해서라도 수차를 돌리자고 한다.

그러나 밀물을 이루는 시간은 짧다. 결국 조력발전도 24시간 균일한 발전이 되지 않는다는 약점이 있다. 만을 막는 저수지를 만드는 비용이 적지 않다는 것도 문제이다. 댐(방조제로 표현할 수도 있다)을 만들면 해안 생태계는 어떤 식으로든 변화가 일어난다.

조력과 함께 많이 연구되는 신재생 에너지가 파력(波力)발전이다. 파력발전은 파도가 큰 곳에 거대한 부이(buoy)를 띄우는 것으로 시작된다. 이 부이 안에는 큰 파도를 받아 올라가는 막이 있다. 이 막이 올라가면 부이 안에 있는 공기는 압축되고 파도가 꺼지면 막이 내려가 부이 안의 압력은 낮아진다. 파도에 따라 부이 안의 공기는 반복해서 압축되는데, 이 압축 공기를 이용해 터빈을 돌리고 터빈에 붙어 있는 발전기를 돌려 전기를 얻는 것이다.

파력발전은 파도가 큰 바다일수록 많은 전기를 생산한다. 파도가 큰 바다는 어업이 어려운 곳인데 이러한 곳에 파력발전을 하는 부이를 대량으로 띄우는 것이니, 쓸모없는 곳을 재활용한다는 의미가 있다.

그러나 이 발전은 파도가 아주 큰 날은 오히려 가동을 멈춰야 한다. 바람이 거센 날 풍력발전을 멈추듯 파력발전도 파도가 아주 큰 날은 발전을 멈춰야 부이와 연결돼 있는 터빈과 발전기를 보호할 수 있기 때문이다. 그런데 파력발전소는 파도가 작은 날에는 발전량이 적어진다는 문제점도 안고 있다.

정리하면 대표적인 신재생 에너지로 불리는 태양광과 풍력·조력·파력발전은 균일하게 전기를 생산하지 못한다. 발전단가가 비싸다는 약점도 있다. 비용을 무릅쓰고 이 발전을 채택하려면 인류는 축전지 분야를 비약적으로 발전시켜야 한다.

태양광과 풍력·조력·파력은 자연조건에 따라 발전량이 크게 달라지니, 이들이 생산한 전기를 저장해 놓았다가 소비자들에게 일정하게 공급하는 축전지 분야를 획기적으로 발전시켜야 한다. 신재생 에너지 발전소를 짓는 데도 많은 돈이 들어가지만 축전지 시설을 개발하는 데도 엄청난 돈이 들어간다. 이러한 비용과 이 발전소가 초래하는 또 다른 자연 훼손을 고려한다면 신재생 에너지 분야는 결코 장밋빛이 아니다.

그렇다면 고준위폐기물 처분이라고 하는 골치 아픈 문제가 있긴 하지만 원자력발전을 미래의 에너지원으로 발전시켜나가는 것이 현명한 선택이 된다. 이명박 정부도 이것을 보았기에 원자력발전 비율을 늘려 나가겠다고 한 것이다.

일각에서는 2030년까지 11퍼센트로 끌어 올리겠다고 한 신재생 에너지 분야 비율이 너무 적다며 20퍼센트로 늘리자는 주장을 한다. 2030년에 필요로 하는 에너지 총량의 9퍼센트는 현재 20기의 원전으로 생산하는 에너지보다 많을 것으로 보인다. 대략 25기 원전이 생산하는 에너지량과 비슷할 것으로 추정된다.

이렇게 많은 에너지를 원자력발전이 아닌 신재생 에너지로 생산한다면 국민들의 부담은 그만큼 높아진다.

경제성까지 따지면 그래도 원자력

1킬로와트의 전기를 생산할 때 석탄발전은 991그램, 석유발전은 792그램, 가스발전은 529그램의 온실가스를 배출한다. 그러나 원자력발전은 9그램밖에 배출하지 않는다.

원자력발전의 킬로와트아워(kWh)당 발전단가는 34.8원으로, 석탄발전의 36.9원, 가스발전의 90.2원, 석유발전의 102.5원보다 싸다. 그렇다면 신재생 에너지의 경제성이 발견되지 않은 지금, 우리가 선택할 수 있는 미래의 에너지원은 원자력뿐이라는 답이 나올 수밖에 없다.

인류는 원자력 선진국을 중심으로 골치 아픈 고준위폐기물을 현저히 줄이는 방법을 찾아가고 있다. 원자력 선진국은 제4세대 원자로를 개발하고 있는데, 4세대 원자로는 고준위폐기물을 현저히 줄일 전망이다.

제4세대 원자로로 거론되는 고속로가 대표적인 경우인데, 고속로가 배출하는 고준위폐기물의 양은 지금 원자로의 20분의 1 정도일 것으로 예상되고 있다.

고준위폐기물 처리라는 원자력의 치명적인 약점은 과학을 통해 풀어나갈 수 있다. 원자력은 발전단가가 싼, 경제적인 에너지원이기에 이러한 연구를 할 수 있는 여지를 만들어주고 있다.

신재생 에너지에 대한 연구는 계속해야 하지만 국가 에너지 체계를 선뜻 이쪽으로 옮기는 것은 대한민국의 활력을 죽이는 행위다. 대한민국의 탄력을 유지하면서 저탄소 녹색성장을 하려면 원자력발전 연구에 집중해야 한다.

이러한 정도의 이해를 토대로 21세기에 들어 르네상스를 맞은 원자력의 A to Z를 탐구해보기로 한다.

Chapter 2

한국,
3세대 원자로 개발로 세계 3강에 진입한다

2007년 11월 28일 울산광역시 울주군 서생면에서 신고리 원전 3 · 4호기 기공식이 있었다. 이로써 한국은 3세대 가압경수로 건설에 도전한 두 번째 나라가 되었다. 한국이 개발한 3세대 가압경수로의 이름은 APR-1400.

APR-1400을 설치하는 공사를 시작했다는 것은 한국이 원전 건설에서 세계 최선두를 달리고 있음을 의미한다.

한국보다 한발 앞서 3세대 가압경수로 건설에 도전한 나라는 프랑스다. 프랑스가 개발한 3세대 가압경수로는 EPR-1600. 프랑스는 이 가압경수로를 2005년 8월 핀란드의 올킬루오토 섬에 건설하기 시작했다.

핀란드는 '올킬루오토(Olkiluoto)'와 '로비이사(Loviisa)'에 두 기씩 모두 네 기의 원전을 운영하고 있는데, 다섯 번째 원전인 올킬루오토 3호기를 짓기로 하면서 그 기종으로 프랑스 아레바(AREVA)가 개발한 EPR-

▌ 한국형 3세대 원전 APR-1400 건설현장
2007년 11월 28일 기공식을 갖고 2011년 현재 한창 건설되고 있는 고리원자력본부의 신고리 3, 4
호기 건설현장. 이 원전은 우리나라가 원전 르네상스 시대를 맞아서 UAE에 수출된 것과 동형인
최초의 한국형 3세대 원전이다.

1600을 선택했다.

그러나 올킬루오토 3호기의 완공 시기가 지연되었다. 2007년 아레
바와 핀란드 당국은 이유를 밝히지 않은 채 '올킬루오토 원전 3호기
는 2년 정도 늦어진 2012년 초 완공될 것 같다'고 발표했다. 그리고 한
국이 APR-1400 공사를 시작한 때로부터 일주일 정도 지난 2007년 12월
3일 프랑스 아레바는 자국의 플라망빌 3호기를 EPR-1600으로 짓는 공
사에 들어갔다. 아레바는 3세대 원전을 핀란드와 프랑스에 각 한 기씩
짓고, 한국수력원자력(한수원)은 신고리 지역에 두 기를 동시에 건설하고
있다. 한국은 신고리 3호기를 2013년 9월, 4호기를 2014년 9월에 준공
한다. 핀란드의 올킬루오토 원전 3호기는 2012년 초, 프랑스의 플라망
빌 3호기는 2013년 중에 준공될 전망이나 연기될 가능성이 많다.

프랑스가 개발한 3세대 가압경수로는 한국 것보다 용량은 크나, 킬로와트당 건설비용은 더 비싸다. 올킬루오토 3호기와 플라망빌 3호기의 용량은 160만 킬로와트이고, 한국의 신고리 3·4호기는 각각 140만 킬로와트이다. 아레바측은 올킬루오토 3호기와 플라망빌 3호기의 건설비용을 각 30억 유로, 한국은 신고리 3·4호기의 전체 건설비용을 5조 7,330억 원으로 발표했다. 킬로와트당 건설비를 따져보면 EPR-1600은 259만원(1875유로)이고, 한국의 APR-1400은 그보다 50만 원 정도 싼 205만원이다(2008년 초 환율 기준).

2008년 초를 기준으로 했을 때 프랑스와 한국에 이어 3세대 가압경수로 개발을 완료하고, 건설을 기다리는 나라가 일본과 미국이다. 일본의 미쓰비시(三菱)는 미국 웨스팅하우스의 지원을 받아 170만 킬로와트급인 'APWR 플러스(+)'를 개발했고, 미국의 웨스팅하우스는 1백만 킬로와트급인 AP-1000의 개발을 눈앞에 두고 있다. 그러나 미쓰비시와 웨스팅하우스는 자국 사정 때문에 2008년 현재 새 원자로의 착공 시기를 결정하지 못하고 있다.

3세대 원전의 가장 큰 장점은 안전성을 강화한 것이다. 원전 사고 가운데 가장 위험한 것은 '노심(爐心)'이라고 하는 원자로에 장전된 핵연료가 과열돼 녹아 내리는 것이다. 3세대 원전은 2세대 원전보다 노심 용융 확률이 100분의 1 정도 낮아졌다. 설계수명도 20년 정도 늘어났다. 2세대 원전의 수명은 보통 40년이나, 3세대는 60년이다. 2세대 원전의 발전 용량은 일반적으로 1백만 킬로와트가 최대이나, 3세대는 대개 1백만 킬로와트가 넘는다. 2세대 원전은 규모 6.4의 지진까지 견딜 수 있게 설계됐으나, 3세대는 7.3의 강진에도 끄떡없다.

〈표1〉 한국형 2세대 원자로와 3세대 원자로 비교

	2세대	3세대
원자로	OPR-1000	APR-1400
용량	1백만 킬로와트	140만 킬로와트
설계수명	40년	60년
내진(耐震) 기준치	규모 6.4	규모 7.3
노심(爐心) 용융 확률	연간 10만분의 1회	연간 1000만분의 1회

| 유럽 3세대 원전(조감도)
프랑스 아레바가 개발한 3세대 원자로 EPR-1600이 들어설 핀란드 올킬루오토 3호기(왼쪽)의 완공을 가정해서 만들어본 사진. EPR-1600은 세계 최초로 개발된 3세대 가압경수로이다.

'너무 오래 낮잠 잔' 미국

자타가 인정하는 원자력 분야의 세계 1위는 미국이다. 미국은 러시아나 영국, 프랑스, 중국이 따라갈 수 없는 최첨단 핵무기를 개발해 보유하고 있는 핵 강국이다.

2008년 현재 미국은 세계에서 가장 많은 104기의 원자로를 가동하는 원자력발전 1위국이기도 하다. 2013년 5월을 기준으로 한국은 23기의 원전을 보유해 세계 5위, 프랑스는 59기로 2위, 일본은 55기로 3위이다.

세계 최대의 원자력발전국인 미국이 최첨단 가압경수로 개발에서 프랑스와 한국에 뒤처진 이유는 무엇일까.

원자력은 정치의 입김이 강하게 작용하는 분야다. 핵무기 개발은 국가 안보와 직결되기에 정부의 의지만 있으면 추진할 수 있지만, 원자력발전은 내치(內治)의 대상인지 국민의 선택에 따라 요동을 친다.

일반인에게 핵은 두려움의 대상이 될 수밖에 없다. 이러한 두려움이

가공할 '국민 저항'을 만든다. 이 저항을 어떻게 처리하느냐에 따라 국가별 원자력발전의 기술 순위는 한순간에 뒤바뀐다.

프랑스와 한국, 일본이 3세대 가압경수로 개발 경쟁에서 미국을 앞서게 된 원인은 간단하다. 핵무기 개발에서 세계 1위인 미국은 내치인 원자력발전에서는 국민 저항을 극복하지 못했다. 국가 덩치가 워낙 큰 탓에 미국은 원자력발전소 수에선 세계 1위이지만, 원자력발전 기술 분야에서는 4위권으로 밀려났다.

프랑스와 한국, 일본이 미국을 추월하게 된 것은 헛똑똑이 '토끼'와 미련하지만 한 방향으로 꾸준히 걸어간 '거북'의 경주를 연상시킨다. 프랑스와 한국, 일본은 모두 미국에서 배워, '근소한 차이'이긴 하지만 미국을 앞질렀다. 반면 원천기술 보유국인 미국은 낮잠을 '너무 오래' 자다 그만 세 나라로부터 기술을 도입해야 하는 처지가 되었다.

상업 발전을 하는 원자로는 크게 경수로를 사용하는 가압경수로와 비등경수로, 중수를 사용하는 중수로 등 세 종류로 나눌 수 있다. 가압경수로와 비등경수로는 일반 물을 뜻하는 경수를 사용하는데, 경수를 끓이는 방법이 다르다. 세계시장에서 비중이 가장 큰 것은 가압경수로다.

2008년 1월 현재 가동 중인 세계 원자로는 435기인데, 이 중 가압경수로가 절반이 넘는 60.9퍼센트인 265기이고, 비등경수로는 21.6퍼센트인 94기, 중수로는 10.1퍼센트인 44기다(가압경수로는 경수로로 통칭한다). 이러니 가압경수로가 세계를 제패했다고 해도 과언이 아니다.

영국은 서방세계 최초로 상업용 원자로를 가동한 나라이다. 영국의 콜더 홀(Calder Hall)에서 완공된 서방세계 최초의 상업용 원자로(5만 킬로와트급)는 가스냉각로였다. 그러나 가스냉각로는 경쟁력이 약해 곧 사라졌다.

영국이 가스냉각로를 개발할 때 미국은 웨스팅하우스로 하여금 경수로를 개발하게 했다. 영국이 콜더 홀 원전을 준공한 이듬해인 1957년 미국의 웨스팅하우스는 10만 킬로와트급 가압경수로인 시핑포트 원전을 준공하였다. 비등경수로는 가압경수로에 비해 방사성 물질이 외부로 나가기 쉬운 구조로 설계됐다(이유는 다음 장 비등경수로 편에서 설명). 따라서 가압경수로보다 먼저 개발됐지만 세계 1위 자리를 가압경수로에 내주게 되었다.

중수로는 캐나다 원자력공사(AECL)가 개발했다. 중수로는 가압경수로 만큼 안전하나, 중수로에서 나온 사용후핵연료는 '핵무기를 만들기 쉽다'는 정치적 약점이 있다. 가압경수로에 비해 사용후핵연료를 빼돌리기가 쉽다는 특징이 있는 것이다. 중수로에서 타고 나온 사용후핵연료를 재처리하면 쉽게 플루토늄을 얻을 수 있다.

가압경수로와 비등경수로는 핵연료를 1년 여만에 한 번씩 상당히 많이 교체한다. 따라서 이때가 되면 국제원자력기구(IAEA)는 사찰관을 보내 그 나라가 원자로에서 꺼낸 사용후핵연료를 유출하는지 여부를 면밀히 감시한다. 핵연료 교체가 끝나면 사찰관을 철수시키고, 건드리면 금방 파손되는 '봉인(封印)을 한 감시카메라'를 '사용후 핵연료 저장수조'에 설치해 24시간 무인감시를 한다.

비등경수로와 가압경수로가 '오랜만에 왕창' 식으로 핵연료를 교체한다면, 중수로는 '매일 조금씩 교체'한다. 중수로에서는 매일 한 개 정도의 사용후핵연료가 나온다. 따라서 '못된 마음'을 먹은 정부라면 모사품을 만들어 놓았다가 이를 중수로에서 나오는 진짜 사용후핵연료와 슬쩍 바꿔치기할 수도 있다. 이러한 방법으로 모은 사용후핵연료를 재처리하면 원폭을 제조할 만한 양의 플루토늄을 추출할 수 있다.

이러한 가능성 때문에 국제원자력기구는 중수로에 대해서는 눈에 불을 켜고 감시한다. 한국의 4대 원자력단지 가운데 하나인 월성원자력본부에 있는 네 기의 원자로가 전부 중수로다. 가압경수로가 있는 나머지 3대 본부에는 핵연료를 교체할 때만 국제원자력기구의 사찰관이 날아오나, 월성원자력본부에는 24시간 사찰관이 상주한다. 국제원자력기구는 사찰관이 그 나라 당국에 매수되지 않도록 이중으로 감시하고 있다.

이렇게 '감시 품'이 많이 들기에 국제원자력기구는 중수로라면 질색을 한다. 따라서 중수로를 건설하겠다는 나라가 있으면 '왜 하필이면 중수로냐?'고 시비를 걸어 무산시키는 것이다.

중수로는 가압경수로에 비해 경제성이 약간 떨어진다는 약점도 있다. 이러한 이유로 중수로 시장도 가압경수로만큼 확대되지 못했다.

TMI 사고로 문 닫은 밥콕 앤드 윌콕스

이에 견주어 가압경수로는 안전한데다 경제적이고 오해받을 소지도 적어 급속히 시장이 확대됐다. 가압경수로는 미국과 러시아(구소련)에서 각각 개발되었다. 미국에서는 '웨스팅하우스(Westing House)'와 '컴버스천 엔지니어링(Combustion Engineering)', '밥콕 앤드 윌콕스(Bobcock and Wilcox)' 등 세 개 사가 개발했고, 러시아에서는 ASE 사가 개발했다. ASE가 개발한 가압경수로는 VVER인데, 러시아는 자국과 구 공산권 국가들에 이 가압경수로를 지었다. 미국의 밥콕 앤드 윌콕스의 원자력 부문은 해외 수출도 해보지 못하고 망했다. 이유는 1979년 3월 28일 펜실베이니아 주 스리마일 섬(Three Miles Island: 약칭 TMI) 원전 2호기에서 일어난 원자로 용융(鎔融) 사고 때문이었다.

원자로에서 자동차의 브레이크 같은 역할을 하는 것이 감속재가 들어 있는 제어봉과 냉각수이다. 이것이 제대로 작동하지 않으면 원자로 안의 온도가 급격히 올라가 핵연료와 핵연료를 담고 있는 원자로가 녹아내린다. 밥콕 앤드 윌콕스의 원자력 부문이 건설한 스리마일 섬 원전 2호기가 바로 이 사고를 일으켰다.

이 사고 이후 이 회사는 단 한 건의 원전 공사도 수주하지 못했다. 그리고 이 회사가 개발한 가압경수로 설계기술은 그 어떤 나라와 기업도 사가려고 하지 않았으므로, 밥콕 앤드 윌콕스의 원자력 부문은 결국 문

닫고 말았다. 스리마일 섬 원전 2호기 용융 사고를 계기로 카터 대통령
이 이끌던 당시의 미국 행정부는 '미국은 새로운 원전을 짓지 않는다' 는
중대한 결정을 내렸다. 가동중인 원전은 계속 가동하고, 건설중인 원전
은 건설을 완료해 가동에 들어가지만, 계획만 있는 원전부터는 건설을
중지한다는 결정을 내린 것이다. 이 결정은 30여 년이 더 지난 지금(2013
년)까지도 효력을 발휘하고 있다.

그로 인해 미국 내에서는 더 이상 일감을 찾지 못하게 된 미국의 다른
원자력 회사들은 해외 진출을 모색하게 되었는데 이것이 미국이 개발한
원자력 기술이 세계로 전파되는 계기가 됐다.

그러나 원전은 워낙 덩치가 크기에 상당한 경제력을 갖춘 나라만 건
설할 수 있다. 미국을 제외하면 서유럽과 일본, 한국 정도가 건설에 도
전해 볼수 있는데, 스리마일 섬 원전 2호기 사고로 서유럽의 원전 건설
시장도 얼어붙었다.

오스트리아가 無원전 국가가 된 사연

스리마일 섬 원전 2호기 사고가 나기 전
서유럽에서는 반(反)원전 운동이 일어났다.
이 운동은 국제원자력기구 본부가 있는 오스
트리아에서 촉발됐다. 이 때문에 오스트리아
는 단 한 기의 원자력발전소도 운영하지 않
는 나라가 되었다.

국제원자력본부가 있어 원자력발전에 대
해서는 가장 잘 알고 있어야 할 것 같은 나라
가 무(無)원전 국가가 된 데는 사연이 있다.

1970년대 오스트리아는 자국의 최초 원전

© http://neinuclearnotes.blogspot.com

▌ 츠벤덴도르프 원전을 가동시켜라!
1978년 국민투표로 완공과 동시에 가동
중단에 들어간 오스트리아 최초 원전인
츠벤덴도르프 원전의 가동을 바라는 사
람들이 만든 로고. 이들은 원전이 환경
을 덜 오염시킨다며 츠벤덴도르프 원전
가동을 바라는 운동을 자발적으로 벌이
고 있다.

인 츠벤덴도르프(Zwentendorf) 원전 건설 공사에 들어갔다. 그러자 1973년 노벨 생리·의학상을 공동 수상한 동물학자 콘라트 로렌츠(Konrad Lorenz, 1903~1989)가 '원전 건설에 반대한다'며 대대적인 선동을 했다.

콘라트 로렌츠는 거위는 알에서 깨어날 때 처음 본 것을 어미로 인식해 따라다닌다는 것을 밝혀내, 이를 『야생거위와 보낸 일년(원제 *Das Jahr der Graugans, 1979*)』이란 책으로 펴냈다. 그리고 수필집 『솔로몬의 반지(*King Solomon's Ring, 1949*)』의 저자로 유명했는데, 그는 토론회에도 나가고 NGO를 통해 시위하는 등 모든 수단을 동원해 반(反)원전 운동을 벌였다.

노벨상 수상자로 존경받는 로렌츠가 헌신적으로 반원전 운동을 벌이자 많은 국민들이 그의 주장에 귀를 기울이기 시작했다.

이러한 가운데 1978년 오스트리아는 츠벤덴도르프 원전 준공을 바로 눈앞에 두었다. 그런데 절대 다수의 국민이 원전에 반대하자, 오스트리아 정부는 그해 11월 5일 이 원전의 가동 여부를 묻는 국민투표를 실시하기에 이른다.

국민투표 결과 '근소' 과반수인 50.5퍼센트의 국민이 원전 운영을 거부하는 것으로 나타났다. 아주 적은 수치였지만 과반수를 넘겼기에 오스트리아 정부는 '울며 겨자 먹는' 심정으로 츠벤덴도르프 원전에 대해 '가동도 해보지 못하고 폐쇄한다'는 결정을 내렸다. 이에 콘라트 로렌츠는 "츠벤덴도르프 원전은 가장 값비싼 고철이 되었다"라며 기염을 토했다.

이로부터 1년 후 미국의 스리마일 섬 원전 2호기에서 용융 사고가 일어났다. 뒤에 다시 설명하겠지만 스리마일 섬 원전 2호기 사고에서는 단 한 명의 희생자나 부상자, 피폭자도 발생하지 않았다. 스리마일 섬 원전 2호기 주변의 방사선량이 위험수치 이상으로 높아지지도 않았다. 원자로가 녹아내리는 사고는 났지만 원전 밖으로는 전혀 피해를 주지 않은 것이다. 그런데도 사람들은 원자로가 녹아내렸다는 사실에만 주목해 원전을 매우 위험한 것으로 인식했다. 스리마일 섬 원전 2호기 사고가 알려지자 오스트리아 국민들은 콘라트 로렌츠를 선견지명이 있는 사람으로 보고 더욱 존경하게 되었다고 한다. 이 사고에 놀란 스웨덴이 1980년 국민투표를 해 더 이상 신규 원전을 짓지 않는다는 결정을 내렸다. 그에 따라 여타서 유럽 국가들의 원전 건설 의지도 크게 위축됐다.

원천기술 사용권 구입한 프랑스

이러한 가운데 '마이웨이'를 구가한 유일한 서유럽 국가가 프랑스다. 드골에서 퐁피두 대통령으로 이어진 프랑스 정부는 시류를 따르지 않고 '국격(國格)'을 높이는 차원에서 원전 건설에 매진했다.

가압경수로를 개발한 미국의 3대 기업 가운데 가장 큰 회사는 웨스팅하우스였다. 스리마일 섬 원전 사고 발생 7년 전인 1972년 프랑스 정부는 자국의 원전 회사인 프라마톰으로 하여금 웨스팅하우스의 기술을 도입해 원전을 짓도록 했다.

이때 프랑스는 아주 중요한 결정을 내렸다. 10년간 내리 한 기종만 건설해 기술 자립을 이룩하겠다고 한 것. 이러한 결정에 따라 독일과 접한 내륙지역인 피센아임(Fessenheim)에 피센아임 1호를 시작으로 프라마톰은 똑같은 원전을 여섯 기나 지었다. 반복만큼 확실하게 기술을 습득하는 방법은 없다. 웨스팅하우스의 기술을 전부 배웠다고 자신한 프랑스는 욕심을 냈다.

웨스팅하우스는 프랑스 내에서만 원전을 짓는다는 조건으로 프라마톰에 기술을 이전해 주었다. 그런데 프랑스는 원전을 수출할 생각으로 이 단서를 없애기로 하고, 스리마일 섬 원전 2호기 사고 2년 뒤인 1981년 웨스팅하우스와 협상에 들어갔다. 이때는 미국은 물론이고 서유럽의 여러 나라가 원전 건설을 발주하지 않을 때였으므로, 세계 최대의 가압경수로 제작업체인 웨스팅하우스는 일감부족으로 고민하고 있는데, 웨스팅하우스는 안일한 판단을 했다. '세계적으로 원전 건설 시장이 얼어

프랑스의 원전 위치도

팡리

팔뤼엘

플라망빌

글라블린

슈즈

카테농

노장

피센아임

,당피에르

생 로랑

벨리빌

뷔제

생 알방

시농

시보

르 블레여

골페쉬

.크로아스

트리카스탱

피센아임과 플라망빌의 위치
원전의 안전을 자신하는 프랑스는 내륙에 많은 원전을
지었다. 피센아임 1호기가 들어선 피센아임은 독일에
접한 내륙인 알사스 지방에 있다. 프랑스 최초의 3세대
원전 EPR-1600이 들어서고 있는 플라망빌은 대서양
에 면해 있는 노르망디 반도 끝에 있다.

붙어 우리도 고민인데, 너희가 어떻게 세계시장에 진출하겠느냐'며 프랑스에 원천기술 사용권을 판매한다는 결정을 내린 것. 웨스팅하우스는 아무 일도 하지 않고 받는 '알돈'에 끌린 것이다.

1982년 양사는 원천기술 사용권 양도 계약에 서명했다. 양사는 원천기술 사용권 이전 대가를 공개하지 않았으나, 프랑스가 제공한 대가는 '5억 달러'라는 것이 정설이다.

1980년대 초 원전을 계속 건설한 나라는 프랑스 외에 한국과 일본도 있었다. 당시 일본의 원전 회사들은 프랑스의 프라마톰처럼 미국 기술을 들여와 원전을 짓고 있었으므로 프라마톰은 일본 시장을 넘볼 수 없었다. 그러나 한국은 기술력이 뒤떨어져 외국 업체에 의존하고 있었다. 프라마톰은 한국을 첫 번째 해외 진출 대상국으로 꼽았다. 당시 한국은 고리 1호기를 가동하고 있었고, 중수로인 월성 1호기와 가압경수로인 고리 2·3·4호기 그리고 영광 1·2호기를 건설하고 있었다. 무려 여섯 기의 원전을 동시에 짓고 있었는데도, 한국은 가압경수로인 울진 1·2호기를 새로 발주했다.

프라마톰은 이러한 한국을 첫 번째 해외 진출 대상국으로 노렸다. 그러나 한국 시장에 진출하기 위해서는 '선생'인 웨스팅하우스를 극복해야 한다는 부담이 있었다. 웨스팅하우스는 중수로인 월성 1호기를 제외한 여섯 기의 한국 원전을 모두 공급한 무서운 상대였다.

프라마톰은 출혈을 감수하기로 했다. 웨스팅하우스보다 좋은 조건을 제시한 것인데, 한국은 놓치지 않고 이를 받아먹었다. 옛 친구인 웨스팅하우스를 버리고 프라마톰을 새로운 파트너로 선택한 것이다(1982년).

프라마톰의 원자로는 웨스팅하우스의 원자로와 기본적으로는 같으나 체격이 작은 프랑스인을 위해 일부 설계를 바꾸었다. 웨스팅하우스의 설계는 공간 낭비가 많았으나 프라마톰은 그런 낭비를 크게 줄였다. 체격이 작은 한국에는 더 좋은 구조였다.

프라마톰과 만나면서 한국은 프랑스처럼 같은 원자로를 연속으로 건설해 기술 자립을 이룩해야 한다는 것을 깨달았다.

곧이어 한국은 '양날의 검' 같은 기회를 잡았다. 양날의 검은 기회가 아닌 '위기'로 등장했다. 그러나 한국은 검날이 아닌 검의 손잡이를 잡으면서 위기(危機)를 기회로 반전시켰다.

체르노빌 사고 덕 본 한국

1986년 4월 26일 구 소련 우크라이나 공화국의 체르노빌 원전 4호기에서 원자로가 과열돼 녹아내리는 사고가 발생했다. 1979년 스리마일섬 원전 2호기와 똑같은 사고를 낸 것이다. 스리마일 섬 원전 사고는 기기 오작동이 원인이었으나, 체르노빌 사고는 인재(人災)였다. 체르노빌 원전 종사자들이 안전시설 가동을 중지하고 간단한 실험을 하다가 부주의로 원자로가 녹아내리는 사고를 당했다.

체르노빌 원전은 지금은 보기 힘든 흑연 가스냉각로이며 RBMK형으로 불렸다. 원자로에서 핵반응 속도를 늦추는 '브레이크' 구실을 하는 것이 제어봉에 들어있는 감속재인데, RBMK는 감속재로 흑연을 사용한다. 감속재를 담은 제어봉은 원자로 안의 핵반응 속도를 줄이기 위해 원자로 안에 들어가 있다. 체르노빌 원전 종사자들은 핵반응 속도를 줄일 수 있는 제어봉의 가동을 중단시켜 놓고 간단한 실험에 들어갔다.

그런데 원자로 상황에 대한 주의를 게을리 함으로써 원자로가 과열되었다. 이럴 때는 흡수재를 담고 있는 제어봉을 집어넣어 핵반응 속도를 떨어뜨려야 한다. 하지만 실험에 정신이 팔려 원자로가 과열되고 있다는 사실을 알지 못했다.

흑연은 불에 잘 타는 성질이 있다. 원자로가 과열되자 제어봉 안에 있는 흑연에 불이 붙었다. 원자로와 제어봉이 녹아내리자 불이 붙은 흑연이 밖으로 나와 위로 떠올랐다. 원자로는 과열돼 녹아내렸고, 불이 붙은 흑연이 위로 치솟자 곧 체르노빌 4호기는 불덩어리가 되었다.

체르노빌 원전 4호기를 덮고 있던 얇은 지붕은 금방 붕괴되었으므로, 불 붙은 흑연은 산지사방으로 튀어나가 주변으로 방사성물질을 뿌렸다. 방사선 피폭으로 희생자가 발생하는 사고가 터진 것이다. 그러나 구 소련은 이 사고 사실을 공개하지 않았다.

미국은 스리마일 섬 원전 2호기 사고 때 원전 인근의 방사능 수치를 조사해 안전하다고 발표했지만 만일의 사태에 대비해 임산부와 어린이들을 다른 곳으로 이주시켰다. 언론 보도를 통해 이 사실이 알려지자 오히려 이주 대상이 아닌 곳의 주민들이 동요했다.

그 결과 10만여 명에 달하는 인근 지역의 주민들이 차를 몰고 다른 지역으로 탈출하는 '엑소더스'가 연출됐다. 이 엑소더스가 '원전 사고는 저렇게 무서운 것이구나' 하는 인식을 불러일으켜 반원전 운동에 대한 공감대를 확산시키는 계기가 되었다.

체르노빌 원전 4호기의 사고는 방사능을 측정하는 서유럽 연구소들이 대기 중의 방사능 농도가 평소보다 높아진 것에 주목해 추적함으로써 '비로소' 밝혀졌다. 그러나 서유럽에서 검출된 방사능은 평소보다 높은 수치였지만 위험치를 넘어선 것은 아니었다. 하지만 서유럽 연구기관과 정보기관의 추적으로 밝혀진 사고 현장의 진실은 끔찍했다. 사상자가 있었다는 사실이 확인된 것이다.

체르노빌 사고로 수천 명이 사망했다는 이야기가 떠돌았으나 이 사고

▌ 울진원전의 격납건물
　한국을 비롯한 자본주의권의 원자로는 1미터 내외의 두께를 가진 콘크리트 격납건물 안에 들어 있어 용융 사고를 일으켜도 사람들은 피해를 입지 않는다.

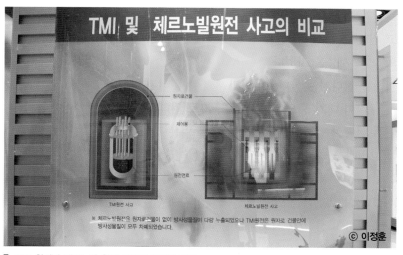

▌ TMI 원전과 체르노빌 원전 사고를 비교한 그림
　월성원전 홍보관에 있는 이 그림은 격납건물을 '원자로 건물'로 적어놓았다. 왼쪽이 격납건물(원자로 건물)에 싸여 있는 스리마일 섬 원전이고, 오른쪽은 격납건물이 아니라 얇은 지붕만 씌여있던 체르노빌 원전이다.

로 인해 사망한 사람은 2005년 현재 59명이 정확하다.

59명 가운데 31명은 불을 끄러 왔던 소방관과 체르노빌 원전 종사자들이다. 이들은 체르노빌 원전 4호기에 일어난 불을 끄려고 출동했다가 사고나 피폭 등으로 현장에서 사망했다. 그리고 28명이 높은 방사선을 맞아 오랫동안 후유증을 앓다가 숨졌다.

스리마일 섬 원전 사고 때는 방사능 물질이 원전 밖으로 나가지 않았는데 왜 체르노빌 원전 사고에서는 이것이 대량으로 나가서 사망자가 발생한 것일까.

그 이유는 강화콘크리트로 만드는 0.6~1.2미터 두께 격납건물의 유무(有無)에서 찾아야 한다. 원자로에 들어가는 핵물질은 보통 3중 방호벽으로 둘러싸여 있는데, 자본주의 국가는 그러한 원자로 외부에 1~4센티미터 두께의 강철로 만든 용기를 덮고 그 용기 위에 0.6~1.2미터 두께의 콘크리트로 만든 격납건물을 짓는다. 5중 방호막을 치는 것이다.

그러나 체르노빌 사고가 날 때까지 공산주의 국가에서는 격납용기와 격납건물을 만들지 않았다. 격납용기와 격납건물을 '사족(蛇足)'으로 보고 원자로 외부에 일반 공장에서 볼 수 있는 약한 재질로 만든 얇은 두께의 벽과 지붕을 지었다. 이러한 벽과 지붕은 녹아내린 원자로가 내뿜은 열기를 견디지 못한다. 이 벽과 지붕이 무너지자 원자로 안에 있던 방사성 물질이 대기 중으로 흩어졌다. 그로 인해 불을 끄려고 출동한 사람들이 고선량의 방사선에 피폭돼 목숨을 잃은 것이다.

그러나 스리마일 섬 원전은 강력한 격납용기와 격납건물을 갖고 있었다. 따라서 녹아내린 원자로에서 나온 방사성 물질은 전부 그 안에 갇혀버렸다. 밖으로는 거의 방사선이 나가지 못한 것이다.

스리마일 섬 원전 사고를 막아낸 격납용기와 격납건물은 녹아내린 원자로에서 나온 방사성 물질을 가둬놓는 것 외에도 여러 가지 역할을 한다. 이러한 콘크리트 격납용기와 격납건물은 한국의 원전에서도 볼 수 있는데, 가장 외부인 격납건물의 외양은 철모처럼 둥글다. 철모가 총알을 튕겨내듯 격납건물도 떨어지는 전투기나 미사일을 비스듬히 튕겨낼 수 있다. 그러고도 자신은 무너지지 않아 안에 있는 원자로를 안전하게 지켜낸다.

한국에 기술 주고 무너진 컴버스천 엔지니어링

체르노빌 원전 사고는 격납건물을 가진 자본주의 원전의 안전성을 보여준 대표적인 사례이다. 그러나 사람들은 사고가 일어났다는 사실에만 주목해 모든 원전을 위험한 것으로 여겼다. 대표적인 국가가 스웨덴과 이탈리아였다. 체르노빌 사고가 일어나자 두 나라에서는 강력한 반원전 운동이 일어났다.

두 나라 국민들은 오스트리아처럼 원전 건설 여부를 국민투표에 부치라고 요구했다. 국민투표의 결과는 당연히 '짓지 말자'가 절대다수였다. 원전 건설 중단을 선언한 나라가 미국, 오스트리아, 스웨덴, 이탈리아, 스위스 등 5개국으로 늘어나자 여타 나라들도 국민 저항을 의식해 '덩달아' 신규 원전 건설을 중단했다. 세계적으로 원전 건설 시장이 '꽁꽁' 얼어붙은 것이다.

5공화국 말기인 1987년 한국은 6월 민주항쟁으로 전국이 최루탄 연기에 뒤덮여 있었다. 민주화 요구 시위는 여차하면 반핵시위로 이어질 수 있는 상황이었는데도 전두환 정부는 과감히 영광 원전 3 · 4호기의 국제 입찰을 실시했다. 그로 인해 세계 원자력 업체는 '10년 대한(大旱)에 단비'를 만나게 되었다. 오랜만에 원전 건설 시장이 열렸기 때문이다. 모두 이 단비를 마시고 싶어했다. 그러자 바이어 마켓(Buyer's Market)을 형성한 한국이 '우리는 똑같은 원전을 지어 기술 자립을 이루고자 한다. 따라서 원전 기술을 제공하는 기업에 사업권을 주겠다'고 선언했다.

한국의 영광 3 · 4호기 입찰에서는 웨스팅하우스와 프라마톰 그리고 컴버스천 엔지니어링이 참여했는데 이들이 벌이는 경쟁이 치열했다. 그러나 이들은 한국에 기술을 주겠다는 결정을 쉽게 내리지 못했다.

세 개 기업 가운데 3국 진출 경험이 없는 기업은 컴버스천 엔지니어링뿐이었다. '배가 고팠던' 컴버스천 엔지니어링이 마침내 기술을 제공하겠다는 제안을 던졌다.

'공'은 한국으로 넘어왔다. 사실 프라마톰과 웨스팅하우스는 한 뿌리에서 나온 기술인데, 한국은 두 회사의 원전을 갖고 있다. 그러나 컴버스천 엔지니어링의 원전은 운영해본 경험이 전무했다.

'컴버스천 엔지니어링의 능력을 믿어도 될 것인가?'

한국은 일단 믿기로 했다. 컴버스천 엔지니어링을 파트너로 선택한 것이다. 이로써 한국에서 한 차례 이상 '축배'를 들었던 웨스팅하우스와 프라마톰은 '영원히' 떨어져 나가고, CE(Combustion Engineering)로 약칭되는 컴버스천 엔지니어링이 한국 시장을 독식하게 되었다.

한국은 영광 3 ·4호기를 시작으로 울진 3 ·4 ·5 ·6호기와 영광 5 ·6호기 그리고 신고리 1 ·2호기와 신월성 1 ·2호기 등 12기를 똑같은 기술로 지었다. 여섯 기만 복제해도 가능한 것을 무려 12기나 지었으니 당연히 한국은 기술 자립을 이룰 수 있었다.

컴버스천 엔지니어링은 그들이 개발한 127만 킬로와트급인 '시스템 80' 원자로의 소스 코드(source code)를 토대로 100만 킬로와트급 원자로를 한국과 공동으로 개발해 주었는데, 한국은 이것을 '한국 표준형 원자로'라는 뜻을 가진 KSNP(Korea Standard Nuclear Power plant)로 명명했다.

컴버스천 엔지니어링은 한국 내에서만 사용한다는 조건을 달아 이 원전 기술을 제공했다. 제3국에 수출하려면 미국의 승인을 받아야 한다는 단서를 붙인 것. 한창 KSNP를 짓던 시절 한국은 이 원자로를 들고 한 차례 '국외' 진출을 경험했다.

신포 가압경수로 공사는 한국 원전의 첫 수출

1980년대 후반부터 북한이 일으킨 1차 북핵 위기를 잠재우기 위해 1994년 10월 미국이 북한과 제네바 합의를 맺은 것은 잘 알려진 사실이다. 제네바 합의에 따라 미국은 KEDO(한반도에너지개발기구)를 만들어 북한 함경남도 신포에 두 기의 원자로를 지어주게 되었다.

1990년대 중반은 '체르노빌 망령'이 횡행하던 시절이라 세계적으로 여전히 신규 원전 발주가 드물었다. 이러한 때 미국이 주도하는 KEDO가 신포 원전 두 기를 발주한다고 하자 미국 업체들이 입맛을 다셨다. 그러나 이들의 환호는 한국의 도전으로 찬물을 뒤집어쓰게 되었다.

신포 원전 발주가 임박하자 한국은 '대한민국 영토는 한반도와 부속도서로 한다'고 되어 있는 헌법 조항을 내밀면서 '북한은 한국의 일부이기에 미국의 허가를 받지 않아도 KSNP를 북한에 지을 수 있다'고 주장했다.

이에 대해 컴버스천 엔지니어링과 웨스팅하우스는 '남북한은 별도로 UN에 가입한 독립국가이므로, 미국의 승인이 없으면 한국은 북한에 원전을 지을 수 없다'라고 강하게 반박했다. 말싸움은 상당기간 지속되었으나, 최종 승자는 한국이었다. 한국은 KSNP건설을 조건으로 원전 건설 자금의 70퍼센트를 부담하겠다고 제의해 미국 업체를 밀어냈다. 그리하여 신포에 KSNP를 짓게 됐는데 2002년 10월, 이 공사는 34.5퍼센트의 공정을 진행한 상태에서 제네바 합의가 깨짐으로써 중단되었다.

2007년 10월 4일 남북한은 2차 남북정상회담을 가졌다. 소식통에 따르면 이 회담 이후 남북은 신포 가압경수로 공사를 재개하기 위한 물밑 협상을 가졌으나, 2008년 이명박 정부가 출범하고 북한이 두 번째 핵실험(2009년 5월 25일)을 하며 핵 위기를 일으킴에 따라 결렬되었다.

한국이 KSNP를 짓는 사이 원천기술 보유사인 컴버스천 엔지니어링은 '시스템 80'의 통제실 등을 개량한 '시스템 80플러스(+)'를 개발했다고 자랑했다. 그러나 시스템 80플러스는 세상에 나오지 못했다. 얼마 후 컴버스천 엔지니어링이 자금난을 버티지 못하고 웨스팅하우스에 팔려 갔기 때문이다.

'시스템 80'의 소스 코드를 활용해 컴버스천 엔지니어링과 KSNP를 공동제작해본 한국은 정부 차원에서 G7프로젝트를 세우면서 여기에 140만 킬로와트급 원자로를 독자 개발한다는 계획을 세웠다. 이렇게 해서 나온 원자로가 바로 APR-1400인데, APR-1400은 독자 개발한 것이라 수출하는데 제약이 없었다. KSNP의 또 다른 이름인 OPR-1000 원자로는 미국의 승인을 받아야 수출할 수 있으나 APR-1400은 그럴 필요가 전혀 없다.

2000년과 함께 열린 원전 르네상스

2000년대가 시작되면서 세계 원자력 건설 시장이 기지개를 켜기 시작했다. 변화는 미국과 서유럽에서 거의 동시에 일어났다.

먼저 미국의 사정부터 살펴보자. 원전은 화전(火電)이나 수전(水電)보다 발전용량이 크다. 스리마일 섬 원전 사고를 계기로 원전을 건설하지 않은 미국은 해가 거듭될수록 전력 사정이 강퍅해져 캐나다에서 전기를 수입하게 되었다.

심지어 미국의 50개 주 가운데 가장 경제력이 큰(한국 경제력보다도 크다) 캘리포니아 주는 2000년대 전기 부족으로 제한송전을 하는 사태에 직면했다. 우려했던 미국의 전기 부족 현상이 가시화된 것이다.

한국은 단일 전기회사(한국전력)에 의해 전기망(網)을 구성한다. 그래서 생산한 전기가 전부 소비되는 상태에 도달하면, 전국의 전기가 일시에 나가버린다. 대한민국 전체가 암흑을 맞는 것인데, 이를 전문용어로 '블랙아웃'이라고 한다. '블랙아웃'은 컴퓨터 망의 단절, 통신망의 스톱 등

상상할 수 없는 피해를 일으키므로, 첨단 문화를 누리는 현대 국가에서는 반드시 이를 피해 가야 한다. 캘리포니아 주는 블랙아웃까지는 겪지 않았지만, 그와 다를 바 없는 '제한송전' 사태를 겪었다.

미국에는 여러 개의 전기회사가 있다. 그런데 미국의 심장부이자 세계의 중심인 동부지역에서 2003년 8월 일시에 전기가 나가는 '블랙아웃' 현상이 일어났다. 3년의 시차를 두고 서부와 동부에서 일어난 전기 부족 사건을 계기로 미국 사회에서는 '원전 건설을 재개해야 한다'는 목소리가 나오기 시작했다. 이러한 때 1960년대에 건설한 미국 원전들이 속속 40년으로 한정된 인허가 만료기한을 맞았다.

발전용량이 큰 원전이 인허가 기간 만료를 이유로 가동 정지에 들어가면 미국의 전력난은 더욱 심각해진다. 때문에 미국은 이러한 원전에 대해 정밀한 안전검사를 실시해 문제가 없다고 판단되면, 20년을 더 운전할 수 있도록 허가해 주었다. 스리마일 섬 원전 사고를 계기로 이뤄진 지미 카터 행정부의 원전 건설 중단 결정은 쉽게 뒤집을 수 없기에, 40년으로 한정한 인허가 기간을 60년으로 연장하는 조치를 취한 것이다.

2008년 7월 현재 미국은 안전성에 문제가 없는 원전 48기에 대해서는 20년을 더 연장해주는 '계속운전' 조치를 취함으로써 전력 부족사태를 '간신히' 피해 나가고 있다.

이렇게 미국이 '버벅' 거리는 사이에 돈으로 원천기술 사용권을 샀던 프랑스는 원전 건설에 매진해 국내 소비 전력의 80퍼센트 정도를 원전으로 생산하는 단계에 도달했다. 원전은 다른 발전소에 비해 발전단가가 매우 저렴하다. 덕분에 프랑스는 원전 건설 중단을 선언한 이탈리아는 물론이고 스페인, 독일 등에도 전기를 수출할 수 있게 되었다.

새로운 밀레니엄(2000년대)이 열리자 시류를 타지 않는 마이웨이로 성공한 프랑스를 지켜 본 서유럽 국가에서도 서서히 "원전 건설을 재개해야 한다"는 목소리가 나오기 시작했다. 미국과 서유럽에서 원전시대가 다시 열리기 시작한 것이다.

이 르네상스를 선점한 것은 뜻밖에도 한국이었다. 2009년 UAE(아랍에 미리트)는 4백억 달러가 넘는 규모의 초대형 원전(1400만 메가와트급) 4기 건설사업을 추진했는데, 한국은 프랑스의 아레바를 제치고 사업권을 따내 세계를 놀라게 했다.

KSNP의 새 이름 'OPR-1000'

전기는 경제 발전을 유도하는 제1의 사회간접자본이다. 따라서 경제 성장을 국가 목표로 삼은 중국과 동남아 국가들도 원전 건설에 관심을 기울이기 시작했다. 새 밀레니엄의 도래와 함께 도처에서 원자력 르네상스가 열릴 조짐이 나타난 것이다. 이 시기 한국전력에서 독립한 한수원(한국수력원자력)도 원전 수출을 모색했다. 원천기술 보유자가 아닌 한수원이 원전 수출이 가능하다고 판단한 데에는 나름의 근거가 있다.

웨스팅하우스와 웨스팅하우스에 합병된 컴버스천 엔지니어링은 20년 가까이 원전을 짓지 못했기에 숙련된 기술자들을 거의 잃어버렸다. 따라서 원전 공사를 따내더라도 설계와 제작 등의 실무는 경험이 많은 한국과 프랑스 업체에 맡겨야 할 처지였다. 한국은 컴버스천 엔지니어링뿐만 아니라 웨스팅하우스의 가압경수로도 짓고 운영한 경험이 있으니 이 회사들의 파트너가 되어 해외로 진출할 수 있다.

이러한 한수원에 큰 자극을 준 것이 프랑스의 아레바였다. 2005년 프라마톰은 핵연료를 제조하는 프랑스의 코제마, 독일의 원전 건설사인 지멘스 등과 합병해 '아레바'란 이름으로 재탄생했다. 아레바로 통합되기 전부터 프라마톰은 새로운 원자로를 개발해왔다.

아레바는 새로 개발한 160만 킬로와트급 3세대 원전을 전유럽에 깔겠다며, 이를 European Pressurized Water Reactor, 줄여서 EPR-1600으로 명명했다. 여기서 1600은 1600메가와트를 의미한다. 1메가와트는 1000

킬로와트이니, 1600메가와트는 160만 킬로와트가 된다.

원자력 르네상스 시대 개막과 함께 아레바가 내놓은 3세대 원자로 EPR-1600은 세계적인 관심을 끌었다. 아레바의 선택을 본 한수원은 유사한 생각을 하였다. 그리하여 '너무나 한국적인' KSNP를 보편적인 이름으로 바꾸기로 결정했다. 새 이름을 정하기 위한 사내 공모를 한 것인데, 여기서 뽑힌 것이 문진영 씨가 내놓은 OPR-1000이다. OPR은 '최적 가압경수로'라는 뜻을 가진 영문 Optimized Power Reactor의 머리글자를 딴 것이다. OPR-1000은 1백만 킬로와트급인 KSNP의 새 이름이 되었다.

그리고 한국이 독자 개발한 140만 킬로와트급인 제3세대 원자로에는 Optimized 대신 Advanced를 붙여 APR-1400으로 명명했다. 한수원은 2007년 11월 착공한 신고리 3·4호기에 이어 신월성 3·4호기도 APR-1400으로 짓기로 결정했다. 2009년 UAE(아랍에미리트) 원전사업을 수주하기 위한 경쟁에서 이긴 것도 APR-1400이다.

한국은 프랑스가 걸어간 길과 매우 유사한 길을 걸어 원자력 기술 자립을 이룩했다. 그러나 프랑스는 원천기술 사용권을 살수 있었으나 한국은 그러한 기회를 갖지 못했다. 이것이 한국 원자력계의 '아킬레스건'이었다.

그러나 한국은 신형 원자로 APR-1400을 독자 개발해 냈다. 이로써 한국의 약점은 사용후핵연료를 재처리할 수 없다는 것 하나로 줄어 들었다. 이러한 프랑스와 한국 사이에 있는 나라가 일본이다.

최초 3세대 원자로 가동시킨 일본 히타치와 도시바

2008년 1월 기준으로 한 기 이상의 상업용 원전을 가동하고 있는 나라는 31개국이다. 그 가운데 가압경수로보다 비등경수로가 많은 나라는 일본 스웨덴 대만 인도 멕시코 뿐이다. 일본은 55기 원전 가운데 58퍼센트인 32기가 비등경수로다. 일본은 미국(35기) 다음으로 비등경수로가 많은데, 이 원자로는 미국 GE(제너럴 일렉트릭)의 기술을 받은 히타치(日立)와 도시바(東芝)가 제작해왔다.

3세대 원전은 가압경수로가 아니라 비등경수로에서 먼저 나왔다. 그리고 미국 GE는 ESBWR을, 일본의 히타치와 도시바는 GE와 공동으로 ABWR이라는 3세대 비등경수로를 각각 개발해냈다. 히타치와 도시바는 1996년 가시와자키 가리와(柏崎刈羽) 원전 6·7호기 등 네 기의 원전을 ABWR(135만 킬로와트급)로 준공함으로써, 세계 최초로 3세대 원전을 완공한 회사로 이름을 알렸다. 이러한 히타치와 도시바는 2009년과 2010년 완공을 목표로 대만 룽먼(龍門) 원전 1·2호기를 ABWR로 짓고 있다.

그러나 세계 원전시장에서 비등경수로의 비율이 21.2퍼센트로 낮다는 것이 도시바의 고민이었다. 이 때문에 도시바는 2007년 10월 자금난에 허덕이는 웨스팅하우스를 인수하는 결단을 내렸다. 이로써 도시바는 세 마리 토끼를 잡을 수 있게 되었다.

첫 번째 토끼는 미국 진출 기회를 잡은 것이다. 미국은 자국이 정한 규격과 형식에 맞는 원자로에 대해서만 건설을 허용할 전망이다. 한국과 프랑스가 개발한 원자로가 아무리 좋고 안전해도, 미국이 정한 규격과 형식에 맞지 않으면, 미국은 미국 시장 진출을 허가하지 않는다.

또 미국은 미국 업체와 합작한 회사에 대해서만 미국 시장 진출을 허용하고 있다. 도시바는 GE와 함께 ABWR을 개발한 경험이 있는데, 웨스팅하우스까지 인수했으니 미국 시장에 진출할 가장 좋은 위치를 차지한 셈이 되었다.

두 번째 토끼는 강력한 라이벌로 부상한 한국을 견제할 수 있는 고삐를 잡았다는 점이다. 웨스팅하우스는 고리 1·2·3·4호기와 영광 1·2호기를 지었고, 웨스팅하우스에 합병된 컴버스천 엔지니어링은 KSNP나 OPR-1000으로 불리는 영광 3·4호기 등 12기의 원자로를 설계했고 한국의 야심작인 APR-1400의 원기술을 갖고 있다. 이러한 웨스팅하우스를 인수했으니, 도시바는 해외시장에서 한국과 경쟁하게 될 경우, 한국의 기술을 알 수 있으니 한국을 적절히 제어할 수 있을 것이다.

세 번째 토끼는 세계 최대의 원자력 업체로 발전할 수 있는 기회를 잡았다는 점이다. 웨스팅하우스의 인수로 도시바는 '절대적으로 취약'한 가압경수로 분야 진출을 모색할 수 있게 되었다. 도시바는 미쓰비시가 독점해온 일본 내 가압경수로 제작에 도전할 수 있는 기회를 잡았다. 그리고 미쓰비시는 웨스팅하우스로부터 원천기술을 제공받은 기업이니 도시바는 미쓰비시까지 제어할 수 있을 것이다.

4세대 원전 개발하는 웨스팅하우스

도시바에 경영권을 넘기긴 했지만 웨스팅하우스는 여전히 미국 원자력 산업계의 자존심이다. 이러한 웨스팅하우스는 AP-1000이라는 3세대 가압경수로를 개발했을 뿐만 아니라 국제 공동으로 IRIS(International Reactor Innovative and Secure)라고 이름 지은 4세대 원전 개발을 주도하고 있다. 그리고 2009년 한국과 협력해 한국의 UAE 원전 수주를 이뤄냈다.

IRIS의 용량은 33만 5000킬로와트에 불과하지만, 이 원자로는 3세대 원전보다 안전성이 탁월하고 사용후핵연료의 유용 여부를 염려하지 않아도 된다는 장점이 있다. 또 전력 생산에 한정되지 않고 다양한 분야에 사용될 수 있다는 특징도 갖고 있다.

4세대 원전 개발을 주도하는 웨스팅하우스가 '미국 기업이냐 일본 기업이냐'는 앞으로 논란이 될 것이다. 일본 기업으로 본다면 일본은 세계 원전 시장을 통일한 것이 된다. 일부 불투명한 부분이 있긴 하지만 10여 년 후 4세대 원전시장이 열리면 웨스팅하우스를 앞세운 도시바는 세계 최대의 원자력 업체로 등극할 가능성이 있다.

일본에서 가압경수로를 전문적으로 제작해온 기업은 미쓰비시다. 미쓰비시도 웨스팅하우스의 기술을 전수해 가압경수로를 제작해왔는데, 미쓰비시는 최근 웨스팅하우스와 함께 170만 킬로와트급인 3세대 가압경수로 'APWR 플러스(+)'를 개발했다. 그러나 웨스팅하우스의 경영권이 도시바로 넘어갔기에 미쓰비시는 한수원처럼 도시바의 눈치를 봐야 하는 처지가 됐다.

러시아의 ASE 사는 체르노빌 사고를 일으킨 흑연 가스냉각로인 RBMK 는 도태시키고 가압경수로인 VVER의 개량에 주력해 3세대인 VVER-1000(1백만 킬로와트급)을 개발해 국제적인 핵 위기를 일으킨 이란 등에 수출하고, 이어 150만 킬로와트급인 VVER-1500 개발에 노력하고 있다.

이로써 세계 3세대 가압경수로는 프랑스 아레바의 EPR-1600, 한국

〈표2〉 가압경수로와 비등경수로로 나눠본 세계 3세대 원자로 일람 (2008년 현재)

	가압경수로					비등경수로	
국가(회사)	한국(한수원)	프랑스(아레바)	일본(미쓰비시)	러시아(ASE)	미국(웨스팅하우스)	일본(히타치·도시바)	미국(GE)
원자로	APR-1400	EPR-1600	APWR 플러스	VVER-1500	AP-1000	ABWR	ESBWR
용량	140만 킬로와트	160만 킬로와트	170만 킬로와트	150만 킬로와트	100만 킬로와트	135만 킬로와트	160만 킬로와트
건설 중 원전 (2009년)	신고리 3·4호기	핀란드 올킬루오토 3호기, 프랑스 플라망빌 3호기	–	–	–	대만 룽먼(龍門) 1·2호기	–
가동 중 원전 (2009년)	–	–	–	–	–	일본 가시와자키 가리와 6·7호기, 하마오카 5호기 시가 2호기	–
비고	컴버스천 엔지니어링 기술 토대로 독자 개발	독자 개발	미국 웨스팅하우스 지원으로 개발	독자 개발	독자 개발. 그러나 2007년 웨스팅하우스의 경영권은 일본 도시바로 넘어감	미국 GE의 도움으로개발	독자 개발

한수원의 APR-1400, 일본 미쓰비시의 APWR$^+$, 미국 웨스팅하우스의 AP-1000, 러시아 ASE의 VVER-1500이 경쟁하는 구도가 만들어졌다.

이 업체들의 관심사는 곧 원전 건설을 재개할 것으로 보이는 미국 시장 진출 여부이다. 도시바가 웨스팅하우스를 인수해 본격적으로 미국 진출을 준비하자, 아레바는 미국 규격과 형식에 맞춘 'US EPR' 개발을 서두르고 있다. 아레바는 적극적으로 원전을 지으려고 하는 중국 진출에도 열을 올리고 있다. 아레바는 중국 진출을 계기로 EPR-1600의 아시아 시장 공급을 활성화하려고 한다.

일본과 프랑스에 비해 한국의 활동은 위축돼 있는 느낌이다. 한국 원전이 미국 시장에 진출하려면 미국 원자력위원회로부터 설계인증을 받아야 하는데 그 비용이 무려 3000만 달러에 달한다. 설계인증을 받는 데는 오랜 시간이 걸릴 뿐 아니라 인증을 받았다고 해도 바로 사업권을 따내는 것은 아니다.

따라서 한국은 직접 수주가 아닌 '하도급' 형태로 미국 진출을 계획해야 한다. 원자로 제작 숙련공이 적은 웨스팅하우스 등이 미국 내 원전 공사를 수주하면 그 회사로부터 원자로 제작을 수주받는 것이 일차 목표이다.

그러나 한수원은 말레이시아를 필두로 한 동남아 시장에는 직접 진출하려는 계획을 가지고 있다. 말레이시아 기술자를 불러들여 원전 운영 기술을 전수하면서 한국형 원자로에 익숙하게 만드는 것이 첫째 노력이다. 이러한 노력을 통해 상대적으로 저가인 OPR-1000을 미국의 허가를 받아 수출하고, APR-1400 시장도 창출해 나갈 계획이다. UAE 원전 수출 성공은 한국에 큰 자신감을 주었다. 이러한 성공을 기반으로 폴란드를 비롯한 동유럽 시장도 두드려볼 예정이다.

심층 취·배수 시설

한국은 원전을 가장 효율적으로 운영하는 나라다. 원전을 잘 운영하는지의 여부는 고장률과 정지율로 판단하는데, 한국은 이 분야에서 핀란드와 더불어 세계 수위를 다투고 있다. 한국의 원전 고장률과 정지율은 세계 최저이다.

3세대 원자로 개발에서는 프랑스, 일본에 이어 세계 3위, 운영하는 원자력발전소 수에서는 세계 5위, 원전 운영 기술면에서는 세계 1~2위를 달리는 것이 한국 원자력의 현주소다. 그리고 한국 원자로는 일본이나 프랑스 원자로보다 제작비용이 적게 든다는 장점이 있다.

한국 원자력을 대표하는 3세대 원전인 신고리 3·4호기에서는 흥미로운 시도가 접목되었다. 원전은 원자로에서 나오는 열로 물을 끓여 발생한 증기로 터빈을 돌려 전기를 생산한다. 터빈을 돌려준 증기는 식혀서 물로 되돌린 후 다시 원자로로 가열해 증기로 변모시킨다. 따라서 원전에서는 증기를 물로 바꿔주는 작업이 중요한데 이를 물로 되돌린다고 하여 '복수(復水)'라고 한다.

복수는 증기가 흐르는 관 주변으로 엄청나게 많은 바닷물이 흐르게 함으로써 이뤄진다. 관 주변의 바닷물은 증기를 식히는 냉각수인데, 복수 임무를 마친 바닷물의 온도는 섭씨 4~7도 정도 더 올라간다. 복수를 해주고 온도가 올라간 상태에서 빠져나온 따뜻한 바닷물을 '온배수(溫排水)'라고 하는데, 온배수는 어업과 양식에 영향을 끼쳐 종종 문제가 되고 있다.

지금까지의 원전은 가까이 있는 바다의 표층수를 끌어들여 복수용 냉각수로 활용했다. 그러나 신고리 3·4호기는 온배수의 영향을 최소화하기 위해 '심층 취·배수' 방식을 채택했다. 신고리 3·4호기는 멀리 떨어져 있는 수심 24미터 깊이의 바닷물을 끌어들여 사용하고, 다시 수심 24미터 속으로 배출한다.

ⓒ 이정훈

■ 3세대 원전인 신고리 3·4호기를 위한 심층 취·배수 터널
해안에서 325미터를 나간 바다 속 땅에 뚫는 직경 5미터의 터널. 공사가 끝나면 이곳은 바닷물이
꽉 들어찬다. 터널이 워낙 커서 트럭이 다닐 수 있다.

심층 취·배수를 위해 한수원은 신고리 3·4호기 인근 바닷가에 거대한 해저터널을 뚫었다. 수심 24미터의 물을 끌어오기 위해 해안에서 325미터를 나간 곳까지 도수로(터널)를 만든다. 2007년 필자는 이 해저터널 건설 공사장에 들어가 보았다. 그곳에는 자동차가 다닐 정도로 큰 직경 5미터의 인공 동굴을 뚫는 작업이 한창이었다.

해안에서 325미터 떨어진 바다에서 심층 취·배수를 하면 원전 주변 바닷가의 어민 피해를 줄일 수 있다. 그러나 동해에서는 양식업이 발달하지 않았다. 온배수의 심층 취·배수는 신고리 3·4호기가 있는 동해보다는 양식업이 발달한 서해 쪽인 영광원전에 건설하는 것이 더 적합할 것 같았다.

국가를 이끄는 견인차

자동차산업은 숱한 인명 사고를 겪으면서 더욱 안전하고 우수한 차를 생산하는 쪽으로 발전해왔다. 사고가 많이 일어난다고 해서 자동차산업을 포기할 수는 없다. 그러나 원전 개발은 한때 거꾸로 갔다. 비유해서 말하면 오스트리아와 미국, 스웨덴, 이탈리아, 스위스는 자동차 사고에 놀라 자동차 개발을 포기한 나라이다.

세계적으로 반원전 열풍이 몰아쳤을 때 한국은 프랑스, 일본과 더불어 흔들리지 않고 친원전 노선을 유지했다. 반원전 열풍이 강하던 시절 한국은 방사성폐기물 처분장(방폐장) 건설까지 추진했다가 호된 반발을 샀다. 하지만 결국 방폐장 공사도 시작하는 쾌거를 이루어냈다. 이러한 한국을 가장 부러워하는 나라가 대만이다. 2009년 현재 대만은 반핵 분위기 때문에 방폐장을 선정하지 못해 골머리를 앓고 있어 한국의 경험을 배우고자 했다.

한국 원자력계는 북한처럼 핵무기를 만든다며 허송세월하지 않았고

UAE원전 수출이라는 기적을 창출하고 원천기술을 독자개발해 내고 있다. 이러한 한국 원자력계가 사용후핵연료를 재처리해 원자로에 사용되는 핵연료를 만들 수 있도록 한미원자력협정을 개정해 낸다면, 원자력 르네상스를 맞은 지금 한국의 원자력산업은 전자·철강·자동차·조선산업 등과 더불어 한국을 G-7 국가로 이끄는 견인차가 될 것이다.

한국은 원자력 르네상스를 가장 빛나게 맞이하는 나라가 될 수 있을 것인가? 사용후핵연료의 평화적인 재활용(재처리)보장과 원전수출의 지속 여부가 중요한 분수령이 될 것이다.

〈표3〉국가별 원자력발전소 현황

(2013년 5월 3일 현재, 출력단위 : 10메가와트)

	경수로	운전중 출력	운전중 기수	건설중 출력	건설중 기수	계획중 출력	계획중 기수	합계 출력	합계 기수
1	미국	101570	103	3618	3	10860	9	116048	115
2	프랑스	63130	58	1720	1	1720	1	66570	60
3	일본	44642	51	3036	3	12947	9	60625	63
4	러시아	24164	33	9160	10	24180	24	57504	67
5	한국	20787	23	5415	4	8730	6	34932	33
6	인도	4385	20	5300	7	15100	18	24785	45
7	캐나다	13553	19	0	0	1500	2	15053	17
8	중국	13955	17	30550	28	56020	49	100525	94
9	영국	10038	16	0	0	6680	4	16718	20
10	우크라이나	13168	15	0	0	1900	2	15068	17
11	스웨덴	9399	10	0	0	0	0	9399	10
12	독일	12003	9	0	0	0	0	12003	9
13	벨기에	5943	7	0	0	0	0	5943	7
14	스페인	7002	7	0	0	0	0	7002	7
15	대만	4927	6	2700	2	0	0	7627	8
16	체코	3766	6	0	0	2400	2	6166	8
17	스위스	3252	5	0	0	0	0	3252	5
18	핀란드	2741	4	1700	1	0	0	4441	5
19	헝가리	1880	4	0	0	0	0	1880	4
20	슬로바키아	1816	4	880	2	0	0	2696	6
21	파키스탄	725	3	680	2	0	0	1405	5
22	브라질	1901	2	1405	1	0	0	3306	3
23	불가리아	1906	2	0	0	950	1	2856	3
24	멕시코	1600	2	0	0	0	0	1600	2
25	루마니아	1310	2	0	0	1310	2	2620	4
26	남아프리카공화국	1800	2	0	0	0	0	1800	2
27	아르헨티나	935	2	745	1	33	1	1713	4
28	아르메니아	376	1	0	0	1060	1	1436	2
29	이란	915	1	0	0	2000	2	2915	3
30	네덜란드	1	485	0	0	0	0	485	1
31	슬로베니아	1	696			0	0	695	1
32	방글라데시	0	0	0	0	2000	2	2000	2
33	벨라루스	0	0	0	0	2400	2	2000	2
34	이집트	0	0	0	0	1000	1	1000	1
35	인도네시아	0	0	0	0	2000	2	2000	2
36	요르단	0	0	0	0	1000	1	1000	1
37	아랍에미레이트	0	0	1400	1	4200	3	5600	4
38	터키	0	0	0	0	4800	4	4800	4
합계 (아래 수치 합산함)		374,770	436	68,309	66	176,740	161	48,061.4	650

(주) ※카자흐스탄 계획중 2(600), 리투아니아 계획중1(1350), 폴란드계획중 6(6000), 터키 계획중 4(4800), 베트남 계획중 4(4000)

자료출처 : 세계원자력협회(World Nuclear Association)

〈표4〉 노형별 세계 원자력발전소 설비용량

(2013년 5월 현재, 출력단위 : 10메가와트)

	경 수 로	가압경수로 (PWR)		비등경수로 (BWR)		가압중수로 (HWR)		흑연감속경수로 (LVVGR)		가스냉각로 (GCR)		고속로 (FBR)		합 계	
		출력	기수	출력	기수	출력	기수	출력	기수	출력	기수	출력	기수	출력	기수
1	미국	66501	67	34209	35									100710	102
2	프랑스	63130	58											63130	58
3	일본	19284	24	24931	26									44215	50
4	러시아	12864	17					10219	15			560	1	23643	33
5	한국	18029	19	2710	4									20739	23
6	중국	12540	15			1300	2					20	1	13860	18
7	캐나다					13553	19							13553	19
8	우크라이나	13107	15											13107	15
9	독일	9431	7	2572	2									12003	9
10	스웨덴	2869	3	6530	7									9399	10
11	영국	1191	1							8040	15			9231	16
12	스페인	6057	6	1510	2									7567	8
13	벨기에	5927	7											5927	7
14	대만	1850	2	3178	4									5028	6
15	인도	4085	18	300	2									4385	20
16	체코	3766	6											3766	6
17	스위스	1715	3	1593	2									3308	5
18	핀란드	992	2	1760	2									2752	4
19	불가리아	1906	2											1906	2
20	헝가리	1889	4											1889	4
21	브라질	1884	2											1884	2
22	남아공	1860	2											1860	2
23	슬로바키아	1816	4											1816	4
24	멕시코			1530	2									1530	2
25	루마니아					1300	2							1300	2
26	아르헨티나					935	2							935	2
27	이란	915	1											915	1
28	파키스탄	600	2			125	1							725	3
29	슬로베니아	688	1											688	1
30	네덜란드	482	1											482	1
31	아르메니아	375	1											375	1
32	베트남														
33	인도네시아														
34	이집트														
35	이스라엘														
36	터키														
37	카자흐스탄														
38	아랍에미리트														
	합계	255753	290	78113	84	19923	30	10219	15	8040	15	58.0	2	372628	436

자료출처 : 국제원자력기구(IAEA)

Chapter 3

원자로의 종류와 핵폭탄

우라늄은 지구가 만들어질 때, 같이 만들어진 금속 물질이다. 따라서 전 세계에 골고루 퍼져 있다. 흙이나 돌 속에도 있고 바닷물속에도 녹아 있다. 이 우라늄을 이용해서 에너지를 얻는 것이 원자력발전과 핵폭탄 이다.

우라늄은 우라늄 핵이 중성자를 흡수했을 때(‘맞았을 때’로 표현하는 경우도 많다) 터지는 것(분열하는 것)과 터지지 않는 것 두 가지로 나뉘어진다.

중성자를 흡수했을 때 터지는 우라늄을 ‘우라늄 235’, 터지지 않는 우 라늄을 ‘우라늄 238’이라고 한다. 235와 238이라는 숫자는 무거운 정도 를 나타내는 질량 번호인데, 안 터지는 우라늄이 약간 더 무겁다.

자연 속에 존재하는 우라늄에서 터지는 우라늄이 차지하는 비율은 0.7퍼센트 정도이고, 터지지 않는 우라늄의 비율은 99.3퍼센트 가량이 다. 0.7퍼센트 밖에 되지 않는 터지는 우라늄 235를 추출해 그 농도를 높 이는 것을 ‘농축’이라고 한다.

터지는 우라늄, 안 터지는 우라늄

원자력발전에 쓰이는 핵연료는 터지는 우라늄인 '우라늄 235'의 비율을 3~5퍼센트 정도로 끌어올린 것이다. 핵연료의 나머지 95~97퍼센트는 터지지 않는 우라늄인 '우라늄 238'이 차지한다. 우라늄 235의 농도를 90퍼센트대까지 끌어올리면 핵폭탄(원자폭탄)이 된다.

'우라늄 235'의 비율을 높이는 농축을 하는 데는 '우라늄 235'와 '우라늄 238' 간의 질량 차이를 이용한다. 터지는 우라늄인 '235'보다는 터지지 않는 우라늄인 '238'이 무거우니, 우라늄 광석을 매우 빨리 회전시키면 원심력이 작용해 무거운 우라늄인 '238'이 밖으로 빠져나가, 터지는 우라늄인 '235'의 비율이 높아진다.

원심력을 이용해 무거운 우라늄인 '238'의 비율을 낮춤으로써 터지는 우라늄인 '235'의 비율을 높이는 농축법을 '원심분리법'이라고 한다. 원심분리기를 이용한 '원심분리법'은 우라늄을 농축하는 가장 일반적인 방법이다.

최초의 핵연료도 '원심분리법'으로 만들었다. 그런데 최근에는 레이저를 이용해 터지지 않는 '우라늄 238'을 녹여냄으로써 '우라늄 235'의 비율을 높이는 '레이저 농축법'도 연구되고 있다고 한다.

상업용 원자로에 들어가는 핵연료는 '우라늄 235'의 비율이 3~5퍼센트 정도이

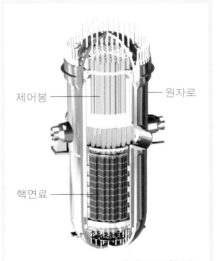

제어봉 ——— ——— 원자로

핵연료 ———

© 한국수력원자력

제어봉과 핵연료
원자로 안에 붉은 색을 띠고 아래에 있는 것이 핵연료이고, 그 위에 노란 색으로 된 것이 제어봉이다. 흡수재를 넣고 있는 제어봉 여러 개를 핵연료 쪽으로 집어넣으면 핵분열 속도가 늦어져 출력이 떨어지고, 반대로 제어봉을 위로 올리면 핵분열 속도가 빨라져 출력이 증가한다. 제어봉과 핵연료 사이의 빈 공간에는 핵연료가 낸 열을 받아 증기발생기로 전달하는 1차 냉각수가 들어차 있다.

나, 일부 연구용 원자로는 10퍼센트 이상 농축된 핵연료를 사용하기도 한다. 그러나 이러한 핵연료도 터지지 않는다. 터진다는 것은 연쇄핵분열이 일어나는 것인데, 10퍼센트대로 농축한 핵연료에서도 연쇄핵분열은 일어나지 않는다.

연쇄핵분열은 90퍼센트대로 농축한 상태에서 전체 무게가 약 16킬로그램을 넘어야 일어난다. 95~97퍼센트 정도로 고농축이 됐으면, 10킬로그램 정도가 되어도 연쇄핵분열이 일어난다. 연쇄핵분열을 보통 핵분열로 통칭한다. '우라늄 235'는 90퍼센트 이상 농축됐을 때 각각의 농축도에 따라 핵분열이 시작되는 무게가 다르게 정해져 있다. 90퍼센트 고농도에서 일정한 무게가 모이면, 자동으로 핵분열에 들어가는데 이 무게를 가리켜 '임계질량(臨界質量)'이라고 한다.

임계는 어느 경계에 도달한다는 뜻이다. 따라서 90퍼센트대로 고농축을 하였더라도 고농축한 우라늄의 절대 양이 적으면 핵분열은 일어나지 않는다.

핵연료는 3~5퍼센트로 농축한 것이라, 아무리 많이 모아 놓아도 (연쇄)핵분열이 일어나지 않는다. 핵연료를 (연쇄)핵분열시키려면 인위적으로 중성자를 쏘아주어야 한다.

'우라늄 235'는 중성자를 맞으면, 핵이 깨지면서 큰 에너지가 발생하고, 그 핵 안에서 다시 2~3개의 중성자가 쏟아져 나온다. '우라늄 235'는 핵이 중성자를 맞아 깨지면서 큰 에너지를 일으키기에, 이를 "핵분열 에너지를 일으킨다"라고 한다.

쪼개진 '우라늄 235'에서 나온 중성자도 마구 돌아다니다가 다른 '우라늄 235'를 때려 핵분열을 일으킨다. 따라서 연쇄적으로 핵분열이 일어나기 때문에, 이를 '핵분열 연쇄반응'이라고 한다. 핵분열 연쇄반응이 일어나면 핵연료는 큰 에너지를 발생시키는데, 이 열을 이용해 물을 끓이고, 그 물에서 발생한 증기로 터빈과 발전기를 돌려 전기를 얻는 것이 원자력발전의 원리이다.

원심분리기
우라늄 정광을 넣고 고속으로 회전해 우라늄235의 비율을 높이는 농축을 한다.

핵폭탄에서도 핵연료와 똑같은 반응이 일어난다. 그러나 큰 차이점이 있다. 핵연료는 중성자가 외부로 나갈 수 없는 밀폐된 공간(원자로) 안에서 인위적으로 쏘아준 중성자를 맞아 핵분열을 일으킨다. 이 중성자는 원자로 밖으로 나가지 못하므로 원자로 안에서 마구 돌아다니다 다른 '우라늄 235'를 맞춰 다시 핵분열을 일으킨다.

핵폭탄은 인위적으로 중성자를 쏴주지 않는다. 하지만 '우라늄 235'의 농축도가 90퍼센트대까지 올라갔기에 자연 상태에서 존재하는 중성자만 있어도 바로 핵분열을 일으킨다. 핵폭탄 안의 '우라늄 235' 농도는 매우 높아 핵폭탄의 핵분열 연쇄반응 위력은 핵연료에 비해 월등히 강력해진다.

핵연료는 이러한 폭발력을 필요로 하지 않는다. 핵연료는 핵폭탄에 비해 '우라늄 235' 의 비율이 월등히 적다. 하지만 '우라늄 235' 가 인위적으로 넣어서 쏴 준 중성자를 맞아 깨지면서 2~3개의 중성자가 나오므로, 핵연료 안의 중성자 수는 크게 늘어난다. 그래서 핵분열 속도가 점점 빨라져 원자로의 출력이 높아져 과열될 수 있다.

이렇게 되면 중성자를 흡수하는 물질을 담은 제어봉을 원자로 안으로 집어넣는다. 제어봉 안에는 하프늄 등 중성자를 흡수하는 물질이 들어 있으므로 제어봉 여러 개를 깊이 집어 넣으면 핵연료의 핵반응 속도가 급격히 떨어진다. 원자로 운전은 처음에는 중성자를 쏘아주고, 이후에는 제어봉을 넣었다 뺐다 하면서 일정한 출력이 나오도록 조정해 주는 것이다.

사용후핵연료에서만 만들어지는 플루토늄

이러한 핵연료 속에는 95~97퍼센트 가량의 터지지 않는 '우라늄 238' 이 들어 있다. 이 '우라늄 238' 도 중성자를 맞는데 중성자를 맞은 '우라늄 238' 중에서 극히 일부가 자기를 때린 중성자를 흡수해 플루토늄으로 변한다. 플루토늄은 '우라늄 235' 처럼 핵분열을 일으키는 물질이다.

핵폭탄을 만드는 방법은 두 가지가 있다. 첫째는 원심분리기를 이용해 '우라늄 235' 의 농도를 90퍼센트대까지 끌어올려서 만드는 것이다. 원심분리기는 강한 원심력을 내야 하므로 원심분리기를 돌리는 데는 많은 에너지가 투입된다.

원심분리기는 분당 10만 번 정도 돌아가야 한다. 자동차 바퀴의 분당 회전수(RPM)가 2000~5000인데, 원심분리기는 자동차 바퀴보다 20~50배

© wikipedia

▌리틀보이(꼬마)
1945년 8월 6일 일본 히로시마에 떨어진 농축우라늄을 이용한 핵폭탄 모형. 리틀보이는 핵실험을 해보지 않고도 바로 사용할 수 있다. 리틀보이는 실전에 사용한 세계 최초의 핵폭탄이 되었다.

▌단면도로 본 리틀보이의 기폭원리
그림에서 X로 표현된 것은 화약을 쏴주는 '총'이다. 이 총이 격발되면 W로 표시된 화약(고폭약)이 터져 강력한 폭압이 일어난다. 이 폭압으로 임계질량치 이하가 되도록 두 개로 나눠져 있던 우라늄 235(그림에서는 S)가 밑으로 날아가 H로 표현된 또 다른 우라늄 235와 합쳐짐으로써 강력한 핵분열이 일어난다.

Z) Armor Plate
Y) Mark XV electric gun primers (3)
X) Gun breech with removable inner plug
W) Cordite powder bags (4)
V) Gun tube reinforcing sleeve
U) Projectile steel back
T) Projectile Tungsten-Carbide disk
S) U-235 projectile rings (9)
R) Alignment rod (3)
Q) Armored tube containing primer wiring (3)
P) Baro ports (8)
O) Electrical plugs (3)
N) 6.5" bore gun tube
M) Safing/arming plugs (3)
L) Lift lug
K) Target case gun tube adapter
J) Yagi antenna assembly
I) Four-section 13" diameter Tungsten-Carbide tamper cylinder sleeve
H) U-235 target rings (6)
G) Polonium-Beryllium initiators (4)
F) Tungsten-Carbide tamper plug
E) Impact absorbing anvil
D) K-46 steel target liner sleeve
C) Target case forging
B) 15" diameter steel nose plug forging
A) Front nose locknut attached to 1" diameter main steel rod holding
    target components

"Atom Bombs: The Top Secret Inside Story of Little Boy and Fat Man." 2003. p 112.
John Coster-Mullen drawing used with permission

■ 팻맨(뚱보)

1945년 8월 9일 일본 나가사키에 떨어진 플루토늄을 이용한 핵폭탄 모형. 이 핵폭탄은 실험을 통해 성공을 확인한 후 사용해야 한다. 미국은 팻맨을 실전에 사용하기 전인 1945년 7월 16일 실험을 해 성공을 거뒀다. 따라서 인류가 터뜨린 최초의 핵폭탄은 팻맨이 된다.

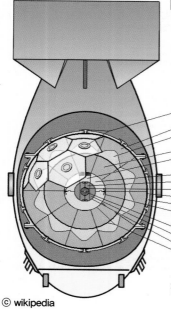

■ 단면도로 본 팻맨의 기폭원리

팻맨은 6각형으로 된 작은 가죽을 엮어서 만든 축구공과 비슷하다. 6각형으로 된 작은 가죽조각이 화약(고폭약)을 터뜨리는 신관(뇌관)역할을 한다(그림의 A).

이 신관 안쪽에 화약(D)이 얇게 덮여 있다가, 신관이 터지면 폭발해 폭압을 일으킨다. 이 폭압으로 중심부로 쪼개져 있던 플루토늄들(H)이 공 안쪽으로 몰려들어 밀도를 높여 임계질량을 낮추는 식으로 임계에 이르러 핵분열을 일으킨다.

A) 1773 EBW detonators inserted into brass chimney sleeves (32)
B) Comp B component of outer lens (32)
C) Cone-shaped Baratol component of outer lens (32)
D) Comp B inner charge (32)
E) Removable aluminum pusher trap-door plug screwed into upper pusher hemisphere
F) Aluminum pusher hemispheres (2)
G) Tuballoy (U-238) two-piece tamper plug
H) Pu-239 hemispheres (2)
I) Cork lining
J) 7-piece Duralumin sphere
K) Aluminum cups holding pusher hemispheres together (4)
L) Polonium-Beryllium initiator
M) Tuballoy (U-238) tamper sphere
N) Boron plastic shell
O) Felt padding layer under lenses and inner charges

"Atom Bombs: The Top Secret Inside Story of Little Boy and Fat Man," 2003, p 140. John Coster-Mullen drawing used with permission.

정도 빨리 돌아간다.

이때 주의할 것이 '임계질량'이다. '우라늄 235'의 농도가 90퍼센트 대에 이르렀는데 전체 무게가 16킬로그램 이상이면 바로 핵분열이 일어난다. 따라서 우라늄을 농축할 때는 농축이 되었을 때도 핵분열이 일어날 수 없는 무게가 되도록 사전 조정을 해놓고 작업을 해야 한다. 우라늄 농축은 '임계질량'이하에서만 하는 것이다.

그리고 핵폭탄으로 사용할 때 '임계질량'이하로 나누어 놓은 농축우라늄 덩어리 여러 개를 합쳐서 '임계질량'이상이 되도록 한다. 그런데 이 작업이 핵폭탄을 쏘는 쪽에서 이뤄진다면 바로 핵분열을 일으킨다. 즉 핵폭탄을 쏘려고 한 쪽에서 핵폭탄이 터져 그 지역이 쑥대밭이 되는 것이다.

핵폭탄 폭발시키려면 기폭이 필요

이것을 피하려면 핵폭탄을 '임계질량'이상으로 합쳐주는 작업은 핵폭탄을 떨어뜨리려고 하는 지역에서 일어나게 해야 한다. 즉 쏘는 단계에서는 '임계질량'이하로 나누어 놓고, 이 핵폭탄이 발사돼 적국 지역에 도달했을 때 합쳐줌으로써 '임계질량'을 이루게 해야 한다.

쪼개 놓은 농축우라늄을 적국 지역에서 '순식간'에 하나로 합쳐주게 하기 위해서는 '폭발'이 있어야 한다. 이 폭발은 핵분열이라고 하는 거대한 폭발을 일으키기 위한 폭발이기에 '기폭(起爆)'이라고 한다. '기폭'에는 일반 폭탄에 사용하는 고폭약을 사용한다.

'기폭'에는 아주 정교한 기술이 필요하다. 핵폭탄의 질(質)은 핵분열 속도에 의해 결정된다고 해도 과언이 아니다. 핵분열이 아주 짧은 시간 안에 이루어지면 핵폭탄의 폭발력은 강화된다. 반면 오랜 시간에 걸쳐 이뤄진다면 폭발력은 현저히 떨어진다. 그래서 1백만분의 1초 이하라는 아주 짧은 시간 안에 핵분열이 일어나도록, 쪼개 놓은 농축우라늄을 하나로 합쳐주는 기폭이 아주 중요해진다.

기폭 기술을 개발하기 위해 원폭 보유국은 수많은 실험을 하는데, 과거 북한도 수십 차례 기폭 실험을 했다. 2006년 10월 9일 실시된 북한의 1차 핵실험과 2009년 5월 25일의 2차 핵실험은 기폭에 문제가 있었던 듯 강한 폭발을 일으키지 못했다. 그러나 2013년 2월 12일의 3차 핵실험은 제대로 기폭을 한 듯하다. 기폭이 실패하면 핵무기 개발도 실패한다. 따라서 기폭은 원폭 개발보다 더 어려운 기술이라고 할 수 있다.

농축우라늄으로 만든 원폭의 대표적인 예가 1945년 8월 6일 일본 히로시마(廣島)에 투하된 '리틀보이(Little Boy, 꼬마)'이다.

이렇게 '우라늄 235'를 농축하고 기폭장치를 개발함으로써 완성되는 원자폭탄 제조법은 매우 힘들고 번거롭다. 그래서 대안으로 나온 것이 플루토늄을 이용하는 것이다. 앞에서도 이야기했듯이 원자로에서 타고 나온 사용후핵연료에는 자연적으로 플루토늄이 생성되어 있다. 이러한 플루토늄을 이용해서 만든 원폭이 1945년 8월 9일 일본 나가사키에 떨어진 '팻맨(Fat Man · 뚱보)'이다.

우라늄 정광(精鑛)에서 '우라늄 235'를 추출하는 것보다는 사용후핵연료에서 플루토늄을 추출하는 것이 훨씬 더 쉽다. 사용후핵연료를 분해해 필요한 물질을 얻는 것을 '재처리'라고 한다. 재처리는 플루토늄을 얻을 수 있는 방법이기에 미국과 국제원자력기구(IAEA)는 재처리에 대해서는 농축보다 더욱 신경을 곤두세우고 있다.

사용후핵연료를 재처리해서 플루토늄을 얻는 것이 '우라늄 235'를 농축하는 것보다 쉬운 길이기에, 많은 나라들이 플루토늄을 이용해 원자폭탄을 제조한다. 미국이나 러시아, 중국, 영국, 프랑스 등 핵폭탄을 보유한 나라가 갖고 있는 원자폭탄도 대부분 플루토늄을 이용해서 만든 것이다.

플루토늄도 '우라늄 235'와 마찬가지로 고농축 상태에서는 임계질량을 갖는다. 따라서 플루토늄을 이용해서 만든 핵폭탄도 임계질량을 이루지 못하도록 나누어 놓았다가 적국에 도달할 때쯤 기폭으로 합쳐주고 그때 밀도가 높아져 임계질량에 도달해 핵분열을 일으키게 한다. 미국과 러시아가 갖고 있는 대륙간 탄도미사일은 적국에 도달했을 때 내부에서 기폭이 이뤄짐으로써 터지게 되는 것이다.

수소폭탄은 원자폭탄을 기폭장치로 이용

우라늄과 플루토늄이 중성자를 맞았을 때 쪼개지면서 거대한 에너지를 낸다는 핵분열에 주목한 인류는 수소를 이용하면 더욱 큰 에너지를 얻을 수 있다는 사실을 발견했다.

여기서의 수소는 일반적인 수소가 아니라 '중(重)수소'나 '삼중수소'를 가리킨다. 중수소는 일반적인 수소보다 중성자가 하나 더 많은 것이고, 삼중수소는 2개 더 많은 것이다.

핵폭탄은 '우라늄 235'와 플루토늄이 중성자를 맞아 핵이 쪼개질(분열함) 때 큰 에너지가 발생한다.

그런데 중수소와 삼중수소는 결합할 때 아주 거대한 에너지를 일으킨다. 따라서 앞의 것은 핵이 분열될 때 에너지가 발생한다고 하여 핵분열을 이용한 원자폭탄으로 불리게 됐고, 뒤의 것은 중수소와 삼중수소가 융합할 때 큰 에너지를 낸다고 하여 수소폭탄으로 불리게 됐다.

W87
MX MISSILE
— 수소폭탄 탄두

© wikipedia

미국의 피스키퍼 대륙간 탄도미사일
탑재부에 들어 있는 열 개의 붉은 색 물체가 바로 작은 로켓을 달고 있는 W-87로 불리는 수소폭탄 탄두들이다. 수소폭탄 탄두들은 안에 있는 원자폭탄이 터져서 일으킨 에너지를 융합함으로써 거대한 폭발력을 일으킨다. 대륙간 탄도미사일은 미 공군 우주사령부가 관리하기에 피스키퍼 몸통에는 US AIR FORCE라고 쓰여 있다.

그런데 중수소와 삼중수소는 그냥 융합하지 않는다. 이들을 결합시키려면 아주 강한 에너지가 있어야 하는데, 이 에너지는 원자폭탄으로 얻을 수 있다. 때문에 수소폭탄 내부에는 작은 원자폭탄이 들어간다. 또 원자폭탄 안에는 임계질량 이하로 쪼개 놓은 '우라늄 235' 나 플루토늄을 하나로 합쳐주는 기폭을 위해 고폭약이 들어 있다.

수소폭탄에서 제일 먼저 터지는 것은 이 고폭약이다. 고폭약이 터져서 '우라늄 235' 나 '플루토늄' 이 '임계질량' 을 이루며 핵분열을 해 거대한 폭발이 일어나는데, 이 폭발 에너지를 이용해 중수소나 삼중수소가 융합함으로써 더욱 큰 폭발이 일어나는 것이 바로 '수소폭탄' 이다.

고폭약은 일반적으로 TNT를 말한다. 그런데 TNT는 원자폭탄과 수소폭탄의 위력을 나타내는 기준으로도 활용된다. TNT 1000톤을 터뜨렸을 때의 위력을 1킬로 톤이라고 한다. 원자폭탄은 대개 킬로톤 단위의 위력을 발휘한다. TNT 100만 톤을 터뜨렸을 때의 위력은 1메가 톤이라고 하는데, 수소폭탄은 메가톤 단위의 위력을 발휘한다. 수소폭탄의 위력은 원자폭탄보다 1000여 배 정도 강한 것이다.

미국과 러시아 등이 보유하고 있는 핵무기는 전부 '수소폭탄' 이다. 이러한 '수소폭탄' 을 항공기에 싣고 가 적국에 떨어뜨리려고 한다면 이 항공기는 적국이 쏜 방공미사일을 맞아 격추될 위험이 있다.

이렇게 되면 목표를 달성하지 못하므로 핵무기는 대부분 미사일에 실어 발사한다.

미사일은 항공기와는 비할 수 없을 정도로 빠른 속도인 마하5(단거리 탄도미사일), 마하10(중거리 탄도미사일), 마하15(준 대륙간 탄도미사일), 마하20(대륙간 탄도미사일) 정도로 날아가기에 방공미사일을 피할 확률이 매우 높다. 또 항공기와 달리 사람이 타고 있지 않기에 부담 없이 발사할 수 있다.

수소폭탄은 대개 대륙간 탄도미사일(ICBM)에 탑재한다. 대륙간 탄도미사일에는 수소폭탄으로 만든 최대 10개의 핵탄두가 실려 있다. 발사된 대륙간 탄도미사일은 대기권 밖으로 올라가 탑재부가 찢어지면서 실려 있던 탄두가 쏟아져 나온다. 각각의 탄두에는 작은 로켓엔진이 달려 있으므로, 각각의 탄두는 이 로켓엔진을 이용해 각기 다른 방향으로 날아간다. 이 탄두들은 대기권에 들어와 자유낙하를 하며 자기 목표물을 향해 떨어지는 것이다.

각각의 탄두에는 작은 날개가 달려 있는데, 탄두는 이 날개를 적절히 조정해 목표물까지 정확히 날아간다. 그리고 목표물의 직상공에 도달했을 때, 원자폭탄 내부의 고폭약이 터지면서 원자폭탄이 폭발한다. 이때 생겨난 에너지를 이용해 중수소나 삼중수소가 결합하면서 거대한 핵융합 에너지가 발생해 적국을 초토화 시키는 것이다.

핵연료는 폭발하지 않는다

원자로는 이렇게까지 가지 않는다. 원자력발전을 연구하는 사람들은 핵융합이 갖고 있는 엄청난 에너지에 주목해 융합로 개발에 관심을 기울이지만, 핵융합은 아직 안전을 담보할 기술이 개발되지 않았기에 페이퍼 연구만 거듭하고 있다. 따라서 원자력발전에서는 '우라늄 235'를 저농축한 후 인위적으로 중성자를 쏘아줌으로써 일어나는 핵분열 에너지만 이용한다. 그런데 원자로 안에서는 제어봉을 이용해 핵분열 속도를 제어하기 때문에 폭발은 일어나지 않는다.

그러나 제어봉이 제 역할을 하지 못해 핵반응 속도가 빨라지면 과열돼, 핵연료가 녹아내리고 원자로 안에 있던 물이 끓어서 터지는 사고가 일어나는데, 이를 '증기폭발'이라고 한다. 출구 없는 통에 들어 있는 물이 펄펄 끓으면 수증기 압력 때문에 그 통이 폭발하는데 이것이 바로 '증기폭발'이다. 증기폭발은 핵분열로 일어나는 핵폭발과 전혀 다르다.

원자로 안에 있던 물이 끓어 폭발하면 원자로는 깨지게 되므로, 그 안에 있던 핵연료 조각들이 밖으로 튀어나오게 된다. 이렇게 되면 방사능을 띠고 있는 물질이 원자로 밖으로 나오게 된다. 체르노빌 원전사고가 바로 증기폭발이 있었다.

이러한 사고를 막기 위해 자본주의권의 원자력발전소는 증기폭발이 일어나더라도, 방사성 물질이 밖으로 나가지 못하도록 원자로 외부에 거대한 격납건물을 만들어 놓았다. 격납용기는 강철로, 격납용기를 덮는 격납건물은 강화콘크리트와 철근을 이용해 1미터 내외의 두께로 만든다.

커피포트와 비슷한 비등경수로

이러한 원자로는 열을 얻는 방식에 따라 여러 개로 나뉠 수 있다. 가장 많이 볼 수 있는 원자로는 가압경수로이다. 가압경수로를 이해하기 위해서는 먼저 비등경수로부터 살펴보는 것이 좋다.

비등경수로는 거대한 커피포트를 연상하면 쉽게 이해할 수 있다. 커피포트에 물을 넣어 끓이면 수증기가 나오는데 이 수증기로 터빈을 돌려 전기를 생산하는 것이 비등경수로이다.

과거에 생산된 커피포트 중에는 물을 넣은 공간에 열선이 들어 있는 것이 있었는데 이 열선이 바로 핵연료이다. 커피포트의 열선이 달아오르면 물이 끓기 시작해 구멍으로 증기가 뿜어져 나온다. 그와 마찬가지로 핵연료가 핵분열을 일으켜 달아 오르면, 물통(비등경수로) 안에 있는 물이 설설 끓으면서 증기를 뿜어 올린다. 이 증기를 이용해 바로 터빈을 돌리는 것이 비등경수로(BWR: Boiling Water Reactor)이다. 터빈이 돌아가면 같이 붙어 있는 발전기도 돌아가 전기가 생산된다.

비등경수로는 핵연료와 맞닿아 있는 물이 증기로 변해 터빈을 때리는 것이어서 이 증기가 새어 나가면 방사능물질이 누출될 수 있다. 핵연료봉이 부스러져 안에 있던 핵물질이 누설되면 물의 방사능 오염도는 높

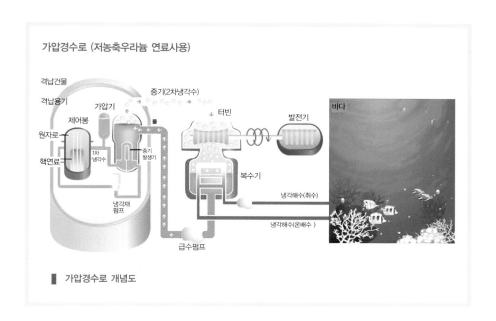

가압경수로 (저농축우라늄 연료사용)

가압경수로 개념도

아진다. 이러한 물이 증기로 변해 터빈을 때리는데, 이 기체가 터빈을 둘러싼 구조물 밖으로 새어 나가지 않는다고는 누구도 장담할 수 없다.

1차 냉각수와 2차 냉각수가 분리된 가압경수로

핵연료와 접하는 물을 바로 증기로 만든다는 비등경수로의 약점을 보완한 것이 현재 가장 많이 보급돼 있는 가압경수로이다. 가압경수로는 비등경수로와 같은 원리로 작동하나, 물을 1차 냉각수와 2차 냉각수로 나누었다는 차이가 있다.

가압경수로도 두께가 25~30센티미터에 이르는 합금으로 만든 아주 단단한 커피포트이다. 이 커피포트 안쪽에는 열선 역할을 하는 핵연료가 들어 있으면 이것이 핵분열을 일으킨다.

그로 인해 원자로 안에 있는 물이 뜨거워지는데, 이 물은 끓지 않는다. 이유는 150기압이라고 하는 어마어마한 압력을 가해주었기 때문이다. 그래서 가압경수로 앞에는 '가압(加壓)'이라는 단어를 붙이는 경우가 많다. 가압경수로 운전자는 제어봉을 넣었다 뺐다 하면서 150기압을 가해준 물의 온도가 섭씨 320~350도 정도가 되도록 조종한다.

이러한 물이 배관을 따라 원자로 밖으로 나가 증기발생기 안을 통과한다. 증기발생기 또한 원자로와 비슷한 물통인데, 이 물통에서 열선 역할을 하는 것은 원자로에서 나온 물이 지나는 배관이다.

이 배관 밖에는 압력을 가하지 않는 '일반 물'이 들어 있는데, 이 물이 원자로에서 나온 물이 지나는 배관의 열을 받아 설설 끓는다. 그리고 거대한 증기를 일으키는데, 이 증기로 터빈과 발전기를 돌려 전기를 생산하는 것이 가압경수로의 발전 방식이다.

경수로의 경수(輕水)는 일반적인 물을 가리킨다. 비등경수로에 쓰는 물도 일반적인 물(경수)이다. 압력을 가한 물(1차 냉각수)과 압력을 가하지 않은 물(2차 냉각수)로 구성된 원자로를 가압경수로라고 하는 까닭은 비등경수로와 구분하기 위해서이다. 가압경수로는 1차 냉각수로 가압을 한 물을 사용하기에 영어로는 PWR(Pressurized Water Reactor)이라고 한다.

증기발생기에서 열을 빼앗긴 고압의 물(1차 냉각수)은 다시 원자로 안으로 들어가 '열을 받아' 증기발생기로 나오는 일을 반복한다. 그리고 증기발생기에서 설설 끓어서 생긴 증기(2차 냉각수)는 터빈을 때려준 후 복수기(復水器)를 지난다. 복수기는 증기가 지나가는 큰 배관인데, 이 배관 밖으로는 차가운 바닷물이나 강물이 흐른다. 따라서 배관 속의 증기는 열을 뺏겨 다시 물로 돌아간다.

1차 냉각수는 원자로 안에서 핵연료와 접촉하기 때문에 방사능에 오염될 수 있다. 그러나 이 물은 증기발생기의 배관을 통해 증기가 되는 2차 냉각수와 분리되어 흐르기에 2차 냉각수가 변한 증기가 방사능에 오염될 가능성은 매우 희박하다.

■ 가압경수로 증기발생기의 단면
증기발생기 안에는 1차 냉각수가 흐르는 가느다란 관(세관, 細管)이 빼곡히 차 있다. 2차 냉각수는 이 관 밖에 있으면서 1차 냉각수의 열을 받아 증기로 변한다. 이 증기발생기는 두산중공업에서 제작한 것이다.

■ 가압경수로용 증기발생기
원자로에서 나온 1차 냉각수에서 열을 받은 2차 냉각수가 증기로 변하는 곳이다. 한국에서는 두산중공업이 제작한다.

물론 1차 냉각수가 흐르는 관이 찢어진다면, 증기로 변하는 2차 냉각수도 오염될 수 있다. 그런데 1차 냉각수는 150기압이라는 높은 압력을 받으며 흐르기에 배관에 찢어진 곳이 있으면 순식간에 그곳으로 빠져나가 버린다.

이렇게 되면 원자로 내부에 있어야 하는 물의 양이 급격히 적어지므로 원자로 운전자는 1차 냉각수가 누설됐다는 사실을 금방 알아차린다. 따라서 원자로 가동을 멈추고 비상 안전조치를 취할 수 있다. 이런 이유 때문에 가압경수로는 비등경수로보다 훨씬 더 안전한 원자로라는 평가를 받는다. 비등경수로는 원자로가 증기발생기를 겸하는 것이고, 가압경수로는 원자로와 증기발생기를 분리함으로써 안전도를 크게 향상시켰다.

원자로 중에 흑연가스냉각로가 있다. 이 원자로는 원자로 안에 빠르게 움직이는 중성자의 속도를 줄여 핵분열을 잘 할 수 있게 해주는 감속재로 흑연을 핵연료와 같이 넣는다. 이탈리아 태생으로 미국으로 건너가 시카고 대학에서 최초로 원자로를 만든 엔리코 페르미(Enrico Fermi)도 흑연을 핵연료와 함께 넣은 CP-1 연구용 원자로를 만들었다.

가스냉각로에는 물이 들어가지 않는다. 물 대신 이산화탄소(CO_2)라고 하는 '가스'가 들어간다. 이산화탄소('탄산가스'로 표현하는 경우도 많다)가 핵연료가 일으킨 열을 원자로 밖으로 전달하는 역할을 하기에 가스냉각로라고 불린다.

원자로 안에 있는 핵연료가 핵반응을 일으켜 생성한 열을 이산화탄소가 뽑아주면 그 열로 증기발생기에서 물을 끓이고, 여기서 나온 증기로 터빈을 돌려 전기를 생산하는 것이 바로 가스냉각로이다.

1956년 영국에 세워진 서방세계 최초의 상업용 원자로인 콜더홀(Calder Hall) 원전이 바로 가스냉각로였다. 그러나 이산화탄소는 물에 비해 열을 전달하는 능력이 떨어져 증기발생기를 크게 만들어야 한다는 단점이 있다. 또 부피가 큰 가스를 넣다 보니 물을 넣은 원자로보다 원자로의 덩치가 커지게 됐다.

가압경수로에 비해 원자로와 증기발생기가 너무 커서 가압경수로가 보급되면서 가스냉각로는 서방세계에선 거의 자취를 감추었다. 가스냉각로를 개발했던 영국은 이러한 문제 때문에 이 원자로 생산을 중단함으로써 세계 원자로 제작 시장에서 탈락하고 말았다.

구 소련에서는 가스(이산화탄소) 대신 물(輕水)을 사용하는 원자로를 만들었다. 구 소련에서 개발한 흑연가스냉각로를 'RBMK(Reactor Bolshoy Moshchnosti Kanalniy)형'이라고 하고, 물을 사용하는 원자로는 'VVER(Vodo-Vodyanoi Energetichesky Reactor)형'이라고 한다.

RBMK형 원자로의 대표적인 예가 1986년 4월 25일 큰 사고를 일으켰던 체르노빌 원자로이다. VVER형은 RBMK형보다 신형이다.

캐나다에서 발전한 중수로

중수로는 캐나다에서 개발했고, 중수(重水)를 냉각재로 사용하며, 천연 우라늄을 연료로 쓴다고 하여 '캔두(CANDU: Canada+중수소 Deuterium+천연우라늄 Uranium)'로 약칭된다. 중수로는 캐나다원자력공사(AECL: Atomic Energy of Canada Limited)가 개발한 것이다. 캐나다가 중수로를 개발하게 된 데는 역사적인 사연이 있다.

캐나다는 지금도 영국 (여)왕을 국가원수로 모시는 영연방 국가이다. 따라서 영국이 결정하면 함께 움직이는 경우가 많다. 제2차 세계대전이 발발했을 때에도 캐나다는 영국과 함께 행동했다. 캐나다군은 영국군 사령부의 지휘를 받으며 유럽전선에 참전한 것이다.

이 때문에 영국은 캐나다를 자국 영토처럼 생각했다. 저자가 초등학교와 중학교를 다니던 1960~70년대의 지리부도에는 캐나다가 영국령으로 표시돼 있었다.

▌ 중수로를 개발한 캐나다의 초크리버 연구소
캐나다의 수도인 오타와에서 북서쪽으로 180여 킬로미터쯤 떨어진 온타리오 주의 초크강(Chalk River) 옆에 있는 캐나다의 원자력연구소. 이 연구소는 1947년 세계 최초로 열출력 2만 킬로와트의 연구용 중수로 NRX를 개발했다. 이 연구소는 지금도 캐나다를 대표하는 원자력연구소로 활약하고 있다.

유럽에서 일어난 제2차 세계대전은 독일과 영국의 전쟁이었다고 해도 과언이 아니다. 전쟁 기간 중 영국은 미국과 마찬가지로 독일을 이기기 위해 핵폭탄을 연구했는데, 이 시기에 독일 공군이 집중적으로 영국을 폭격했다. 독일 항공기의 영국 폭격과 그에 대한 영국의 항전을 '브리티시 워'라고 한다. 독일군의 공격으로 핵폭탄 연구에 어려움을 느낀 영국은 과학자들을 캐나다로 보내 연구하게 했다.

제2차 세계대전이 끝났을 때 영국의 경제는 엉망이었다. 그러나 캐나다는 전화(戰火)가 미치지 않아서 훨씬 형편이 좋았다. 때문에 캐나다에 파견된 영국의 과학자들은 귀국하지 않고, 눌러앉아 연구를 계속했다.

캐나다는 미국과 달리 중공업이 발달하지 못했다. 가압경수로나 가스냉각로는 수백 톤이 넘는 쇳덩어리이므로 중공업이 발전하지 못한 나라에서는 제작할 수가 없다. 우라늄을 농축하는 데도 상당한 시설이 필요

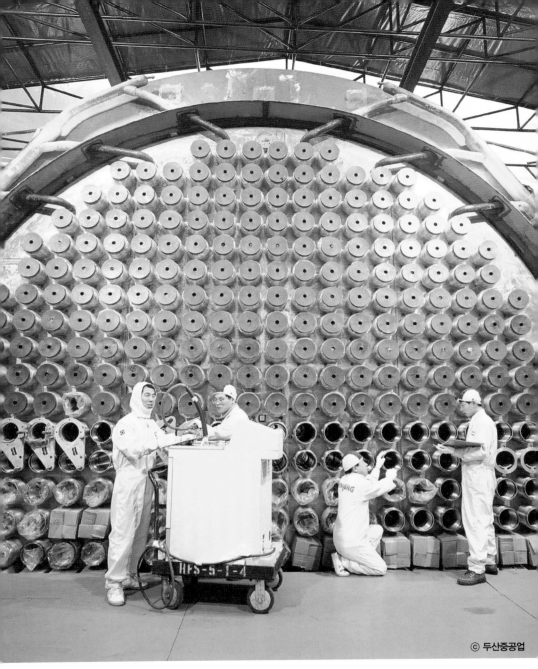

© 두산중공업

▌두산중공업에서 제작하는 중수로
중수로는 원통 모양으로 된 작은 원자로(압력관) 380여 개로 구성된 '원자로 뭉치' 이다. 380개의 중수로용 원
자로를 가진 이 뭉치를 '칼란드리아(Calandria)' 라고 한다. 보통은 칼란드리아를 중수로로 부르는 경우가 많다.

▌ NRX 원자로
캐나다 초크리버 원자력연구소에 건설된 세계 최초의 연구용 중수로. 주위에 있는 것은 이 원자로
를 이용해 연구를 수행하는 사람들의 책상과 자료들이다.

한데, 캐나다는 그러한 시설을 갖출 형편도 되지 못했다. 하지만 캐나다에는 우라늄이 무진장 널려 있었던데다가 중수(重水)를 만드는 방법도 개발해 냈다.

중수는 일반적인 물인 경수(輕水)와는 성질이 다른 물이다. 일반적인 물인 경수는 산소 하나에 수소 2개가 붙어 있으므로 분자식을 H_2O로 적는다. 그러나 중수는 일반 수소보다는 두 배 정도 무거운 중수소 2개가 산소 하나와 결합했다. 중수소(Deuterium)는 D로 표기하며 중수의 분자식은 D_2O이다.

중수는 일반 자연수 중에 0.015퍼센트 정도 존재한다. 캐나다는 중수를 만드는 법을 개발해 냈다. 중수는 경수보다 중성자 흡수율이 1000분의 1정도로 작다. 따라서 중성자가 더 많이 돌아다녀 천연우라늄도 핵분열시켜 줄수 있게 된다 우라늄을 농축하거나 원자로를 제작할 정도로 중공업이 발전하지 못한 캐나다는 무진장 널려 있는 우라늄과 중수를 결합시킬 수 있는 원자로 개발에 나섰다.

핵분열을 일으키는 우라늄 235가 0.7퍼센트만 섞여 있는 천연우라늄에 인위적으로 중성자를 쏴준 후 이 중성자가 밖으로 나오지 못하게 하면, 이 중성자는 천연우라늄 안을 돌아다니다 우라늄 235를 때려 핵분열을 일으킨다. 그리고 깨어진 우라늄 235에서 나온 중성자도 함께 돌아다니다가 다른 우라늄 235를 때려 연쇄적으로 핵분열을 일으킨다.

따라서 중수와 천연우라늄을 결합시키면 우라늄을 농축하지 않아도 핵분열을 일으킬 수 있다. 영국의 가스냉각로도 천연우라늄을 사용한다. 캐나다에 눌러앉은 영국계 과학자들은 모국에 있는 과학자들이 가스냉각로를 개발하는 사이 이러한 방식을 이용한 원자로에 도전했다.

이들은 '압력관'으로 명명한 작은 튜브 안에 천연우라늄을 가공해서 만든 핵연료와 중수를 집어넣어 핵분열을 시켰다. 그리고 이 압력관 수십~수백 개를 모으면 가압경수로나 비등경수로 혹은 가스냉각로 정도의 에너지를 낼 수 있다는 것을 알았다. 압력관은 작기 때문에 중공업이 발전하지 못한 캐나다에서도 충분히 제작할 수 있다.

압력관 수십~수백 개를 합쳐 놓은 덩어리를 영어로 칼란드리아(Cala-ndria)라고 한다. 압력관의 집합체인 칼란드리아를 사람들은 '중수로'로 불렀다. 캔두형 원자로는 캐나다 온타리오 주 초크리버(Chalk-River) 원자력연구소에서 처음 개발됐다. 이 연구소가 개발한 연구용 원자로는 NRX(National Research Experimental)라는 이름으로 1947년 7월 22일 이 연구소 안에 준공되었다.

중수로는 가압경수로처럼 1차 냉각수와 2차 냉각수가 있어 안전하게 증기를 발생시킨다. 한국은 이러한 중수로를 월성원전본부에서 네 기 운영하고 있다. 중수로의 압력관 수백 개에서는 계속 사용후핵연료가 나오기 때문에 국제원자력기구는 중수로에 신경을 곤두세우고 있다.

그 외 원자로의 종류에는 고속증식로와 핵융합로 등 연구개발 단계의 원자로가 더 있으나 이는 관련된 내용을 소개할 때 설명하기로 한다.

2009년 현재 한국은 16기의 가압경수로와 네 기의 중수로를 운영하고 있다. 특별한 경우가 아니면 국내에서는 중수로를 더이상 짓지 않고 OPR-1000이나 APR-1400과 같은 가압경수로만 계속 지어나갈 예정이다. 해외에서 주문이 있다면 캐나다와 함께 중수로를 제작해 수출할 수는 있다.

핵무기와 원자로에 대한 설명은 이 정도로 마치고 보다 정치(精緻)한 세계로 나가보자.

© 한국수력원자력

▌ 한국형 가압경수로 APR-1400
2010년 7월 15일 신고리 3호기에 설치되는 최초의 140만 킬로와트급 한국형 가압경수로 APR-1400. 앞으로 한국은 국내에서는 가압경수로만 지을 예정이다.

SECTION 2

1. 1940년대 원폭 투하 결심한 트루먼, 원자력 이용 천명한 아이젠하워
2. 1950년대 이승만의 집념과 시슬러의 우정 위에 출범한 한국 원자력
3. 1960년대 가압경수로 선택을 위한 최후의 도박 "아이젠버그를 따돌려라"
4. 1970년대 박정희의 야심 중수로 건설, 미국의 태클 "NPT를 비준하라"
5. 1980년대 영광 원전 3·4호기, 원자력 기술 자립을 위한 거보(巨步)를 딛다
6. 1990년대 뒤죽박죽의 시절, 북핵은 OK, 재처리는 물 건너가다
7. 2000년대 도래한 원자력 르네상스, 그러나 갈 길은 멀다

세계 원자력史 속에서 본
한국 원자력史

한국수력원자력(주) 월성원자력본부 전경 ⓒ 한국수력원자력

세계 원자력史 속에서 본 한국 원자력史

한국이 발전량 기준으로 세계 6위, 원전 제작 기술 능력으로는 세계 3위, 원전 운영 기술 기준으로는 세계 1~2위에 올라선 데는 '피눈물 나는' 배경이 있었다. 대표적인 사례가 방사성폐기물 처분장(방폐장) 건설을 둘러싼 긴 갈등이다. 한국은 19년간 치열하게 갈등하다 간신히 방폐장 건설에 들어갔다. 그리고 UAE에 원전 수출을 성사시켰다.

한국의 원자력발전사는 거저 이뤄진 게 아니라 쟁취의 역사이다. 원자력의 중요성을 간파한 리더가 있었기에 한국은 세계와 갈등하며 원자력 강국으로 발전했다. 이 리더는 아이러니컬하게도 독재권력을 휘둘렀다는 소리를 듣는 이승만과 박정희 그리고 전두환 대통령이었다. 세 지도자는 의지를 갖고 원자력산업을 발전시켰다.

영악하게도 한국은 원자력발전에만 집중했다. 핵무기 개발은 쳐다보기만 한 것이다. 덕분에 미국으로 대표되는 세계와의 마찰을 최소화했다.

반면 북한의 지도자는 처음에는 원자력발전에 주력하는 듯 했으나 사회주의권이 무너지자 핵무기 개발에 전력을 기울임으로써 세계와의 갈등을 극대화했다. 공교롭게도 이러한 갈등이 지금은 북한의 생존방법이 되었다. 한국과 북한 가운데 어느 쪽의 선택이 더 현명한 것인가.

한국 원자력산업의 발전을 이해하려면 세계 원자력산업의 변화부터 살펴보아야 한다. 제2차 세계대전을 종식시킨 무기로 등장한 핵이, 발전(發電)을 하는 동력원으로 변모한 데는 냉엄한 국제정치적 배경이 있었다.

이러한 국제환경 속에 한국과 북한, 일본, 프랑스의 지도자들은 국익을 위해 원자력을 발전시켰다. 요동치는 세계 정치의 틀 속에 한국이 주요국가들과 어떻게 갈등하고 경쟁하며 원자력산업을 발전시켰는지 살펴보기로 한다.

Chapter 1

원폭 투하 결심한 트루먼,
원자력 이용 천명한 아이젠하워

1945년 광복이 되기 직전까지 매년 4년제 대학을 졸업하는 조선인은 2백여 명에 불과했다. 대일(對日) 항쟁기 때 조선에 있던 4년제 대학은 일제가 세운 경성제국대학 하나뿐이었다. 이 대학에는 조선에 와 있던 일본인과 친일 조선인만 입학할 수 있었다. 경성제대 재학생은 총 610명 정도였는데, 이 중 조선인은 210여 명에 불과했다(4개 학년 전체에서). 그리고 일부 조선인이 일본에 있는 대학에 다녔으므로 대학 출신 조선인은 매년 2백 명을 넘기 힘들었다.

광복을 맞은 조선은 미국의 군정(軍政)을 받게 됐다. 초대 미 군정장관은 아널드(Arnold) 육군 소장이었다. 2대 군정장관은 러치(Lerch) 육군 소장이었는데, 러치 장관이 1946년 11월 급서했다. 그래서 찰스 헬믹(Charles Helmick) 준장이 두 달 동안 군정장관 대리를 하다가 딘(Dean) 육군 소장에게 3대 군정장관 바통을 넘겨주었다.

군정장관 대리를 맡게 된 헬믹 준장은 인재가 없는 '한심한' 조선 사정을 파악한 후 '조선은 자국의 자원을 활용할 수 있는 훈련 받은 인력이 없으므로 높은 생활수준을 누리지 못할 것이다. 미군이 지원을 중단하면 조선 경제는 소달구지가 끄는 수준으로 추락할 것이고, 농사를 짓지 않는 9백만 조선인(당시 남한 인구)은 굶주림에 직면할 것이다'라고 예언했다.

1945~1948년의 한국은 지금의 북한이나 기근으로 고통받는 중부 아프리카의 국가들보다 더 희망이 없는 나라였다.

'희망 없는 나라'에서 세계 6위의 원전대국으로

광복 당시 한국(남한)이 갖게 된 전력 생산시설은 한반도에 설치된 전력 생산시설의 11.5퍼센트에 불과했다.

그런데 광복이 되자 일본과 만주, 중국에 있던 동포들이 돌아오기 시작했다. 그리고 북한에서 시작된 공산 독재를 피해 적잖은 사람이 남한으로 넘어왔으므로 한국(남한)의 인구는 기하급수적으로 늘어났다. 그로인해 한국(남한)의 전력 자급률은 4퍼센트대로 떨어졌다.

일본군 무장해제를 이유로 그어진 38선은 점차 분계선으로 굳어져 갔다. 남쪽에서는 미국식 정치체제가 등장하고 북쪽에서는 소련식 정치체제가 형성돼 가기 시작한 것이다. 양 체제는 갈등했다. 상대에게 자기체제를 받아들이라고 강요한 것이다. 갈등은 국지전으로 변모했다.

이러한 때인 1948년 5월 14일 북한은 한국을 상대로 전력 송출을 중단하는 조치를 취했다. 아직 남한이 미군정을 받고 있던 때였다.

그로 인해 일순간에 전력 부족 현상이 일어나, 곳곳에서 '블랙아웃'과 '브라운아웃' 현상이 발생했다. 제한송전을 하고 있었던 전기사정이 더욱 나빠진 것이다. 당황한 미군은 제2차 세계대전 때 사용한 '발전함

(發電艦)'을 끌고 왔다. 2만 킬로와트급 전기를 생산하는 자코나(Jacona)함과 6천500킬로와트급 전기를 생산하는 엘렉트라(Electra)함을 각각 부산항과 인천항에 정박시키고 전기를 생산하게 해 전력난에 대처케 했다. 그런데 2년 후인 1950년 6월 25일 북한이 기습공격을 감행해 한국은 잿더미가 되었다.

이런 한국이 불과 반세기 만에 세계적인 산업국가가 되고, IT(정보기술) 산업을 주도하는 나라로 발전한 것은 기적이 아닐 수 없다. 희망이 없는 나라에서 희망이 넘치는 나라로 변모한 것이다.

산업을 일으키기 위해서는 반드시 전기가 있어야 한다. 풍부한 전기가 있되 그 값이 싸야 한다. 그래야 생산비 부담이 적어져 가격 경쟁력 있는 제품을 만들 수 있다.

한국의 전기 값은 1982년 이래 거의 변화가 없다. 1982년 1월부터 2005년 12월 사이 물가는 193퍼센트 정도 올랐다. 하지만 전기 값은 2.4퍼센트밖에 오르지 않았다. 한국의 전기 값이 이렇듯 싼 것은 원자력발전 덕분이라고 할 수 있다.

한국은 2011년 초 현재 20기의 원전을 가동하고 있는데, 이 원자력발전소에서 생산하는 전력이 한국에서 소비하는 전체 전력의 40퍼센트 정도를 차지한다. 한국 원전에서 생산하는 전기는 다른 발전소, 예를 들면 유연탄 화력발전소나 가스발전소에서 생산하는 전기보다 킬로와트아워(kWh)당 가격이 훨씬 더 싸다. 값싼 전기 덕분에 한국은 눈부신 속도로 정보화 시대로 진입할 수 있었다.

일본은 세계 3위의 원자력발전 대국이다. 그런데 일본에서 원자력발전이 차지하는 비율은 30퍼센트 정도로 한국보다는 약간 낮다. 생산단가가 낮은 원전의 비중이 적다 보니 일본의 전기 값은 한국보다 두 배 가까이 비싸게 되었다. 2006년 일본의 킬로와트아워(kWh)당 전기요금은 132원이었고, 2007년 한국은 77.85원이었다. 일본의 전기요금이 한국보다 거의 두 배 정도 비싼 것이다.

한국과 일본은 원자력발전 비율을 비슷하게 유지하고 있는데, 왜 한국의 전기 값은 일본보다 싼 것일까.

그 비밀은 원전의 '무정지(無停止) 운영'에 있다. 한국 원전은 고장 등을 이유로 세우는 경우가 드물다. 한국은 핀란드와 더불어 원전운전 무정지 기간이 가장 긴 나라로 꼽힌다. 원전을 멈춰 세우는 일이 적다 보니 한국 원전은 그만큼 전기를 많이 생산할 수 있게 되었고, 덕분에 전체 전기 값을 낮출 수 있었다. 한국이 세계 11위의 산업국가로 도약하는 데는 원자력발전이 큰 뒷받침이 되었다.

〈표5〉 주요 국가의 킬로와트아워(kwh)당 전기요금 비교   (자료제공 : 한국수력원자력)

	한 국	일 본	미 국	프랑스	영 국
kWh당 요금 (한국대비 요금수준)	77,85원 (100)	132,00원 (170)	83,03원 (107)	115,47원 (148)	115,48원 (148)
기준 년도	2007년	2006년	2006년	2005년	2005년
적용환율		1백엔 = 833원	1달러 = 934원	1유로 = 1,381원	1파운드 = 1,874원

핵무기의 등장

제2차 세계대전은 핵에 대한 관심을 증폭시킨 무대였다. 인류 역사상 전쟁 규모가 가장 컸던 제2차 세계대전이 원자폭탄 두 발에 의해 끝났기 때문이다. 이러한 관심은 과장된 흐름을 낳을 수밖에 없었다. 제2차 세계대전이 원폭 두 방으로 끝났다고 믿는 것 자체가 오해이다.

1945년 6월 말 니미츠 미 해군 원수가 이끄는 태평양군은 휘하에 있는 육군 제10군이 혈투를 벌이며 상륙작전에 성공해준 덕분에 오키나와를 점령할 수 있었다. 3개월간 치러진 오키나와 전투에서 미군은 1만 2000여 명이 희생됐는데, 일본인은 그보다 열 배나 많은 12만여 명이 사망했다. 일본인의 희생이 컸던 것은 일본 군인과 지역 주민이 결사항전(決死抗戰)을 했기 때문이다. 이들은 군인과 주민이 싸우다가 모두 죽자는 '옥쇄(玉碎)' 전략을 택했다.

이것이 전쟁을 지휘하는 미군 연합참모본부(지금의 합동참모본부)에 큰 충격을 주었다. 일본 본토에서 멀리 떨어진 섬인 오키나와를 점령하면서 이렇게 큰 희생을 치렀으니, 일본 본토에 상륙할 때는 얼마나 많은 미군과 일본인이 희생될지 상상조차 할 수 없었다.

오도 가도 못하는 궁지에 몰리면 일본 군인들은 항복하는 대신 '천황폐하 만세'를 부르며 투신자살을 했다. 저런 기백이라면 미군이 일본 본토를 장악해도, 반미세력은 주민들 속에 숨어서 강력한 게릴라전을 펼것이라는 판단이 들었다. 미군은 니미츠해군 원수가 이끄는 태평양군과 맥아더 육군 원수가 지휘하는 남서태평양군으로 나눠 일본과 싸웠다. 니미츠군이 오키나와를 점령했을 때 맥아더 군은 필리핀 탈환작전을 하고 있었다. 필리핀 탈환작전은 필리핀이 큰 섬인 탓도 있었지만 오키나와 점령작전보다 훨씬 힘들었다.

맥아더 원수가 이끄는 미군은 1944년 말 필리핀에 상륙했으나 야마시타 도모유키(山下奉文) 일본 육군 대장이 지휘하는 필리핀 주둔 일본군의 게릴라전에 휘말려 1년 가까이 '버벅' 거리고 있었다. 야마시타는 태평양전쟁 개전 초기인 1942년 2월(중장 시절이었다) 싱가포르에서 퍼시벌 육군 중장이 이끄는 영국군을 항복시킨 맹장이었다. 필리핀에서 이렇게 쩔쩔매는데 일본 본토에 상륙하면 미군은 또 얼마나 '당할' 것인가.

일본을 제압하려면 끝까지 싸우겠다는 이들의 항전 의지를 꺾어야 했다. 이를 위해서는 그때까지의 군사작전 개념으로는 상상하지 못한 압도적인 군사력으로 본토를 장악해 들어가야 한다. 상대가 아주 강하다고 생각하면 저항하겠다는 의지를 접기 때문이다. 그러나 혼슈(本州)라고 하는 본토만 점령하면 무엇 하나? 일본의 저항 의지를 꺾으려면 규슈(九州)라고 하는 큰 섬을 점령한 후 혼슈에 상륙해야 한다.

미군 연합참모본부는 '올림픽(Olympic)작전'으로 명명한 규슈 상륙작전을 준비하게 됐는데, 이 작전에는 14개 사단으로 구성된 제6군을 투입하기로 했다(1945년 11월 1일 작전 감행 예정). 제6군은 맥아더 원수가 이끄는 남서태평양군 소속이다. 그런데 일본군은 오키나와는 물론이고 니미츠원수가 이끄는 태평양군 산하 미 해병대가 공격한 이오지마(硫黃島) 전투에서도 끝까지 항전했으므로, 연합참모본부는 규슈 섬 전체를 장악하는 데 1년 정도가 걸릴 것으로 예상했다.

그리고 도쿄(東京) 근처로 상륙해 일본 본토를 침공하는 작전을 펼치기로 했다. 일본 본토 상륙작전은 코로넷(Coronet, 寶冠) 작전으로 명명했다. 이 작전에는 맥아더군과 니미츠군을 더하고 독일의 항복으로 여유가 생긴 유럽전선의 부대까지 합류해 합동작전을 펼치기로 했다.

1946년 봄으로 예정한 코로넷작전에는 제8군(맥아더군)과 제10군(니미츠군)을 상륙시키고, 유럽에서 온 제1군을 예비로 동원하기로 했다. 이렇게 많은 부대를 투입해도 일본의 항복을 받는 데에는 상당한 기일이 걸릴 것으로 예상되었다.

일본군 최고 지휘부인 대본영(大本營, 지금 한국군의 합동참모본부에 해당)은 '1억 옥쇄'를 외치며 바람을 잡았다. 8000만 명에 이르는 일본인들이 식민지인들과 함께 전부 죽을 각오를 하고 항전하자는 것이었다.

규슈와 일본 본토 장악 후 예상되는 민족주의에 기초한 일본인의 항전 의지를 꺾기 위해 미국은 두 가지 작업을 검토하게 되었다.

하나는 일본인의 심리를 분석하는 작업이었다. 일본인의 집단심리를 알면 이들을 제압하는 것이 쉬워진다. 이 작업은 심리학자인 베네딕트 여사가 맡아 미국 내 일본인을 상대로 세밀한 조사를 벌였다.

베네딕트여사는 일본인의 집단심리를 밝힌 이 연구결과를 훗날 『국화와 칼』이라는 제목의 단행본으로 공개했는데, 이 책은 한동안 베스트셀러가 되었다.

다른 하나는 '충격과 공포'를 주어서 악착같이 대드는 일본인을 일거에 제압하는 방법의 모색이었다.

사상 최대의 전쟁인 제2차 세계대전은 생존을 건 혈투였기 때문에 전쟁에 참여한 국가들은 새로운 무기 개발에 전력을 기울였다.

이 노력 덕분에 핵무기와 미사일, 레이더라고 하는 지금의 3대 첨단 무기가 출현했다. 미국과 일본, 영국, 독일 등 전쟁에 참여한 나라는 이 세 무기로 대표되는 첨단 무기 개발에 노력했는데, 이 중 가장 앞서간 것이 미국이었다. 일본과 영국, 독일은 영토 전체가 전쟁터가 됐지만 넓디넓은 미국의 본토는 전화(戰火)에서 벗어나 있었기 때문이다.

3대 무기 가운데 가장 관심이 높았던 것은 엄청난 화력을 가진 핵무기였다. 미국은 이를 개발하기 위해 〈맨해튼 프로젝트〉라는 암호명을 가진 사업을 비밀리에 펼쳤다.

맨해튼 프로젝트

그러나 원자탄 개발에서 가장 앞서 갔던 나라는 독일이었다. 독일은 제2차 세계대전이 일어나기 직전인 1938년 12월 오토 한(Otto Hahn, 1879~~1968)이라는 학자가 핵분열 실험을 성공시켰다. 그러나 이후로는 전쟁의 광풍에 휘말렸기에 이렇다 할 업적을 내지 못했다.

'독일의 주춤'은 '폭풍전야(暴風前夜)의 고요'였다. 제2차 세계대전이 원자탄 개발을 눈앞에 둔 고요의 시기였다는 것을 꿰뚫어본 이는 소련의 물리학자인 게오르기 플료로프(Georgy Flyrov)였다.

게오르기 플료로프는 제2차 세계대전 중인 1942년 4월 발표한 글에서 핵분열 실험을 성공시킨 독일은 물론이고 미국과 영국에서도 1939년 이후 일체 핵분열에 관한 논문이 단 한 편도 나오지 않고 있다며, 이는 이들이 핵분열을 활용하는 어마어마한 무기를 개발하고 있기 때문이라고 주장했다. 게오르기 플료로프의 주장에 대해 소련의 지도자인 스탈

린은 공감을 표시했다.

그러나 당시 소련은 독일과의 전쟁에 여력이 없었다. 제2차 세계대전 때 영국과 소련 등 독일에게 점령당하지 않은 연합국은 독일의 공격으로 산업시설이 파괴되어 미국이 만든 '무기대여법'에 따라 미국이 제공한 미국제 무기로 싸워야 했다. 소련은 상당한 무기를 미국으로부터 지급받아 독일군과 싸우는 처지였으므로, 소련 학자들이 원하는 핵분열 실험을 지원해줄 수가 없었다.

그러나 미국은 달랐다. 본토가 멀쩡하니 군수물자 생산에 애로가 없어, '무기대여법'을 만들어 독일과 힘든 싸움을 벌이고 있는 소련과 영국 등에게 담보를 잡고 무기를 빌려주었다. 그리고도 여력이 남아 비밀리에 원자폭탄 개발에 착수했다. 맨해튼 프로젝트를 추진한 것이다.

1945년 7월 16일 오전 5시 29분 55초 미국은 이 프로젝트로 개발한 트리니티(Trinity)라는 플루토늄탄을 뉴멕시코주 앨러머고도(Alamogordo)시 인근의 사막에서 실험함으로써 개발 성공을 확인했다.

그러나 함께 개발한 고농축 우라늄탄은 실험하지 않았다. 플루토늄탄은 폭발 과정이 복잡해서 개발 성공 여부를 확인하려면 반드시 실험을 해야 하나, 고농축 우라늄탄은 실험을 해보지 않아도 성공을

© 해리 트루먼 도서관

인류 최초의 핵실험
맨해튼 프로젝트에 따라 완성한 플루토늄탄(팻맨과 쌍둥이로 제작된 트리니티)의 완성 여부를 확인하기 위해 미국이 1945년 7월 16일 오전 5시 29분 55초에 뉴 멕시코 주 앨러머고도 시 인근의 사막에서 벌인 인류 최초의 핵실험. 그러나 실전에서는 고농축우라늄탄(리틀보이)이 먼저 사용되었다.

확신할 수 있기 때문이었다. 실제로 미국은 우라늄탄은 실험을 하지 않고 바로 일본 히로시마에 떨어뜨렸다.

'꼬마'와 '뚱보' 사용 결정

맥아더군은 필리핀 전투에서 버벅거리고 있고, 니미츠군은 오키나와 전투에서 일본의 게릴라전을 막 평정했을 때의 일이었다.

플루토늄탄 폭발실험 성공을 확인한 미 연합참모본부는 결사항전을 외치는 일본을 상대로 핵무기 사용 문제를 진지하게 검토했다. 그리고 '1억 옥쇄'와 '황토보위(皇土保衛)'를 외치는 일본인의 항전 의지를 꺾기 위해서는 심리적인 충격을 주어야 하는데, 이를 위해서는 핵무기를 사용하는 것이 좋겠다는 결론을 내렸다.

고농축우라늄으로 만든 핵폭탄은 길이 3미터, 지름 70센티미터, 무게 4톤 정도였다. 이 폭탄은 플루토늄으로 만든 것보다 작고 날씬해 '꼬마 (Little Boy)'란 별명을 얻었다. '꼬마'는 TNT 1만 3000톤의 위력을 갖고 있었다. 요즘 식으로 이야기하면 13킬로톤의 위력이다.

2006년 10월 9일 북한이 1차 실험한 핵무기는 0.8킬로톤, 2009년 5월 25일 2차로 실험한 핵무기는 2.5킬로톤의 위력을 발휘했다. 그래서 전문가들은 북한의 두 차례 핵실험은 실패한 것이란 판단을 하고 있다.

플루토늄 폭탄은 길이 3.25미터, 직경 1.52미터, 무게가 4.63톤이었다. 길이와 무게는 고농축우라늄탄과 큰 차이가 없으나 모양이 뚱뚱해 '뚱보(Fat man)'라는 별명을 얻었다. 통상 플루토늄탄은 고농축우라늄탄보다 위력이 강하다. '뚱보'는 22킬로 톤의 위력을 갖고 있었다.

규슈 상륙작전을 준비하던 시기 미 연합참모본부는 '꼬마'와 '뚱보'를 사용하기로 결정했고, 트루먼 대통령은 이를 재가했다.

1945년 8월 6일 '티니안'이라고 하는, 미군이 장악한 북태평양의 한

▌ 히로시마에 떨어진 원폭 '꼬마'가 만든 구름
1945년 8월 6일 미 육군 항공대 393 폭격대대 소속 B–29가 투하한 원자폭탄 '리틀 보이'로 인해 히로시마 시에는 6만 6000여 명의 사망자와 6만 9000여 명의 부상자가 발생했다.

섬에서 미 육군 항공대 393 폭격대대 소속의 B-29 폭격기(조종사 폴 티베츠 대령)가 이륙해 히로시마(廣島) 상공으로 날아갔다. 그리고 얼마 후 이 폭격기는 낙하산에 매단 '꼬마(고농축우라늄탄인 리틀보이)'를 투하했다.

꼬마를 낙하산에 매달아 투하한 것은, 이 폭탄이 터지기 전에 B-29에게 도주할 시간을 주기 위해서였다. 낙하산 때문에 '꼬마'가 천천히 낙하하는 사이 B-29는 위험 공역(空域)을 재빨리 벗어났다. '꼬마'는 히로시마 상공 580미터쯤에서 장착된 시한장치가 가동해 폭발했다.

원폭에서 중요한 것은 효율이다. 원폭은 본래 갖고 있는 위력을 1백 퍼센트 발휘하지 못한다. 이유는 아주 짧은 시간이긴 하지만, 한꺼번에 터지지 않고 시차를 두고 터지기 때문이다.

성냥이 가득 찬 성냥통에 불을 붙이면 큰 불과 함께 폭발이 일어난다. 하지만 성냥을 일렬로 늘어놓고 불을 붙이면, 불은 성냥 하나하나에 옮겨 붙는 식으로 전파되므로, 큰 불과 폭발이 일어나지 않는 것과 같은 이치다.

고농축우라늄과 플루토늄도 아주 짧은 시간 내에 핵분열을 하게 해주어야 효율이 높아진다. 핵무기에서 핵분열은 1백만 분의 1초 이내에 이루어져야 한다. 그러나 1백만 분의 1초도 폭발 에너지를 극대화하는데는 너무 긴 시간이다. 1억분의 1초로 핵분열 시간을 단축해야 효율이 커진다.

그러나 1945년만 해도 1억 분의 1초라는 아주 짧은 시간에 핵반응을 일으키게 하는 기술이 없었으므로 핵무기의 효율이 낮았다. '꼬마'의 효율은 3퍼센트 이하였고, '뚱보'는 그보다 높아 20퍼센트 이하였다.

꼬마는 실험해보지 않은 것이었다. 우라늄탄은 실험해보지 않아도 터질 확률이 매우 높으므로, 미국은 바로 우라늄탄을 히로시마에 투하했다. 이로써 인류 최초로 사용된 원자폭탄은 고농축우라늄탄이 되었지만, 실험을 포함해 인류가 가장 먼저 터뜨린 원자폭탄은 그해 7월 16일 앨러머고도에서 터뜨린 플루토늄탄이다.

앨러머고도 근처에서 실험용으로 터뜨린 플루토늄탄의 별명은 트리니티(Trinity: '삼위일체'라는 뜻)였다. 트리니티와 팻맨은 쌍둥이였다. 미국은 트리니티와 팻맨 두 개의 플루토늄탄을 제작해, 트리니티는 실험용으로 쓰고(인류 최초의 핵폭발), 트리니티가 실험에 성공하자 팻맨을 일본 나가사키 상공에 실전 투하했다.

원폭 투하를 결심한 트루먼
프랭클린 루즈벨트 대통령의 서거로 인해 부통령 재직 2개월 22일 만에 대통령직을 승계하게 된 해리 트루먼 (1884~1972) 제33대 미국 대통령. 그는 대통령이 된지 채 4개월도 안돼 일본 히로시마와 나가사키에 원자폭탄 투하를 승인했다.

핵폭탄 투하 공개한 트루먼

그날 히로시마는 '꼬마'로 인해 중심부 12제곱킬로미터가 초토화됐다. 부서진 가옥은 6만여 호였고 사망자 수는 6만 6000여 명, 부상자는 6만 9000여 명에 달했다. 또 수천 명의 행방불명자가 발생했다.

폭격 직후 트루먼 미국 대통령은 이 사실을 공개하고, 7월 26일 일본에 항복을 권고한 내용을 담아 발표된 포츠담선언에 따라 일본이 즉각 항복할 것을 요구했다. 그러나 일본 측의 반응은 없었다.

그리하여 8월 9일 미 육군 항공대 393폭격대대 소속의 찰스 스위니 소령이 조종하는 B-29폭격기로 나가사키(長崎)로 날아가 '뚱보'를 투하했다. 나가사키에는 사망자 3만 9000여 명, 부상자 2만 5000여 명에, 가옥 2만여 호가 완파되고 2만 5000여 호가 반파하는 피해가 발생했다.

위력이 훨씬 더 크고 효율도 훨씬 더 높은 플루토늄을 투하했는데, 나가사키가 당한 피해는 히로시마의 절반 정도에 불과했다. 왜 이런 차이가 발생했을까.

이유는 지형 조건이었다. 히로시마는 광도(廣島)라는 한자 이름 그대로 넓은 평지에 들어선 도시다. 반면 나가사키에는 산이 많다. 플루토늄탄의 폭발이 높은 산에 의해 차폐되어, 나가사키는 더 센 폭탄을 맞았지만 피해를 덜 본 것이었다.

지금도 그렇지만 당시 일본 가옥은 대부분 목조(木造)건물이었다. 목조 가옥은 폭발이나 화재에 매우 취약하다. 석조 건물이나 벽돌 건물, 시멘트 건물이 적었던 것도 히로시마의 피해를 크게 한 요소로 꼽힌다.

미국은 일본의 반응을 기다렸다. '드디어' 일본은 항복을 하겠다는 뜻을 전해왔다. 1945년 8월 15일 일본의 쇼와(昭和) 천황이 라디오에 등장해 항복을 선언했다.

'살아 있는 신'이라고 하는 천황이 항복을 선언하고 연합군의 무장해제에 협조하라는 지시를 내리자, 1억 옥쇄를 외치던 일본인들은 한 순간에 저항심을 무너뜨렸다. 덕분에 미군은 쉽게 일본을 장악해 1952년 4월 28일까지 7년간 군정(軍政)을 실시했다.

불행인 것은 일본이 항복하기 전 조선은 일본의 '내선일체(內鮮一體)' 전략에 따라 일본에 가장 가까운 식민지가 돼 있었다는 점이다. 연합국은 일본을 약화시키기 위해 일본이 장악한 식민지의 독립을 결정했다.

그로 인해 조선은 독립하고, 일본이 빼앗았던 대만과 만주는 중국에, 남부 사할린은 소련에 돌려주게 되었다. 조선은 독립국가에서 일본의 식민지가 됐다가 다시 독립한 것인데 바로 독립 정부를 세울 능력이 없었기에 연합국(미소)의 군정을 받게 되었다.

강력하던 일본이 원자폭탄 두 방으로 무너졌으니 한국인들은 원폭을 '신이 다루는 무기'로 인식할 수밖에 없었다. 원폭 투하 덕분에 조선은 광복을 맞이했고, 일본의 조기 항복으로 미국과 일본인들은 덜 희생될 수 있었다.

극악스럽던 일본을 단 '두 방'으로 무너뜨렸으니, 정도의 차이는 있었지만 다른 나라에서도 핵무기를 전지전능한 것으로 보려는 경향이 생겼다. 미국도 예외는 아니었다.

이 시기 미국에서는 원자폭탄 만능론이 등장했다. 지금도 그렇지만 당시의 미국은 해군 함대를 전진 배치하는 방법으로 세계 문제에 관여했다. 육군이나 공군을 파병하는 것은 관련된 나라의 주권 침해 문제가 있어 힘들지만, 해군은 이동수단인 배를 타고 공해를 통해 전 세계에 이미 나가 있으므로 쉽게 분쟁에 개입할 수 있었다.

당시는 3해리까지만 연안국의 영해로 인정되었다(지금은 12해리까지가 영해). 나머지는 주인이 없는 공해(公海)였다. 공해는 미국 함대가 자유로이 다닐 수 있는 곳이어서 미국은 바다를 통해 세계로 나갈 수 있었다. 공해에서 발진한 군사력으로 연안국을 초토화할 수 있는 해군력의 대표적인 예가 바로 항공모함과 그것에 실려 있는 함재기다. 항공모함 덕분에 미국은 공해를 자국의 안마당으로 만들었다.

소련 핵실험 등으로 퇴조한 핵폭격 만능론

해군을 통한 세계 지배 전략에 도전장을 내민 것이 1947년 육군 항공대에서 독립한 미 공군이었다. 미 공군은 폭격기를 이용한 핵폭탄 투하로 전세계를 지배할 수 있다고 생각했다. 극악스럽던 일본이 핵폭탄 두 방에 항복했으니, 핵폭탄을 떨어뜨릴 수 있는 폭격기만 있으면 미국은 어떤 전쟁에서도 이길 수 있다는 '망상'을 갖게 된 것. 그리하여 공군 독립이 이뤄진 1947년, 미 공군은 B-36이라는 초대형 폭격기 개발에 착수했다.

미 공군에서는 B-29보다 더 큰 이 폭격기에 원폭을 싣고 가서 떨어뜨리면 모든 전쟁에서 이길 수 있으니 '해군과 육군은 필요 없다'는 인식까지 생겼다. 그러나 이 생각은 제2차 세계대전을 계기로 출현한 또 다른 신무기인 미사일과 레이더 그리고 소련의 핵실험으로 무너졌다.

폭격기가 원폭을 떨어뜨리려면 적국의 방공망은 완전 궤멸돼 있어야 한다. 적국의 전투기가 단 한 대도 떠오르지 못하고 방공포나 방공미사일이 날아오지 못하는 상황이 되어야 비로소 전략폭격기는 적국 상공으로 안전하게 침투할 수 있는 것이다.

그런데 제2차 세계대전을 계기로 레이더 분야도 눈부시게 발전했다. 레이더는 제2차 세계대전이 일어나기 전에 개발돼 있었다. 전쟁을 치르면서 발전을 거듭해 전쟁이 끝난 후에는 접근하는 거의 모든 비행기를 발견해 낼 수 있게 되었다. 이러한 레이더에게 덩치 큰 전략폭격기는 큰 목표물이 된다.

적군은 방공레이더와 방공포, 방공미사일을 특별한 곳에 숨겨두었다가 B-29나 B-36 같은 대형 전략폭격기가 들어오면 이를 가동해 격추한다. 레이더의 눈을 속일 수 없다는 점 때문에 전략폭격기를 이용한 핵폭탄 투하 전략은 순식간에 뒷전으로 밀려났다.

그리고 핵무기는 사람이 타지 않고 매우 빨리 날아가는 미사일에 탑재해 쏘는 것이 낫다는 판단이 나오면서 전략폭격기의 가치는 대폭 하락했다. 이 미사일은 육지에서 쏠 수도 있지만 함정(잠수함 포함)에서도 쏠 수 있다. 미사일을 탑재한 함정은 이리저리 이동할 수 있으므로 적의 반격을 피할 수 있다. 그리하여 해군의 중요성이 다시 높아졌다.

그 후 핵무기는 미사일과 '완전한 몸'이 되어 발전해 갔다. 미국은 핵무기를 탄두 형태로 실은 아트라스, 타이탄, 미니트맨, 피스키퍼 등의 대륙간 탄도미사일(ICBM)을 개발해 나갔다. 그리고 레이더와 미사일 분야를 정교히 결합해 미사일을 맞추는 미사일 시스템도 개발했다. 최근 미국이 완성해가고 있는 MD(미사일 방어체계)가 바로 그것이다. 이러한 시스템의 개발로 맹위를 떨쳤던 대륙간 탄도미사일 만능론도 조금씩 쇠퇴하고 있다.

1948년 소련이 핵실험에 성공한 것도 미국에 퍼져 있던 핵무기 만능론을 쇠퇴시킨 결정적인 계기가 되었다. 소련의 핵개발은 극적이었다. 소련은 제2차 세계대전이 종료되자 비로소 원자폭탄 개발에 집중했다. 미국은 자력으로 원폭을 개발했으나 소련은 정보활동을 통해 원폭을 개발했다고 한다. 이러한 추정은 소련이 원폭 개발을 과학자 집단이 아닌 KGB의 전신인 소련 비밀경찰에 맡긴 데서 비롯되었다.

당시에 소련의 비밀경찰을 이끈 이는 악독함으로 유명했던 '베리야(Lavrentiy Beria, 1899~1953)'였다. 제2차 세계대전에서 연합국의 승리가 확실해져가던 1944년 12월 스탈린은 베리야에게 핵폭탄 개발을 맡기고, 동시에 물리학자인 이고르 크루차토프(Igor Kurchatov, 1903~1960)에게도 같은 임무를 부여했다.

베리야는 비밀경찰 안에 핵정보 전담기구인 'S국'을 만들고, S국 책임자인 파벨 수도플라토프(Pavel Sudoplatov, 1907~1996)에게 미국이 추진하는 맨해튼 프로젝트의 비밀을 알아내게 했다.

수도플라토프의 공작은 성공을 거뒀다. 수도플라토프의 S국 요원들은 독일 출신의 공산주의자로 영국에 망명했다가 미국으로 건너가, 맨해튼 프로젝트를 추진한 로스앨러모스 연구소에서 핵개발 연구에 참여한 클라우스 푹스(Klaus Fuchs)를 포섭해 정보를 뽑아냈다. 영국의 방첩조직은 1950년에야 푹스가 소련에 포섭된 것을 알고 체포해 14년 징역형을 선고받게 했다.

수도플라토프의 공작은 거기서 멈추지 않았다. S국 요원들은 핵개발에 참여한 미국인 로젠버그 부부와 영국 정보기관의 간부인 시어도어 홀, 영국 물리학자인 앨런 넌 메이 등도 포섭했다. 이들도 미국과 영국의 방첩기관에 의해 검거됐다. 1951년 미국 법원은 미국의 핵개발 정보를 넘긴 혐의로 체포된 로젠버그 부부에게 사형을 선고하고 부부를 처형했다.

간첩죄로 검거된 로젠버그 부부 사건이 큰 파장을 일으켰다. 로젠버그 부부 사건에 대해 전 세계에서 '그들을 사면해 달라'는 탄원이 그치지 않았으나, 냉전기였던 만큼 미국은 처형을 단행했다.

그러나 냉전이 아무리 첨예해도 미국과 영국은 '형식적'으로는 소련을 친구인 '연합국'으로 봐야 했다. 따라서 영국 정보기관의 간부인 시어도어 홀이 소련에 정보를 넘겨준 것은 간첩죄를 적용할 수 없어 그에게는 다른 혐의를 적용, 징역형을 선고했다.

이러한 노력 끝에 소련은 미국에 이어서 두 번째로 핵실험을 성공시켰다. 이를 계기로 소련은 미국의 동맹국에서 돌이킬 수 없는 가상적국이 되는 커밍아웃이 일어났다.

제2차 세계대전이 끝나기 전 미국에서는 공산국가인 소련이 독일을 대신해 미국의 가장 큰 가상적국이 될 것이라는 의견이 많았다. 그런데 소련이 핵무기를 개발했으니 미국은 소련을 확실한 가상적국으로 보기 시작했다.

핵무기를 개발한 가상적국은 여차하면 미국을 향해 이를 발사할 수도 있다. 이때부터 미국은 더 이상 세계를 좌지우지하지 못하고 소련과 대립각을 세우게 되는 냉전 단계로 들어갔다.

1952년 미국의 중요한 우방국인 영국도 핵실험에 성공했다. 영국의 성공에는 미국의 지원이 있었다고 하는데, 영국의 핵무장은 소련의 주의를 미국과 영국 양쪽으로 흩어놓는 효과가 있었다.

1960년 '자주의식이 유난히 강한' 드골이 이끄는 프랑스가 핵실험에 성공했다. 그리고 1964년에는 중국도 핵실험에 성공했다.

강대국을 중심으로 한 '핵개발 도미노' 현상이 일어난 것이다. 도미노 현상이 오래 진행되면 선발 핵개발국인 미국의 강점은 상실된다. 그리고 여타 나라들도 핵을 개발해 갖게 됨으로써 지구는 공멸의 위기를 맞을 수도 있다.

핵개발 도미노를 막아라

각국이 주권을 지킨다는 명분으로 핵개발에 나서는 핵개발 도미노 현상을 어떻게 막을 것인가. '앞서 나가는' 미국이 현명한 판단을 했다. 소련의 핵실험으로 핵 독점상태가 깨지자, 미국은 바로 평화적인 목적에 한해 우방국들에게 핵기술을 공개하겠다고 밝힌 것.

미국의 아이젠하워 대통령은 일본이 진주만을 공격한지 만 12년째 되는 1953년 12월 8일, UN에서 '원자력의 평화적 이용(Atoms for Peace)' 이

▍ 평화를 위한 원자력
일본의 진주만 공격 12주년을 맞은 1953년 12월 8일, UN 총회에서 '원자력의 평화적 이용'을 주제로 연설하는 드와이트 아이젠하워 미국 대통령. 이 연설을 계기로 미국은 원자력발전 기술을 우방국에 제공하기 시작했다.

란 제목으로 연설하며 원자력발전 등 평화적인 목적으로 핵을 이용하려는 나라에 기술을 제공하겠다고 밝혔다.

이를 계기로 핵에 관심이 있던 나라들이 미국과의 접촉을 강화했는데, 이는 냉전시대에 미국 지지세력을 크게 늘리는 결과를 낳았다.

아이젠하워가 이런 제의를 한 데는 미국 나름의 준비가 있었다. 이 시기 미국은 핵을 무기가 아닌 동력원(動力源)으로 개발하는 작업을 하고 있었다. 핵분열을 천천히 일어나게 하는 기술을 개발함으로써 막강한 에너지를 가진 핵을 동력원으로 사용하는 방법을 찾고 있었던 것이다.

이는 잠수함을 움직이는 동력원으로 원자로를 사용하고자 한 것인데, 원자로를 동력원으로 하는 잠수함은 수명이 다해 해체할 때까지 물 위

세계 최초의 핵추진 잠수함

1954년 1월 21일 진수하고, 1954년 9월 30일부터 실전 배치된 세계 최초의 핵추진 잠수함 '노틸러스함'. 미 해군이 공격잠수함에 붙이는 약호는 SS인데, 이 잠수함은 핵추진이기에 핵(Nuclear)을 뜻하는 N을 더 붙이고 571이라는 함번을 부여받아서 SSN 571로 불리게 되었다. 이 잠수함은 북극해의 얼음장 밑으로 들어가 인류 최초로 북극점을 통과하는 기록을 세웠다. 1980년 3월 3일 실전배치에서 해제돼 퇴역했다.

로 부상하지 않고 잠항할 수 있다. 핵잠수함용 원자로에 들어가는 핵연료는 30퍼센트 정도로 고농축된 것이라 30년 정도인 잠수함 수명동안 교체하지 않고 계속 탄다. 핵잠수함이 부상하는 것은 승조원의 체력과 사기문제, 주·부식 보급 때문이다.

미국은 이러한 개념의 동력원을 가진 잠수함을 개발했다. 그리고 1954년 1월 최초의 핵추진 잠수함인 노틸러스(Nautilus)함을 진수함으로써 '핵잠(核潛)시대'를 열었다. 노틸러스는 프랑스의 공상과학 소설가 쥘 베른이 쓴 『해저 2만리』에 등장하는 괴물체 이름이다.

핵잠은 그 후 덩치를 키워 핵탄두를 탑재한 거대한 대륙간 탄도미사일까지 싣게 되었다. 잠수함에 탑재하는 대륙간탄도미사일은 '잠수함

발사 탄도미사일(SLBM)'로 불리는데 미국이 보유한 SLBM의 대표는 '트라이던트'이다.

원자력을 잠수함의 동력으로 사용할 수 있다는 발견이 '원자력발전' 시대를 열었다. 원자로를 이용한 원자력잠수함 개발이 목전에 도달했기에 1953년 아이젠하워 대통령은 UN에서 원자력의 평화적 이용을 주제로 연설할 수 있었다.

그리고 이 연설 덕분에 6·25전쟁으로 잿더미가 된 한국도 원자력을 이용할 수 있는 기회를 잡게 되었다. 한국이 세계 6위의 원자력발전 대국으로 성장한 계기는 아이젠하워가 평화를 위한 원자력을 선언해준 데 있다.

1차 냉각수인 물이 담겨 있는 원자로 안에 핵연료를 장전하는 모습

'블랙아웃' 되면 청평수력으로 '시동(始動)전력' 생산

전기체계는 연결돼 있다. 미국처럼 큰 나라는 몇 개의 전기 네트워크가 있지만, 한국은 전국이 하나의 전기체계를 이루고 있다.

그러나 미국의 전기 네트워크도 중복되지는 않는다. 즉 A전기 네트워크는 A지역에만 들어가지, B네트워크에 연결돼 있는 B지역의 전기 네트워크에는 들어가지 않는다.

한 지역의 전기체계는 하나의 네트워크를 이루는데 이때 한 네트워크에 과부하가 걸려 생산된 전기를 다 소비하게 되면 이 네트워크 안에 있는 모든 전기체계가 끊어지면서 모든 전기제품이 작동을 멈추게 된다. 하나의 전기 네트워크 안에 있는 전기시설이 전부 멈추는 것을 '블랙아웃'이라고 한다.

화력발전소와 원자력발전소를 가동하기 위해서는 전기가 있어야 한다. 보일러를 가동하고 원자로를 가동하게 하는 발전소 내부전기가 있어야 두 발전소는 전기를 생산할 수 있다.

그러나 수력발전소는 에너지가 없어도 발전할 수가 있다. 낙차를 가진 물이 수차(水車)를 돌려주므로 수차와 연결된 발전기는 바로 전기를 생산한다.

대한민국이 블랙아웃 상태에 빠지면 정부는 내부전기가 없어도 발전기를 돌릴 수 있는 청평수력발전소에서 나온 전기를 각 발전소로 보내 보일러와 원자로를 가동시키게 한다. 멈춰선 각 발전소를 돌리는 이 전기를 '시동(始動)전력'이라고 한다. 시동전력은 화전과 원전의 시스템을 돌리는 동력원이다. 시동전력의 공급으로 화전과 원전이 돌아가 전기가 생산되면, 끊어진 송전선을 복구해 각 지역에 전기를 공급한다.

국가 전체가 블랙아웃에 빠지면 국가 운영 시스템이 마비된다. 이러한 맹점 때문에 한 나라의 전기체계는 하나로 연결하지 않고, 지역별로 묶어 끊어주는 시스템을 취한다. 전기체계는 하나이지만 유사시 지역별로 끊어질 수 있게 해서 블랙아웃을 피하는 것이다.

따라서 A지역에 과부하가 일어나면 A지역만 정전되고 나머지 지역은 전기가 계속 공급된다. 전체가 아니라 특정 지역에서만 과부하로 인해 전기가 나가는 것을 가리켜 '브라운 아웃'이라고 한다.

이승만의 집념과
시슬러의 우정 위에 출범한 한국 원자력

한국의 원자력 주권, 전기(電氣) 주권과 관련해 잊어서는 안되는 사람이 있다. 미국 디트로이트에 있는 에디슨 사(社)의 전무와 사장·회장을 역임한 워커 리 시슬러(Walker Lee Cisler, 1897~1994) 씨와 대한민국 초대 대통령 이승만(李承晚, 1875~1965) 박사다.

두 사람의 선견지명 덕분에 오늘날 한국은 싼 값에 전기를 쓸 수 있게 되었고 원자력발전 대국이 될 수 있었다. 한국의 전기산업을 밝혀준 워커 리 시슬러란 인물에 대해 알아보자.

시슬러는 1897년 오하이오 주에서 태어나 코넬 대학에서 기계공학을 전공했다. 제2차 세계대전 기간(1939~1945년) 중에는 미국 정부에 들어가 전쟁물자생산국에서 전력 생산과 관계된 일을 했고, 전쟁이 끝난 뒤에는 디트로이트의 에디슨 사에 들어가 1971년까지 근무했다. 이 기간 중 그는 세계에너지회의(WEC: World Energy Council) 의장, 에디슨전기협회(EEL)

회장, 미국 원자력산업회의 의장 등을 맡아 정력적으로 활동했다.

시슬러는 제2차 세계대전 직후 전쟁으로 파괴된 유럽의 부흥을 위해 미국이 펼친 마셜플랜에 참여하면서 전력과 경제개발 분야에서 세계적인 인물로 떠올랐다. 그는 미국이나 자기 회사의 이익보다는 인류애의 관점에서 활동했다. 그는 대한민국이 정부를 세우기 직전인 1948년 북한이 단행한 5·14 단전(斷電) 사건을 계기로 한국과 인연을 맺었다.

한국을 도와준 시슬러

5·14 단전으로 미군정을 받고 있는 한국이 심각한 전력난에 빠졌다는 소식을 들은 그는 자신이 정부에서 일했을 때 건조한 발전함을 긴급히 한국에 보내줄 것을 건의해 이를 관철시켰다. 그에 따라 자코나 발전함이 부산항에, 엘렉트라 발전함이 인천항에 들어와 전기를 공급했다.

1950년 6·25전쟁이 일어났을 때도 한국은 심각한 전력 부족에 직면했는데, 이때 미국이 보내준 3만 킬로와트급 발전함인 레지스탕스함도 시슬러가 미국정부의 전쟁물자생산국에서 일했을 때 건조한 것이었다.

한강 하류에 있어 더욱 유명했던 당인리발전소(지금은 서울화력발전소로 부른다)는 1929년 6월 경성전기주식회사가 건설에 들어가서 1년 5개월 만인 1930년 11월 1만 킬로와트급 1호기를 준공함으로써 생겨났다. 그리고 1936년 1만 2천500킬로와트급의 2호기를 준공해 가동하다 광복을 맞았다. 1948년 북한이 5·14 단전 조치를 취했을 때 이 발전소의 가치는 매우 중요해졌다. 당인리발전소의 설비를 확대해야 서울의 전력난이 해결되기 때문이었다.

6·25전쟁이 끝난 후 한국 정부는 당인리발전소에 2만 5000킬로와트급 3호기 건설을 추진했는데, 이때 마셜플랜에 참여해 활동한 경험이 있는 시슬러가 AID차관을 주선해주기 위해 뛰어다녔다. 그 덕분에 한국

은 1956년 3월 3호기를 준공해 부족한 전력을 메울 수 있었다.

시슬러는 1969년 6월 한국이 북한에 앞서 '에너지올림픽'으로 불리는 세계에너지회의(WEC)에 가입하는 데도 큰 도움을 주었다. 2008년 11월 대구시가 2013년 세계에너지회의의 대구 유치를 성공시킴으로써, 이 회의는 우리에게 친숙한 이름이 된 바 있다.

시슬러는 북한이 한국보다 먼저 세계에너지회의에 가입신청서를 내자, 북한의 가입 승인을 보류하도록 영향력을 행사했고, 이 사실을 한국전력의 박영준 사장에게 알렸다. 이에 박 사장이 상공부와 외무부를 움직여 한국도 가입신청을 했다.

원자력은 '머리에서 캐는 에너지'

시슬러는 국제 전력계의 거물이어서 한국에 오면 이승만 대통령을 바로 만날 수 있었다. 시슬러의 한국행과 관련해 이러한 일화가 전해진다.

1953년 12월 8일 미국의 아이젠하워 대통령이 제8차 UN총회에서 '원자력의 평화적 이용'이란 연설을 하고, 3년이 흐른 뒤인 1956년 7월, 시슬러는 한국에 와서 이승만 대통령을 만났다.

이 대통령과 한국의 전력사업 전반에 대해 토의한 그는 '한국도 원자력발전을 해보라'고 권유했다. 이에 이 대통령이 눈을 반짝이며 "우리가 원자력발전을 하려면 무엇부터 해야 하느냐, 한국의 원자력발전은 언제쯤 실현될 수 있겠느냐?"고 묻자 시슬러는 '정부 안에 원자력 전담기구를 설치하여 정부 차원의 원자력발전 업무를 담당하게 하고, 원자력연구소를 설립해 원자력에 관한 연구를 맡겨야 한다. 그리고 원자력 과학자들을 양성해야 한다'고 대답했다.

그리고 시슬러는 늘 들고 다니는 '에너지 박스'를 내보였다. 그 박스 안에는 3.5파운드의 석탄과 같은 무게의 우라늄이 들어 있었다. 시슬러

는 3.5파운드의 석탄을 태우면 4.5킬로와트아워(kWh)의 전기를 생산할
수 있으나, 3.5파운드의 우라늄을 고속증식로에서 태우면 1,200만 킬로
와트아워의 전기를 생산할 수 있다. 무게는 같지만 우라늄은 무려 250만
배나 많은 전기를 만들 수 있다'라고 설명했다.

이후 시슬러는 이 에너지 박스를 들고 조선전업(한국전력의 전신)과 서울
대학교 등을 방문해 연설하면서 원자력에 대한 꿈을 불어넣어 주었다.

이때 그는 '한국은 자원 빈국이 아니냐. 석탄은 땅에서 캐는 에너지
이지만, 원자력은 사람의 머리에서 캐내는 에너지다. 한국처럼 자원이
적은 나라에서는 사람의 머리에서 캐낼 수 있는 에너지를 적극적으로

▌ 원자력 소개자 워커 리 시슬러
제2차 세계대전 후 유럽부흥계획인 마셜 플랜
의 집행에 참여했던 시슬러는 1948년 5·14
단전조치를 계기로 한국에 발전함(發電艦)을
보내주면서 한국과 인연을 쌓기 시작했다. 시
슬러는 이승만 대통령에게 원자력은 '머리에
서 캐는 에너지'라며 한국을 원자력 국가로
이끌어주었다.

▌ 한국 원자력발전의 대부인 이승만
일찌감치 원자력의 힘을 알고 있었던 이승만
대통령은 원자력에 대해 갈증을 느끼고 있던
젊은이를 구미로 유학 보내고, 원자력원이라
는 정부 기구와 원자력연구소를 창설함으로
써, 전쟁으로 폐허가 된 나라를 원자력 강국
으로 만드는 토대를 마련했다. 그는 안보와
부흥이라는 두 마리 토끼를 모두 잡았다.

개발해야 한다. 우라늄을 이용한 원자력발전을 하려면 인재부터 육성해야 한다'라고 설득했다고 한다.

이에 청중들이 '한국은 언제쯤 원자력발전을 할 수 있을 것 같으냐?'고 물으면, 그는 '20년 후면 가능하리라고 본다'라고 대답했는데, 과연 한국은 그로부터 21년이 지난 1977년 고리 1호기 시운전에 들어갔다.

미국에서 공부하고 활동했던 이승만 대통령은 원자력의 힘을 잘 알고 있었다. 시슬러의 설명은 일찌감치 원자력의 힘을 인식하고 있던 이승만 대통령을 움직였다. 시슬러의 유도와 이승만의 결단이 지금의 한국 원자력을 만들었다.

잠시 시선을 미국을 중심으로 한 세계로 돌려보기로 하자. 소련과 영국이 핵실험에 성공한 다음인 1953년 12월 8일 아이젠하워 미국 대통령은 제8차 UN총회에서 '평화를 위한 원자력(Atoms for Peace)'이란 제목의 유명한 연설을 한다.

이때의 시대정신을 알기 위해서 아이젠하워가 한 연설의 일부를 옮겨본다.

"원자력을 군사적으로만 이용하려는 이 무시무시한 추세가 뒤바뀔 수만 있다면, 원자력이 갖고 있는 엄청난 힘은 인류에게 큰 이익을 주는 것으로 탈바꿈하리라고 믿는다. 원자력을 평화적으로 이용하는 것은 헛된 꿈이 아니다. 그 가능성은 이미 입증돼 있다. 따라서 본인은 UN의 후원 하에 국제원자력기구를 설립하자는 제안을 한다.

이 기구는 세계의 전력 부족 지역에 충분한 전력을 제공하는 일을 한다. 또 원자력을 농업과 의학 등 평화적인 활동을 하는 데 사용하는 일도 할 것이다. 미국은 '원자력의 딜레마(군사용으로도 쓰일 수 있고, 평화용으로도 쓰일 수 있는 모순)'를 해결하는 데 앞장설 것이다. 인간이 갖고 있는 위대한 창의력을, 죽음을 생산하는 물질이 아닌 삶을 창조하는 물질을 만드는 데 바칠 것을 전 세계 앞에서 약속한다."

아이젠하워 대통령의 연설에 따라 만들어진 것이 국제원자력기구(IAEA)이다. 이 기구를 만들기 위해 1954년 중에만 무려 28차례 국제회의가 열렸다. 그리고 1956년 UN총회에서 국제원자력기구 헌장이 채택됨으로써 1957년 IAEA는 UN 산하기관으로 창설되었다.

당시 한국은 UN에 가입하지 못했다. 하지만 1956년 9월 국제원자력기구 헌장에 서명함으로써 이 기구의 창립 회원국이 되었다.

원폭보다 먼저 개발된 원자로

아이젠하워가 원자력의 평화적 이용을 선언할 수 있었던 것은 미국의 필요성과 자신감에서 비롯된 것이다. 앞장에서도 조금 설명했지만 아이젠하워가 원자력의 평화적 이용이라는 말로 원자력발전 기술을 공개하겠다고 한 데는 이유가 있었다.

사실 인류는 핵폭탄을 만들기에 앞서 원자로를 먼저 제작했다. 시카고대학의 엔리코 페르미(Enrico Fermi, 1901~1954)가 Chicago Pile-1, 줄여서 CP-1이라고 하는 연구용 원자로(흑연감속로)를 만들어 33분 동안 연쇄 핵분열반응 실험을 성공시킨 것은 1942년 12월 2일이었다. 이를 계기로 미국은 원폭 제조 계획인 맨해튼 프로젝트를 추진할 수 있었다.

원자폭탄 두 발로 일본을 항복시킴으로써 핵폭탄 만능론이 미국을 지배하고 있을 때 미 해군은 다시 페르미의 CP-1 원자로에 주목했다. 핵폭탄은 아주 짧은 시간에 모든 에너지를 쏟아내기에 무기용으로만 쓰인다. 그러나 오랜 시간에 걸쳐 에너지를 내는 원자로는 엔진과 같은 동력원(動力源)으로도 사용할 수 있다.

제2차 세계대전 종전 1년 뒤인 1946년 미 해군은 리코버(Rickover) 대령을 비롯한 네 명의 장교를 테네시 주 앤더슨 카운티와 로앤 카운티에 걸쳐 있는 오크리지(Oak Ridge) 국립원자력연구소에 파견했다. 맨해튼 프로

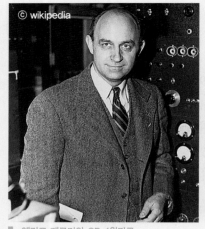

© wikipedia

© http://www.atomicarchive.com/
Photos/CP1/image4.shtml CP-1원자로

▌ 엔리코 페르미와 CP-1원자로

1901년 이탈리아에서 태어나 24세에 로마대학 교수가 되고, 37세인 1938년에는 노벨 물리학상을
수상한 당대의 천재였다. 노벨상 수상 직후 미국 뉴욕으로 건너가 컬럼비아 대학 교수가 된 그는
시카고 대학으로 옮겨가 CP-1이라고 하는 세계 최초의 (연구용) 원자로를 제작했다(오른쪽 사진).
그가 개발한 CP-1 연구용 원자로를 토대로 미국은 맨해튼 프로젝트를 추진해 원자폭탄을 개발하
고, 그의 조국인 이탈리아의 동맹국인 일본에 이 폭탄을 투하해 제2차 세계대전을 마무리 지었다.

젝트를 추진할 때 미국은 뉴멕시코 주의 로스앨러모스 연구소에는 핵무
기 설계를, 테네시 주의 오크리지 연구소에는 우라늄 농축 임무를 맡긴
바 있었다. 리코버 대령 일행이 맡은 임무는 원자력이 가진 엄청난 힘을
대형 함정을 움직이는 동력원으로 사용할 수 있는지 검토하는 것이었
다. 검토 결과 원자로는 대형 함정을 움직이는 동력원이 될 수 있다는
판단이 나왔다. 이에 따라 1948년 미 원자력위원회는 잠수함용 열(熱) 원
자로인 'STR(Submarine Thermal Reactor)' 개발 계획을 정규 연구과제로 확정
했다.

　　1953년 STR 제1호기인 STR 마크(Mark)-Ⅰ이 완성되었다(미국은 무기나 장
비를 개발할 때 처음 개발한 모델은 마크-Ⅰ, 그 다음 것은 마크-Ⅱ, 그 다음 다음 것은 마크-Ⅲ
로 구분하는 경우가 많다). STR 마크-Ⅰ은 실제로 잠수함에 탑재하지 않고, 탑
재 가능성을 검토하는 연구로였다. 그리고 여기서 얻은 자료와 경험을
토대로 실제 잠수함에 탑재할 STR 마크-Ⅱ 제작에 착수했다.

　　STR 마크-Ⅱ는 가압경수로 방식의 원자로였다. 한번 핵연료를 장전

하면 그 잠수함을 폐기할 때까지 두번 다시 핵연료를 교체하지 않는다. 당시의 잠수함은 잠수함 내의 산소를 소모하는 디젤엔진을 가동해 배터리를 충전했으므로 하루에 한 번꼴로 수면으로 부상해 디젤엔진이 써버린 산소를 채워야 했다.

그러나 원자로는 산소 없이 에너지를 만든다. 그리고 원자로가 생산한 에너지(전기)를 이용해 물을 전기분해하면 산소(O_2)를 만들 수도 있다. 잠수함 승조원들은 이 산소를 마실 수 있으므로 원자력 잠수함은 소진한 산소를 채우기 위해 물 위로 부상할 필요도 없었다.

1952년 6월 미국을 대표하는 방산(防産)회사인 제너럴다이내믹스(GD)는 이 원자로를 탑재할 잠수함 제작에 들어갔다. 이에 따라 최초로 원자로를 탑재할 잠수함의 이름을 무엇으로 할 것이냐가 화제가 되었다.

당시 미국에서는 프랑스인 쥘 베른이 쓴 『해저 2만리』란 소설이 인기를 끌고 있었다. 이 소설의 주인공 네모 선장은 바닷물에서 에너지를 얻어 움직이는 거대한 괴물체(지금 표현으로는 잠수함)를 몰았는데, 이 잠수함의 이름이 앵무조개를 뜻하는 노틸러스(Nautilus)였다.

이 잠수함은 핵연료가 다 탈 때까지 잠항을 계속할 수 있으므로 건조 단계에서부터 '노틸러스'란 별명을 얻었다. 이것이 STR 마크-II 원자로를 탑재한 잠수함을 건조할 때도 그대로 옮겨져, 세계 최초의 핵추진 잠수함은 '노틸러스함'이라는 이름을 갖게 되었다.

1954년 1월 미 해군은 코네티컷 주 그로턴에서 노틸러스함을 진수했다. 장교 10명에 수병 93명이 승함하는 이 잠수함은 잠수함을 뜻하는 SS에 핵추진을 뜻하는 N을 붙여 SSN으로 분류되었다. 그리고 '571'이라는 함번(艦番)을 부여받았다. 해군 함정은 진수를 한 후 각종 장비를 설치하므로 SSN-571의 실제 항해는 1년 후 이루어졌다.

1955년 1월 17일 노틸러스함은 첫 잠항에 성공했다. 그해 5월, SSN-571은 코네티컷 주 뉴런던에서 푸에르토리코를 잇는 1,340마일의 바다를 16노트의 속력으로 잠항하여 84시간 만에 주파했다. 재래식 잠수함이 8노트의 속력으로 잠항하는 것에 비하면 획기적인 속도였다.

1958년 7월 23일 하와이 진주만을 출항한 노틸러스함은 알래스카 앞바다에서 잠항에 들어가서 그해 8월 3일 두꺼운 얼음장으로 뒤덮인 북극점에 도달했다. 그리고 그린란드 앞바다로 빠져나와 부상함으로써 96시간 동안 1830해리를 19.5노트의 속도로 잠항하는 기록을 남겼다. 노틸러스함은 인류 역사상 최초로 북극점을 지나는 북극해 관통에 성공한 것이다. 페르미가 만든 CP-1은 덩치가 컸지만 STR 마크-Ⅱ는 크기가 작아 4천40톤인 노틸러스 잠수함에 탑재할 수 있었다.

아이젠하워 대통령이 UN총회에서 '원자력의 평화적 이용'을 연설한 1953년이 바로 노틸러스 잠수함 탑재를 목적으로 제작한 시제 원자로 STR 마크-Ⅰ이 개발된 해였다. 그리고 2년 후 미국은 STR 마크-Ⅱ를 제작하여 노틸러스 잠수함에 탑재하였다. 동력용 원자로를 개발했기에 미국은 원자력의 평화적 이용을 천명할 수 있었다.

아이젠하워 대통령의 연설은 동서간의 대결을 의식한 것으로도 보인다. 당시 세계는 6·25전쟁을 계기로 자본주의 진영과 공산주의 진영으로 갈라져 첨예한 냉전 상태에 놓여 있었다. 열전(熱戰)도 마찬가지겠지만, 냉전에서도 승리를 거두려면 세력이 커야 한다. 미국은 소련 진영을 견제하기 위해 우방국을 상대로 한 원자력 에너지 제공에 나섰다.

소련도 '세 불리기' 전략을 펼쳤다. 소련은 원자력의 평화적 이용에 '오히려' 앞서 나가는 행보를 보였다.

김일성, 소련 원전 준공식 참석

1951년 9월 소련은 모스크바에서 남서쪽으로 100킬로미터 떨어진 오브닌스크(Obninsk)에 공산권 최초이자 세계 최초인 상업용 원자력발전소(5000킬로와트급, 흑연감속로) 건설에 착수하여 1954년 6월 27일 이를 준공하

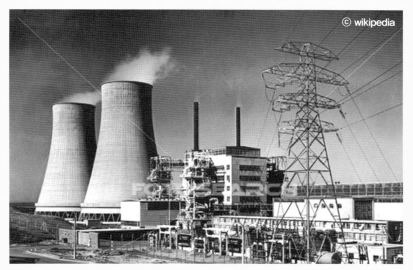

■ 영국의 콜더홀 원전
1956년 10월 17일 엘리자베스 2세 여왕이 참석한 가운데 준공식을 가진 자본주의권 최초의 원전인 영국의 콜더홀 원전의 냉각탑. 영국은 콜더홀에 네 기의 원전을 지어 운영하다 2002년 1월 모두 폐쇄했다.

였다. 소련은 오브닌스크 원전 준공식에 소련의 우방국인 인도의 네루 총리와 유고의 티토 대통령, 베트남의 지도자인 호치민(胡志明), 북한의 김일성(金日成) 내각수상 등을 초청했다.

김일성이 오브닌스크 원전 준공식에 참석했다는 것은 북한도 일찍이 원자력의 중요성을 인식했다는 뜻이 된다. 오브닌스크 원전은 서방세계 최초의 상업용 원전인 영국의 콜더 홀(Calder Hall) 5만 킬로와트급 원전보다 2년 앞서 완공되었다. 소련은 원자력의 평화적 이용이라는 면에서 서방국가를 앞서는 모양새를 만들 수 있었으니 오히려 미국이 쫓기게 되었다.

미국은 이러한 구도를 깨뜨릴 필요가 있었다. 그래서 오브닌스크 원전을 착공한 후 1953년 아이젠하워 대통령이 UN에서 '원자력의 평화적 이용'이라는 연설을 한 것이다. 이 연설을 계기로 미국은 노틸러스 잠수함 사례에서처럼 함정을 위한 소형 원자로 개발과 대형 상업용 원자로 개발을 추진하게 되었다. 미국은 이 둘을 모두 성공시켰다.

미국의 시핑포트 원전
펜실베니아 주 비버(Beaver) 카운티의 오하이오 강 옆에 위치한 미국 최초의 상업용 원전. 1957년 12월 2일부터 1982년 10월까지 10만 킬로와트급의 전력 생산 시설로 가동되었다.

발전용(상업용) 원자로 개발은 이 원자로를 설치할 시장이 있어야 가속화될 수 있다. 미국은 1957년 펜실베이니아 주 비버 카운티의 오하이오 강변에 미국 최초의 상업용 가압경수로인 시핑포트(Shippingport) 원전을 준공했다(10만 킬로와트급). 아이젠하워 대통령의 UN연설은 미국산 원자로의 세계 시장을 확보하겠다는 의미도 있었다.

함정 가운데 가장 큰 것은 항공모함인데, 미국은 1961년 세계 최초로 원자력 추진 항공모함인 '엔터프라이즈함'을 진수했다. 항공모함은 아무리 커도 배이기에, 여기에는 소형 원자로가 탑재된다. STR 마크-Ⅱ와 시핑포트의 상업용 원자로를 토대로 미국은 항공모함에 탑재할 원자로도 개발해 낸 것이다.

1955년 8월 8일 미국은 UN으로 하여금 스위스 제네바에서 '제1회 원자력의 평화적 이용을 위한 국제회의'를 열게 했는데, 이 회의에서 그때까지 기밀로 취급되던 내용을 담은 1000여 편의 논문이 발표되었다. 그로 인해 1천 5백여 명이 참석한 이 회의는 대성황을 이루었고 원자력발전에 대한 관심이 세계적으로 증폭되었다.

한국은 이 회의에 문교부 기술교육국장인 박철재(朴哲在), 서울대 공과대 교수인 윤동석(尹東錫), 서울대 문리대 교수인 이기억(李基億) 씨를 참석시켰다. 이로써 한국도 세계 원자력계의 흐름에 동승한 것이다.

이 회의를 계기로 서울대에서는 윤세원, 김준명, 정구순, 민광식, 이수원, 이진택, 최창선, 현경호, 김희규, 이병호, 이창건, 노재식, 김기수 송효택, 이재영 씨 등이 모여 세미나 형태로 원자력에 대한 공부를 하기 시작했다. 1세대 원자력인들이 만들어지기 시작한 것이다.

제1회 원자력의 평화적 이용에 관한 국제회의가 열렸을 때 원자로를 제작할 수 있는 나라는 미국과 영국, 소련, 프랑스, 캐나다 등 5개국에 불과했다. 그러나 5개국의 능력은 대형인 상업용 원자로가 아니라 소형인 연구용 원자로를 개발하는 수준이었다. 소련이 준공한 오브닌스크 원전도 5000킬로와트급에 불과하기 때문에 연구용 원자로에 속한다고 볼 수 있다.

이는 한국이 두 번째로 도입한 연구용 원자로 트리가 마크-Ⅲ의 열 출력이 2000킬로와트(전기 출력으로는 700킬로와트 정도)이고 한국이 자체 개발한 연구용 원자로 '하나로'의 열출력이 3만 킬로와트(전기 출력은 1만 킬로와트 정도)인 것과 비교하면 자명해진다. 소련은 오브닌스크 원자로에서 나온 전기를 판매했기에, 이 원자로는 세계 최초의 상업용 원자로란 타이틀을 얻었을 뿐이다.

당시 서방세계의 관심은 누가 대용량인 상업용 원자로를 먼저 개발할 것인가에 집중되었다. '제1회 원자력의 평화적 이용을 위한 국제회의'가 열린 이듬해 영국이 먼저 그 테이프를 끊었다. 1956년 10월 17일에 영국이 콜더홀(Calder Hall)에 5만 킬로와트급인 가스냉각로형 원자로 두 기를 준공했다. 전기 출력 5만 킬로와트는 당시로서는 대용량이었기에 콜더홀 원자로는 상업용으로 불리기에 손색이 없었다. 이듬해인 1957년 12월에 미국도 펜실베니아 주 시핑포트(Shipping Port)에 10만 킬로와트급(가압경수로형) 상업용 원전을 준공했다.

시슬러는 영국이 콜더홀 원전을 준공하기 직전 에너지 박스를 들고 한국에 와서 이승만 대통령과 조선전업, 서울대 공과대생들에게 원자력 발전의 중요성을 설명한 것이었다.

이러한 만큼 미국은 적극적으로 원자력 기술 수출에 나섰다. 1955년 5월 3일 터키와 연구용 원자로를 제공한다는 내용을 담은 협정을 체결함으로써 미국은 아이젠하워 대통령의 UN연설이 빈말이 아님을 입증하였다.

높았던 공학 열기

덕분에 이승만 대통령도 원자력을 운영할 수 있는 인재 양성에 관심을 기울이게 되었다. 세상의 모든 일이 그렇듯이 한쪽만 서두른다고 되는 것은 아니다. 대통령이 의지를 굳히면 이에 호응하는 사람이 있어야 일이 진행된다.

1945년 광복과 함께 일본이 만든 경성제국대학은 폐교되고, 이 대학의 이름이 경성대로 바뀌었다. 경성이 서울로 이름이 바뀌고 '국립대학 설치령'이 제정됨에 따라, 1946년 이 대학은 국립 서울대학교가 되었다.

국립 서울대학교는 경성대를 중심으로 서울 지역에 있는 몇몇 학교가 결합해 탄생한 것이다. 경성대 이공학부는 관립 경성공업전문학교와 합병해 서울대학교 공과대학이 되었다.

당시는 원자폭탄을 비롯해 각종 신무기가 등장한 제2차 세계대전이 끝난 직후였으므로 공학에 대한 관심이 대단했다. 공과대학의 인기는 의과대학에 못지않아 수많은 인재가 서울대 공과대학으로 몰려들었다.

공학도들의 관심은 당연히 일본을 패망시킨 원자력에 쏠렸다. 그러나 서울대 공과대에서는 원자력을 가르칠 만한 사람이 없었다. 원자력에 대한 공학도들의 갈증은 1950년 6·25전쟁을 계기로 미군이 진주하면서 해소될 수 있었다.

미군 장교 가운데는 대학에서 원자력공학을 전공한 사람이 있었는데, 이들을 통해 저명한 원자력 공학자인 노스캐롤라이나 주립대의 레이먼드 L. 머리(Raymond L. Murray) 교수가 쓴 원자력 교과서가 한국에 들어온 것이다. 머리 교수의 저서로는 훗날 그가 펴낸 『원자로 물리학(Nuclear Reactor Physics, 1959)』이 유명하다.

원자력은 화학이나 물리학 분야에서 공부할 수도 있고, 전기공학 계열에서도 공부할 수 있다. 화학이나 물리학 분야는 자연과학 분야이고 전기공학은 공학 계열이다. 당시 서울대는 화학과 물리학을 인문학 분야와 함께 문리대(文理大)에서 가르쳤다.

그리하여 윤세원, 김희규, 이영재, 현경호, 최창선, 이진택, 이창건, 이병호 등 서울대 문리대에서 물리학이나 화학 등 이학(理學)을 공부하는 학생들과 서울대 공과대에서 전기공학을 공부하던 학생들이 머리 박사의 책을 영문 타이프로 친 후 등사기로 미는 방법으로 복사해서 세미나 형태로 공부했다. 이들이 바로 1955년 8월 박철재(朴哲在·인하공대 학장 역임·작고) 문교부 기술교육국장 등이 스위스 제네바에서 열린 '제1회 원자력의 평화적 이용을 위한 국제회의'에 참석한 후 형성된 서울대 중심의 자발적인 세미나 그룹이었다.

당시 대한민국은 6·25전쟁으로 쑥대밭이 돼 있었던 터라 1인당 GDP가 70달러에 불과한 세계 최빈국이었다. 이러한 나라의 지도자가 시슬러의 말을 듣고 1957년 원자력 전문가를 키우기 위한 국비 유학생 제도 도입을 결정하자 '준비된 영재들'이 대거 지원했다. 그리하여 수년에 걸쳐서 237명의 엘리트들이 원자력을 공부하기 위해 차례로 출국하게 되었다.

콜더홀 원전 사례에서 보듯 당시 원자력발전 분야에서 영국의 실력은 미국에 못지않았다. 때문에 절반은 영국으로 가고, 나머지는 미국으로 보냈다. 이들은 대개 1년 정도 공부하고 귀국해 원자력 관련 분야에서 일하게 되었다.

한국의 엘리트들이 미국과 영국으로 나누어 출국한 것은 훗날 한국의 원자력발전을 영국형으로 하느냐, 미국형으로 하느냐를 놓고 갈등을 일으키는 요소가 된다.

1950년대 실무차원에서 한국 원자력의 토대를 닦은 쌍두마차는 박철재 씨와 윤세원 씨였다. 동문관계로 얽힌 두 사람은 이승만 대통령의 신임을 받으며 한국 원자력의 토대를 만들었다.

"자네 원자력을 공부했지. 그럼 원자탄을 만들 수 있나?"

한국이 원자력을 배울 유학생을 미국에 보낼 수 있게 된 데는 1956년 2월 3일 양유찬(梁裕燦) 주미 한국대사가 월터 로버트슨 미국 국무부 차관보, 루이스 스트라우스 미 원자력위원회 위원장과 서명한 '한미원자력협정'이 큰 역할을 했다. 1953년 아이젠하워 대통령의 '원자력의 평화적 이용' 연설 후 터키를 시작으로 우방국들과 원자력 협정을 맺어온 미국은 1956년 2월 3일 한국과도 '드디어' 이 협정을 체결했다.

정식 명칭이 '원자력의 비군사적 사용에 관한 대한민국 정부와 미합중국 정부간의 협력을 위한 협정(Agreement for Cooperation between the Gove -rnment of the Republic of Korea and the Government of United States of America Concerning Civil Uses of Atomic Energy)'이 체결된 것. 이 협정으로 한국은 총 127명의 젊은이를 국비 훈련생(일명 원자력 유학생)으로 선발해 미국으로 보낼 수 있었다.

한미원자력협정에 의한 유학생 선발을 거쳐 가장 먼저 미국으로 출국한 유학생이 윤세원(尹世元·경희대 부총장, 선문대 총장 역임, 작고) 씨다. 윤 씨는 연희전문 이과를 거쳐 일본의 교토(京都)제국대학에 들어갔으나 졸업하지 못하고, 제2차 세계대전이 끝나면서 귀국해 서울대에서 학사와 석사 학위를 취득했다. 서울대의 원자력 세미나 그룹을 이끌던 그는 1952년 서울대 문리대 물리학과에 전임강사로 들어갔다. 그리고 미국 아르곤(Argonne) 원자력연구소 부설 국제원자력학교(International School of Nuclear Science and Engineering) 등에서 1년간 유학을 끝내고 1957년 돌아와 서울대 물리학과의 교수가 되었다.

한국은 한미원자력협정을 체결하고 난 다음인 1956년 3월 9일 대통령령 1140호로 문교부 기술교육국에 원자력과를 만들었으나 초대 과장은 바로 임명하지 못했다. 정부는 윤세원 교수를 문교부 원자력과 초대 과장으로 임명했다. 교수에서 공무원으로 변신한 윤세원 과장이 초안을 잡아서 1958년 2월 국회에서 통과시킨 것이 바로 '원자력법'이다. 이 법안과 관련해 윤세원 씨는 이런 증언을 한 바 있다.[1]

"과장으로 부임한 지 1개월이 지난 (1957년) 11월경이라고 기억합니다. 경무대에서 이승만 대통령이 들어오라는 명령이 있었습니다. 경무대로 들어오라는 시간에 들어갔더니, 첫마디가 '자네 원자력을 공부했다지' 하기에, '예. 조금 공부했습니다' 라고 했더니, '그럼, 우리나라에서도 원자폭탄을 만들 수 있나' 라고 물어서, '지금 당장은 어렵습니다. 그러나 연구를 계속하면 불가능한 것은 아닙니다' 라고 대답했습니다.

그러자 이 대통령은 '됐어. 그럼 자네 원자력에 대한 계획을 잘 연구해서 잘 해줘. 정부도 잘 밀어줄 거야. 연구소를 지을 장소는 (경남) 진해도 좋아. 더 좋은 곳이 필요하다면 그런 곳을 찾아보게' 하였습니다. 대통령과는 여러 가지 대화를 나누고 나왔습니다. 한마디로 그때 이 대통령에 대한 나의 인상은 원자력과를 신설한 데 대한 그분의 기대와 야심이 컸던 것으로 기억합니다."

---

1 「尹世元과의 대담」, 朴益洙, 『韓國原子力創業秘史-1955~1980(개정판)』, 도서출판 경림, 2004, pp. 27~31.

당시 문교부 장관은 물리학을 공부한 최규남(崔奎南·5대 서울대 총장 역임·1898~1992) 박사였는데, 최 장관은 윤 과장을 전폭적으로 신뢰했다. 원자력에 관해서 윤 과장만큼 아는 사람도 없었으므로 그는 윤 과장이 직접 이승만 대통령을 만나 원자력에 대한 보고를 하게 했다.

윤 과장이 만든 원자력법은 국회를 통과해 1958년 3월 11일 법률 제483호로 공포됨으로써 정부 차원에서 원자력에 도전할 수 있는 근거가 마련되었다. 이 법이 제정되는 해 한양대학교 공과대학이 국내에서는 최초로 원자력공학과를 만들었다. 그리고 이듬해(1959년) 서울대 공과대도 같은 학과를 만들었다. 한국도 원자력을 학문으로 가르치고 배울 수 있게 된 것이다.

원자력을 연구하려면 반드시 연구용 원자로가 있어야 한다. 1956년 체결한 한미원자력협정에는 미국으로부터 연구용 원자로를 도입한다는 내용이 없었다. 그리하여 1958년 3월 14일 연구용 원자로를 도입할 수 있도록 한미원자력협정이 개정되었다.

당시 정부는 단기(檀紀)를 사용했다. 서기로 1958년인 단기 4291년 7월 24일 이승만 대통령은 개정된 한미원자력협정을 근거로 윤세원 과장이 올린 '연구용 원자로 구입' 품의서를 결재했다. 한국도 연구용 원자로 도입을 추진할 수 있게 된 것이다.

미국 원조로 연구용 원자로 처음 도입

'어떤 원자로를 도입할 것인가?' 이 문제에 대한 답을 찾기 위해서 박철재(朴哲在) 문교부 기술교육국장을 단장으로 한 조사단이 미국으로 건너갔다. 여러 연구용 원자로를 살펴보고 돌아온 이들은 그해(1958년) 12월 27일 제너럴 아토믹 사의 '트리가 마크-Ⅱ'를 도입하는 것이 좋겠다는 보고서를 이 대통령에게 올렸다. 트리가 마크-Ⅱ의 도입비용은 73만

국내 최초의 원자로 결정

●1958.11.1. 노형 선정(TRIGA Mark-Ⅱ)

조사단은 미국의 여러 원자로를 둘러보고,
제네바 전시에서 성능을 인정받은
TRIGA Mark-Ⅱ를 선정하였다.

이승만 대통령이
문교부 원자력과 윤세원 과장에게
"자네, 원자력을 공부했다지?"로
시작된 지시에서 비롯되어,
이듬해 7월 원자로 구입이 결정되었다.

부속 과학 기재를 포함한 원자로 건설비는
73만 2천 달러에 계약.
이 중 35만 달러는 미국의 지원을 받았다.

San Diego Reactor
Will Go To Korea

주미대사 양유찬과
미국 원자력위원회(AEC) 위원장
Harold S. Vance 사이의
계약서 교환.

ⓒ 한국원자력연구원

▌ 한국 최초의 연구용 원자로 도입된 관련과 문서(왼쪽 위부터 시계 바늘 방향)

1) 1958년 12월 미국을 방문하고 돌아온 박철재 국장 팀이 이승만 대통령에게 트리가 마크-Ⅱ를 도입하는 것이 좋겠다고 판단해 올린 보고서(1958년 12월 27일).

2) 1957년 7월 24일 이승만 대통령은 문교부 윤세원 원자력과장이 만들어 올린 한국 최초의 연구용 원자로 도입 서류에 서명했다.

3) 양유찬 주미한국대사와 해롤드 밴스 미국 원자력위원회 위원장이 서명함에 따라 샌디에이고에 있는 제너럴 아토믹 사가 트리가 마크-Ⅱ를 한국에 수출할 수 있게 되었다고 보도한 1959년 1월 2일자 샌디에이고 타임스 기사.

4) 트리가 마크-Ⅱ 도입비용 73만 2000달러 가운데 한국 정부가 부담하기로 한 38만 2000달러는 이미 미국 은행의 양유찬 주미한국대사 계좌에 입금돼 있다는 것을 알려주는 1958년 말의 문서. 나머지 금액인 35만 달러는 미국이 무상지원해주기로 했으므로 한국은 38만 2000달러만 준비하면 됐다.

2000달러로 결정되었다. 그런데 한국은 돈이 없었다.

이 고민을 풀어준 것은 미국이었다. 절반에 가까운 35만 달러를 지원 해주기로 한 것이다. 덕분에 한국을 대표한 양유찬(梁裕燦) 주미한국대사 는 해롤드 밴스(Harold S. Vance) 미국 원자력위원회 위원장과 트리가 마크- Ⅱ 도입 계약을 맺을 수 있었다. 트리가 마크-Ⅱ를 만드는 제너럴 아토믹 사는 캘리포니아 주 샌디에이고에 있었기에 당시 미국 언론은 '샌디에 이고의 원자로(트리가 마크-Ⅱ)'가 한국에 가게 됐다고 보도했다.

트리가 마크-Ⅱ 도입 비용 가운데 35만 달러는 미국으로부터 무상지 원을 받지만 38만 2000달러는 한국 정부가 마련해야 했다. 1인당 국민소 득이 70달러이던 한국에게 38만 2000달러는 어마어마한 거금이었다. 그 러나 이 대통령은 '군말 없이' 이 돈의 집행을 승인했다. 재무부 이한빈 예산국장의 노력으로 한국 정부는 38만 2000달러를 원자로 도입 비용으 로 떼어놓을 수 있었다. 그만큼 한국은 원자력에 대한 의지가 강했던 것 이다.

연구용 원자로 도입이 가시화되자 시슬러가 방향을 잡아준 대로 정부 차원에서 원자력 업무를 주도할 기관을 만들어야 했다. 문교부 기술교 육국의 원자력과로는 원자력 업무를 제대로 추진할 수 없었기 때문이 다. 이승만 정부는 원자력법을 집행할 기구로 '원자력원(院)' 창설을 추 진했다.

1959년 1월 21일 원자력원(院)을 만든 정부는 초대 원장에 프랑스 유 학생 출신으로 불교계의 거목이자 자유당 3선 의원인 김법린(金法麟 · 동국 대 총장 역임 · 1899~1964) 씨를 임명했다. 원자력원은 장관급 기구로 원자력 정책 전반을 담당했다. 이승만 대통령은 원자력원 원장을 부총리급으로 하려 했으나 반대 세력이 있어 장관급으로 낮췄다.

원자력원 원장의 직급을 올리지 못하게 된 이 대통령은 다른 방법으 로 원자력에 대한 관심을 표현했다. 원자력원을 대통령 직속기구로 만 들고 원장에 유명 정치인인 김법린 씨를 임명한 것이다. 당시 불교계의 파워는 지금의 기독교계보다 커서 김법린 씨의 정치적 영향력은 대단했다. 김법린 씨의 취임으로 원자력원 원장은 '부총리급' 역할을 할 수 있게 되었다. '센' 원장 덕분에 원자력원은 다른 부서보다 예산 확보가 쉬웠다.

원자력원은 발족 한 달 반 만인 1959년 2월 3일 원자력연구소를 만들어 초대 소장에 문교부 기술교육국장인 박철재 씨를 임명하고 3월 1일 연구소를 개소했다.

박 소장은 연희전문과 일본 교토(京都)제국대를 졸업하고 서울대 교수를 하다 문교부로 옮겨온 학자 출신 공무원이었다. 학교로 보면 그는 윤세원 과장의 직계 선배(연희전문-일본 교토제국대)가 된다. 선배인 박 소장은 바로 후배인 윤 과장을 데리고 왔다. 원자력연구소의 핵심인 원자로부장에 윤세원 과장을 임명한 것이다.

원자력연구소 부지 선정문제로 한미 대립

원자력연구소 설립을 앞두고 결정해야 할 중요한 문제 가운데 하나는 이 연구소를 어디에 짓느냐는 것이었다. 원자력연구소의 부지 선정 문제는 이승만 정부가 이 연구소를 무슨 목적으로 쓰려고 했는지를 짐작하게 해주는 좋은 사례가 된다. 이승만 대통령을 중심으로 한 고위 정치권은 원자력연구소를 강원도나 진해 등 군부대가 있는 곳에 두려고 했다. 반면 상공부는 비료공장이 있던 충주를 희망했고, 원자력과를 품고 있던 문교부는 안양과 군포 사이에 있는 수리산 일대를 추천했다.

수리산이라고 해도 당시는 산골이었으니, 한국의 모든 기관은 원자력연구소를 후방 깊숙이 안전한 곳에 두고자 했다. 한국 정부 측의 장소 추천은 원자력연구소를 군사용으로 쓰고 싶다는 뜻을 반영한 것이었다. 원자력연구소 부지 문제와 관련해 윤세원씨는 이런 증언을 남겼다.

"내가 과장으로 취임한 다음 몇 달 후에 이승만 대통령을 만났는데, 그 때에 내가 드린 말씀도 있고 해서 어디 은밀하고 조용한 곳을 찾아야 하겠다고 생각했지요…. 서울에서 27킬로미터 떨어진 안양에서 다시 3킬로미터 지점에 있는 박달리라는 곳을 가서 보게 되었습니다.

1958년 4월에 미국 극동과학담당관(미국 주재)인 W. H. 페닝톤이 서울에 왔는데, 부지를 선정해 놓았다고 하니까 가보고 싶다고 했습니다. 그래서 그와 동행한 미시간 대학의 G. H. 위플 교수와 함께 박달리를 구경시켜주었는데, 이곳을 본 이들의 첫마디가 '왜 이런 오지에다 정하느냐. 대학 근처의 사람들이 왕래하기 편한 곳에 정하는 것이 좋은 텐데' 하면서 못마땅한 표정으로 이야기했습니다." 2

이런 식으로 미국은 은밀한 곳에 원자력연구소를 지으려는 한국의 의도에 반대했다. 한국에 원자력 기술을 지원하기로 한 미국 측은 거듭해서 대학과 가까운 서울에 원자력연구소가 있어야 한다고 강조했다.

미국의 정부기관인 국제협력처(International Cooperation Administration)는 미시간 대학의 핵 연구 프로젝트 팀인 '피닉스 프로젝트 팀(Michigan Memorial Phoenix Project)'과 원자력 기술의 국제 원조 업무 계약을 맺고 우방국을 지원하고 있었다. 때문에 미시간 대학의 피닉스 프로젝트 팀 관계자도 한국과 원자력 원조 문제를 자주 논의했다.

피닉스 프로젝트 팀도 원자력연구소는 대학과 가까운 곳에 있어야 한다며 후방 깊숙한 곳에 지으려는 한국 정부 측의 의도를 못마땅해 했다. 피닉스 프로젝트 팀의 불만은 1958년 이 팀의 일원인 조지 호잇 위플(George Hoyt Whipple)이 김선기 문교부 차관에게 보낸 편지에서 잘 드러난다.3 위플은 윤세원 과장과 함께 박달리를 다녀온 사람이었다.

"제가 한국을 방문했을 때 한국의 프로그램에서 가장 걱정이 되었던 것

2 「尹世元과의 대담」, 朴益洙, 『韓國原子力創業秘史-1955~1980(개정판)』, 도서출판 경림, 2004, pp. 27~31.

은 한국이 원자력 프로그램을 한국의 대학들과 무관하게 진행해 나가려고
하는 의도였습니다. 저는 이 문제를 놓고 한국 대표들과 여러 차례 논의를 했
습니다만 원자력연구소를 대학들과 분리시키려는 한국의 의도를 전혀 이해
할 수 없었습니다… 원자력연구소를 대학들과 떨어진 외딴 곳에 설립하는
것은 지적(知的)인 자살 행위로 보입니다."

미국 측의 강력한 반대 때문에 원자력연구소 부지는 결국 서울 근처
로 낙점되었다. 서울 근처라고 하더라도 정부는 안보상의 허점이 없어
야 한다고 생각했다. 그래서 안보를 책임질 국방부가 나서서 여러 곳을
놓고 안보평가를 한 끝에 서울시 공릉동에 짓기로 했다. 국방부가 안보
평가를 해서 부지를 선정한 것은 한국은 이 연구소를 여전히 국방차원
에서 보았다는 뜻이다.

1959년 2월 3일 설립한 원자력연구소는 3월 1일 서울대 공과대학의
한 사무실을 빌려 개소식을 가졌다. 3·1절을 택해 원자력연구소를 개소
한 것은 힘이 없어 당한 식민지배를 설욕하겠다는 이승만 정부의 의지
때문이었다.

이렇게 출범한 원자력연구소는 '빵빵한' 봉급을 줘가며 인재를 끌어
모았다. 이때 연구소에 들어간 이창건(李昌健) 박사에 따르면 원자력연구
소 근무자는 본봉의 1백 퍼센트의 연구수당과 위험수당을 더 받았기에
본봉만 받는 원자력원 근무자에 비해 봉급이 세 배 많았다고 한다.

한국이 도입하기로 한 트리가 원자로의 이름은 훈련·연구·동위원소
를 뜻하는 영문 Training·Research·Isotope의 머리글자인 TRI에 제너
럴 아토믹(General Atomic)의 GA를 더한 것이었다.

트리가 연구용 원자로는 용량에 따라 마크(Mark)-Ⅰ,Ⅱ,Ⅲ로 나뉘는데
뒤에 붙는 숫자가 클수록 용량이 크다. 트리가 마크-I의 출력이 10킬로

---

3 김성준, 「개발도상국에서 근대적 연구기관 만들기 어려움: 1960년대 원자력연구소(AERI)의 사
  례」 참조.

원자로 건설 기공
1959년 7월 14일 서울 공릉동의 원자력연구소에서는 트리가 마크-II 연구용원자로 설치를 위한 공사 기공식이 열렸다. 이날 '시삽'을 한 이승만 대통령은 "이 연구소는 장차 훌륭한 아토믹 머신을 만들어야 합니다."라고 연설해 주목을 끌었다.

트리가 마크-II
현재 서울 노원구 공릉동 한국전력 연수원 부지 안에 보관되어 있는 한국 최초의 원자로.

146 한국의 핵주권

와트였고 마크-Ⅱ는 1백 킬로와트, 마크-Ⅲ는 1000킬로와트다.

트리가 마크-Ⅱ를 도입하기로 했으면 이 원자로를 조종할 사람도 확보해야 한다. 1959년 봄 정부는 미국 시카고의 아르곤 원자력연구소 부설 국제원자력학교를 8기로 수료한 양흥석, 이관, 이창건, 장지영, 정운준, 한희봉 등 여섯 명을 제너럴아토믹 사로 보내 트리가 마크-Ⅱ 원자로 조종 기술을 배우게 했다. 두 달 후 이들은 트리가 마크-Ⅱ 운전면허증을 받고 귀국해 한국인 최초의 원자로 조종 면허자가 되었다.

트리가 마크-Ⅱ 도입을 결정해 놓은 정부는 1959년 7월 14일 서울시 공릉동의 원자력연구소 부지 안에서 원자로 건설을 위한 기공식을 가졌다. 원자로 건물 설계는 당시 촉망받던 건축가인 김중업 씨가 맡았다.

기공식에는 이승만 대통령이 3부 요인과 함께 참석해 직접 역사적인 '시삽'을 했다. 그리고 훈시에서 "장차 원자력연구소는 훌륭한 아토믹 머신(Atomic Machine)을 만들어야 합니다."라고 했는데, 이 대통령이 말한 아토믹 머신을 놓고 다양한 해석이 나오게 되었다.

이렇게 공사를 시작한 트리가 마크-Ⅱ는 4·19와 5·16이라는 정변을 겪고 1962년 완공되었다. 어떠한 정변도 원자력을 향한 한국의 열망을 막아내지 못한 것이다. 트리가 마크-Ⅱ 이야기는 다음 장에서 이어가기로 한다.

북한도 같은 시기에 원자력 시작

6·25전쟁을 겪은 1950년대 한국은 그야말로 잿더미였다. 그런데도 한국은 원자력을 도입하는 쾌거를 올렸다. 한국의 도전을 주변국과 비교해보기로 하자.

먼저 북한의 움직임이다. 1954년 소련의 오브닌스크 원전 준공식에 참석한 북한의 김일성은 이듬해인 1955년 북한 과학원 안에 핵물리학

관련 연구소를 짓게 했다. 김일성도 원자력 기술자를 양성해야 한다는 것을 깨달은 것이다.

그리고 1956년 소련의 모스크바 인근에 있는 드브나(Dubna) 원자력연구소로 기술자들을 보냈다. 한국이 원자력 유학생을 보낸 것이 1957년이니 원자력 유학생 선발은 북한이 한국보다 앞섰다.

이어 북한은 1959년 9월 소련과 원자력협정을 체결하고 1962년 1월 소련으로부터 제공받기로 한 IRT-2000 연구용 원자로를 짓는 공사에 들어갔다. 열출력이 2000킬로와트로 알려진 IRT-2000 연구용 원자로를 설치한 곳이 그 유명한 평북 영변군의 북한 원자력 연구단지이다.

북한은 1980년대 IRT-2000을 폐쇄하고 1985년부터는 자력으로 만든 5만 킬로와트급 연구용원자로를 가동했는데, 이 원자로에서 나온 사용후핵연료가 재처리돼 북한이 만든 핵폭탄의 원료가 된 것으로 보인다.

한국이 트리가 마크-II 기공식을 가진 것은 1959년이니 연구용 원자로 기공식만 놓고 보자면 북한이 한국보다 3년 더 앞선 것이 된다. 이러한 사실은 남북한이 거의 비슷한 시기에 원자력에 도전했다는 것을 보여준다.

일본과 비슷한 시기에 시작한 한국 원자력

지금 일본은 미국, 프랑스와 함께 세계적인 원전 강국이다. 이러한 일본과 한국을 비교해보자. 이승만 대통령이 한국 원자력의 대부라면, 일본 원자력의 대부는 동경제국대 법학과를 졸업하고 일본 해군 대위로 제2차 세계대전에 참전했다가 훗날 일본 총리가 되는 젊은 나카소네 야스히로(中曾根康弘, 1918년 생) 중의원이다. 나카소네는 일본이 원자폭탄 두 방을 맞고 패망한 현실을 보고 원자력을 도입해야 한다는 것을 절실하게 깨달았다고 한다.

사실 일본은 제2차 세계대전 이전에 원자력 연구를 시작한 선진국이다. 세계 주요 국가들이 원자력에 대한 연구를 하고 있다는 것을 안 일본 육군은 1939년 일본 이화학(理化學)연구소에 원자력에 대한 연구를 의뢰해 이 연구소는 원자핵실험실을 운영하였다.

　그러나 전쟁이 일어나면서 일본의 원자력 연구는 이렇다 할 성과를 내지 못했다. 그리고 1945년 일본을 점령한 미국은 일본의 원자력 연구를 전면 금지하는 조치를 취했기에, 일본의 원자력 연구는 무너진 채 일어나지 못했다.

　일본의 원자력 연구는 1952년 4월 28일 미국이 군정을 끝내고 일본이 독립정부를 세우면서 비로소 '기지개'를 켰다. 최전선에서 이 움직임을 주도한 인물이 바로 젊은 국회의원인 나카소네였다. 나카소네 의원은 1954년 일본 정부 예산 수정안에 원자력 항목을 포함시킴으로써 일본 원자력계가 부활할 수 있는 계기를 만들어주었다. 나카소네 의원이 포함시킨 원자력 예산은 원자로 관련 연구보조금 2억 3천500만 엔, 우라늄 자원조사비 2천500만 엔, 원자력 관련 도서 구입비 1000만 엔 등 2억 7000만 엔이었다.

　이러한 나카소네가 이듬해 '원자력기본법' 제정을 주도해 이 법의 국회 통과를 관철시켰다. 제2차 세계대전을 일으킨 일본이 원자력을 연구하겠다고 하면 세계가 긴장한다. 때문에 나카소네는 원자력기본법의 목적을 '원자력의 연구개발과 이용은 평화적인 목적으로만 한다'고 명시하였다. 평화적인 목적을 향해서만 원자력을 개발하고 연구하겠다고 한 원자력기본법 제정으로, 일본은 굶주렸던 원자력 연구를 향해 '날아갈 수' 있게 되었다.

　원자력법 제정 시점을 기준으로 한다면 일본은 한국보다 3년 앞선 것이 된다. 기본법 제정 이듬해인 1956년 일본은 국가 차원에서 원자력 정책을 결정할 기관으로 '원자력위원회'를 설치하고, 이 정책을 집행할 기구로 총리부 안에 원자력국을 만들었다. 그리고 원자력국을 과학기술성

© wikipedia

일본 원자력의 대부 나카소네 전 총리
1955년 소장파 국회의원이던 나카소네는 주변국을 긴장시키지 않으면서 일본의 원자력을 일으키기 위해 '평화 목적으로만 원자력을 연구·이용한다'는 내용을 담고 있는 원자력기본법을 만들어, 일본을 원자력 대국으로 이끄는 단초를 열었다. 일본은 한국보다 3년 먼저 원자력법을 만들었다.

(省) 창설로 확대하는 작업을 추진했다.

과학기술성은 민간기업이 하기 힘든 '미래 거대 과학'인 원자력과 우주개발을 주 사업으로 하고자 했다. 그러자 통상산업성과 문부성이 '원자력을 포함한 미래 과학기술 연구는 자신들이 할 수 있다'며 과학기술성의 창설에 반대했다. 때문에 일본은 성보다는 등급이 낮은 청(廳)으로 과학기술청을 만들게 되었다(1956년).

원자력발전은 전력문제를 담당하고 있는 통상산업성이 맡게 되었다. 원자력 연구는 대학에서도 할 수 있으므로 문부성은 대학에서 하는 원자력 연구를 맡게 되었다. 과학기술청은 통상산업성과 문부성이 가져가지 못한 원자력의 나머지 부분을 담당하게 되었다. 나머지 부분이란 정부 차원의 원자력연구소의 운영이다. 과학기술청은 이와 함께 우주개발 연구도 맡아 지금 H-2A라고 하는 걸출한 우주발사체를 만들어냈다.

나카소네 의원은 1959년 과학기술청 장관에 취임해 그가 생각한 대로 일본의 원자력 연구가 뻗어나갈 수 있는 토대를 만들었다. 일본은 각료급 원자력 연구 기구를 만드는 데도 한국보다 4년이나 앞섰다. 이 사소한 차이가 지금 큰 차이를 만들었는데 이에 대해서는 뒤에 다시 상술하기로 한다.

그러나 일본은 제2차 세계대전을 일으킨 기술 선진국이었고, 한국은 봉건과 식민과 전쟁에서 막 벗어난 헐벗은 나라였다는 것을 고려하면, 한국은 원자력을 아주 빨리 시작했다고 볼 수 있다.

일본에는 나카소네가 있었다면 한국에는 이승만이 있었다. 시슬러의 우정과 이승만 대통령의 결단 덕분에 한국은 국가 수준에 걸맞지 않게 빨리 원자력에 도전할 수 있었다. 그리고 원자력을 해보겠다는 수재들이 즐비했다는 점에서 한국의 원자력은 정말 '행운'이 있었다.

Chapter 3

1960년대

가압경수로 선택을 위한 최후의 도박
"아이젠버그를 따돌려라"

1950년대 한국은 '간신히' 원자력 깃발을 들어올렸다. 아이젠하워 미국 대통령 연설을 계기로 국제원자력기구가 만들어지고 전 세계로 원자력발전이 보급되려는 조짐이 보이려고 할때 거대한 전쟁(6·25전쟁)을 치른 가장 가난한 나라가 원자력을 해보겠다고 나선 것이다.

말로는 무엇을 못하나. 깃발은 누가 들지 못하나…. 언행일치(言行一致)와 지행일치(知行一致 또는 志行一致)가 되지 못하면 누구도 주목하지 않는다.

정권은 바뀐다. 한국 원자력이 발전하려면 정권 교체에도 불구하고 계속 뻗어나가야 한다.

원자력산업은 1~2년 만에 일어나지 않는다. 우주개발사업과 더불어 대표적인 거대 과학인 만큼 수십 년 동안 정부의 일관된 노력이 있어야 일어설 수 있다. 어떤 지도자가 등장해도 원자력만큼은 반드시 해야 한다는 시대적 공감이 있어야 한다.

정변(政變)의 시대

정치는 모든 행위의 꼭짓점에 있다. 정치가 불안하면 모든 분야가 흔들린다. 전쟁을 치른 1950년대에 이어 격변의 1960년대가 도래했다.

1960년대는 1960년의 4·19 학생혁명과 1961년의 5·16 군사혁명으로 시작되었다. 건국 대통령인 이승만이 국민 저항에 견디지 못해 하야하고(4·19), 민주적이었다고 하는 민주당의 장면 총리가 수녀원에 몸을 숨겼다가 물러나는 것(5·16)으로 1960년대는 열렸다.

총칼로 들어선 군사정권의 서슬은 정말 시퍼랬다. 이 서슬이 한국 원자력의 둥지인 원자력연구소에도 들이닥쳤다. 5·16 군사혁명의 리더는 육사 2기의 박정희 소장이지만, 핵심 세력은 육사 5기와 8기의 장교들이었다. 육사 5기생과 8기생은 초급장교로서 6·25전쟁을 치렀기에 동기생 가운데 상당수가 전사했다. 많은 희생을 치렀는데도 이들은 선배들에 비해 진급이 느렸다.

반면 미 군정기에 장교를 양성하기 위해 만든 군사영어학교 출신들과 육사 4기 이상의 선배들은 6·25전쟁으로 육군 조직이 갑자기 커지는 바람에 빨리 진급했다. 전쟁이 끝난 다음에도 그들은 그 자리에 눌러앉아 기득권을 누렸다.

당시의 장군은 지금의 장군과는 비교도 되지 않을 만큼 많은 권력을 누렸다. 당시의 사람들은 장군을 '각하'로 불렀다. 전쟁 덕분에 젊은 나이에 스타가 된 이들은 "각하" 소리를 들으며 폼을 잡았다.

이것이 육사 5기와 8기생에게는 큰 불만이었으므로 이들은 부패한 선배들을 몰아내는 숙군(肅軍)을 하자며 군사혁명에 대거 참여했다. 권력을 잡은 이들은 '당연히' 문제 많은 선배 장성들을 쫓아냈다.

군도 사회의 일원이기에 군이 부패했다면 사회도 부패한다. 가난한 나라에서는 공무원의 권력이 대단하다. 이러한 나라의 공무원은 봉건시대 벼슬아치들처럼 국민을 부릴 수 있다.

원자력계도 장악한 군인들

숙군을 한 군인들은 바로 관(官)을 상대로 한 숙정(肅正)에 들어갔다. 비리를 고발하는 투서가 있거나 국민들로부터 원성을 받는 공무원이 있으면 가차 없이 내쫓기 시작한 것이다. 이러한 숙정은 국민들로부터 군사혁명에 대한 지지를 받는 방편이기도 했다.

각 기관에 파견된 군인들은 공무원들의 출·퇴근 시간을 관리하고 점심시간의 음주를 단속하기 시작했다. 5·16 주체세력은 외무부 공무원과 외국인을 접대하는 이들을 제외한 모든 공무원들에게 재건복을 입으라고 했다. 원자력연구소의 사람들도 파견 나온 군인들의 눈치를 보며 재건복을 입고 다녔다.

원자력연구소에 파견된 군인들의 리더는 이동집 해병대 소령이었다. 이 소령 등은 정문을 지키고 서서 지각하는 직원이 있으면 잡아 놓았다가 엎드려 뻗쳐를 시켰다. 원자력원에는 경중용 해병대 중령이 이끄는 군인들이 앞장서서 원자력원 공무원들의 기강을 잡는 '규율부장'으로 활동했다.

군인들이 군기를 잡는 것은 견딜 수 있지만, 원자력산업을 멈추게 하는 것은 견딜 수 없는 일이다. '박정희는 원자력을 어떻게 보고 있을까.' 당시 원자력인들의 관심은 전부 여기에 쏠렸다. '박정희는 원자력 산업을 멈추려고 하지 않을까?'

원자력인들이 박정희 정권의 시각에 관심을 쏟은 이유는 트리가 마크-II에 대한 시중의 부정적인 의견 때문이었다.

4·19 학생혁명으로 민주당 정권이 들어선 다음인 1960년 미국 아머연구재단(Armour Research Foundation)의 라이펠(Reiffel) 연구원은 한국의 원자력 연구 상황은 전반적으로 낙후됐다는 내용의 「한국 원자력 연구에 대한 보고서(Report on Atomic Research in Korea, Oct. 27, 1960)」를 작성했다.

이 보고서를 입수한 한국 언론은 이 보고서 중에 '한국이 도입하기로

한 연구용 원자로는 최신식이 아니라 구식(舊式)의 폐로(廢爐)'라는 내용이 있다며 이를 보도하였다.[4]

이 때문에 정치권에서는 원자력연구소를 폐쇄해야 한다는 주장까지 나왔다. 그리고 해가 바뀌어 5·16 군사혁명이 일어났으므로 원자력인들은 박정희 세력의 시각에 관심을 쏟지 않을 수 없었다.

이러한 때 원자력원의 기획조사과장을 맡았던 인물로 1969년 동양고속을 창립하고, 5공 시절에는 막후에서 미국 노스롭 사의 F-20 전투기 도입을 추진해 주목을 끌게 된 이민하(李敏厦) 씨였다.

원자력원을 접수한 군부는 원자력산업을 이해하기 위해 이민하 과장에게 원자력 계획서를 만들어 제출하라고 했다. 이민하 과장이 작성한 '원자력발전 장기계획서'는 경중용 중령을 거쳐 박정희 국가재건최고회의 의장에게 올라갔다.

이 계획서에 '한국도 원자력발전소를 지어야 하는데, 어디에 짓는 것이 좋고 예산은 얼마가 들어갈 것이다'라는 한국 원자력 정책의 개요가 담겨 있었다. 계획서를 받은 박 의장은 이 과장을 불러 직접 설명을 들은 후 이 계획서에 서명했다. 박 의장의 서명은 사업을 계속해도 좋다는 뜻이다. 이로써 박 의장도 원자력에 관심이 있다는 것이 확인되었고 정변(政變)에도 불구하고 원자력 분야는 흔들리지 않고 나아갈 수 있었다.

기념우표까지 발행한 연구용 원자로 준공

원자력에 대한 박정희의 관심은 트리가 마크-II 준공식 때 확인되었다. 원자력연구소는 5·16 군사혁명이 일어난 이듬해인 1962년 초 이 원자로 설치 공사를 완료하고, 그해 3월 19일 오전 10시 50분 핵연료를 장

---

4 「한국일보」 1960년 12월 31일자 오전판, 「서울신문」 1960년 12월 29일자 오후판 등 참조.

전했다. 이어서 오후 4시 52분 핵분열에 들어감으로써 드디어 한국은 원자력 시대에 진입하였다.

처음 가동한 원자로는 바로 정격출력을 내지 않는다. 정격출력보다 낮은 단계에서 운전하며 서서히 출력을 높인다. 트리가 마크-Ⅱ가 1백 킬로와트의 정격출력에 도달한 것은 3월 23일이었다. 정상 작동할 수 있는 것이 확인되자 연구소는 3월 30일 트리가 마크-Ⅱ 준공식을 가졌다.

이 준공식은 식민지배와 전쟁의 고통을 겪은 대한민국으로서는 너무나도 뜻깊은 행사였기에 박정희 국가재건최고회의 의장을 비롯해 수많은 요인들이 참석하였다.

대한민국 정부는 트리가 마크-Ⅱ 준공을 기리기 위해 기념우표까지도 발행했다. 이로써 '트리가 마크-Ⅱ는 미국에서는 폐로가 된 구식이다' 라는 주장은 꼬리를 감추게 되었다.

ⓒ 한국원자력연구원

■ 트리가 마크-Ⅱ 준공식의 박정희
5·16으로 집권한 박정희 의장은 5·16 이듬해인 1962년 3월 30일 원자력연구소에서 열린 트리가 마크-Ⅱ 준공식에 참석해, 원자력에 관심이 많다는 것을 내비쳤다. 이날 정부는 트리가 마크-Ⅱ 준공을 자축하는 기념우표까지 발행했다(작은 사진).

트리가 마크-Ⅱ는 1969년부터 출력을 250킬로와트로 올려서 사용되었다. 트리가 마크-Ⅱ는 원자력 관련자를 위한 교육과 중성자 빔을 이용한 물성 연구, 방사성 동위원소 생산 등 다양한 분야로 활용되었다. 그러나 이 연구용 원자로의 출력이 너무 작다는 것이 문제가 되어 트리가 마크-Ⅱ 가동 3년 만인 1965년부터 새로운 연구용 원자로 도입이 추진되었다.

이 시기에 제너럴아토믹은 걸프 제너럴아토믹 사로 이름이 바뀌어 있었다. 이렇게 하여 도입 결정이 이루어진 것이 걸프 제너럴아토믹 사가 만든 열출력 2000킬로와트(2메가와트)의 트리가 마크-Ⅲ였다.

트리가 마크-Ⅲ 도입은 1968년 12월 11일 제167차 원자력위원회의 의결로 결정되어 1969년 4월 12일부터 설치 공사가 시작되었다. 원자력연구소는 트리가 마크-Ⅲ 준공식을 1972년 5월 10일 거행했다.

박정희 정권은 많은 분야에서 일본을 벤치마킹한 특징이 있다. 박정희 정부는 일본의 과학기술청을 모방해 1967년 3월 30일 원자력원의 이름을 원자력청으로 바꾸게 했다. 그리고 그해 4월 21일 과학기술처로 격상시켜 원자력 정책을 포함한 국가 과학정책을 총괄하게 했다.

다시 시선을 5·16 군사혁명 직후로 돌아가보자. 트리가 마크-Ⅱ 준공식이 있는 1962년 11월 박정희 정권은 '원자력발전(發電)대책위원회'를 만들어 연구 차원이 아닌 발전(發電) 차원의 원자력을 준비하게 했다.

원자력원과 상공부의 공무원, 한국전력 관계자 등이 참여한 이 회의에서 '에너지 자원이 부족한 한국은 새로운 대체 에너지원의 개발이 시급하므로 1970년대 초기에 원자력발전소를 건설해야 한다'는 내용을 담은 '원자력발전추진계획안'이 작성되었다. 박정희 정권의 원자력발전 마스터플랜이 나온 것이다.

현실적인 박정희, 원자력발전에 도전하다

박정희는 현실적인 사람이다. 그는 국제적인 저항성이 큰 원자탄을 개발하기보다는 실용성이 큰 원자력발전을 추구하는 것이 훨씬 낫다는 것을 금방 깨달았다. 이로써 원자력연구소는 원자력발전소를 지을 부지 등을 물색하게 되었는데, 한국은 원전을 지은 경험이 없기에 자신 있게 원전 부지를 선정하지 못했다.

때문에 1963년 10월 루리 크림(Ruri Krymm) 씨를 단장으로 한 국제원자력기구(IAEA) 대표단 네 명이 와서 기초조사를 한 후에 '한국은 1970년대 초 15만 킬로와트급 원자력발전소를 짓는 것이 좋겠다'는 권고를 했다.

당시 전국의 지질 정보를 가장 많이 가지고 있는 곳은 대한석탄공사였다. 석탄공사는 탄광을 찾는 과정에서 여러 곳의 지질을 조사한 경험이 있어서 원자력발전소를 지을 부지를 찾는 데 중요 멤버로 참여했다. 원자력원과 한국전력, 원자력연구소, 석탄공사 등은 공동으로 22개 지점을 평가한 후 아홉 개 지역을 선정했다.

이어 실지 답사를 통해 경기도 고양군 행주리(행주산성이 있는 지금의 경기도 고양시 덕양구 행주외동 부근)와 경남 동래군 기장면 공수리, 경남 양산군 장안면 월내리(현재 부산광역시 기장군 장안읍 월내리) 등 세 군데를 선정했다.

그리고 1965년 5월 국제원자력기구로부터 두 명의 기술조사단을 파견받아 선정해 놓은 세 군데를 조사하게 했는데, 이들은 '원자력발전소 후보 부지에 대한 추가 보고서'를 통해 경남 양산군 장안면 월내리 일대(지금의 고리원전 부근)가 가장 좋다는 결론을 도출해주었다. 최초 원전을 위한 부지 선정을 할 때 정해진 큰 원칙은 이렇다.

△ 원자력발전소는 복수(復水)를 위한 냉각수인 바닷물을 구하기 쉬운 곳으로 한다

△ 원자력발전소가 들어설 곳에서 대도시가 있는 쪽으로 바람이 불면 안 된다

△ 원자로와 함께 세워지는 증기발생기는 3백 톤이 넘으므로 배로 운반해 와야 하기 때문에 항구가 있거나 배를 댈 수 있는 곳에 지어야 한다 등등이었는데, 월내리 일대는 이 조건을 충분히 만족시켰다.

『손자병법』 모공편에는 "나를 알고 상대를 알면 백 번 싸워도 위태로울 것이 없다"는 뜻의 '지피지기 백전불태(知彼知己 百戰不殆)'란 말이 있다. 한국의 원자력 정책은 이 교훈대로 실행되었다. 한국이 세계적인 원자력발전 강국이 된 것은 우연히 이루어진 일이 아니다. 박정희 정권 시절 꼼꼼한 검토가 거듭됐기에 성공을 거뒀다.

원자력발전소를 지으려면 세계적인 추세부터 먼저 정확히 알아야 한다. 지피(知彼)를 해야 하는 것이다. 한국은 1966년 5월부터 원자력발전기술조사단을 구성해 미국, 영국, 일본, 캐나다, 이탈리아, 스페인, 인도, 필리핀 등으로 보내서 이들은 어떻게 원자력발전소를 지었거나 짓고 있는지 조사했다. 1967년까지 계속된 이 조사에서는 가압경수로를 제작하는 미국의 웨스팅하우스와 컴버스천 엔지니어링, 밥콕 앤드 윌콕스, 그리고 비등경수로를 만드는 미국 제너럴 일렉트릭에 대한 자료와 영국의 개량형 가스냉각로에 대한 자료가 수집되었다.

한국이 필요로 하는 전력량의 추이에 대한 조사도 이뤄졌다. 그 결과 한국이 최초의 원자력발전소를 준공하게 될 것으로 보이는 1976년 무렵에 한국이 소비하는 전력량은 470만 킬로와트일 것으로 추정되었다.

이러한 추정 결과가 나오면서 한국이 목표로 하는 원전의 규모가 커지기 시작했다. 1967년 10월 한국전력이 작성한 '장기 전원(電源)개발계획'은 1976년의 한국 소비전력은 470만 킬로와트로 예상되니, 이 시기에 준공하는 원자력발전소는 50만 킬로와트급 두 기여야 한다는 결론을 내렸다.

고리 1호기 건설은 무모했다?

1963년에는 15만 킬로와트급 원자력발전소를 지어야 한다고 한 것이 4년이 지난 1967년에는 50만 킬로와트급 원자력발전소 두 기를 지어야 한다고 크게 '점프' 한 것이다. 최초 원자력발전소의 설비용량이 커진데는 '사연' 이 있다.

상품은 '생산한 것을 전부 판매' 하는 매진이 돼야 돈을 벌 수 있다. 그러나 전기는 생산한 것을 모두 소비하는 매진을 기록하면 '블랙아웃' 이라는 큰 사고를 당한다. 따라서 항상 여유를 두고 소비해야 한다.

전기는 다른 제품과 달리 저장이 어렵다. 에너지이기에 저장하지 못한 전기는 사라져버린다. 저장하지 못하는 여유분의 전기를 예비율이라고 하는데, 예비율이 너무 높으면 전기 생산은 비효율적이 된다. 예비율은 너무 낮아도, 너무 높아도 문제인 것이다.

예비율을 계산할 때 반드시 고려해야 할 것이 각 발전소의 설비용량이다. 발전소는 연료나 부품 등을 교체하기 위해 정지시켜야 할 때가 있다. 고장으로 인해 갑자기 정지할 수도 있다. 교체나 고장으로 발전소가 정지하면 이 발전소가 생산하던 것만큼의 전기 생산이 줄어든다. 이러한 생산 감소가 예비율에 영향을 미친다.

예비율은 보통 10퍼센트 정도로 잡는다. 그런데 갑자기 멈춰선 발전소의 설비용량이 국가 전체 설비용량의 10퍼센트라면, 이 발전소가 정지하면 이 나라의 예비율은 순식간에 0퍼센트로 떨어진다.

예비율 0퍼센트는 블랙아웃이다. 따라서 발전소를 지을 때는 무작정 설비용량을 크게 할 게 아니라 발전소의 설비용량이 국가 전체 설비량의 10퍼센트가 넘지 않도록 지어야 한다.

1963년 한국의 전기 생산 설비량은 2백만 킬로와트였다. 따라서 10퍼센트 대의 예비율을 고려한다면 새로 짓는 발전소의 설비용량은 20만 킬로와트를 넘으면 안 되었다. 발전소를 운영하다 보면 20만 킬로와트급 원전과 다른 화력발전소 1기가 동시에 멈춰서는 경우도 있을 수 있다. 따라서 새로 짓는 원전의 설비용량은 15만 킬로와트가 적정하다는 계산이 나올 수밖에 없다.

당시 한국의 전력 기술자들과 원자력 공학자들은 미국과 영국에서 배운 이론에 충실했다. 실제 업무 경험이 적은 이들은 실수하지 않기 위해 학교에서 배우고 교과서에 나와 있는 대로만 하려고 했다. 이러한 때인 1963년 10월 국제원자력기구(IAEA)의 기술조사단으로 방한해 15만 킬로와트급 원전을 지으라고 했던 루리 크림 씨가 이런 조언도 해주었다.

"한국이 만들고자 하는 원자력발전소의 설비용량을 지금 기준으로 결정하지 마라. 한국은 경제가 빠르게 성장하고 있는 나라인데 이는 전기 소비량이 급증한다는 것을 의미한다. 원자력발전소를 짓겠다는 계획을 세우고 이를 행동에 옮겨 실제로 원자력발전소를 가동하기까지는 10년 가까운 세월이 걸린다. 10년 후 한국의 발전설비량은 지금보다 훨씬 커질 것이다. 따라서 한국은 지금 시점의 국가 전력설비량을 기준으로 원자력발전소의 설비용량을 결정하지 말고, 10년 후 한국이 사용할 전기량을 기준으로 새로 지을 원자력발전소의 설비용량을 결정하라."

당시 박정희 정부는 5년 단위로 경제개발 5개년 계획을 세워 경제 발전에 박차를 가하고 있었다. 한국 경제는 세계에서 가장 높은 경제성장률을 기록하고 있었으니, 한국이 소비하는 전력량은 기하급수적으로 늘어날 수밖에 없었다. 크림 씨가 예언한 사태가 이미 벌어지고 있었다. 정부와 한국전력은 도처에 화력발전소를 짓고 있었다.

이러한 현실을 반영해 원자력연구소는 한국이 짓고자 하는 최초 원전의 설비용량을 15만 킬로와트에서 20만 킬로와트 → 30만 킬로와트 → 50만 킬로와트로 늘리게 되었다. 이러한 확장은 모험에 가까운 도박이었다.

험난했던 한반도의 안보환경

주지하다시피 한국은 정전(停戰)체제의 나라이다. 정전체제는 쉽게 깨질 수 있다. 1960년대 중·후반의 한국의 안보환경은 매우 험악했다. 1964년 통킹만 사건을 계기로 베트남 문제에 개입한 미국은 파월(派越) 병력을 확보하기 위해 한국에 있던 두 개의 주한미군 사단을 차출하려고 했다. 그리고 한국군의 파병도 요청했다.

박정희 정부는 고민에 빠졌다. 그리하여 주한미군의 베트남 차출을 막고, 미국의 지원으로 한국을 개발하기 위해 한국군 두 개 사단 이상을 베트남에 파병하겠다고 제의했다.

한국군의 베트남 파병은 새로운 위험을 초래할 수도 있었다. 한국군의 파병이 막 시작된 1968년 북한이 도발적인 공세를 펼쳤기 때문이다. 1968년 1월 21일 북한은 124군 부대라고 하는 특공대를 청와대 근처까지 침투시키는 데 성공했다. 청와대가 북한군의 기습을 받은 사태를 맞

한국군 베트남 파병
한국은 1968년부터 베트남에 '맹호'와 '백마부대'라는 두 개 육군 사단과 해병 여단인 '청룡부대'를 파병했다. 베트남 파병은 한국 안보를 지키고 한국 경제를 일으킨 계기가 됐다.

았으므로 한국은 경제개발정책은커녕 안보정책부터 다시 검토해야 하는 처지가 되었다.

1월 23일에는 원산 앞바다에서 미 7함대에 배속돼 활동하던 미 해군의 정보함인 '푸에블로함'이 북한 해군에 나포되는 사건이 일어났다. 북한은 사흘의 시간차를 두고 한국과 미국에 강한 위협을 해온 것이다. 미국은 1·21사태 때는 침묵했으나

푸에블로함 사건에 대해서는 경악했다.

미국은 당시 북한을 응징하기 위해 '데프콘(DEFCON)2'를 발령했는데, 6·25전쟁 정전 이후 데프콘2가 발령된 것은 이때가 처음이었다. 그리고 세계 최초의 핵추진 항공모함인 엔터프라이즈함을 원산 근해로 급파했다. 제2차 한국전쟁이 일어날 것 같은 분위기가 형성된 것이다. 이 위기는 미국이 푸에블로함이 북한 근해로 접근한 것을 인정하고, 북한은 나포한 푸에블로함의 장병을 석방함으로써 일단락되었다.

그러나 1968년의 위기는 여기서 그치지 않았다. 그해 가을 북한은 중대 규모의 특공대를 삼척과 울진지구에 투입해 베트남식 게릴라전을 펼쳤다. '울진·삼척 사태'라고 하는 이 게릴라전을 진압하는 데 한국은 큰 어려움을 겪었다.

안보위기는 이듬해에도 이어졌다. 김일성의 생일인 1969년 4월 15일 일본 주둔 미 5공군에 배속된 EC-121 정찰기가 북한의 함경남도 해안 상공을 비행하다 공중매복 상태로 기다리고 있던 북한의 미그-21기가 쏜 미사일을 맞고 격추돼, 승조원 31명 전원이 사망했다.

그러나 당시 미국은 베트남전에 발목이 잡혀 있어 푸에블로함 사건 때처럼 '데프콘2'를 발령하며 강력하게 대처하지 못했다. 미국은 '데프콘3'를 선포하며 대응했다.

이런 식으로 북한의 도발이 거듭되자 '공산 종주국인 소련이 베트남에 이어 한반도로 전선을 확대하려는 것은 아닌가' 하는 분석이 나왔다.

전쟁이 일어날 기운이 높은 상태에서 대형 원자력발전소를 짓는 것은 무모하다. 그러나 박정희 정부는 흔들리지 않고 루리 크림의 의견을 수렴해 원자력발전소 건설을 강행했다.

결과적으로 큰 용량의 원전을 지으라는 루리 크림의 조언은 한국 원자력발전의 미래를 결정짓는 방향타가 되었다. 대량생산을 하면 그만큼 생산단가를 낮출 수 있기 때문이다.

고리(월내리) 일대를 최초 원전 부지로 선정

1968년 원자력청은 3년전 국제원자력기구 조사단이 추천해준 경남 동래군 장안면 월내리(지금은 부산광역시 기장군 장안읍 월내리)를 대상으로 정밀 조사를 벌이고 이곳을 최초 원자력발전소 부지로 최종 결정하였다.

최초의 원자력발전소는 월내리와 인접한 고리 지역에 짓기로 했기에 이 원전은 '고리 원전'이라는 이름을 갖게 되었다.

이렇게 되자 원자력청과 한국전력 사이에서 누가 원자력발전의 주체가 될 것인가를 놓고 싸움이 벌어졌다. 원자력청은 '프랑스의 원자력청이나 영국의 원자력공사처럼 원자력청이 원자력발전소를 건설하고 운영해야 한다'고 주장했다. 반면 1966년 원자력발전과(초대 과장 문희성)를 설치한 한국전력은 '원자력발전도 발전이므로 전기를 생산하는 한국전력이 건설과 운영을 맡아야 한다'고 맞섰다.

이 싸움으로 인해 부총리를 위원장으로 한 '원자력발전추진위원회'가 구성되었다. 1968년 4월 9일 이 위원회는 원자력발전소 건설과 운영은 한국전력이 담당하고, 원자력발전 기술의 개발과 원자력 안전 규제·핵연료와 방사성폐기물·원자력 기술자 양성과 자격검정은 원자력청이 담당한다는 결론을 내렸다.

원자력발전추진위원회가 한국전력의 손을 들어준 것은 '돈' 때문이었다. 당시 한국은 돈이 없었다. 돈이 없는 나라가 사회간접자본 투자를 하려면 외국은행에서 빌려와야 한다. 돈을 빌려오려면 담보를 제공할 수 있어야 한다. 원자력청은 담보로 제공할 것이 없었다.

한국전력은 달랐다. 한국전력은 전국 각지에 있는 발전소를 담보로 제공할 수 있었으므로, 원자력발전추진위원회는 한국전력에게 원자력발전소 건설과 운영을 맡기게 되었다.

이로써 원자력발전의 주체가 된 한국전력은 50만 킬로와트급 원전 두 기를 짓는다는 계획을 수정해 우선 58만 7000킬로와트급 원전 한 기를 짓는다는 결정을 내렸다. 이렇게 되자 어떤 원자로를 도입할 것인가가 화두가 되었다.

1968년 6월 24일 한국전력은 고리 1호기 건설 소요자금을 344억 원(외자 9천500만 달러, 내자 83억 원)으로 추정해 놓고, 미국의 제너럴 일렉트릭, 웨스팅하우스, 컴버스천 엔지니어링 그리고 영국의 원자력수출공사(BNEE: British Nuclear Export Executive)에 '턴키 방식'으로 예비견적서를 내라는 안내서를 보냈다.

턴키(Turn Key)는 '열쇠를 돌린다'는 뜻이다. 아파트를 분양받는 사람은 건설회사가 아파트를 짓는 동안 이 회사가 무슨 자재를 써서 아파트를 짓는지에 대해 묻지 않는다. 건설회사가 제대로 아파트를 지었는지는 감리회사를 선정해 조사하게 한다. 그리고 감리사가 'OK'를 하면, 이를 믿고 건설회사로부터 열쇠를 받아 각자가 입주할 아파트로 들어간다. 이런 식으로 업자가 모든 것을 책임지고 건설해 마지막 단계에서 열쇠를 건네줘 사용자는 열쇠를 돌려 이용하게 할 수 있게 하는 것을 '턴키 방식'이라고 한다.

아이젠버그를 따돌려라

한국의 최초 원전 도입은 곧 바로 미·영간 싸움으로 비화되었다. 미국의 제너럴 일렉트릭(GE)은 트리가 마크-Ⅱ를 제작한 제너럴 아토믹의 모기업인데, 제너럴 일렉트릭은 비등경수로를 제시했다. 반면 웨스팅하우스와 컴버스천 엔지니어링은 가압경수로를 내놓았다. 영국의 원자력수출공사는 당시 유럽에서 선풍적인 인기를 끌던 개량형 가스냉각로(AGR : Advanced Gas cooled Reactor)를 내놓았는데, 이 원자로는 콜더홀 원자로를 개량한 것이었다.

비등경수로는 조기에 검토 대상에서 탈락해 가압경수로와 개량형 가스냉각로가 남게 되었다. 미·영간의 경쟁이 벌어진 것이다. 자연 원자력 연구소의 연구원들도 둘로 갈리게 되었다. 영국에서 유학하고 온 연구원들은 가스냉각로를 선호했고, 미국에서 공부한 연구원들은 가압경수로를 지지했다. 개량형 가스냉각로냐 가압경수로냐의 대립은 예상외로 심각했다.

외견상 우세를 보인 쪽은 영국제인 개량형 가스냉각로였다. 자본주의 국가 가운데 가장 먼저 발전용 원자로(가스냉각로)를 지었던 영국은 이 원자로에 사용되는 부품 생산을 유럽 각국에 맡김으로써, 개량형 가스냉각로를 유럽형 원자로로 만드는 데 성공하고 있었다. 벨기에, 독일, 프랑스, 이탈리아, 네덜란드 등이 이 원자로에 들어가는 부품을 제작했으므로 이 나라들도 가스냉각로를 건설했다.

그리고 한국도 가스냉각로를 선택하기를 원했다. 그래야 이들도 한국에 부품을 판매할 수 있기 때문이다. 한국에 주재하는 유럽 각국의 대사들은 한국 정부를 상대로 이 원자로의 장점을 설명했다. 개량형 가스냉각로는 세계에서 수출이 가장 잘되는 원자로란 타이틀도 얻고 있었다. 미국제 가압경수로는 세계 최대 시장인 미국에서만 건설됐기에 해외 건설량이 적었다.

당시 한국은 일본이 하는 것을 많이 따라했는데, 1966년 일본이 최초로 상업가동을 시킨 16만 6000킬로와트급의 도카이무라(東海村) 1호기도 영국에서 개발한 가스냉각로였다.

그러나 미국에서 공부한 사람들은 가압경수로가 훨씬 더 안전하다며 고집스럽게 가압경수로 도입을 주장했다.

김종주의 결단

이때 세계적인 무기 중개상으로 이름을 날린 독일계 유대인 샤울 아이젠버그(Shaul Eisenberg)가 개량형 가스냉각로를 한국에 판매하기 위한 에이전트로 뛰었다. 서방세계의 많은 은행과 관계를 맺고 있는 아이젠버그는 한국에 차관을 주선해줄 수 있었다. 아이젠버그는 원자로뿐만 아니라 다른 사업도 벌이고 있었다.

한국이 아이젠버그의 도움을 받아 도입한 플랜트는 적지 않았다. 호남비료, 동해화학, 인천제철 등 당시에 건설된 중요한 기간산업체들이 모두 아이젠버그의 중개로 성사되었다. 대한(對韓) 영향력이 대단한 아이젠버그가 가스냉각로를 제작하는 영국을 위해 뛰어다니자 한국의 실력자들도 '개량형 가스냉각로를 선택해야 하는 것 아니냐'는 의견을 갖게 되었다.

그러나 미국파의 저항이 만만치 않았다. 가압경수로 지지파들은 '미국과 영국의 국가 규모는 엄청난 차이가 있다. 영국의 원자력발전 시장은 작지만 미국은 매우 크다. 미국의 전력회사들은 미국 내에 원자력발전소를 짓는데 매진하느라 수출을 등한히 했고, 영국은 영국 시장이 작아 수출에 매진했다. 미국이 가압경수로 수출에 진력하지 않았다고 해서 가압경수로의 가치를 절하해선 안 된다. 가압경수로는 가장 안전한 원자로이다'라고 외쳤다.

미국파와 영국파 간의 갈등이 첨예해지자 태완선(太完善) 부총리가 이끄는 부흥부가 중립적인 인물에게 판단을 맡겨보자는 아이디어를 냈다. 중립적인 인물로는 한국전력의 기술이사를 맡고 있던 김종주(金鍾珠) 씨를 선정했다.

김종주 이사는 광복 전에 일본 도쿄(東京)제국대학을 다니다 폐가 나빠져 고향인 경남 양산으로 돌아와 요양하다 제2차 세계대전 종전을 맞았다. 그는 서울대 전기공학과로 편입해 졸업하고 시슬러의 강연을 듣고 원자력의 가치에 눈을 떴다. 그리고 영국 하웰(Harwell)에 있는 영국원자력연구소에서 가스냉각로에 대해 공부한 후 콜더 홀 원전에서 4개월간 운전교육을 받았다. 이어 미국으로 건너가 MIT에서 가압경수로에 대해 공부했다.

태완선 부총리는 한전에 있는 김 이사를 개량형 가스냉각로와 가압경수로 양쪽을 모두 아는 사람으로 보고 그에게 노형 선택을 맡긴 것이다.

김종주 이사는 문희성 계장과 함께 미국형과 영국형에 대한 조사를 마치고 미국형 가압경수로가 더 좋은 평점으로 보고서를 올렸다. 태 부총리가 이를 받아들여 미국형 가압경수로를 선택한다는 결정을 내리자 이에 아이젠버그가 강하게 반발했다.

비난의 화살은 노형을 결정하는 데 중요한 역할을 한 김종주 이사에게 쏟아졌다. 아이젠버그가 방향을 틀면 건설 과정에 있는 한국의 기간산업 전체가 흔들릴 수도 있었다. 그가 차관을 빌려준 외국 은행에 영향력을 행사해 돈줄을 조일 수 있기 때문이었다.

'분노한 아이젠버그를 어떻게 달래야 하는가.' 견디다 못한 김 이사는 '다음에는 영국에서 만드는 개량형 가스냉각로를 구매하겠다'는 말로 간신히 아이젠버그를 설득했다.

이런 일이 있은 후 얼마 되지 않아 가스냉각로에 문제가 있는 것이 발견돼 영국 정부가 가스냉각로의 수출을 금지하는 조치를 취했다. 영국 정부는 문제를 일으킨 부품을 회수해 교체하는 리콜(Recall) 조치도 취했다. 그리고 사이즈웰(Sizewel) B 원전부터는 가압경수로를 짓는 것으로 방향을 수정했다. 그로 인해 잘나가던 가스냉각로는 된서리를 맞아 세계 시장에서 사라지고 가압경수로가 주목을 받게 되었다.

한국이 개량형 가스냉각로를 선택했다면 발아기(發芽期)에 있던 한국 원자력산업은 큰 혼란에 빠졌을 것이다. 나중에 안 사실이지만 가스냉각로를 도입한 나라들은 하나같이 골머리를 앓고 있었다. 일본은 도카이무라 1호기가 덩치에 비해 생산하는 전기는 적고, 가압경수로에 비해

발전단가는 비싸며, 보수유지비와 연료비가 높아 불만이 많았다(때문에 일본은 더 이상 가스냉각로를 짓지 않았다). 가압경수로를 선택했다는 점에서 김종주 이사는 원자력 기술을 도입한 이승만 대통령에 이어 한국 원자력발전의 줄기를 바로 세워준 공로자라고 할 수 있다.

가압경수로를 도입하겠다는 결정을 내린 후 한국은 다시 웨스팅하우스와 컴버스천 엔지니어링을 놓고 고민했으나, 가압경수로 건설 경험이 많은 웨스팅하우스를 최종 계약사로 선정했다. 이때 한국은 웨스팅하우스가 알선하는 차관의 이자율은 연 6.75퍼센트를 넘지 말아야 한다는 단서를 달았다. 이 차관 문제 때문에 웨스팅하우스는 머뭇거렸다. 그로 인해 한국전력과 웨스팅하우스 간의 계약이 늦어져 1970년 12월 한전은 웨스팅하우스와 최종 계약을 맺었다. 그러는 사이 한전은 고리 일대에 살아온 주민들을 이주시키고 21만 평의 부지를 확보했다.

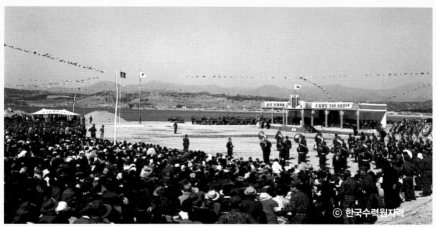

ⓒ 한국수력원자력

고리 1호기 착공식
1971년 3월 19일 열린 한국 최초의 원전인 고리 1호기 기공식. 당시로서는 단군 이래 가장 큰 돈이 들어간 공사였다. 일본이 일본 최초의 상업용 원전 도카이무라 1호기 공사를 시작한 것이 1960년이니, 최초 원전 공사 착공 시기로만 따지면 한국은 일본보다 11년 늦은 셈이 된다. 기공식에 참석한 박정희 대통령은 미국의 전략 핵잠수함을 거론하며 원자력발전의 중요성을 역설했다.

이러한 준비를 거쳐 1971년 3월 19일 박정희 대통령이 참석한 가운데 고리에서 한국 최초의 원자력발전소를 짓는 기공식이 열렸다. 드디어 한국도 상업용 원자력발전소를 짓기 위한 '거대한 삽질'을 시작한 것이다. 사업비는 1,560억 원으로 산정됐는데 이 금액은 당시 단군 이래 최대의 사업비였다.

고리 1호기의 공식적인 설비용량은 58만 7000킬로와트이다. 그러나 핵분열 속도를 빠르게 하면 원전은 설비용량보다 큰 출력을 얻을 수 있다. 기공식을 할 때 정부는 고리 1호기의 설비용량을 59만 5000킬로와트로 발표했다. 그리고 지금은 통상 60만 킬로와트라고 한다. 일각에서는 국익을 위해 대외적으로 발표하는 원자로의 성능을 낮추고 싶어하고, 다른 쪽에서는 부풀리고 싶어하는 것이 이러한 수치 차이를 낳았다.

한국은 뱁새, 일본은 황새

시야를 주변국가들로 돌려보자. 1960년대는 격동의 시기였다. 한국에서는 정변이 잇달았고 한반도에서는 안보위기가 불어 닥쳤다. 그러나 한국은 흔들리지 않고 1960년대 초반 연구용 원자로를 준공하고, 후반에는 상업용 원자로 건설에 매진해 고리 1호기 공사를 시작할 수 있었다. 시대는 흔들렸지만 한국 원자력은 흔들리지 않았다.

한국의 원자력이 흔들리지 않았던 이유는 세계 원자력이 흔들리지 않았던 것도 한 역할을 했다. 많은 나라들이 앞다퉈 원자력을 갖고자 했기에 '반핵(反核)운동'은 나올 수 없었다. 1950년대가 미국과 소련의 원자력 기술공개 결정으로 원자력 분위기가 후끈 달아오른 시절이었다면, 1960년대는 전 세계가 원자력 건설에 매진한 시기였다.

그러나 이 시기 원자력의 미래를 어둡게 하는 사건이 있었다. 1960년 2월 13일 드골 대통령이 이끄는 프랑스가 식민지인 알제리 남쪽 사하라

일본 이바라키(茨城)현의 도카이무라(東海村) 1호기
일본에서는 '동해발전소'로 불린 이 원전은 1966년부터 상업발전에 들어간 일본 최초의 상업용 원전이다. 영국제 가스냉각로를 도입해서 만들었는데 적잖은 문제점이 발견돼, 이 원전을 끝으로 일본은 더 이상 가스냉각로를 짓지 않았다. 이 원전은 상업발전을 시작한 지 32년이 되는 1998년 가동 정지에 들어갔고, 2001년부터 해체하는 과정을 밟았다.

사막에서 핵실험을 성공시켰다. 1964년 10월 15일에는 중국이 신장 위그루 자치구의 롭누르(羅布泊)에서 역시 최초 핵실험에 성공했다. 이로써 세계에는 다섯 개 나라가 원자폭탄을 보유하게 됐으며, 그로 인해 핵전쟁에 의한 인류 공멸의 공포가 싹트기 시작했다.

북한도 흔들리지 않고 자기 길을 달렸다. 한국이 1959년 서울 공릉동에 원자력연구소를 설립했듯이, 북한도 1962년 청천강변에 있는 평북 영변에 원자력연구소를 개설했다. 한국은 1962년 공릉동의 원자력연구소에 1백 킬로와트급 연구용 원자로(트리가 마크-Ⅱ)를 준공했다. 북한은 1953년 소련과 체결한 원자력의 평화적 이용 협정에 따라 1964년 영변 원자력연구소 안에 2000킬로와트급인 IRT-2000 연구용 원자로 건설공사에 들어가 1965년 설치를 완료하였다. 그러나 1960년대 북한은 상업용 원자로 도입을 추진하지 못했다. 한국보다 한 발 뒤처진 것이다.

일본은 한국보다 많이 앞서 나갔다. 일본은 나카소네 의원 등에 의해 평화 목적의 원자력을 할 수 있는 '원자력기본법'이 제정된 다음 해(1957년) 일본원자력발전주식회사를 만들고, 이 회사는 이바라키(茨城)현 도카이무라(東海村)에 '동해연구소'란 이름으로 원자력연구소를 만들어 미국에서 도입한 연구용 원자로 JRR-1호기를 가동시켰다. 연구용 원자로 준공으로만 보면 한국보다 5년이나 앞선 것이다.

'잠재된 원전 강국'의 속도는 빨랐다. 일본은 1960년 연구용 원자로 제2호기인 JRR-2를 가동시키고, 1962년에는 순수 일본기술로 만든 연구용 원자로 JRR-3를 가동시켰다. 그리고 1966년에는 일본 최초의 상업용 원자로인 도카이무라 1호기(16만 6000 킬로와트급, 영국형 가스냉각로)를 가동시키고 이어 동해에 면한 후쿠이(福井)현에 일본 최초의 가압경수로인 쓰루가(敦賀) 1호기 착공에 들어갔다. 한국이 생각했던 최초의 상업용 원전 용량이 15만 킬로와트급이었던 것은 일본 도카이무라 1호기의 영향 때문이었다.

축적된 기술이 있는 만큼 이 시기에 일본은 황새였고 한국은 뱁새였다. 뱁새는 '가랑이가 찢어져라' 열심히 황새를 따라갔다. 황새를 따라가기 위해 뱁새는 원자력원을 원자력청으로 고쳤다가 과학기술처로 재편했다(1967년 4월 21일).

그리고 뱁새는 황새가 범한 실수를 반복하지 않았다. 대세를 따라 개량형 가스냉각로를 선택하는 우(愚)를 범하지 않은 것이다. 황새는 갈 지(之)자 행보를 했으나, 뱁새는 똑바로 달렸다. 이러한 뱁새가 황새에 어떻게 근접했는지는 1970년대를 살피는 다음 장에서 상술하기로 한다.

Chapter 4

1970년대

박정희의 야심 중수로 건설
미국의 태클 "NPT를 비준하라"

1968년 4월 9일 '원자력발전추진위원회'에서 원자력발전소의 건설과 운영은 한국전력이 담당하고, 원자력발전기술의 개발과 원자력안전규제 등은 원자력연구소가 맡도록 영역을 조정해줌으로써 원자력발전소 건설은 한국전력의 임무가 되었다.

원자력연구소는 원전 건설과 운영에서는 한걸음 물러서게 된 것이다. 이러한 원자력연구소는 1972년 5월 1000킬로와트급인 트리가 마크-Ⅲ를 도입해, 트리가 마크-Ⅱ와 같이 운영하게 되었다.

1000킬로와트는 1메가와트이다. 이 때문에 원자력연구소에서는 트리가 마크-Ⅱ는 '킬로와트로(爐)', 트리가 마크-Ⅲ는 '메가와트로(爐)'로 부르게 되었다. 메가와트로는 1995년 한국원자력연구소가 자력으로 만든 연구용 원자로인 '하나로'가 완공되면서 가동을 중단했다가 2005년 해체되었다. 트리가 마크-Ⅲ의 해체는 원자력연구소가 한 최초의 원자로 해체였다. 트리가 마크-Ⅲ 해체를 계기로 한국은 폐쇄한 원자로를 자력으로 해체하는 기록과 기술을 갖게 됐다고 한다.

전략핵잠수함 거론하며 원자력발전 설명한 박정희

천지개벽은 대단한 일이지만 몇몇 사람에게는 큰 고통을 준다. 지금도 그렇지만 1971년에도 천지개벽을 하는 공사에 반대하는 이들이 있었다. 보상금을 마다하고 정든 터전에 살고자 하는 것인데, 고리 1호기가 들어설 곳에 살고 있던 사람들 가운데 일부도 그러했다. 고리에서는 여성들이 드세게 저항했다.

한국전력은 고리 1호기 착공식을 하기 6개월 전인 1970년 9월 고리원전건설사무소(소장 고중명)를 열었다. 건설사무소 사람들이 가장 먼저 해야 할 일은 주민들을 이주시켜 6개월 후로 예정된 착공식을 예정대로 진행하도록 기초 공사를 하는 것이다. 건설사무소 측은 이를 위해 불도저를 앞세워 현장에 들어갔는데 그때마다 부녀자들이 나와 드러누웠다.

그로 인해 옥신각신하며 싸움이 벌어졌다. 한편에서는 보상 협의도 진행됐다. 길고 지루한 협상 끝에 타협점이 나왔으나, 단 한 집만 합의가 되지 않았다. 건설사무소 측은 시간이 부족했으므로 초강수를 동원했다. 불도저 등으로 이 집 주위를 10미터쯤 파들어가 고립무원으로 만들었다. 이러한 소동 끝에 가까스로 이 집도 합의에 응해줌으로써 건설사무소는 간신히 1971년 3월 19일로 예정된 기공식을 치를 수 있었다.

고리 1호기 건설에 투입되는 자금은 당시 대한민국 1년 정부 예산의 네 배에 육박했다. 박정희 대통령은 이승만 대통령 못지않은 원자력 맨이다. 이렇게 많은 돈을 들여 원자력발전소를 짓는 데는 박정희 대통령의 의지가 작용했다.

지금은 킬로와트아워 당 원자력발전의 단가가 화력발전보다 훨씬 싸다. 하지만 1971년에는 원자력발전소의 단가가 화력발전소보다 조금 비쌌다. 따라서 발전을 목적으로 한다면 왜 원전을 짓는지에 대한 설명이 있어야 했다.

박정희는 현실적인 사람이다. 그는 연설문을 쓸 때 비서관에게 자기 생각을 분명히 전달했다. 따라서 그의 연설에는 그의 생각이 고스란히 녹아 있었다.

박 대통령은 고리 1호기 기공식에 참석해 '이 지방 시민 여러분, 안녕하십니까?' 로 시작하는 치사를 했다. 박 대통령은 자기 철학을 다짐하듯 간결하게 말하는 것이 특징인데, 고리 1호기 치사만큼은 매우 길게 했다. 미국의 전략핵추진 잠수함을 거론하며 원자력발전을 해야 하는 이유를 장황하게 설명한 것이다. 그의 연설 중 일부를 옮겨본다.

© 한국수력원자력

▌ 고리주민의 밤 행사
1971년 고리 1호기 기공을 기념해 현지에서 열린 고리 주민 콩쿠르대회. 당시 고리 원자력발전소 건설은 국가적인 경사였다.

고리 1호기 건설현장
고리 1호기 공사는 1971년부터 1977년 사이에 진행됐다. 격납건물 안에 들어갈 증기발생기를 배에 실어 고리 1호기 공사현장에 가져오는 모습이다.

"내가 본 것을 여러분에게 이야기하겠습니다. 몇 년 전 우리나라 진해 항구에 미국의 원자력잠수함이 한 척 들어왔습니다. 이 잠수함에 초대를 받아 내가 가서 타본 일이 있어요.

그 잠수함은 물론 핵무기로 무장을 하고 있었습니다. 그런데 그 잠수함이 사용하는 연료가 옛날 같으면 기름을 싣고 다녀야 되는데, 이 잠수함은 연료로 원자력을 사용했습니다. 조그만 궤짝만한 원자력연료를 싣고 다니면, 이 배는 한 일 년 동안 전 세계를 돌아다녀도 다른 경유지에 가서 기름이라든지 석탄이라든지 이런 것을 보급 받을 필요 없이 그것만 가지고 사용하는데, 얼마나 편리하고 연료가 절약이 되느냐 하는 것은 대략 여러분들도 짐작이 갈 것입니다.

오늘 여기서 착공을 보게 되는 이 원자력발전소도 앞으로 준공이 되고 나면, 여기서 사용하는 것은 다른 화력발전소처럼 원유를 싣고 온다든지 벙커C유를 쓴다든지 석탄을 쓴다든지 이런 것을 쓰지 않고 조그만 원자력연료 하나만 가지면 일년 이상 쓸 수 있습니다. 아주 싸게 먹힌답니다.

그 대신 건설 초기에 굉장히 건설 단가가 비싸게 먹는 것은 사실입니다. 조금 전에 한전 김(일환) 사장이 설명했지만 60만 킬로와트에 약 1억 7000만 달러가 듭니다. 지금 우리나라의 화력발전이라는 것은 보통 1킬로와트당 약 200달러 정도 먹히므로 60만 킬로와트면 1억 2000만 달러 정도 먹히는 것이 알맞은데, 1억 7000만 달러가 먹힌다는 것은 굉장히 비싸다는 이야기입니다.

그러나 긴 장래를 내다볼 때는 처음에는 돈이 많이 들지만, 조그마한 원자력연료를 사용하기 때문에 시간이 가면 갈수록 여기서 발전하는 이 전력은 굉장히 싼 전력을 공급할 수 있다는 것입니다."[5]

박 대통령은 SLBM(잠수함발사 탄도미사일)을 싣고 진해항에 들어온 미국의 전략핵추진 잠수함을 소재로 원자력발전을 해야 한다고 이야기한 것이다. 왜 그는 미국의 전략핵추진 잠수함을 거론하며 원자력발전의 중요성을 이야기한 것일까.

박정희는 군사혁명을 일으킬 정도로 담대하지만 도모할 때는 항상 '할 수 있는 것' 부터 하는 치밀함을 보였다. 그는 경제력이 있어야 국방력을 높일 수 있다고 보았다. 경제력을 높이려면 사회간접자본인 전력이 풍부해야 한다. 전력 생산도 늘리고 국방력도 키우는 길은 화전(火電) 건설보다는 원전을 건설하는 것이다. 그래서 그는 진해항에 들어온 미국의 전략핵잠수함(SSBN) 이야기를 하며 지역주민들에게 원자력의 중요성을 설명한 것이 아닐까?

원자력과 국방을 연결시키려는 박정희 대통령의 의지는 1970년대 중수로 건설로 구체화된 것 같다. 조국 근대화와 자주국방을 동시에 추구한 박정희의 의욕을 살펴보기로 한다.

---

5 http://www.parkchunghee.or.kr/search.html

독재 속에 밀어붙인 원자력 건설

1970년대의 대한민국 전기 사정은 정말 열악했다. 1970년 말 한국의 발전설비용량은 220만 킬로와트였고 전기보급률은 27퍼센트에 불과했다. 지금 시점에서 220만 킬로와트는 별것 아니다.

신고리에 두 기(3·4호기)가 들어설 APR-1400 원자로의 용량이 각각 140만 킬로와트이다. 따라서 신고리 3·4호기(280만 킬로와트=140만 킬로와트×2기)만 있으면, 한국은 1970년 말 전체 발전소가 생산하는 것보다 많은 전기를 생산할 수 있다.

박 대통령은 3차 경제개발 5개년 계획이 끝나는 1976년 말, 600만 킬로와트의 발전설비를 갖춰, 전기보급율을 70퍼센트까지 끌어올린다는 목표를 제시한 적이 있었다. 이 6백만 킬로와트 가운데 10퍼센트 가량인 60만 킬로와트를 고리 1호기로 충당한다는 것이 박정희의 야심이었다.

1970년의 한국은 정말 보잘것없었다. 1969년의 한국은 1인당 국민소득(GNP)은 148달러였고, 국민총생산은 60억 9100만 달러였다. 이러한 한국 경제를 연평균 8.6퍼센트씩 성장시켜 제3차 경제개발 5개년 계획(1972~1976년)이 끝나는 1976년 말 1인당 GNP 389달러, 국민총생산 133억 5천 300만 달러, 수출액 35억 1000만 달러에 이르는 것이 목표였다.

2004년 삼성전자는 매출액이 560억 달러, 순익이 100억 달러를 돌파해 한국 기업 가운데 최초로 순익 100억 달러 기업이 되었다. 삼성전자의 2008년 매출액은 1000억 달러를 넘었다. 1969년 대한민국의 국민총생산은 2004년 삼성전자가 이룬 순익보다도 적었던 것이다. 인플레이션을 고려한다고 해도 지난 40년간 대한민국의 성장은 정말 눈부셨다.

그러나 박정희의 야심작이라고 할 수 있는 고리 1호기 공사는 순조롭게 진행되지 못했다. 공사를 하기 전에는 차관이 준비되지 않아 속을 썩이더니 공사를 시작한 지 만 2년이 지난 시점에서는 1차 오일쇼크가 닥쳐 급제동이 걸렸다.

한전은 계약 시점부터 60개월 만에 고리 1호기 건설을 완공한다는 계획을 세웠다. 그러나 이는 무리한 계획이었다. 원전 건설은 미국에서는 평균 90개월, 당시 세계에서 가장 빨리 원전을 짓는다는 일본에서도 80개월이 걸렸다. 그런데 한국은 '하면 된다'를 '공기 단축'이라는 절체절명의 목표를 이루는 강력한 수단으로 보고, 계약자 측에 60개월 만에 건설 공사를 완료해야 한다고 요구했다.

웨스팅하우스는 건설수주를 최고의 목표로 삼았으므로 이를 받아들였다. 그런데 오일쇼크가 일어나 부품공급 등이 늦어지자, 불가항력의 사태가 벌어졌다며 공기를 연장시키려 했다. 웨스팅하우스는 부품을 제작하는 미국과 영국 기업에서의 노사분쟁, 부품을 운반하는 해운업체의 분규, 한국 측 작업인원이 예비군·민방위 훈련 등을 이유로 빠져나가는 것을 공기연장 이유로 제시하려고 했다.

한국은 1968년부터 예비군 제도를 운영했고, 1972년부터는 민방위 제도를 실시했다. 1972년 7·4 남북공동성명이 발표돼 잠시 남북대화가 성사되었으나 1975년 캄보디아와 베트남, 라오스가 공산화되자 한반도에서는 다시 싸늘한 냉전이 시작되었다. 이런 변화가 있기 전인 1972년 박정희 대통령은 '10월 유신'이라는 새로운 철권통치를 선보였다. 국회의원의 3분의 1을 대통령이 지명하는 '유정회 의원 제도'를 도입해 정국 지배를 강화한 것이다.

민심은 내일을 위한 인고(忍苦)보다는 현재의 평안을 추구한다. 박정희의 시도는 민심을 외면한 독재였다. 이러한 일이 있기 전인 1969년 미국의 닉슨 대통령은 아시아 주둔 미군을 철수시키겠다며 '아시아 방위는 아시아인이 하라'는 '괌 독트린'을 발표했다. 그리고 주한 미7사단을 철수시키자(1971년), 안보위기를 느낀 박정희 대통령은 계엄령에 준하는 긴급조치를 발표해 대응했다(1974년). 좋게 말하면 정국 안정을 도모한 것이고, 민주화 관점에서 보면 독재체제를 강화한 것이다.

1974년 11월 한국에서는 북한이 판 (제1)땅굴이 발견되고 이듬해 또 다른(제2) 땅굴이 발견되었다. 그리고 1975년 4월 말 베트남이 공산화됐으니 예비군 훈련과 민방위 훈련이 강화될 수밖에 없었다. 웨스팅하우스가 예비군 훈련에 참여하는 한국 측 작업인원을 핑계로 공기연장을 시도하는 것은 이러한 시대상을 반영한 것이다.

여러 요인 가운데 웨스팅하우스를 가장 힘들게 만든 것은 오일쇼크였다. 한전은 GEC·웨스팅하우스 등과 '아무리 물가가 많이 올라도 5퍼센트 이상은 올리지 않는다'는 내용의 계약을 맺은 바 있었다. 그런데 1차 오일쇼크가 일어나 원자재 가격이 뛰자 미국과 영국의 부품 제작사들은 '5퍼센트 인상으로는 수지가 맞지 않는다. 차라리 제작을 포기하는 것이 낫다'며 어깃장을 놓았다.

부품 제작사들이 제작을 거부하면 웨스팅하우스도 뒤로 물러설 수밖에 없다. 이렇게 되면 고리 1호기 공사는 물 건너가는 것이 된다.

좋은 사례가 필리핀이다. 필리핀의 마르코스 대통령은 한국의 박정희 대통령에 비교되는데, 1970년대 초 마르코스 정부는 바탄 지역에 웨스팅하우스와 60만 킬로와트급 원자로 두 기를 짓는다는 계약을 맺었다. 그러나 이 원전은 아직까지도 완공되지 못하고 있다.

한국은 달랐다. 부품 제작사들이 벌인 태업 사태를 이해한 김영준 한전사장이 박정희 대통령을 찾아가 1차 오일쇼크 이후의 상황을 설명하고, 계약에 없는 추가비용 지출을 승인받음으로써 타협점을 찾게 된 것. 당시 한국의 전력 사정은 너무 열악했으므로 한전은 고리 1호기 공사 중단을 바라보고만 있을 수 없었던 것이다.

부품 제작사의 애로를 들어준 한전은 방어막을 쳤다. 다시 웨스팅하우스와 마주 앉아 '1977년 6월 말 이전에는 공사를 끝내야 한다. 그렇지 못하면 벌금을 부과한다'는 내용의 '공사촉진협정'을 체결했다. 웨스팅하우스가 상습적으로 공기를 지연시키지 못하도록 한 것이다. 그리하여 1차 오일쇼크에도 불구하고 고리 1호기 공사는 재개될 수 있었다.

❚ 고리 1호기 준공식

1차 오일쇼크를 겪으면서 공사 시작 73개월 만인 1977년 4월 23일 완공된 고리 1호기는 핵연료를
장전해 시험운전을 한 후 1978년 4월 29일부터 정식으로 상업운전에 들어갔다. 그러나 공식적인
준공식은 고리 3·4호기(당시에는 원전 5·6호기라고 했다) 기공식과 함께 1978년 7월 20일 열렸
다. 예비군복을 입은 한전 직원들과 교복을 입은 인근 학교 여학생들이 참여한 것이 이채롭다.

73개월 만에 공사 완료

공사는 계속하게 됐지만 한국과 미국 사이에는 엄연한 문화 차이가
존재했다. 공사를 받은 처지였지만 웨스팅하우스를 비롯한 외국 기업의
기술자들은 한국을 믿지 않았다.

당시 고리는 그야말로 1급 청정지역이었으나 외국 기술자들은 고리
에서 나오는 물을 마시지 않았다. 홍콩에서 공수해온 식수를 마셨다. 식
재료도 홍콩에서 갖고 왔다. 한국인을 야만인으로 취급한 것이다.

이들은 한국인을 멸시했다. 그러나 한전 직원 가운데는 서울대학을
졸업한 엘리트들도 있었다. 당시의 한국 남성들은 청소년기와 군대생활
을 통해 패싸움을 경험한 적이 많았다. 외국인 기술자들의 멸시에 감정

이 상한 김종신 계장(2008년 한국수력원자력 사장 취임) 등 여러 명의 한전 직원들이 어느 날 몽둥이를 들고 웨스팅하우스 사무실로 쳐들어갔다(1976년). 우습게 보아온 한국인들이 떼로 덤벼들자 웨스팅하우스 측 직원들은 겁을 먹고 황급히 사과를 했다.

이러한 우여곡절을 겪으며 1977년 4월 23일 고리 1호기 공사를 끝낼 수 있었다. 계약 시점(1970년 6월 24일)부터 따지면 82개월 만에, 공사를 개시한 시점(1971년 3월 19일)부터 따지면 73개월 만에 완공한 것이다. 공기를 줄이면 그만큼 인건비를 절약할 수 있다. 고리 1호기 공사는 일본 평균보다는 조금 늦었지만 미국 평균보다는 빨리 완료된 것이다. 첫 작품 치고는 괜찮은 수준이라고 할 수 있었다.

고리 1호기는 시험 가동에 들어갔다. 1977년 4월 23일 오후 6시 45분부터 핵연료를 장전하기 시작했다. 그리고 여러 차례 점검을 거듭한 끝에 56일 후인 6월 19일 오후 2시부터 핵분열을 억제하는 제어봉을 일부 빼냄으로써 오후 5시 40분 드디어 고리 1호기는 핵분열을 하기 시작했다. 임계(臨界)에 들어간 것이다.

자동차 운전은 저속 운전부터 하면서 배워야 한다. 새로 지은 원자로도 저속 운전을 하며 상태를 점검한다. 처음에는 정격출력의 10퍼센트 정도가 나오도록 가동하고, 이상이 없으면 차츰 제어봉을 빼내 30 → 50 → 75 → 90퍼센트로 높이는 것이다. 고리 1호기는 핵연료를 장전한 때로부터 만 11개월이 지난 1978년 3월 23일 드디어 1백 퍼센트 정격 출력에 도달했다. 그리고 한 달여가 지난 1978년 4월 29일 한전은 웨스팅하우스로부터 고리 1호기를 인수해 상업운전을 하게 되었다.

고리 1호기는 1차 오일쇼크로 인해 국제 원유가가 오일쇼크 이전보다 최고 5~6배 뛴 시점에서 상업운전에 들어갔다. 원전의 발전단가가 기름을 사용하는 화전 단가보다 싸지기 시작하는 시점에서 가동에 들어간 것이다.

화전과 원전의 가치를 뒤바꿔 놓은 1차 오일쇼크는 왜 일어났는가.

▌광화문의 원전 준공 기념아치
1970년대 서울 광화문 네 거리에는 거대한 아
치가 있었다. 정부는 이 아치에 고리 1호 준공
을 축하하는 플랫카드를 걸어 자축했다.

▌민족중흥의 횃불
고리 원전본부 앞에는 박정희 대통령의 휘
호를 새긴 기념탑이 서 있다. 고리 1호기는
한국을 원자력 시대로 이끈 횃불이었다.

1차 오일쇼크는 이스라엘과 아랍권 국가 사이의 갈등인 중동전 때문
에 발생했다. 1967년에 일어난 3차 중동전 때 선공(先攻)을 한 이스라엘은
개전 6일 만에 아랍국가들을 굴복시키는 쾌거를 올렸다(6일 전쟁). 이에 대
한 보복으로 1973년 10월 아랍국가들은 일제 공격으로 이스라엘을 곤경
에 빠뜨렸는데, 이것이 4차 중동전이다. 4차 중동전을 치르면서 아랍국
가들은 서방국가의 이스라엘 지원을 차단하기 위해 원유 공급을 줄여
원유가를 올리는 조치를 취했다. 1차 오일쇼크가 일어난 것이다.

4차 중동전은 핵전쟁을 일으킬 뻔했다. 이스라엘은 강원도(2만 6,263제
곱킬로미터)보다 약간 더 좁은(2만 0.770제곱킬로미터) 국토를 갖고 있는 아주
작은 나라이다. 국토의 종심(縱深)이 얕기에 이 나라는 선제공격을 함으
로써 자국을 방어한다. 그리고 핵실험은 하지 않았지만 비밀리에 핵무

기를 제조해 보유하고 있었다.

4차 중동전 당시 이스라엘 총리는 골다 메이어 여사였다. 3차 중동전은 이스라엘에게 큰 승리를 안겨주었지만, 이스라엘은 선공을 했기에 국제사회로부터 '침략국가'라는 오명을 뒤집어쓰게 되었다. 3차 중동전이 끝난 후 미국과 유럽국가들이 가한 제재로 이스라엘은 경제적으로 어려운 상황에 직면했다. 이때의 경험 때문에 골다 메이어 총리는 전쟁의 위험이 왔다(아랍국가가 공격할 것이다)는 것을 알면서도 선제공격 명령을 내리지 않았다. 그리고 아랍국가의 선공을 허용해 큰 위기를 맞았다. 그러자 많은 사람들이 핵무기를 사용하자고 건의했다.

골다 메이어 총리는 핵무기를 사용할 것인가를 놓고 깊이 고민하다 사용하지 않기로 했다. 핵무기의 사용은 이스라엘의 고립을 더욱 심화시킬 것이기 때문이었다. 이스라엘을 곤경에 빠뜨린 4차 중동전은 UN이 중재에 나서 휴전해줌으로써 끝나게 되었다.

40년을 앞서 간 박정희의 꿈

이러한 4차 중동전을 치르면서 아랍국가들은 원유 공급을 줄여 배럴당 1달러 미만이던 국제 원유가를 10달러 선까지 올리는 데 성공했다. 그로 인해 미국과 유럽, 일본 등 선진국에서는 물론이고 한국에서도 석유를 사기 위해 주유소 앞에 길게 줄을 서는 진풍경이 만들어졌다.

1차 오일쇼크로 인해 각광을 받게 된 것이 원자력발전이었다. 원유는 부존량이 한정돼 있을 것이니 한국처럼 부존자원이 적은 나라는 원자력발전을 많이 해야 한다는 여론이 형성되기 시작했다.

고리 1호기 준공식은 고리 3·4호기 착공식을 겸해 1978년 7월 20일 열렸다. 한국이 일본에 이어 아시아에서 두 번째로 원전을 가동한 나라가 되었다는 사실을 선포하는 날, 박정희 대통령은 이런 연설을 했다.

■ 고리 1호기 돌아보는 박정희

고리 1호기 준공으로 한국은 세계 21번째 상업용 원전 보유국가가 되었다. 1978년 고리 1호기 준공식을 가진 후, 미래의 고리원자력본부 모형을 만들어놓은 전시물을 둘러보는 박정희 대통령.

© 한국수력원자력

"이제 우리나라는 본격적인 원자력 시대로 접어들었으며, 과학 기술면에서도 커다란 전환점을 이룩하게 되었습니다. 뿐만 아니라 세계에서 스물한 번째로, 동아시아에서는 두 번째로 핵 발전국 대열에 참여하게 되어 과학 한국의 모습을 자랑하게 되었습니다.

잘 아는 바와 같이 원자력발전은 공해가 없고 자원이 절약되며 값이 싸고 질이 좋다는 등 많은 장점을 가지고 있습니다. 오늘날 원자력으로 생산된 전기를 '제3의 불'이라고 부르고 있으며, 세계 여러 나라가 여기에 비상한 관심을 기울이고 있습니다.

한 나라의 1인당 전기 사용량이 바로 생활수준의 척도가 된다는 말도 있습니다. 지난 10여 년 동안 우리나라 전력 수요도 국민 경제의 성장과 더불어 연평균 20퍼센트 수준으로 크게 증가하고 있으며, 이 증가 추세는 앞으로도 계속될 것입니다. 이와 같은 장기 전망을 바탕으로 정부는 1986년에 약 2천만 킬로와트, 그리고 2000년에는 약 8000만 킬로와트 규모로 발전설비를 증가시킬 계획으로, 고도 산업국가와 선진 복지사회를 이룩하는 데 필요한 전력원 확보에 크게 힘쓰고 있습니다.

기름 한 방울을 아끼고, 전기 사용에서도 낭비를 삼가는 알뜰한 생활 태도를 미풍으로 삼으면서 한편으로는 태양광, 조력, 풍력 등 새로운 자원을 연구 개발하는 데에도 더욱 적극적으로 눈을 돌려야 하겠습니다."[6]

놀랍게도 박정희는 2000년 8000만 킬로와트의 발전설비를 갖추겠다고 공언했다. 이러한 박정희의 꿈은 실현되었을까. 2008년 한국의 총 발전설비량은 7천 249만 킬로와트였다. 박대통령의 예측은 현실을 능가했다. 뒤집어서 말하면 2008년의 한국은 박정희가 꿈꾼 세계에 도달하지 못한 것이 된다. 박정희의 꿈은 시대를 앞서 갔다.

늦어진 고리 2호기 공사

고리 1호기 건설로 그쳤다면 박정희는 '원자력 맨'이라고 할 수 없다. 그를 원자력 맨이라 하는 것은 고리 1호기에 이어 바로 고리 2호기와 고리 3·4호기, 월성 1호기 공사에 들어갔기 때문이다.

다시 시선을 고리 1호기 공사를 시작한 1971년으로 되돌려보자. 고리 원전 1호기 착공식 직후인 1971년 5월 7일 정부는 신(新)장기에너지 종합대책을 마련했는데, 이 대책에는 1981년까지 60만 킬로와트급 원자력발전소 세 기를 건설해 가동시킨다는 내용이 들어가 있었다.

박정희 정부는 고리 1호기 건설에 당시 정부 1년 예산의 네 배가 들었음에도 굴하지 않고, 원전 국가가 되겠다는 야심을 세운 것이다. 결론부

---

6 http://www.parkchunghee.or.kr/search.html

터 말하면 1981년까지 세 기의 원전을 가동시킨다는 이 계획도 무리였다. 한국은 이 계획대로 원전을 지어 가동시키지 못한 것이다. 하지만 이보다 조금 늦은 시기에 애초 계획보다 큰 성과를 거두었다. 조금 늦은 시기란 1981년이 아닌 1983년이다. 1983년 한국은 세 기의 원전을 가동하는 나라가 되었다.

원전은 대개 동일한 노형을 두 개씩 짓는다. 그래야 한 호기 건설에서 얻은 경험을 활용할 수 있고, 인력도 효과적으로 운영할 수 있다. 고리 1호기 건설에 착수한 직후부터 정부는 고리 2호기 건설을 추진했다. 그런데 복병이 나타났다. 고리 1호기를 미국제 가압경수로로 선정하면서 아이젠버그에게 다음 호기는 영국제 개량형 가스냉각로로 해주겠다고 한 약속이 그것이었다. 고리 1호기는 미국제를 도입했지만 도입 자금을 빌려준 쪽은 영국이었다.

영국에서 차관을 얻어 왔으면 다음 호기는 영국제를 도입하는 것이 관례라고 할 수 있다. 그런데 영국은 가스냉각로 수출을 중단했기에 차관 제공에 난색을 표했다. 그로 인해 고리 2호기의 차관을 어디에서 도입할 것인가가 문제가 되었다. 고리 2호기 차관 문제는 어떤 원자로를 선택할 것인가란 문제이기도 했다. 웨스팅하우스가 차관을 마련해주면 고리 2호기는 웨스팅하우스에게 돌아간다. 그러나 웨스팅하우스는 한국이 필요로 하는 차관을 만들지 못했다. 이 난제는 미국의 수출입은행이 차관을 제공해주겠다고 함으로써 풀리게 되었다.

고리 1호기 공사를 시작할 때 다른 문제가 생겼다. 고리 2호기를 고리 1호기 옆에 세우느냐, 앞에 세우느냐를 놓고 논쟁이 벌어진 것. 별것 아닌 것 같지만 이 문제를 놓고 여러 사람이 옥신각신했다. 그러다 원전을 더 지으려면 옆으로 나란히 짓는 것이 좋겠다는 의견이 우세해 2호기 자리는 1호기 옆으로 결정됐다. 2호기 건설을 위한 터파기 공사는 1호기가 가동된 후에 하면 1호기에 영향을 줄 수 있다는 판단이 있어, 1호기를 건설하는 와중에 이뤄졌다. 미리 터를 파놓은 2호기의 건설 계약은 1974

년 10월 28일 이루어졌다.

그러나 공사는 계약대로 이뤄지지 못해 효력이 상실되었다. 중요 원인은 차관 공급의 이상이었다. 미국 수출입은행이 차관을 제공하겠다고 한 시점은 1차 오일쇼크 이전이었다. 그런데 고리 2호기 건설계약은 1차 오일쇼크 직후에 이뤄졌으니 미국 수출입은행은 차관 제공이 어렵다고 했다. 1차 오일쇼크가 몰고 온 불황의 그늘은 깊었으므로 고리 2호기 건설은 1976년으로 넘어가게 되었다.

다행히 1976년부터 1차 오일쇼크로 인한 불황의 그늘이 걷혀갔다. 이때 농림부장관을 지내고 한전 사장에 취임한 김영준(金榮俊) 씨가 '죽은 자식 살리기'에 나섰다. 어차피 한국은 막대한 전력을 필요로 하는 나라이다. 또 1차 오일쇼크를 계기로 원전의 발전단가는 화전보다 싸졌으니 하루 빨리 원전을 짓는 것이 한전에게는 이익이었다.

김 사장은 웨스팅하우스와 새 계약을 맺는 일을 추진함으로써 고리 2호기를 기사회생시켰다. 김 사장의 발의로 재협상에 나선 양측은 1977년 2월 28일 건설기간을 69개월로 명시한 고리 2호기 건설계약을 맺었고, 1977년 3월 1일 1호기보다 용량이 큰 65만 킬로와트급의 고리 2호기 공사를 시작해 박 대통령 사후인 1983년 7월 25일 준공하였다.

재처리하기 좋은 사용후핵연료 만드는 중수로

이러한 고리 2호기보다 한 발 먼저 착공된 것이 '그 유명한' 월성 1호기이다. 고리 1·2호기는 가압경수로이지만 월성 1호기는 중수로이다.

가압경수로는 거대한 원자로 하나를 갖고 있다. 따라서 핵연료를 교체할 때는 원자로를 세우고 많은 양의 핵연료를 교체한다. 가압경수로의 핵연료 교체는 1년에 한 번 정도 있는 '행사'이므로 이때가 되면 IAEA(국제원자력기구)의 감시가 강화된다. IAEA는 가압경수로에서 꺼낸

▌ IAEA의 감시 카메라
울진원전 사용후핵연료 저장조 앞에 설치돼 있는 국제원자력기구(IAEA)의 감시 카메라. 국제원자력기구는 사용후핵연료를 마음대로 재처리하는 것을 막기 위해 사용후핵연료 저장조 등 중요시설에는 누군가가 손을 대면 금방 파손되는 봉인장치를 한 감시 카메라를 설치해 놓았다.

사용후핵연료가 전용(轉用)될 수 없도록 이 사용후핵연료의 향방을 추적한다.

중수로는 원자로를 가동하는 중에 핵연료를 교체하는 것이 특징이다. 앞에서도 설명했지만 중수로는 380여 개의 작은 원자로(압력관)를 묶어 놓은 덩어리이다.

핵연료는 대개 1년 정도 사용한 후 교체하는데, 월성의 중수로는 380개의 원자로를 갖고 있으니 거의 매일 한 개의 압력관(원자로)을 열어 핵연료를 교체한다. 따라서 중수로에 대한 IAEA의 감시는 매일 같이 이뤄진다.

중수로에서 나온 사용후핵연료에는 가압경수로에서 나온 사용후핵연료보다 플루토늄이 많이 들어 있다. 핵연료는 완전히 태우지 않고 반 정도 태웠을 때 플루토늄이 많은데, 중수로는 압력관을 쉽게 열 수 있어 반쯤 탄 사용후핵연료를 꺼내기도 쉽다. 게다가 중수로에서 나오는 사용후핵연료의 양은 가압경수로에서 나오는 사용후핵연료량보다 훨씬 더 많다. 이러니 핵 확산을 막아야 하는 IAEA는 중수로에 대해서는 신경을 곤두세운다.

IAEA가 중수로에 대해 신경을 곤두세우는 데는 역사적인 이유도 있다. 인도가 캐나다에서 도입한 중수로를 토대로 핵무기를 개발했기 때문이다. 인도의 핵무장을 살펴보려면 중수로에서 나온 사용후핵연료와 재처리 관계부터 이해해야 한다.

앞에서 설명했듯 캐나다에서 개발한 연구용 중수로 NRX(2만 킬로와트급)에서는 예상치 못한 장점이 발견되었다. 천연우라늄을 때는 중수로에서 나온 사용후핵연료에는 가압경수로에서 나온 사용후핵연료보다 많은 플루토늄이 들어 있다는 점이었다.

원자폭탄은 기술력만 있다면 우라늄을 고농축해서 만드는 것보다는 사용후핵연료에서 플루토늄을 추출해 제작하는 것이 훨씬 더 쉽다. 원심분리기를 이용해 '우라늄 235'를 90퍼센트대로 고농축하는 데는 오랜 시간이 걸린다. 그런데도 우라늄탄의 효율은 플루토늄탄보다 떨어진다.

사용후핵연료를 재처리해 플루토늄을 얻는 것은 상대적으로 쉽고 플루토늄탄은 우라늄탄보다 효율이 좋으니 주요 국가들은 플루토늄으로 원자폭탄을 만들게 되었다. 이러한 시스템이 정착되면 주요국가들은 우라늄 농축 핵연료를 만들 수 있는 3~5퍼센트 정도로만 농축하면 되니 훨씬 일이 수월해진다.

그런데 중수로는 천연우라늄을 사용하기에 우라늄을 3~5퍼센트로 농축할 필요도 없어진다. 제일 먼저 중수로에 관심을 기울인 나라는 미국이었다. 미국은 캐나다에서 NRX를 수입해 그들이 필요로 하는 플루토늄을 얻었다. NRX에서 꺼낸 사용후핵연료를 재처리해 핵폭탄을 만드는 일은 미국 행정부에서는 에너지부가 담당했다. 캐나다는 NRX를 발전시켜 상업용 원자로를 만들고 이 원자로를 수출하기 위해서 캐나다 원자력공사(AECL: Atomic Energy of Canada Limited)를 만들었다.

영국의 선택, 캐나다의 선택

캐나다가 이런 특징을 가진 NRX를 개발한 데는 사연이 있다. 앞에서 조금 설명했듯이 영국과 캐나다 사이의 아주 독특한 관계가 그것이다. 1775~1785년 사이의 미국에서 미국 독립전쟁 때 영국을 위해 싸웠던 사람들은 전쟁에서 패하자 캐나다 지역으로 도피했다.

그로 인해 캐나다 지역에 사는 영국인들이 늘어나게 되었고, 1867년 영국 의회는 '영국령 북미법'이라는 법률을 만들었다. 이 법 때문에 캐나다 지역에 영국 식민지인 '캐나다 연방'이 만들어졌다. 이 시기 영국은 해외에 있는 식민지에 많은 자치권을 주었다. 캐나다도 그러한 혜택을 받은 곳 가운데 하나가 되었다.

영국은 식민지를 강압적으로 통치하지 않고 자치권을 확대해주면서 이끌어간다. 큰 틀에서는 영연방 안에 있되 실제적으로는 독립국가의 지위를 누리게 하며 잡아두는 것이다. 이러한 영국의 전통은 제1차 세계대전이 끝난 다음인 1931년 발표한 '웨스트민스터 헌장'을 통해 완성되었다. 이 헌장은 '영연방은 본토와 자치령이 똑같은 지위를 갖는다'는 것을 주 내용으로 한다. 그로 인해 자치지역인 캐나다는 본토인 영국과 대응한 지위를 갖게 되었다.

하지만 캐나다는 뉴질랜드, 호주 등과 함께 영연방의 일부이기 때문에 영국이 제2차 세계대전에 참전했을 때 영국인들과 함께 전쟁에 참전했다. 이러한 캐나다가 영국의 영향권에서 조금 더 벗어나게 된 사건으로는 1982년 영국 의회가 영국령 북미법을 폐지하고 '캐나다법'을 제정한 것이 꼽힌다. '캐나다법'은 캐나다인들이 헌법을 만들 수 있게 해준 것이 특징이다. 국가원수는 여전히 영국 왕이지만 캐나다인들은 독자적으로 헌법을 제정할 수 있게 되었다.

캐나다의 초크리버 연구소가 NRX를 개발한 1947년은 영국 의회가 캐나다법을 제정하기 전이라 캐나다는 영연방 속의 자치령이었다. 이러

인도 사이루스 원전

캐나다와 미국의 지원을 받아 인도에 건설된 캔두형 연구용 중수로 '사이루스(CIRUS)'. 중국의 핵실험에 자극받은 인도는 사이루스 연구용 원자로에서 나오는 사용후핵연료를 재처리해서 얻은 플루토늄으로 핵폭탄을 만들어 1974년 5월 18일 비밀 핵실험을 강행해 세계를 놀라게 했다. 이 핵실험으로 인해 미국과 인도 관계는 급냉했는데, 인도는 미국과 관계가 좋아진 2006년 3월 이 원자로를 폐쇄하겠다는 발표를 했다.

한 때인 1953년 아이젠하워 미국 대통령이 '평화를 위한 원자력'을 연설해 원자력발전에 대한 관심이 높아지자, 캐나다도 그들이 만든 (연구용) 중수로 수출을 모색하게 되었다.

지금의 영국 지위는 미국보다 훨씬 처지지만, 제2차 세계대전이 끝났을 때는 외견상 미국과 대등했다. 영국은 특히 영연방 국가를 상대로 큰 영향력을 발휘할 수 있었다. 영국은 영연방 국가를 묶어 경제를 일으키는 '콜롬보계획'을 추진했다. 이 계획은 미국이 제2차 세계대전으로 폐허가 된 유럽을 일으키기 위해 마련한 '마셜플랜'과 비슷했다.

콜롬보계획은 1950년 1월 스리랑카의 수도인 콜롬보에서 열린 영연방 외무장관회의에서 캐나다의 제안으로 채택된 아시아 제국 원조계획이다. 영국 캐나다 오스트레일리아 등 여유 있는 영연방 국가가 인도나 스리랑카 등 어려운 영연방 국가를 6년 동안(1951~1956) 돕는다는 것이 핵심 내용이었다(이후 기간은 연장되었다). 콜롬보계획이 입안되자 미국과 일본도 동남아 제국을 지원하겠다며 참가를 결정했다.

콜롬보계획과 인도 그리고 한국

콜롬보계획의 일환으로 캐나다는 1956년 CIRUS(Canada-India-Reactor-United States)라는 이름의 중수로를 만들어 인도에 제공했다. CIRUS 원자로는 NRX 원자로를 발전시킨 것으로 열출력이 4만 킬로와트인 연구용 원자로였다. 인도가 도입하기로 한 CIRUS(사이루스) 연구용 원자로의 도입 비용은 1천 700만 달러였는데, 이 중 950만 달러는 캐나다가 지원했다. 이 원자로에 미국을 뜻하는 US가 붙은 것은 미국이 이 원자로에서 사용할 중수를 공급하기로 했기 때문이다.

이후 캐나다는 대용량을 가진 상업용 중수로 개발에 박차를 가해 성공시키고, 이를 자국 내에 건설하기 시작했다. 그리고 1970년대부터는 AECL을 통해 해외수출을 모색하기 시작했는데, 그 첫 번째 대상국 가운데 하나로 한국과 대만을 주목하게 되었다. 한국과 캐나다의 접촉은 1973년 4월 캐나다 원자력공사의 그레이 총재가 한국에 들어와 청와대와 상공부·과기처·한전을 방문함으로써 본격화되었다.

이러한 캐나다의 노력에 호응한 한국인이 있었다. 한국과학기술연구소(KIST)의 현경호(玄京鎬, 작고) 박사가 그 주인공이다. 현 박사는 특정 국가(미국)의 원자로만 도입하면 우리나라의 에너지 정책이 그 나라에 예속된다는 것을 이유로 원자로 도입의 다변화를 주장했다.

그해 6월 현 박사는 조사단을 이끌고 캐나다로 가서 현지조사를 하고, '중수로는 기술적인 신뢰성이 있다. 그러나 건설비는 60만 킬로와트급 두 기를 짓는다고 가정할 경우 가압경수로에 비해 14퍼센트 높을 것이다. 하지만 천연우라늄을 사용하기에 연료비가 적게 들 것이다' 라는 요지의 보고서를 올렸다. 그리고 한 달 후 1차 오일쇼크가 발생했다.

현 박사가 보고한 '천연우라늄 사용' 이란 문구가 박 대통령을 포함한 관계자들의 주목을 끌었다. 한국은 미국과 맺은 원자력협정에 따라 미국에서 농축한 우라늄을 도입해야 한다. 미국이 농축우라늄 공급을 끊으면 한국의 원자로는 멈춰서야 한다. 그러나 천연우라늄은 농축을 하지 않는 것이기에 캐나다를 비롯한 여러 나라에서 구할 수 있다.

한국에서 이러한 논의를 하고 있을 때 AECL은 '한국이 준비하는 월성 1호기를 캐나다의 하이드로 퀘벡(Hydro-Quebec) 전력회사가 캐나다에 건설하고 있는 60만 킬로와트급의 젠틀리 2호기와 같은 것으로 하면 싼 가격에 지을 수 있을 것' 이라는 내용의 편지를 보내왔다.

곧바로 제1차 오일쇼크가 닥쳐왔기에 정부는 월성 1호기 건설을 서둘렀다. 한국 원자력이 미국에 예속되는 체제를 피하기 위해 AECL로부터 중수로를 도입하기로 한 것이다. 이에 따라 양측은 차관 문제까지 해결한 후 1975년 1월 27일 정식으로 캔두형 원자로 공급계약을 맺었다.

한국이 캐나다산 중수로 도입을 빨리 진행하게 된 데는 또 다른 인물의 역할도 있었다. 고리 1호기 기종 결정을 할 때 영국형 개량형 가스냉각로를 밀었던 아이젠버그의 활동이 그것이다. 한국은 아이젠버그에게 다음에는 영국형 원자로를 도입한다는 언질을 주었는데 영국형 원자로는 결함이 발견돼 영국 스스로 수출을 포기하면서 이 부담은 사라지게 되었다. 그러자 아이젠버그는 '제2의 영국' 인 캐나다가 개발한 중수로의 한국 판매를 추진했다. 한국은 한국 원자력이 미국에 예속되는 것을 피하기 위해 이를 받아들였고 아이젠버그는 꿈을 이룰 수 있게 되었다.

캔두형 원자로 공급계약으로 아이젠버그는 캐나다 원자력공사(AECL)로부터 1천 800만 달러의 중개료를 받아, 그 중 일부를 이후락 씨 등 당시 공화당 실세에게 리베이트로 건네주었다고 한다. 대형 공사에 참여한 에이전트가 정부 실력자들에게 뇌물을 건네는 것은 개발도상국가에서는 비일비재한 일이다. 아이젠버그와 이후락 커넥션은 훗날 밝혀졌지만 흐지부지 넘어갔다. 지금 이러한 일이 밝혀졌다면 당장 특별검사가 구성돼 철저한 조사가 이뤄졌을 것이다.

인도 핵실험이 끼친 파장

중수로 건설과 관련해 주목할 것이 있다. 한국이 원자폭탄을 만들기 위해 이 원자로 도입을 서둘렀느냐는 사실이다. 이 문제는 방위산업과 중화학공업 전체를 책임진 오원철(吳源哲) 당시 대통령경제제2수석 등이 굳게 입을 다물고 있어 확인할 방법이 없다. 그러나 당시의 한반도 여건으로 볼 때 안보를 생각해서 중수로를 도입했다는 가정은 충분히 해볼 수 있다.

당시 한국은 북한이 캐나다에 있던 교포 학자 김경하 씨를 영입해(1972년), 1975년 그램 단위의 플루토늄을 추출했다는 첩보를 입수했다. 이러한 첩보가 있었다면 박정희 정부도 핵개발 의지를 불태웠을 가능성이 매우 높다. 그러나 박정희의 꿈은 '인도의 도발'로 벽에 부딪혔다.

한국은 일본으로부터 독립하면서 일본군 무장해제 때문에 남북한으로 나누어지게 되었다. 인도는 영국으로부터 독립하면서 종교가 달라 인도와 파키스탄으로 나뉘었다. 인도와 파키스탄은 단일한 영국 식민지였는데 1947년 독립을 하면서 힌두교인들은 인도를 만들고, 무슬림들은 파키스탄을 세운 것이다. 한국은 이념 차이로 나눠진 후 규모가 큰 심각한 전쟁(6·25전쟁)을 치렀지만, 인도와 파키스탄은 분리되기 전은 물론이고 후에도 지루한 소규모 전쟁을 거듭했다.

전쟁의 이유는 카슈미르 지방의 영유권이었다. 카슈미르 지방에는 힌두교를 믿는 사람들과 이슬람을 믿는 사람들이 서로 얽혀 살았기 때문에 인도와 파키스탄이 서로 자기 영역이라고 주장했다. 그로 인해 길고 지루한 분쟁이 이어졌다. 그런데 파키스탄보다는 인도가 인구와 면적이 넓은 대국이다. 과거 인도를 지배한 영국은 인도를 기반으로 중국이 차지한 티베트를 독립시키려고 한 적이 있었다. 때문에 인도와 중국은 사이가 좋지 않았다. 두 인구(人口) 대국은 서로를 의식했으므로 두 나라 사이에는 묘한 긴장이 흘렀다.

이런 상태인 1964년 10월 중국의 신화사 통신은 그해 10월 15일 신강위그루 자치구에서 중국 최초의 핵실험을 성공시켰다고 보도했다. 중국의 핵실험 성공 소식이 알려지자 라이벌 의식을 갖고 있는 인도가 긴장했다. 1962년 인도는 인도와 접해 있는 남부 티베트 지역을 놓고 중국과 싸워 패함으로써 그 지역에 대한 지배권을 내놓은 적이 있다.

인도는 바로 핵개발을 추진했다. 캐나다에서 제공받은 CIRUS 원자로에서 나오는 사용후핵연료를 재처리해 원자폭탄을 만들기로 한 것이다.

노력을 거듭한 인도는 1974년 5월 18일 비밀리에 핵실험을 실시하여 성공시켰다. 그러나 인도는 핵실험을 했다는 사실을 공표하지 않았다. 2006년 10월 9일의 북한과 달리 핵실험을 했다고 발표하지 않고 그냥 '눙치고' 지나간 것이다. 하지만 인공지진의 징후가 여러 나라에서 포착되자 주요 국가들은 인도가 핵실험에 성공했다는 것을 감지했다. 그러자 1953년 아이젠하워 대통령의 연설 후 원자력발전 전파에 열을 올리던 미국의 분위기가 반전됐다.

미중관계 위해 대만을 주저앉힌 미국

　미국은 원자력 연구와 발전을 명목으로 원자로를 제공받는 나라가 이 원자로에서 나온 사용후핵연료를 재처리해서 핵폭탄을 개발하는 것은 철저히 막아야 한다고 생각했다. 미국은 이미 이런 위험성을 의식해서 1968년 영국, 소련 등과 '핵확산금지조약(NPT)'을 만들어 놓았었다.

　이 조약은 기존의 핵무기 보유국인 미국, 소련, 영국, 프랑스, 중국만 핵무기를 보유하고 나머지 국가는 핵무기를 보유하지 않는다는 것을 주 내용으로 한다. 이 조약은 1970년 3월 5일 발효되었다.

　그러나 이 조약에 가입하지 않은 나라는 조약을 지킬 의무가 없었다. 인도는 이 조약에 가입하지 않은 상태에서 핵실험을 했기 때문에 미국은 인도를 제재할 수가 없었다. 인도의 핵실험을 본 미국은 캔두형 원자로가 핵무기 제조에 쉽게 이용된다는 것을 알고, 이 원자로를 도입하려는 나라가 있으면 눈에 불을 켜고 반대하기 시작했다.

　인도가 핵실험에 성공했을 때 캔두형 원자로 도입을 추진하고 있던 나라가 바로 한국과 대만이었다. 대만은 중국의 핵실험 성공에 자극을 받았기에 캔두형 원자로 도입에서는 한국을 앞서 가고 있었다. 대만은 일찌감치 캐나다에서 NRX 연구용 원자로를 도입해서 다양한 연구를 진행해오고 있었다.

　세계정치는 끊임없이 변한다. 인도의 핵실험으로 미국과 인도 관계가 험악해진 시기, 미국과 중국 관계는 급속도로 가까워지고 있었다. 괌 독트린(1969년)을 계기로 아시아에서 미군을 철수시킨 1970년대, 미국은 '공산 종주국인 소련을 어떻게 고립시킬 것인가'란 문제로 고심했다. 그러다 주목한 것이 중국 소련간 국경선인 우수리강(Ussuri River, 烏蘇里江)에 있는 0.7제곱킬로미터의 작은 섬 '진보도(珍寶島)'를 놓고 1964년부터 1969년 사이에 중국군과 소련군이 벌인 영토분쟁이었다. 이념으로 하나가 돼야 하는 두 공산대국이 자그마한 섬의 영유권을 놓고 싸운다는 것을 발견한 미국은 두 공산대국을 분리시킨다는 계획을 세웠다.

당시 미국이 선정한 가상적국은 소련이었으므로 미국은 중국과의 관계를 개선해 소련의 영향력을 약화시키기로 했다. 이에 따라 1971년 미국의 키신저 국무장관이 파키스탄의 도움을 받아 비밀리에 중국을 방문하고, 이듬해 닉슨 대통령이 중국을 방문해 중국과 우호관계를 회복하는 데탕트 시대를 열었다.

이때부터 미국은 중국과의 관계를 개선하는 데 전력을 기울였다. 이러한 미국에게 걸림돌이 된 것이 대만이다. 미국은 중국과의 관계를 개선하기 위해 닉슨 대통령의 방중(訪中) 후 대만에 주둔한 미군을 단계적으로 철수시켰다.

그리고 취한 조치가 대만이 갖고 있던 NRX 원자로의 철거였다. 대만은 미국의 압력에 견디지 못해 NRX 원자로를 철거하고 말았다. 미국이 다음으로 주목한 나라가 한국이었다. 한국이 인도의 핵실험 8개월 후인 1975년 1월 27일, 캐나다의 AECL과 캔두형 원자로 도입 계약을 맺자 미국은 눈에 불을 켜고 한국의 의중을 살피려고 했다.

NPT 비준 대가 요구한 박정희의 벼랑끝 전술

한국이 캔두형 원자로를 도입하는 것은 핵무기를 도입하는 것이 아니므로 미국은 한국의 캔두형 원자로 도입을 막을 명분이 없었다. 때문에 미국은 한국이 원자로를 도입하려면 핵무기 개발 의사가 없다는 것을 보이기 위해서라도 NPT에 가입해야 한다고 주장했다. 그로 인해 한국에서는 핵무기 개발을 영원히 포기하는 NPT에 가입해 캔두형 원자로를 도입할 것이냐, 아니면 핵무기 개발 가능성을 남겨 놓기 위해 NPT에 가입하지 않느냐가 화두가 되었다.

인도차이나 공산화(1975년)를 계기로 한반도의 안보상황은 위태로워져

▌ 월성 원자력본부

네 기의 중수로가 들어서 있는 월성 원자력본부. 박정희의 야심작이기도 한 중수로에서는 거의 매일 사용후핵연료가 나오기에 국제원자력기구는 눈에 불을 켜고 감시한다.

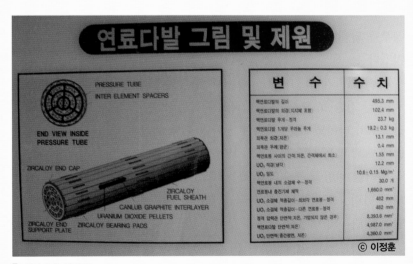

연료다발 그림 및 제원

변 수	수 치
핵연료다발의 길이	495.3 mm
핵연료다발의 외경 (지지체 포함)	102.4 mm
핵연료다발 무게 - 정격	23.7 kg
핵연료다발 1개당 우라늄 무게	19.2 ± 0.3 kg
피복관 외경 (저온)	13.1 mm
피복관 두께 (평균)	0.4 mm
핵연료봉 사이의 간격 (저온, 간격체에서 최소)	1.55 mm
UO_2 직경 (냉간)	12.2 mm
UO_2 밀도	10.6 ± 0.15 Mg/m³
핵연료봉 내의 소결체 수 - 정격	30.0 개
연료튜브 충전기체 체적	1,660.0 mm³
UO_2 소결체 적층길이 - 외곽의 연료봉 - 정격	482 mm
UO_2 소결체 적층길이 - 다른 연료봉 - 정격	482 mm
정격 압력관 단면적 (저온, 기밀실치 걸린 경우)	8,393.6 mm²
핵연료집합체 단면적 (저온)	4,987.0 mm²
UO_2 단면적 (중간평면, 저온)	4,360.0 mm²

▌ 중수로용 핵연료

중수로는 압력관으로 불리는 작은 원자로 380여 개로 구성되어 있다. 압력관에는 위 사진과 같은 핵연료(연료다발) 12개가 들어간다. 그리고 매일 3∼4개의 압력관을 열어 8개 정도의 다 탄 핵연료를 꺼낸다(4개는 그대로 둔다). 중수로용 핵연료는 가압경수로용 핵연료에 비해 훨씬 더 작은 것이 특징이다.

가고 있는데, 한국은 어떤 선택을 할 것인가. 이 딜레마를 풀어준 인물이 박정희 대통령과 1976년 취임한 김영준 한전 사장이었다. 애초 한국은 캐나다로부터 중수로는 물론이고 중수로 설계 기술까지 전부 도입할 계획이었다. 김 사장은 이 계획을 버리고 '한국은 순수 발전 목적으로 원자로를 도입하는 것이니 의심을 살 만한 기술은 제외하고 도입한다'는 결정을 내렸다.

김 사장이 이러한 결정을 내리기 직전인 1975년 4월 23일 박정희 정부는 1970년 발효된 NPT(핵확산금지조약)에 비준함으로써 더 이상 미국이 캔두형 원자로 도입을 방해할 수 없는 상황을 만들었다. 어찌 보면 이 사건은 미국에 대한 한국의 굴욕이다. 그러나 한국은 '실리'를 놓치지 않았다. 당시 한국의 전력 사정은 여전히 심각했으므로 한국은 하루빨리 원자력발전소를 지을 필요가 있었다.

박정희 대통령은 호락호락 물러나지 않았다. NPT에 가입하기 전 그는 계속해서 핵개발 의지를 피력해 미국을 긴장시켰다. 이러한 박정희 정부를 달래기 위해 미국은 '핵우산을 제공하겠다, 주한미군을 줄이지 않겠다'는 등의 약속을 거듭했다.

북핵 위기가 고조되었을 때 많은 사람들은 북한이 펼치는 핵외교를 '벼랑끝 전술'로 묘사했다. 미국이 원하는 것과는 정반대로 끝까지 달려감으로써 받아낼 것은 최대한 받아낸 후에 미국과 타협하는 북한의 전술에 대해 많은 사람들은 혀를 내둘렀다.

이러한 벼랑끝 전술의 원조는 6·25전쟁 때 실제로 반공포로를 석방해서 한미상호방위조약과 한국군 현대화 계획을 받아낸 '이승만'이고, 달인은 미국의 핵우산 제공을 끌어내 한국을 근대화시킨 '박정희'이다. 남북을 막론하고 한국인들은 미국을 상대로 한 벼랑끝 전술을 잘 구사했다.

고리 1호기만큼이나 난항을 겪은 월성 1호기가 1977년 6월 드디어 착공식을 가졌다. 고리 2호기보다 한 달 늦게 기공식을 가졌지만, 월성 1

호기는 고리 2호기보다 석 달 빠른 1983년 4월 준공식을 가지면서 국내에서 두 번째로 상업발전에 들어간 원자로라는 타이틀을 얻게 되었다. 그리고 1978년 7월 한국은 고리 3·4호기 기공식을 가졌고 1979년에는 가동 중인 원전 한 기(고리 1호기)에 건설 중인 원전 네기(월성 1호기, 고리 2·3·4호기) 시대를 맞았다.

1970년대는 온갖 난관을 돌파하며 한국이 원자력발전을 시작한 시기로 기록될 것이다. 1950년대 원자력을 착상시키기 위한 이승만 정부의 노력도 대단했지만 1970년대 원자력발전을 일으키기 위한 박정희 정부의 노력도 집요했다.

같은 시기 중수로 건설을 추진했던 대만은 어떻게 되었을까. 미국의 압력으로 NRX 연구용 중수로를 폐쇄한 대만은 끝내 캐나다산 중수로를 도입하지 못했다.

현재 캐나다산 중수로를 보유한 나라는 캐나다와 한국, 아르헨티나뿐이다. 인도는 CIRUS 중수로를 자체적으로 발전시킨 중수로를 가지고 있다.

재처리까지 질주한 일본의 원자력

같은 시기 일본의 원자력도 놀라운 발전을 하고 있었다. 양적인 면은 물론이고 질적인 면에서도 한국을 훨씬 앞서 나가고 있었다.

일본은 IAEA 분담금을 미국 다음으로 많이 내는 것으로 '원자력 시대'를 열어갔다. IAEA를 움직이는 미국의 환심을 산 것이다. 덕분에 일본은 1968년 미국과 맺은 원자력협정을 개정해 미국에서 연간 16톤의 농축우라늄을 도입해 일본에서 사용하는 핵연료를 제조할 수 있게 되었다. 또 연구용으로 365킬로그램의 플루토늄도 도입할 수 있게 되었다.

이러한 일본은 1973년 다시 미일 원자력협정을 개정해 연간 335톤의 농축 우라늄을 미국에서 수입하게 되었고, 365킬로그램으로 한정한 연구용 플루토늄 수입 상한선도 제거하게 되었다. 그리고 일본이 갖고 있는 플루토늄을 제3국으로 이전해도 좋다는 동의까지 받아냈다. 이러한 동의 덕분에 일본은 영국과 프랑스로 사용후핵연료를 보내 재처리해달라는 부탁을 할 수 있게 되는데, 제3국에 사용후핵연료를 보내 재처리하는 것을 '위탁재처리'라고 한다.

일본은 일본 최초의 상업용 원자로인 도카이무라(東海村)발전소가 들어선 도카이무라에 연구용 재처리 시설을 짓는 데도 성공했다(1977년). 이 재처리 시설은 위탁재처리를 해주는 프랑스의 지원으로 건설한 것이다.

그러나 이 시설에서 재처리하는 사용후핵연료는 미국이 제공한 농축 우라늄으로 만든 것이라, 미국의 동의가 있어야 재처리를 할 수 있다. 일본은 이에 필요한 미국의 동의를 받아내는 데도 성공해 도카이무라에서 사용후핵연료를 연구용으로 재처리할 수 있게 되었다. 역시 '돈'은 좋은 것이다.

일본은 미국이 개발한 원자폭탄 두 방을 맞고 패망했던 나라이다. 이러한 나라가 연구용이라는 한계를 긋긴 했지만, 재처리를 할 수 있게 된 것은 감개무량한 일이 아닐 수 없을 것이다. 훗날 한국원자력연구소장 (1999~2005년)이 되는 장인순 박사는 1990년대 초반, 일본을 방문해 도카이무라 재처리공장에서 처음 플루토늄을 추출했을 때를 찍은 동영상을 보았다. 장박사의 회고다.

"플루토늄 추출에 성공했다는 결과가 나오자 화면에 나오는 일본 연구진들은 펑펑 눈물을 흘렸다. 군인도 아닌 순수 과학자인 그들이 왜 울겠는가? 플루토늄의 추출이 확인되었을 때 그들의 뇌리에는 1945년 원폭 투하로 죽어간 친지와 동료들과 힘들었던 그들의 젊은 시절 그리고 패전한 조국의 고통 등이 떠올랐기 때문이었을 것이다. '다테마에(建前, 진심을 감춘 얼굴)' 속에 감춰진 일본인들의 '혼네(本音, 속마음)'를 보는 것 같아 전율이 느껴졌다."

佛, 프라마톰과 웨스팅하우스 컨소시엄 구성

무서운 질주를 한 것은 일본만이 아니다. 프랑스도 놀라운 진보를 거듭했다. 프랑스는 네 번째로 핵실험에 성공한 나라였지만 원자로 제작에서는 미국, 영국에 뒤처져 있었다. 애초 프랑스는 영국이 개발한 가스냉각로에 부품을 제작하는 형태로 상업용 원자로 제작에 참여했다. 그러다 영국이 개발한 가스냉각로에 문제가 있어 영국의 원자력산업이 주춤하자 재빨리 가압경수로 기술 확보 쪽으로 방향을 바꿨다. 미국 웨스팅하우스로부터 기술을 전수받아 가압경수로 제작 기술의 국산화를 이룬다는 비전을 세운 것이다.

이러한 프랑스는 퐁피두 대통령 시절인 1973년 원자력발전을 국책산업으로 지정하고, 지스카르 데스탱 대통령 시절 90만 킬로와트급 원자력발전소 16기를 짓겠다는 원대한 비전을 발표했다(1974년 3월). 이 비전은 1976년 130만 킬로와트급 원자로 20기를 연속해서 짓는 것으로 수정, 강화되었다. 이를 위해 프랑스는 미국 웨스팅하우스로 하여금 프랑스의 원자력 회사인 프라마톰에게 투자를 하게 했다. 웨스팅하우스와 프라마톰 컨소시엄으로 하여금 원자로를 짓게 한 것이다.

이 계획은 1977년 피센아임 1호기 공사에 들어가는 것으로 현실화되기 시작했다. 이 사업을 계기로 프랑스는 미국에 이어 세계 2위의 원자력발전 대국이 되는 길로 접어들었다.

하나의 조직으로 움직였으니 프라마톰은 웨스팅하우스로부터 많은 것을 배울 수 있었다. 프라마톰은 웨스팅하우스에 기술전수도 요구했다. 많은 사람들은 웨스팅하우스가 가압경수로용 소스 코드(source code)를 주지 않을 것으로 예상했으나 프랑스는 끈질기게 두들겼다. 그리고 마침내 성공시켜 가압경수로 국산화를 달성했다.

이 시기 북한은 원자력발전을 일으키지 못했다. 이유는 군사력에 더 많은 비중을 두었기 때문인 것 같다. 1975년 인도차이나 반도가 공산화되었으니 북한은 경제개발을 위한 원전 건설보다는 무력 증강에 더 많은 노력을 기울였는데, 이것이 북한으로서는 큰 패착이었다.

이렇게 각 나라가 원자력발전에 매진할 때인 1979년 3월 28일 미국 펜실베니아 주 스리마일 섬(Three miles Island) 원전 2호기에서 원자로가 과열돼 녹아내리는 사고가 일어났다. 그러나 이 원자로는 1미터 내외의 두께를 가진 격납건물 안에 들어 있어서 녹아내린 원자로에서 나온 방사성 물질은 격납건물 밖으로 거의 나가지 못했다.

스리마일 섬 원전 2호기 사고는 주변 환경과 사람에게 전혀 피해를 주지 않았지만 많은 사람들을 놀라게 했다. 이 사건을 계기로 미국과 유럽에서 반핵운동이 일어났다. 그러나 한국에서 이 사건은 해외토픽 정도의 단신으로 보도되었다. 아직 한국은 원자력발전소의 안전을 거론할 정도로 민주화된 국가가 아니었던 것이다.

세계 각국이 원자력을 향해 질주했던 1970년대는 스리마일 섬 원전 2호기 사고를 끝으로 막을 내렸다. 1979년은 박정희의 시대가 막을 내린 해이기도 하다. 그해 10월 26일 박정희 대통령은 동향인 김재규 중앙정보부장이 쏜 총을 맞고 서거했다.

1970년대 북한은 아시아에 주둔한 미군 철수와 인도차이나 반도의 공산화에 고무돼 한반도를 적화하는 데 노력했다. 그로 인해 원자력 분야에서는 주목할 만한 성과를 거두지 못했다. 연구용 원자로를 가동하는 수준에 머물며 상업용 원자로 가동으로 나가지 못한 것이다.

일본은 상업용 원자로 가동을 넘어서 이 원자로에서 나온 사용후핵연료를 '연구용'으로 한정하기는 했지만 재처리를 해볼 수 있는 단계로 진입했다.

프랑스는 1968년 핵실험을 한 만큼 1960년대에 이미 재처리 기술을 보유하고 있었다. 이러한 프랑스는 한 발 더 나가 상업용 원자로를 국산화하는 단계로 진입했다. 웨스팅하우스가 보유한 원천기술 사용권 문제로 상업용 원자로 완전 국산화에 진입했다.

1970년대 후반 서방세계 원자력계의 서열은 영국이 탈락했고 미국이 가장 앞선 가운데 프랑스와 일본이 뒤를 따르고, 한국이 쫓아가는 모양새가 되었다. 북한은 정치 군사 문제에 너무 집중해 원자력 레이스에서 뒤로 처지는 모습을 보였다. 한국은 박정희 대통령 덕분에 군사적으로도 북한에 밀리지 않고, 원자력 레이스에서도 탈락하지 않는 불굴의 모습을 보였다.

1979년 '원자력 맨'인 박정희 대통령이 상업용 원자로 가동이라는 큰 업적을 세우고 사라졌다. 아듀! 박정희−.

Chapter 5

1980년대

영광 원전 3·4호기
원자력 기술 자립을 위한 거보(巨步)를 딛다

고리 원전 1·2호기와 월성 원전 1호기는 상대적으로 값비싼 턴키 방식으로 발주했다. 건설비를 아끼고 싶다면 논 턴키(Non Turn key) 방식을 택해야 한다. 원청업체가 버는 돈과 하도급업체가 받는 금액의 차이를 아는 사람이라면, 논 턴키 방식의 이익을 짐작할 수 있을 것이다. 논 턴키로 나누어 발주하다 보면, 이것으로 배운 경험을 토대로 직접 지어볼 용기가 생긴다. 한국은 자력으로 원자력발전소를 짓겠다는 야망이 있었으므로 세 기의 원자력발전소를 착공하고 난 다음부터는 논 턴키로 발주했다.

당연히 이 일은 한국전력이 주도했다. 한국전력이 전체 프로그램의 매니저(PM)가 돼서 원자로는 A회사, 증기발생기는 B회사, 터빈과 발전기는 C회사, 토목공사는 D회사, 종합설계는 E회사에 발주하는 것이다.

최초의 논 턴키 방식으로 공사에 들어간 원전은 고리 1호기 준공식과 함께 기공식(1978년 7월 20일)을 가진 고리 원전 3·4호기였다. 고리 원전 3·4호기는 95만 킬로와트였다.

논 턴키로 발주된 고리 3·4호기

고리 1호기 공사는 공기(工期)를 넘겼을 뿐만 아니라 공사비도 애초 책정한 금액을 초과했다. 이러한 결과는 1차 오일쇼크 탓도 있지만, 고리 1호기 공사를 관리할 사람이나 기관이 부재한 탓도 컸다.

논 턴키로 공사를 할 때 가장 중요한 역할을 하는 것은 프로그램 매니저이다. 프로그램 매니저는 공사를 발주한 곳을 대표해 각 시공업자로 하여금 공기를 지키게 하고, 정해진 예산 범위 내에서 공사가 마무리짓게 하며, 품질을 보증하게 한다. 공사의 모든 것을 끌고 나가는 '대장(大將)'이자 잔소리 많은 '시어머니' 역할을 한다.

고리 3·4호기를 논 턴키로 발주하기로 한 김영준 한전 사장은 최고의 사원을 프로그램 매니저로 임명하기로 했다. 최초의 프로그램 매니저로 임명된 사람은 훗날 11대 한전 사장(1993년 4월부터 1998년 5월까지)이 된 이종훈 씨였다. 논 턴키로 발주한 고리 3·4호기 공사를 계기로 한국전력은 원자력발전소 공사의 A to Z를 알게 되었다.

논 턴키로 고리원전 3·4호기 기공식을 가진 이듬해 '운명의 1979년'이 다가왔다. 지금 원자로를 제작하는 업체는 두산중공업인데, 두산중공업의 전신은 한국중공업이고 한국중공업은 현대양행 창원공장에서 비롯되었다. 현대양행은 1962년 정주영 현대그룹 명예회장의 동생인 정인영 씨가 세운 회사로, 지금은 한라그룹으로 이름을 바꿔 명맥을 유지하고 있다.

현대양행 창원공장은 발전설비를 전문으로 제작했다. 1970년대 후반 현대양행 사장으로서 세계를 누비던 황병주 씨는 미국에서 나온 소설

『*Crash 79*(1979년의 대충돌)』를 흥미롭게 읽은 기억이 있다고 했다. 소설의 주 내용은 팔레비 왕조가 이끄는 이란이 스위스의 도움을 받아 핵무기를 개발해 전 세계를 놀라게 한다는 것이었다. 그래서일까?

1979년에는 세계를 놀라게 하는 사건이 많이 벌어졌다.

격동의 1979년

1979년 1월 16일 이란에서 팔레비 왕가가 쫓겨나고 호메이니가 권력을 잡는 이슬람혁명이 있었다. 3월 28일에는 미국 스리마일 섬 원전 2호기가 과열돼 노심(爐心)이 녹는 사고도 있었다. 박정희 정부는 고리원전 3·4호기에 이어 전남 영광에 영광원전 1·2호기를 논 턴키로 지을 준비를 하고 있었는데, 스리마일 섬 원전 사고 소식으로 주춤하게 되었다.

이 시기 한국은 중화학공업에 대한 거듭된 투자를 하고 있어서 경제 사정이 좋지 않았다. 중화학공업은 투자비 회수기간이 길기 때문이었다. 중화학공업에 대한 과도한 투자로 경제는 어려운데, 민주화의 욕구는 강해졌다. 10월유신이라고 하는 독재에 대한 반작용이었다.

박정희 정부는 긴급조치를 발동해 이 욕구를 억눌렀다. 그러나 민주화를 갈망하는 욕구는 더욱 강해져 마침내 마산에서 폭발해 부산으로 확대되었다(부마사태).

같은 해 10월 26일 김재규 중앙정보부장이 박정희 대통령을 저격해 절명케 하고, 12월 12일에 박 대통령이 키워온 신군부 세력(대표자 국군 보안사령관 전두환 소장)이 정승화 당시 계엄사령관(육군 참모총장)을 박 대통령 시해 사건 연루자로 보고 연행하는 군사정변을 일으켰다.

1980년이 되자 대학가에서 민주화를 요구하는 대형 시위들이 터져 나왔다. 신군부는 계엄령을 강화하여 억압했으나 실패하여 5·18 광주 사태를 겪게 되었다.

▌한국원자력연구소를 한국에너지연구소로 이름을 바꾼 전두환 정부 출범
1979년 박정희 사망으로 혼란에 빠진 한국은 광주사태를 겪고 난 다음인 1980년 9월 1일, 전두환 장군이 통일주최국민회의 대의원 선거로 11대 대통령에 취임함으로써 조금씩 정리되기 시작했다. 전두환 정부는 독재권력을 휘둘렀지만 이승만·박정희 정부만큼 강한 원자력 정책을 추진시켰다.

혼란의 연속, 한국이 어디로 갈 것인지 누구도 예측하기 힘들어졌다. 그 틈을 타서 북한이 공격을 해올지도 모른다는 우려가 생겼다. 박정희 대통령은 핵주권을 확보하려는 의지가 강한 사람이었다. 그는 미국의 카터 행정부와 심각하게 충돌하면서 미국의 핵우산 제공 의사를 거듭 확인했다. 이러한 박정희가 사라졌으니 대한민국의 핵주권도 크게 흔들릴 수밖에 없었다.

혼란 속에서도 차기 리더는 가시화돼 가고 있었다. 리더는 3김으로 대표되는 김영삼, 김대중, 김종필 씨가 아니라 12·12사건을 계기로 군권을 장악한 신군부였다. 이들은 5·16군사혁명 직후 박정희 소장이 만든 국가재건최고회의와 유사한 국가보위비상대책위원회(국보위)를 만들어 상임위원장에 국군 보안사령관 전두환 중장(이때는 중장으로 진급)이 취임했다. 국가보위비상대책위원회는 행정부를 지배하는 대통령 비서실 기능을 했다.

당시 대통령은 최규하 씨였다. 최규하 대통령을 보좌하는 대통령 비서실이 살아 있었지만 최 대통령과 그의 비서실은 행정부를 이끌지 못했다. 국가보위비상대책위원회가 그 일을 했다. 그해 8월 전두환 중장은 대장으로 진급한 후 예편했다. 그리고 최규하 대통령이 하야하자 단독으로 출마해 11대 대통령에 당선되었다. 통일주최국민회의 대의원 선거를 통한 간접선거로 대통령이 된 것이다.

전두환 대통령은 국회를 해산하고 국회 기능을 대신할 국가보위입법회의를 만들었다(1980년 10월 27일). 국가보위입법회의는 1981년 4월 10일까지 존속하며 국회를 대신해 신군부 정권이 필요로 하는 많은 법률을 만들어냈다. 통일주최국민회의 대의원 선거로 당선된 전두환 대통령과 국가보위입법회의가 움직이던 1980년 12월 19일 원자력연구소가 한국에너지연구소로 이름을 바꾸게 되었다.

핵개발 문제로 미국과 충돌한 박정희 정부

원자력연구소를 한국에너지연구소로 이름을 바꾼 것은 박정희 정부의 핵무기 개발 의지 때문이다.

전두환 정부는 원자력연구소가 더 이상 핵무기 개발에 관여하지 않는다는 것을 보이기 위해 이 연구소의 이름을 한국에너지연구소로 바꾸게한 것이다. 이름을 바꾸기는 했지만 전두환 정부는 원자력발전에 대한 집념을 포기하지 않았다.

박정희 정부시절 미국은 한국에 '핵우산을 제공하겠다'는 말을 수 없이 반복했는데, 이 말 뒤에는 '그러니 한국은 핵무기를 개발하지 마라'가 생략돼 있었다. 그러면서도 카터 행정부는 끊임없이 박정희 정권을 압박했다. 핵우산은 제공하지만 주한미군은 빼낸 것이다. 1977년 9월 미국은 1000여 명의 주한미군을 철수시키고 1978년 11월 다시 500여 명을 철군시켰다. 이러한 철군에 대해 박정희 정부는 물론이고 주한미군사령부를 겸하고 있는 UN군 사령부도 반발했다.

당시 UN군 사령관은 베시 미 육군 대장이었고, 참모장은 싱글러브 미 육군 소장이었다. 베시 대장과 싱글러브 소장은 주한미군 감축에 반대했다. 공개적으로 반대 의시를 표시한 것은 싱글러브 소장이었다.

싱글러브 소장은 1977년 7월 19일자 〈워싱턴 포스트〉지에 실린 인터뷰에서 '만일 (카터 대통령의) 철군 계획대로 4~5년 동안 주한미군을 철수시킨다면 그 다음에는 반드시 전쟁이 일어날 것'이라며 '지난 12개월간의 정보 수집 결과 북한 전력(戰力)은 계속 증강되고 있는 것으로 드러났다. 워싱턴의 정책입안자들은 3년 전의 낡은 정보 속에 묻혀 있다'고 주장했다. 이 발언으로 항명(抗命) 혐의를 받은 싱글러브 소장은 미국으로 소환돼 힘없는 보직을 전전하다 예편했다.

베시 대장은 차기 육군 참모총장 후보로 꼽히던 사람이었다. 하지만 그도 카터 대통령과 면담한 자리에서 주한미군 철수에 강력히 반대했기에 참모총장이 되지 못하고 참모차장으로 근무하다 예편했다(미국 육군은 참모총장과 참모차장 계급이 모두 대장이다).

베시와 싱글러브의 반대에도 불구하고 카터 행정부가 주한미군 철수를 추진하자 박정희 정부가 대안 마련에 나섰다. 주한미군과 한국군을 하나로 묶는 조치를 취하기로 한 것이다. 이렇게 하면 주한미군의 완전 철수는 이뤄질 수 없다. 박정희 정부는 한국에 우호적인 미 군부를 움직여 1978년 11월 7일 한미연합사를 만들었다. 한미연합사는 1971년 주한미 7사단이 철수한 후 창설한 한미 1군단을 모델로 한 것이었다.

미 7사단은 유사시 북한군의 핵심 침공로인 파주-문산의 서부전선을 방어하고 있다가 철수했다. 미 7사단이 철수하자 한미 양국은 후방에 있던 미 2사단을 이 지역으로 보내고 따로 한미 1군단을 만들었다. 한미

1군단은 경기도 지역에서 휴전선을 지키는 한국군 1군단과 5군단, 6군단을 작전통제했다. 같은 군단이지만, 한미 1군단은 서열이 높은 부대로 한국 육군 군단을 작전통제한 것이다.

한미 1군단은 한미 양국 장병을 하나의 부대로 묶은 것으로 세계적으로 유례가 없는 부대였다. 한미 1군단은 서부전선 방어를 총책임졌는데, 이 역할은 1973년 베트남에서 철수해온 주월한국군사령부를 토대로 한국 육군의 3군사령부가 만들어지면서 변화가 생겼다. 서부전선 방어는 한국육군 3군과 한미 1군단 두 부대가 나눠 맡게 된 것이다.

한미 1군단 구성 경험이 있는 미군과 한국정부는 두 나라 군을 하나로 묶어 운영하는 한미연합사를 만들었다. UN군의 실체는 미군인데, 한미연합사를 만들어 놓으면 UN사를 해체해도 미군은 한국을 지키기 위해 남아 있어야 한다. 한미연합사를 창설한 박정희 정부는 안심하지 않고 또 다른 대책 마련에 들어갔다. 1975년 4월 23일 NPT를 비준했음에도 핵무기를 개발해 자주적인 안보를 도모하려고 한 것. 그러나 미국은 한국의 핵무장만은 철저히 막으려 했다. 그래서 끊임없이 한국에 핵우산을 제공하겠다고 공약했다. 한국의 핵무장 노력은 심각한 한미 갈등을 몰고 왔다. 이러한 갈등이 박정희 대통령 시해를 불러왔는지도 모른다.

1979년 당시 주한 미 대사였던 글라이스틴은 김재규 중앙정보부장을 만나 여러 차례 한국의 민주화를 역설했다. 10월유신을 통해 한국민의 민주화 의지를 짓누르는 박정희 정부에 대해 반감을 표시한 것이다.

미국은 진정으로 한국의 민주화를 원했던 것일까. 필자의 판단으로는 미국은 한국의 민주화보다는 한국의 핵개발을 막는 것을 급선무로 여겼던 것 같다. 그래서 민주화를 이유로 핵개발 의지가 강한 박정희 정부에 대해 압력을 넣었다고 생각한다.

글라이스틴 대사가 한국 중앙정보부장에게 거듭해서 불만을 표시한 후, 김재규 중앙정보부장이 박 대통령을 시해했다. 글라이스틴 대사의 자극이 김재규 중앙정보부장으로 하여금 권총의 방아쇠를 당기게 한 것은 아닐까. 박정희 대통령의 서거로 핵무기를 개발하겠다고 한 박정희식 벼랑끝 전술은 끝이 났다.

전두환 – 레이건 체제 등장

그리고 한국에서는 전두환 장군이 이끄는 신군부가 권력을 잡아나갔다. 미국에서도 큰 변화가 있었다. 보수적인 공화당의 레이건 후보가 기존 대통령인 민주당의 카터 후보를 누르고 40대 미국 대통령에 당선되었다(1979년 11월). 전두환 정부와 레이건 정부는 비슷한 시기에 출범하였다. 레이건 행정부는 주한미군 철수계획을 백지화했으므로 전두환 정부는 화답할 필요가 있었다. 미국의 저항이 큰 핵무기 개발 의지를 접은 것이다. 이를 위해 전두환 정부는 한국원자력연구소를 한국에너지연구소로 이름을 바꾸고, 한국에너지연구소는 원자력발전 연구에만 매진하게 했다. 이것이 역설적으로 한국의 원자력산업을 발전시키는 데 큰 도움이 되었다. 한국 원자력발전에 대한 미국의 견제가 줄어든 것이다.

전두환 정부는 스리마일 섬 원전 사고로 주춤한 영광원전 1·2호기 공사를 1981년 2월 19일 두 번째 논 턴키 방식으로 착공하였다. 원자력발전을 키운다는 의지를 분명히 한 것이다.

영광 1·2호기 공사를 시작하고 1년이 지난 1982년 3월 5일, 전두환 정부와 한전은 울진 원전 1·2호기를 착공하면서 원자로 공급자로 프랑스의 프라마톰(Framatome, 지금은 AREVA)을 선정했다. 프라마톰 선정은 한국이 탈(脫) 웨스팅하우스를 이루었다는 점에서 의미가 있었다.

당시 웨스팅하우스는 캐나다 AECL이 만든 중수로인 월성 1호기를 제외하고, 고리 1·2·3·4호기와 영광 1·2호기를 독식함으로써 한국을 자기 시장으로 만들어 놓고 있었다.

때문에 한국 원자력은 웨스팅하우스에 종속됐다는 지적이 나오기 시작했다. 당시 웨스팅하우스의 한국 에이전트는 화신백화점 창업주인 박흥식 씨 아들인 박병찬 씨가 맡고 있었다. 웨스팅하우스의 한국지사장은 한국계 미국인 짐 림(Jim Lim, 한국명 임명재) 씨였다. 두 사람은 한국을 완전 장악한 것으로 인식하고 활동했으므로 적잖은 사람들의 시기(猜忌)를 샀다.

한국이 울진 1·2호기를 공급할 회사로 프라마톰을 선정한 데는 이유가 있었다. 박정희 대통령 집권 시절인 1973년 6월 김종필(金鍾泌) 국무총리가 유럽을 순방하다 프랑스를 방문한 적이 있었다.

당시는 남북 경쟁이 첨예했으므로 프랑스를 방문한 김 총리는 칸느에서 북한의 외교공세를 꺾을 수 있도록 유럽 공관장 회의를 개최했다. 그리고 북한과의 외교전에서 이기기 위해 조베르 프랑스 외무장관 등을 만나 많은 부탁을 하였다. 이때 김 총리는 프랑스의 지원에 대한 답례로 프랑스 에어버스 사에서 제작한 민항기나 프랑스산 원자로를 도입할 수 있다는 언질을 주었다.

佛 프라마톰, 김종필 총리 언급으로 한국 공략 시도

프랑스가 김 총리에게 프랑스산 원자로 도입을 요구한 것은 프라마톰이 원자로를 만들 수 있는 수준에 올라 있었기 때문이다. 앞에서도 설명했듯이 프랑스는 1973년부터 웨스팅하우스의 기술을 받아들여 똑같은 원자로를 지으면서 기술을 습득하고 있었다. 프랑스는 원천기술 보유국인 미국과 웨스팅하우스의 동의를 얻어 이러한 원자로를 제3국에 수출하고 싶어했다.

김 총리의 언급 때문에 1975년 11월 유럽상공회의소는 한국의 원자력인들을 초청해 유럽의 원자력 기술을 보여주었다. 앞장에서도 언급했듯이 유럽에는 특정 회사가 원자력을 독점하고 있지 않았다. 프라마톰에서 원자로를 만들면 터빈과 발전기는 이탈리아나 벨기에 회사가 제작했으므로 유럽 국가들은 공동으로 제3국 진출을 희망했다. 그러나 유럽을 방문하고 온 한국 원자력인들은 프라마톰을 중심으로 한 유럽 원전을 택하지 않았다. 아직 이들은 원전을 수출할 자격을 갖추지 못했기 때문이었다.

프라마톰과 합작한 웨스팅하우스는 프랑스형 원자로만 제작한다는 조건을 걸어 기술을 전수해주고 있었다. 이 한계를 극복하고자 프라마톰은 웨스팅하우스를 상대로 원천기술사용권 매입 협상을 벌여 1982년 약 5억 달러를 주고 이 권리를 매입했다. 이로써 기술적으로는 이미 자립한 단계에 올라 있던 프라마톰은 제3국에 원자로를 수출할 수 있는 권리를 갖게 되었다.

프라마톰이 만드는 원전은 미국인보다 작은 프랑스인 체형에 맞도록 개량한 것이라 덩치가 작은 한국인들의 체형에도 잘 맞았다. 원천기술 사용권 매입 협상이 성공할 것으로 보이자 프라마톰은 1973년 김종필 총리가 프랑스형 원자로를 도입할 수 있다는 언질을 주었던 한국을 첫 번째 진출 대상국으로 선정하고 작업을 시작했다. 프라마톰이 한국 진출에 성공하면 발전기와 터빈을 제작하는 유럽 나라들도 이익을 볼 수 있으므로 유럽 여러 나라들도 프라마톰의 한국 진출을 도왔다.

양국은 발빠르게 움직였다. 프라마톰과 웨스팅하우스 간의 원천기술 이전 거래가 완료되기 전인 1981년 4월 4일, 한국과 프랑스는 원자력협정을 맺었다. 그리고 1982년 3월 5일 착공식을 가진 울진원전 1·2호기 공급자로 한전은 프랑스의 프라마톰을 선정했다. 당시 프라마톰은 세계 진출이 중요했기 때문에 울진 1·2호기 입찰에 상당히 낮은 가격을 써넣었다. 한국은 울진에 최대 열 기의 원전을 짓는다는 계획을 갖고 있었다. 프라마톰은 이것을 노린 것이다. 한국을 '안방'으로 알고 있었던 웨스팅하우스는 불의의 일격을 당한 것이다.

가압경수로냐, 비등경수로냐?

화불단행(禍不單行). 웨스팅하우스의 불행은 여기서 그치지 않았다. 웨스팅하우스에 대한 한국의 원성(怨聲)은 울진 1·2호기를 프라마톰에 주었음에도 가라앉지 않았다. 탈(脫) 웨스팅하우스를 갈망하던 한국인 사이에서는 앞으로 비등경수로를 지어야 한다는 주장이 나오기 시작한 것이다. 프라마톰의 원자로는 웨스팅하우스의 원자로를 원천기술로 한 것이라 한국이 갖고 있는 기존 원자로와 크게 다르지 않다. 이런 점에 착안해 비등경수로를 도입해 웨스팅하우스 일변도를 바꿔야 한다는 목소리가 커졌다. 원자력인들의 의견이 분분했다. 원자력발전을 시작하던 시기 영국형 가스냉각로를 도입할 것이냐, 미국형 가압경수로를 도입할 것이냐를 놓고 대립한 것과 비슷한 상황이 만들어졌다. 결론부터 밝히면 비등경수로로 가지 않은 것은 좋은 선택이었다. 한국은 비등경수로를 선택하지 않았는데, 여기에는 그만한 이유가 있다. 그 이유는 대만이 제공해주었다.

대만과 한국은 아시아에서 비슷한 발전(發展) 속도를 보이는 나라로 꼽힌다. 원자력발전(發電)에서도 한국과 대만은 비슷하게 출발했다. 그러나 지금 두 나라는 큰 차이를 보이고 있다. 2010년 중반 현재 한국은 20기의 원전을 가동시켜 세계 6위의 원자력발전 대국이 되었으나, 대만은 6기의 원전으로 14위를 기록하고 있다. 왜 이런 차이가 생겼는가.

한국이 58만 킬로와트의 고리 1호기 착공식을 하기 1년 전인 1970년, 대만은 60만 킬로와트의 진산(金山) 원전 1·2호기를 기공했다. 대만은 진산원전 1·2호기 공사를 고리 1호기가 준공된 1978년 완료했다. 그리고 바로 96만 킬로와트급의 설비용량을 갖춘 쿠오셍(國聖)원전 1·2호기 건설에 착수해 1981년과 1983년에 각각 완성하였다.

이때까지만 해도 대만은 한국을 앞서고 있었다. 1983년 대만의 원전은 네 기이나 한국은 1983년 월성 1호기와 고리 2호기를 준공함으로써 비로소 원전 세 기 시대에 들어갔기 때문이다.

비등경수로 선택으로 실패한 대만 원전

대만이 건설한 진산원전 1·2호기와 쿠오성원전 1·2호기는 미국 GE의 비등경수로였다. 잘나가던 대만의 원전건설이 흔들리게 된 데에는 배경이유가 있었다.

첫 번째 복병은 정부 예산으로 원전을 짓는다는 점이었다. 한국은 국가 예산이 아니라 한전 예산으로 원전을 지었다. 한전은 갖고 있는 화력발전소 등을 외국 은행에 담보로 제공하고 돈을 빌려 원전을 지었다. 그러나 대만은 정부 예산으로 원전을 지었기 때문에 원전 건설에는 예산 의결권을 가진 국회의원들의 입김이 크게 작용했다.

따라서 정부가 제출한 예산의 압박이 크거나 다른 예산의 비중을 높이려면 대만 정치인들은 덩치가 큰 원전 건설 예산부터 삭감했다. 대만의 원전 건설은 뒤로 밀릴 수밖에 없었고 이런 일이 반복돼 지금의 대만 원자력발전 설비량은 전체 발전 설비량의 14퍼센트에 불과하다. 반면 한국의 원자력발전 설비량은 전체 발전설비량의 26퍼센트를 기록하고 있다(2008년 기준).

두 번째 문제는 비등경수로를 선택했다는 점이다. 1970년대에는 비등경수로와 가압경수로 간의 차이는 크지 않은 것으로 알려졌다. 그러나 1990년대 들어 안전성이나 효율성 면에서 가압경수로가 낫다는 것이 확인되면서 비등경수로의 비율은 현저히 떨어졌다. 2008월 1월 기준으로 가동 중인 세계 원전 수는 435기인데 이 중 가압경수로는 60.9퍼센트인 265기이고, 비등경수로는 21.6퍼센트인 94기이다.

비등경수로는 비등경수로를 운영하는 미국과 일본에만 존재하고 있다고 해도 과언이 아니다. 미국에서는 GE, 일본에서는 도시바(東芝)와 히타치(日立)가 비등경수로를 제작하는데, 2008년 현재 미국에서 35기, 일본에서 32기의 비등경수로가 돌아가고 있다. 두 나라를 제외하면 8개국에서 27기의 비등경수로가 가동되고 있다. 대만은 네 기의 비등경수로를 지은 후에야 비등경수로가 갖고 있는 문제점을 간파했다.

1960년대 한국은 비등경수로의 단점을 알고 선택하지 않았다. 그런데 1980년대 초반의 한국은 비등경수로의 단점에 대해 알지 못했다. '안 가본 길'은 항상 멋져 보인다. 위험해서 가지 않은 길일 수도 있는데, 아름다운 길로 인식하는 사람이 있는 것이다. 이러한 착각은 울진 1·2호기를 프라마톰에 발주한 후 강하게 들었다.

미국은 1979년 스리마일 섬 원전 사고로 인해 더 이상 원전을 짓지 않기로 했으므로 미국의 원자력회사들은 해외에서 활로를 찾아야 했다. 가압경수로를 건설해온 웨스팅하우스는 그래도 여유가 있었지만 일본을 제외하고는 해외시장을 확보하지 못한 GE는 다급해졌다. GE는 한국 진출을 위해 비등경수로가 좋다는 소문을 퍼뜨렸다.

이러한 때인 1983년 한전의 제8대 사장에 박정기(朴正基) 씨가 취임했다(1983년 4월부터 1987년 7월까지). 박씨는 전두환 대통령이 나온 대구공고와 육군사관학교(14기)의 후배인데, 1973년 윤필용 수경사령관 사건 연루 혐의를 받아 중령으로 예편했다. 그리고 종근당에서 근무하다가 전두환 정부가 출범하자 정우개발 사장과 한국중공업 사장을 거쳐 한전으로 자리를 옮겼다. 전 대통령은 사석에서는 박 사장을 "정기야!"라고 불렀고, 대통령 전용헬기에 동승시켜 대화를 나눌 정도로 막역하게 대했다.

이러한 박 사장이 비등경수로로 기울었다. 탈 웨스팅하우스를 위해서는 비등경수로를 도입해야 한다는 생각을 갖고 있는 박 사장에 대해 고리 3·4호기의 프로그램 매니저를 맡고 있던 이종훈 부장 등은 강력히 반발했다. 이러한 반발이 박정기 사장의 의심을 샀다. 박 사장은 한전 간부들을 웨스팅하우스와 한통속으로 본 것이다. 전두환 대통령과 바로 통하는 박정기 사장의 심기를 거스르는 것은 쉬운 일이 아니다. 진급을 생각한다면 박 사장의 비위를 맞춰주는 것이 좋다.

당시는 가압경수로에 대한 인식이 크게 떨어져 있었다. 스리마일 섬 사고를 낸 원자로는 가압경수로였기 때문에 이 사고로 밥콕 앤드 윌콕스의 원자력 부문이 문을 닫았으니 가압경수로에 대한 인식은 과거에 비해 현저히 나빠질 수밖에 없었다.

탈 웨스팅하우스를 위해서는 비등경수로를 도입해야 한다는 박 사장의 생각은 이종훈 부장과 함께 미국원자력학회(ANS)가 대만에서 연 회의에 참석하러 갔다가 180도 바뀌게 되었다. 대만에 간 두 사람은 레빈슨(Levinson) 미국원자력학 회장, 주서린(朱書麟) 대만전력 사장과 함께 기차를 타고 마안산에 다녀왔는데 이때 레빈슨 회장은 '비등경수로가 좋지 않다.'며 "절대로 한국은 하지 말라'고 했다. 주서린 사장도 '진산(金山)과 쿠오셩(國聖)에 두 기씩 세운 비등경수로가 말썽을 일으켜 골머리를 앓고 있다'고 털어놓았다.

주서린 사장은 비등경수로의 문제점 때문에 마안산(馬鞍山)에 짓기로 한 두 기의 원자로는 가압경수로로 짓고 있다고 밝혔다. 마안산 1·2호기는 미국 웨스팅하우스의 가압경수로로, 고리 3·4호기와 비슷한 시기에 착공한 것이었다. 대만 방문을 계기로 박 사장은 비등경수로에 대한 미련을 버렸다. 그리고 이종훈 부장 등의 주장을 받아들여 가압경수로로 간다는 결정을 내렸다.

가압경수로로 간다고 해서 무조건 웨스팅하우스를 선택할 필요는 없었다. 한국을 장악한 웨스팅하우스의 콧대가 너무 셌기에 차제에 한국은 웨스팅하우스의 시장이 아니라는 것을 보여줄 필요가 있었다. 한국이 가압경수로를 대상으로 다시 원전을 발주한다는 소식이 알려지자 새로운 형태의 견제가 들어왔다.

10·26사건 이후 한국의 경제 사정이 많이 나빠졌다. 때문에 신규 투자가 적어 전력소비도 늘지 않았다. 그로 인해 국회에서는 '전기가 풍족한데 왜 자꾸 한전은 원자력발전소를 지으려고 하느냐?'는 반론이 제기

됐다. 이종훈 당시 한전 원자력건설처장은 '10년 후에는 전기 소비량이 두 배로 늘어난다. 원전을 지어 가동에 들어가는 데는 10여 년의 세월이 걸리니 지금부터 준비해야 한다'고 반박했다.

"프라마톰을 배워라"

프라마톰은 세계시장 진출을 노리고 있었으므로 울진 1·2호기를 비교적 싼 값에 제공했다. 프라마톰 원전은 웨스팅하우스 원전과 동형이기에 울진 1·2호기를 프라마톰이 가져갔을 때만 해도 웨스팅하우스는 큰 위기를 느끼지 않았던 것 같다. 이러한 웨스팅하우스의 방심(放心)이 엄청난 결과를 몰고 왔다.

한국이 프라마톰에게 울진 1·2호기를 준 것은 웨스팅하우스에겐 한국에도 프랑스처럼 원자로 제작 기술을 넘겨주라는 압박이 되었다. 그러나 웨스팅하우스는 이를 무시했다. 웨스팅하우스는 여섯 기의 자사 원전을 운영하거나 짓고 있는 한국의 에너지연구소(지금의 한국원자력연구원)가 기술을 전수해 달라고 부탁했을 때도 거절했다. 이러한 거절이 한국 에너지연구소에서도 '웨스팅하우스는 안 돼'라는 여론을 일으켰다.

한국은 다른 방법을 모색했다. 울진 1·2호기 건설을 계기로 원자로 설계기술 자립화에 눈을 뜬 한국은 '프랑스의 길'을 걷고자 했다. 영광 3·4호기부터는 동일한 원전을 지어 기술 자립을 이루겠다는 포부를 세운 것이다. 그리하여 원자로 설계기술을 제공하는 업체에 영광 3·4호기부터 시작되는 일련의 원자력발전소 공사를 주겠다는 미끼를 던졌다.

1980년대 중반 웨스팅하우스와 컴버스천 엔지니어링은 스리마일 섬 원전 사고로 미국에서 새로 발주하는 원전이 없어서 고전하고 있었다. 유럽 국가들도 원전 건설을 줄이고 있었다. 유일한 예외가 프랑스였다.

일본도 열심히 원전을 지은 나라다. 일본은 GE나 웨스팅하우스 등 미국 업체로부터 기술을 전수 혹은 이전받아 원전을 직접 제작하는 면허생산을 하고 있었다. 프랑스와 일본에서는 자국 회사가 원전을 짓고 있으니 미국 원전 건설 회사가 노려야 할 유일한 시장은 한국이 될 수밖에 없었다.

웨스팅하우스와 컴버스천 엔지니어링, 프라마톰은 피를 말리는 경쟁에 들어가게 되었다. 보다 형편이 나빴던 컴버스천 엔지니어링이 '선수'를 치고 나왔다. 미 에너지부 차관을 지내고 이 회사 수석부사장이 된 셸비 브로어(Shelby Brewer) 씨가 이창건 박사 등 한국에너지연구소 관계자들을 만나 '모든 기술을 넘겨줄 테니 우리 회사와 계약하자'고 한 것.

오랫동안 웨스팅하우스의 오만에 지쳐 있던 에너지연구소(소장 한필순) 관계자들로서는 눈이 확 뜨이는 제의였다. 그런데 기대했던 또 다른 경쟁자 프라마톰에서는 속 시원한 답변이 나오지 않았다. 프라마톰은 이제 막 기술을 확보한데다 프랑스 내부 시장이 충분했기에 기술을 넘겨주려고 하지 않았다. 웨스팅하우스는 프라마톰에 면허생산권과 원천기술사용권을 넘겨 프랑스라고 하는 큰 시장을 잃은 사례를 반복하지 않으려는 듯, 한국이 던진 미끼를 물지 않았다.

원자력 기술 자립을 위한 이 복잡한 싸움을 주도한 이는 한때 비등경수로에 관심을 가졌던 박정기 한전 사장이었다. 박 사장은 국익 우선론자였기 때문에 두말하지 않고 악역을 자처해 참여 회사들을 압박했다. 그 결과 생사의 기로에 서 있던 컴버스천 엔지니어링이 좋은 조건을 제시해 한국은 영광 3·4호기 공사를 컴버스천 엔지니어링에 주게 되었다 (1987년 4월).

박정기 한전 사장

전두환 대통령과 가까웠던 박정기 한전 사장은 컴버스천 엔지니어링으로부터 기술을 도입해 한국
형 원전을 만드는 단초를 만들었다. 사진은 1986년 1월 31일 초임계(初臨界 : 최초의 핵분열)를 이룬
영광원전 1호기(당시엔 원자력 7호기로 불렸다) 축하행사에 참석해 케이크를 자르는 박정기 사장
(왼쪽).

컴버스천 엔지니어링 기술로 만들어진 한국형 원전

변화는 충돌을 수반한다. 컴버스천 엔지니어링을 기술 제공업체로 선
정하자 새로운 싸움이 일어났다.

첫째 한국 원자력계 내부의 다툼이었다. 갈등의 소재는 누가 원전 설
계기술을 익힐 것인가 하는 문제였다. 원자력발전소를 짓고 운영하는
한국전력은 설계전문 자회사인 한국전력기술(KOPEC)이 해야 한다고 주
장했고, 한국에너지연구소는 연구인력이 많은 연구소가 맡아야 한다고
주장했다(한국원자력기술주식회사[KNE]는 1982년 7월 한국전력기술[KOPEC]으로 이름을
바꿨다). 여기에서 한국전력기술(KOPEC)의 역사를 약술(略述)해 보자.

한국전력기술의 전신은 Korea Atomic Burns And Roe, 줄여서 KABAR

로 약칭되던 회사이다. KABAR은 미국의 원자력발전소 설계 엔지니어링 회사인 B&R(번즈 앤드 로)사의 합작으로 만들어졌다. 원자력발전기술 자립을 이루려면 논 턴키로 원전을 발주해야 하는데, 논 턴키로 발주하려면 원전 설계 능력이 있어야 한다. 미국의 B&R가 바로 이런 능력을 가진 회사였다.

1975년 9월 9일 원자력연구소와 B&R는 5대 5의 투자로 KABAR사를 만들고 초대 사장에 한국전력 부사장을 지낸 김종주 씨를 취임시켰다. 그런데 KABAR 출범 직후 문제가 발생했다. 한국전력이 B&R이 미국 원자력발전 시장에서 서열이 5~6위밖에 되지 않는다며 기술용역을 발주하지 않으려 한 것. 이에 기분이 상한 B&R이 1976년 9월 철수했다. 이로써 한국 단독출자회사가 되면서 사명(社名)을 한국원자력기술(KNE)로 바꾸게 되었다.

한국원자력기술(KNE) 주식회사는 재정상황이 열악했기에 한국전력으로부터 지원을 받았다. 그리고 1982년 한국전력은 한국에너지연구소가 갖고 있는 지분을 제외한 모든 지분을 인수함으로써 이 회사를 한전의 자회사로 만들고, 이름도 한국전력기술(KOPEC: Korea Power Engineering Co.)로 바꾸었다.

원자력발전소는 원자로 하나로만 완성되지 않는다. 원자로는 열을 내는 보일러일 뿐이다. 이 열로 증기를 일으키고, 이 증기로 터빈을 돌려주어야 터빈과 연결된 발전기가 돌아가야 전기가 생산된다. 생산한 전기를 필요로 하는 곳으로 보내주는 송전시설도 있어야 한다. 전기 생산이라는 측면에서 본다면 원자로 설계보다는 원자력발전소 전체 설계가 더 중요한 일이 된다.

따라서 누가 국산화 할 원자력발전소의 전체 시스템을 설계할 것이냐가 새로운 논란의 대상이 되었다. '한국에너지연구소냐, 한전의 자회사인 한국전력기술이냐' 격론 끝에 컴버스천 엔지니어링으로부터 전체적인 원전설계 시스템을 익히는 것은 한필순 소장이 이끄는 한국에너지연구소가 담당하기로 했다.

그러나 외국에서는 전기회사에 속해 있는 설계전문 회사가 원전 전체 시스템을 설계한다. 이유는 효율성 때문이다. 원전을 운영하다 보면 '이렇게 했으면 좋겠다' '저렇게 고쳤으면 좋겠다'는 의견이 분분한데 이러한 것을 수용해서 보다 나은 시스템을 만들려면 전기회사와 설계회사는 한 울타리 안에 있는 것이 좋기 때문이다.

한국전력과 한국에너지연구소는 다른 조직이다. 그리하여 한국에너지연구소는 원전 전체 설계기술을 습득한 후 이 기술을 한국전력기술에 넘겨주고 이후부터는 한국전력기술이 원전 전체 설계를 담당한다는 합의가 이루어졌다. 합의는 이루어졌지만 기술을 어떻게 넘겨줄 것인가? 이 문제는 원전 전체 설계기술을 익힌 팀을 한국전력기술로 이적하는 것으로 풀어가기로 했다.

당시 컴버스천 엔지니어링은 127만 킬로와트급 가압경수로인 '시스템 80'을 개발해 놓고 있었다. 일을 배울 때는 함께 작업하면서 배우는 것이 가장 좋은 방법이다. 에너지연구소의 연구원들은 대부분 박사 학위 소지자였으므로 기술자들과 함께 설계하면 금방 설계기술을 익힐 수 있었다.

윈저와 차타누가에서 기술 배워

1987년부터 한국에너지연구소에서는 한전이 제공한 자금을 토대로 50여 명의 연구원이 미국 코네티컷 주 윈저에 있는 컴버스천 엔지니어링으로 날아가 '시스템 80' 원자로 개발에 사용한 소스 코드를 이용해 영광 원전에 설치하려는 100만 킬로와트급 원자로를 공동으로 설계하게 되었다. '시스템 80' 원자로를 그냥 들여왔다면 이들은 소스코드를 보지 못했을 터인데, 100만 킬로와트짜리를 새로 개발하게 됐으니 소스 코드를 마음껏 볼 수 있었다. 원자로 설계기술을 익히기 위해 한국중공업의 기술자들도 테네시 주 차타누가(Chatanooga)에 있는 컴버스천 엔지니어링 공장으로 날아가 함께 설계하며 기술을 배웠다.

1980년대 후반은 4·19와 5·16이 일어났던 1960~1961년, 10·26과 12·12 그리고 광주 사태가 터진 1979~1980년과 더불어 정치 소용돌이 시절이었다. 1987년 한국은 '6월항쟁'이라고 하는 민주화 투쟁을 겪고, 이듬해 서울올림픽을 성공적으로 치렀다. 이러한 때인 1988년 4월 치러진 총선에서 여당이 과반 의석 획득에 실패함으로써 여소야대(與小野大)의 정국이 만들어졌다.

대통령선거에서 여당 후보로 나온 노태우(盧泰愚) 씨가 1987년 말 당선됐지만, 입법부는 1988년 봄 총선을 통해 야당이 장악하게 되었다. 국회를 장악한 야당은 퇴임한 전두환 정권의 비리를 조사하기 위해 5공비리청문회를, 광주사태의 진상을 밝히기 위해 광주청문회를 열었다. 그러자 기다렸다는 듯이 원자력발전 부문도 5공 비리의 소재가 되었다. 몇몇 국회의원들이 컴버스천 엔지니어링이 미국 애리조나 주 팔로 버드(Palo Verde)에 짓는 것은 127만 킬로와트급(시스템 80)인데, 왜 한국은 그보다 용량이 적은 100만 킬로와트급 원전기술을 컴버스천 엔지니어링으로부터 공급받느냐며 '우리 원전은 뒤떨어진 것이 아니냐'는 의문을 제기했다.

스리마일 섬 원전 사고로 미국이 더 이상 신규 원전을 짓지 않는다는 결정을 내렸을 때, 컴버스천 엔지니어링은 마지막으로 애리조나 주 팔로 버드(Palo Verde) 지역에 127만 킬로와트급 원자로 공사를 하고 있었다. 국회의원들은 컴버스천 엔지니어링은 127만 킬로와트급 원자로를 건설하는 회사인데 왜 한국은 이 회사가 실제로 건설한 적이 없는 1백만 킬로와트급 원자로인 시스템 80의 설계기술을 공급받기로 했느냐며 안정성 문제도 제기했다.

컴컴한 반격들

　　컴버스천 엔지니어링은 127만 킬로와트급(시스템 80) 원자로를 지은 경험을 토대로 1백만 킬로와트급 원자로를 설계한 것인데, 국회의원들은 '이 회사가 만든 바 없는 100만 킬로와트급을 도입하려고 하느냐. 1백만 킬로와트급은 127만 킬로와트급보다 기술적으로 뒤처진 것 아니냐?'고도 공격했다. 그로 인해 이종훈 당시 한전 부사장은 국회에 나가 여러 차례 같은 답변을 반복해야 했다. 그는 이렇게 정리해 주었다.

　　"컴버스천 엔지니어링은 127만 킬로와트급 원자로(시스템 80)를 제작한 경험을 토대로, 영광원전 3·4호기를 위해 1백만 킬로와트급 원자로를 새로 설계하겠다는 것이었다. 원자로 설계기술을 배우려면 원천기술을 갖고 있는 기관이 새로운 모델을 설계할 때 참여해야 한다. 새 모델을 설계하려면 그 회사가 보유하고 있는 비밀자료인 소스 코드를 사용하기 때문이다. 소스 코드를 사용할 때부터 배워야 기술을 제대로 익힐 수 있다. 그러나 기존에 제작한 원자로 설계기술을 넘겨주기로 했다면, 이들은 소스 코드를 꺼낼 필요가 없어진다. 기존 시스템을 그냥 넘겨주면 그만이기 때문이다. 다행히 우리는 컴버스천 엔지니어링이 100만 킬로와트급 원자로를 처음 설계하는데 참여했기에 소스 코드를 볼 수 있었다. 이때 본 소스 코드를 토대로 훗날 APR-1400을 독자개발했다. 컴버스천 엔지니어링은 1백만 킬로와트 원자로(KSNP 또는 OPR-1000)를 개발하면서 본 그들의 소스 코드를 우리가 신형 원자로를 개발하는데 사용하면 안 된다는 단서를 걸지 않았었다. 우리로서는 완벽하게 원자로 설계기술을 배울 수 있는 기회를 잡은 것인데 국회의원들은 거꾸로 인식하고 사리에 맞지 않는 의혹을 제기하였다."

　　국회의원들은 원자력 전문가가 아니다. 그런데도 이들이 이런 의혹을 제기한 것은 누군가가 이들에게 90퍼센트는 진실이지만 10퍼센트는 허구인, 그리하여 '지독한 거짓'이 되는 자료를 제공했기 때문이다.

　　민주화를 계기로 국회의 공격은 여기서 멈추지 않았다. 국회에는 컴

최초의 한국형 원전 건설공사
1989년 12월 21일 콘크리트 타설을 시작한 영광 3·4호기는 미국 컴버스천 엔지니어링으로부터 도입한 기술을 토대로 만든 최초의 한국형 원전이다. 사진은 원자로를 넣을 격납건물을 만드는 모습.

버스천 엔지니어링이 전두환 대통령에게 정치자금을 주고 영광 3·4호기를 수주했다는 소문이 파다하게 돌았다. 컴버스천 엔지니어링이 전두환 정권에게 정치자금을 주었다는 근거로는 영광 3·4호기를 계약할 때의 한전 사장이 전 대통령과 아주 가까웠던 박정기 씨였다는 것이 거론됐다. 그리하여 검찰까지 나서 조사했으나 아무런 혐의점을 찾지 못하고 사건은 종결되었다. 박정기 씨는 깨끗한 애국자였다. 웨스팅하우스에서 컴버스천 엔지니어링으로의 전환은 이렇게 힘이 들었다.

국산화를 위해 복잡한 과정을 겪으면서 공동 설계한 영광 원전 3·4호기를 설치하기 위해 전남 영광 현지에서 콘크리트 타설 공사가 시작된 것은 1989년 12월 21일이었다. 공사는 일사천리로 진행되었다. 그리고 그해 말인 12월 30일 한국에너지연구소가 한국원자력연구소로 이름을 바꾸게 되었다. 원자력이라는 이름을 부활시킨 것이다. 민주화 운동에 따른 민주인사의 복권과 함께 한국원자력연구소도 복권했다.

1980년대의 한국 원자력계는 1950년대나 60년대, 70년대의 원자력계만큼이나 다사다난(多事多難)했다. 1980년대를 넘기기 전에 하나 꼭 거론할 것이 있다. 1986년 5월 12일 원자력법을 개정해 방사성폐기물은 한국

© 한국원자력연구원

에너지연구소가 맡기로 한다는 결정을 내린 것이다. 이러한 입법은 표면상으로는 한국도 방사성폐기물 처분장을 만들겠다는 것이지만, 깊이 들여다보면 한국도 사용후핵연료를 재처리하고 싶다는 열망이 숨어 있다고 볼 수 있다. 한국에너지연구소 시절, 이 연구소는 '위험한 도전'을 시도했다. 사용후핵연료에서 극소량의 플루토늄을 추출해본 것이다. 하지만 이 사건에 대해서는 누구도 6하 원칙에 따라 밝히려 하지 않는다. 한국은 당찬 나라이다. 에너지연구소에서 원자력연구소로 복원된 것도 이런 열정 덕분이라고 할 수 있다.

이 입법은 1990년대 혹독한 반핵투쟁을 몰고 온다. 1980년대 한국은 원자로 설계의 자주화를 향한 첫걸음을 뗐고 재처리를 향한 일말의 움직임을 보였다. 그리고 마지막 날 한국에너지연구소를 한국원자력연구소로 환원시킴으로써 다시 한 번 원자력을 향한 의욕을 드러냈다.

한국 원자력계만큼이나 세계 원자력계도 요동을 쳤다. 가장 큰 변화는 스리마일 섬 원전 사고를 계기로 미국의 원전 건설이 멈춰선 사이에 펼쳐진 프랑스의 발전이다.

고속증식로 시작한 프랑스

세계 원자력계의 꿈 가운데 하나는 제4세대 원전으로 꼽히는 고속증식로(高速增殖爐, Fast Breeder Reactor)의 개발이다. 앞에서 설명했듯이 원자력은 우라늄 235의 핵이 중성자를 맞아 쪼개짐으로써 거대한 양의 열을 낸다. 중성자를 맞아 쪼개진 우라늄 235에서는 또 다른 중성자가 나와 다른 우라늄 235의 핵을 깨뜨림으로써 연쇄적으로 우라늄 235의 핵분열이 일어난다. 우라늄 235는 중성자를 맞아 쪼개지면서 거대한 에너지를 내지만, 우라늄 238은 에너지를 내지 못한다. 우라늄 238 중 일부는 자신에게 달려온 중성자를 흡수해 플루토늄으로 변모한다.

사용후핵연료를 재처리해서 얻는 플루토늄은 핵무기의 중요한 원료이다. 그래서 각 나라는 재처리 유혹에 걸려드는데 고속증식로는 재처리의 유혹을 없앤 원자로이다. 고속증식로는 핵분열 도중에 생성된 플루토늄을 다시 핵분열 시킨다.

가압경수로 안에는 중성자의 속도를 줄여주는 감속재(減速材) 역할을 하는 물이 들어 있다. 때문에 깨어진 우라늄 235에서 나온 중성자는 속도가 줄어드는데 이렇게 속도가 준 중성자를 열(熱)중성자라고 한다. 그런데 고속증식로에는 물이 없어, 깨어진 우라늄 235에서는 바로 속도 빠른 고속(高速)중성자가 나온다. 이 고속중성자가 우라늄 238에 붙으면 열중성자가 붙을 때보다 우라늄 238이 플루토늄으로 더 잘 변환된다. 이러한 플루토늄도 핵분열을 일으키는데 플루토늄은 계속 증식되면서 분열된다. 이 원자로에서는 깨어진 우라늄 235와 플루토늄이 발생시킨 에너지(열)를 흡수하는 물질로 소듐(나트륨)을 사용한다. 소듐(나트륨)은 섭씨 98도면 액체가 되므로 분열된 우라늄 235와 플루토늄에서 나온 열을 받아 액체가 되고 그 온도가 900도 정도로 올라간다. 이 소듐이 통과하는 관 주위에 물을 두면, 물이 끓어 증기가 되고 이 증기로 발전하는 것이다.

그런데 액체 소듐(나트륨)은 물과 접촉하면 큰 폭발이 일어난다는 약점이 있다. 따라서 소듐과 물이 영원히 접촉하지 않도록 해야 하는데 이것이 쉽지 않다. 이 위험성 때문에 선진국들은 고속증식로를 만들고 싶어도 선뜻 도전하지 못했다. 꿈의 원자로인 고속증식로 개발에 도전한 나라가 '원자력 입국'을 기치로 내건 프랑스였다.

그러나 이 꿈은 쉽게 이뤄지지 않았다. 1980년대 초 프랑스는 피닉스(Phenix)라는 이름의 실험용 고속증식로를 만들어 운영에 들어갔으나 1982년 4월 26일 액체 소듐이 물과 접촉해 폭발하며 화재가 나서 29일까지 진화하지 못하는 위기를 맞았다. 그런데도 고속증식로 개발을 계속해 1985년 9월 7일 전력생산을 위한 고속증식로 '슈퍼 피닉스'를 가동시키는 데 성공했다. 1986년 1월 14일에는 슈퍼 피닉스가 생산한 전기를 소비자에게 처음으로 송전하였다. 그러나 불안정성 때문에 프랑스는 이 고속증식로의 가동을 중단했고, 실험용 고속로인 피닉스만 계속 가동했다. 프랑스는 고속증식로를 개발했다는 기록만 세우고 상업화하는 데는 아직 성공하지 못한 것이다. 서울대 원자핵공학과의 황일순 교수는 최근 물과 접촉해도 폭발하지 않는 납-비스무스 합금을 사용한 고속증식로 개발을 연구하고 있다. 늦긴 했지만 한국도 고속증식로 개발에 참여한 것이다. 프랑스가 이러한 노력을 하던 1986년에 소련형 흑연감속로인 RBMK 원자로가 설치된 소련 우크라이나 공화국의 체르노빌 원전 4호기에서 간단한 실험을 하다가 원자로 과열로 화재가 일어나 59명이 희생되는 참사가 일어났다. 소련은 이 사고를 은폐했으나 서구 과학자들은 대기 중의 방사능 농도가 높아지는 것을 감지해 이 사고를 밝혀냈다. 체르노빌 원전 사고를 계기로 해서 세계 원자력 시장은 혹독하게 얼어붙었다. 프랑스와 일본 한국을 제외하고는 거의 모든 나라가 원자력 발전소를 짓지 않기로 했다고 해도 과언이 아닌 상황이 벌어진 것이다.

세계 원자력 시장이 얼어붙었을 때 한국은 기술 전수를 전제로 영광 3·4호기를 발주해 컴버스천 엔지니어링을 파트너로 만들었다. 세계의 위기가 한국에게는 기회가 되었던 것이다. 이렇게 격동의 1980년대는 흘러갔다.

Chapter 6

1990년대

뒤죽박죽의 시절
북핵은 OK, 재처리는 물 건너가다

한마디로 뒤죽박죽의 1990년대. 1990년대의 한국 원자력은 냉탕과 온탕을 급하게 오갔다. 대단한 성공이 있었는가 하면 상상할 수 없는 후퇴도 있었다. 이 시대의 한반도 원자력은 한반도를 넘어 국제문제로까지 비화되었다.

전남 영광군 홍농읍 계마리에 있는 한국수력원자력㈜의 영광원자력본부는 한국 원자력발전의 영광과 고통을 함께 누린 곳이다. 지역 이름을 따서 만들어진 영광(靈光)원자력본부의 영광(榮光)은 최초의 국산화 원자력발전소인 영광 3호기와 4호기가 이곳에 들어섰다는 점일 것이다. 둘 중에도 국산 1호는 영광 3호기이다.

많은 사람들은 원전 건설의 핵심은 원자로 제작인 것으로 알고 있는데 사실은 그렇지 않다. 원자로 제작은 원전 건설이 완료되기 훨씬 전에 끝나는 중간 과정일 뿐이다. 이유는 원전의 구조에 있다.

외부에서 본 원전은 두꺼운 콘크리트로 만든 원형의 격납건물과 격납건물만큼은 아니지만 역시 두꺼운 콘크리트로 제작되는 터빈 및 발전기 건물로 구성된다. 많은 사람들이 핵심으로 알고 있는 원자로는 원형의 콘크리트 격납건물 안에 들어가 있다.

영광원전의 영광과 고통

컴버스천 엔지니어링과 공동설계한 한국형 원자로는 한국중공업에서 제작돼 1991년 12월 영광 3호기 사이트에 설치되었다.

격납건물 안에는 증기발생기도 들어가야 한다. 격납건물에는 장비 출

ⓒ 이정훈

▌ 격납건물과 원자로
신고리 1·2호기의 단면 모형. 강화 콘크리트로 만든 돔형의 격납건물 두께는 1미터 내외이다. 이 안 바닥 정중앙에 길쭉하게 서 있는 것이 OPR-1000 원자로이고 그 좌우에 있는 보다 큰 금속체가 증기발생기이다. 격납건물 바깥좌우로 연결된 건물은 터빈과 발전기가 설치되는 곳이다.

입구라고 하는 이큅먼트 해치(equipment hatch)가 있어 이곳으로 원자로와 증기발생기를 집어 넣는다. 이큅먼트 해치는 수명이 다한 증기발생기를 교체할 경우에만 열기에 격납건물은 사실상 밀봉돼 있다고 할 수 있다.

1993년 말 격납건물과 터빈, 발전기가 들어가는 건물 공사가 완료되었다. 이 가운데 중요한 것은 격납건물이다. 세상에 완벽한 것은 없다. 약간의 오차는 있기 마련이다. 하지만 그 오차 허용치는 아주 작아야 한다. 1994년 1월 한전은 영광 3호기 격납건물을 대상으로 한 누설률 시험을 했는데 결과는 합격이었다. 영광 3호기 격납건물이 누설률 시험에 합격했다는 것은 원자로가 파괴됐을 때 격납건물 밖으로 방사성 물질이 거의 나가지 않는다는 뜻이다.

부차적인 공사도 1994년 9월 마무리 되었다. 남은 것은 최초의 한국형

한국형 원전 준공

최초의 한국형 원전인 영광 3호기는 1995년 3월 31일부터 상업발전에 들어갔다. 영광 3호기는 국내 기술진이 한국에서 제작한 한국형 핵연료를 장전해 가동한 원자로이기도 하다. 영광 3호기는 4호기가 완공돼 시험가동에 성공한 다음인 1996년 10월 19일 현지에서 준공식을 가졌다.

원자로를 시험가동해 보는 것. 이를 위해서는 핵연료를 장전해야 한다. 핵연료가 없는 원전은 실탄 없는 총이다. 실탄을 장전하지 못한 총은 쇠막대기에 불과하듯이 핵연료를 장전하지 않은 원자로는 쇠 구조물에 불과하다.

1970년대의 핵주기 완성 노력

총을 만들 줄 안다면 실탄도 제작할 수 있어야 한다. 원전을 지을 줄 안다면 핵연료도 만들 수 있어야 한다. 핵연료를 만들기 위해서는 우라늄 광산을 채굴해 품위가 높은 광석을 골라내는 선광(選鑛), 선광한 광석에서 불순물을 없애는 정련(精鍊), 정련한 우라늄(일명 천연우라늄)에서 우라늄 235의 비율을 높이는 농축(濃縮), 농축한 우라늄을 원자로에 넣을 수 있는 모양으로 성형 가공하는 작업이 이어져야 한다. 이러한 과정을 거쳐 제작된 핵연료가 원자로에 장전돼 타게 된다.

핵연료를 원자로에 장전해 태우는 것은 연탄을 화덕에 넣고 태우는 것과 비슷하다. 다 탄 연탄은 화덕에서 꺼낸다. 이와 마찬가지로 원자로 안에서 다 탄 핵연료도 깨내야 한다. 원자로에서 타고 나온 핵연료를 사용후핵연료라고 한다.

금방 꺼낸 연탄재는 뜨겁다. 사용후핵연료도 매우 뜨겁다. 연탄재에는 다시 태울 수 있는 것이 거의 남아 있지 않지만, 사용후핵연료에는 다시 태울 수 있는 것이 많다. 우라늄 238이 중성자를 맞아서 변화돼 생겨난 플루토늄이 그것이다. 우라늄 235도 3분의 1 이상이 분열되지 않고 그대로 남아 있다. 재처리를 하려면 (사용후)핵연료가 있어야 하고, 핵연료는 농축을 통해 만들어지니 농축은 반드시 있어야 한다.

우라늄 원광을 채굴해 선광→정련→농축→성형가공해서 핵연료를 만들고, 에너지를 얻기 위해서 이 핵연료를 태운 후 나온 사용후핵연료를 재처리해 다시 플루토늄을 얻는 과정을 '핵연료 주기(週期)'라고 한다. 선광→정련→농축→핵연료의 성형가공까지는 '선행(先行) 주기'에 해당하고, 사용후핵연료의 재처리는 '후행(後行) 주기'에 해당한다.

이 가운데 쉬운 것이 후행 주기다. 미국은 한미원자력협정에 따라 농축우라늄을 제공하기로 했으므로 한국은 농축할 필요가 없었다. 하지만 농축한 우라늄을 원자로에 집어넣는 핵연료 모양으로 성형가공하는 작업은 해볼 수 있다. 그리고 사용후핵연료도 배출되는 만큼 재처리도 해볼 수 있다. 원자력 후발국가들은 대개 '재처리'와 농축우라늄의 '성형가공' 형태로 핵연료 국산화를 시도하려고 한다.

한국은 고리 1호기를 건설할 때부터 성형가공 분야를 완성하는 핵연료 자주화와 재처리를 통한 핵연료 자주화를 검토하였다. 이 가운데 '폭풍의 눈'은 재처리이다. 성형가공은 핵연료용으로 (저)농축된 우라늄을 가공하는 것이라 핵무기 제조로는 이어질 수가 없다. 하지만 재처리는 플루토늄만 추출하는 것이어서 바로 핵무기 제조로 이어질 수 있다.

영남화학이 참여

한국이 사용후핵연료 재처리에 상당한 관심을 기울였던 것은 사실이다. 1971년 8월 원자력연구소장이 된 윤용구 박사는 핵연료 주기 기술 확립을 1972년도 원자력 연구 개발의 최우선 과제로 정했다. (저)농축우라늄을 성형가공해 핵연료를 만드는 기술과 사용후핵연료를 재처리하는 기술 확보를 원자력연구소가 해야 할 최우선 과제로 정한 것.

재처리 기술을 확보하려면 연구시설이 있어야 한다. 원자력연구소는 경남 온산공업단지 부근에 하루 1톤의 핵연료를 재처리할 수 있는 연구시설을 짓는다는 계획을 세웠다. 이 계획이 알려지자 영남화학(주)이 관심을 기울였다. 영남화학은 1972년 7월, 미국의 스켈리(Skelly)오일 사의 핵연료 사업부문(Nuclear Fuel Services: NFS)이나 일본의 미쓰비시(三菱)의 석유화학과 합작해 고리원자력발전소 부근에 하루 3톤의 핵연료를 재처리할 수 있는 시설을 짓겠다는 사업계획서를 제출했다.

그러나 이 계획은 미국 스켈리 오일의 핵연료 사업부문이 미국 정부로부터 사업승인을 받지 못함으로써 중단되었다. '꿩'이 안 되면 '닭'을 쓰면 된다. 미국이 '꿩'이라면 영국과 프랑스는 '닭'이다. 한국은 영국과 프랑스를 두들겨보기로 했다. 두 나라와 일하려면 관련 협정부터 맺어야 한다. 1972년 5월 최형섭 과학기술처 장관이 프랑스와 영국을 방문해 원자력 협력을 한다는 합의를 하고 돌아왔다.

이에 따라 두 나라와 핵연료 가공과 재처리 연구시설 도입 협상을 하게 되었다. 적극성을 보인 것은 프랑스였다. 1973년 4월 프랑스의 핵연료 제조회사인 CERCA는 한국에 기술용역 제의서를 제출했다. 1973년 9월 윤용구 원자력연구소 소장은 핵연료 가공과 재처리 연구시설 도입을 위해 프랑스 원자력청과 재처리 전문회사인 SGN을 방문해 정부간 차관교섭이 마무리되는 대로 건설계약을 맺는다는 합의를 하고 돌아왔다. 1974년 10월 19일 한국과 프랑스는 원자력협정을 체결했다. 드디어 '길'이 열린 것이다.

원자력연구소는 1975년 1월 프랑스 CERCA와 핵연료 성형가공 연구시설을 도입한다는 계약을 맺고, 같은 해 4월에는 프랑스 SGN과 재처리시설 건설을 위한 기술용역과 공급계약을 체결하였다.

이 시기 한국은 벨기에로부터 혼합핵연료 가공시설을 도입하는 것도 추진하였다. 혼합핵연료는 재처리로 얻은 플루토늄을 이용해서 만드는 핵연료다.

이러한 한국의 노력에 찬물을 끼얹은 것이 4장에서 설명한 1974년 5월 18일의 인도 핵실험이다. 인도의 지하 핵실험으로 미국과 소련이 핵확산금지조약을 강하게 밀고 나가면서 원자력기술 자립을 노리던 몇몇 나라가 난관에 봉착했다. 미국은 인도를 상대로 한 농축우라늄 공급을 중단시키고, 이어 파키스탄이 프랑스에서 도입하려고 하던 재처리 기술 이전 협력과 브라질이 독일에서 도입하려던 농축 및 재처리 기술 이전 협상도 중단시켰다.

그리고 한국이 프랑스에서 도입하려고 하던 핵연료 성형가공 연구시설과 재처리 연구시설의 도입, 벨기에로부터 가져오려고 한 혼합핵연료 가공시설 도입도 중단시키게 하였다. 이어 핵확산금지조약(NPT)에 가입한 후 캐나다에서 중수로를 도입하라는 압력을 넣었다.

지금도 그렇지만 당시 서구에서 미국의 압력을 거역할 수 있는 나라는 없었다. 이 압력을 거부하면 미국은 다른 것으로 한국을 압박할 수 있다. 주한미군을 철수시킬 수도 있고, 경제 제재를 강하게 가할 수도 있다. 안보와 경제의 많은 부분을 미국에 의존하는 한국은 이러한 압력에 견디지 못했다.

1976년 1월 한국은 재처리 연구시설 도입 사업을 중단하고, 1977년 11월에는 혼합핵연료 가공시험시설 도입 사업도 중단하게 되었다. 완전히 '백기'를 든 것이다. 1975년 4월엔 NPT를 비준해, NPT에 가입하지 않고 캐나다에서 중수로를 도입하려고 한 것도 포기했다. 이후 재처리 연구시설 사업은 '화학처리 대체사업'으로 바뀌어 불리다 우라늄 정련과 변환시설 사업, 조사후(照射後) 시험시설 사업, 방사성폐기물 처리시설 사업 등으로 대체되었다.

박정희는 의리가 있는 사람이다. 미국의 반대로 재처리시설 도입이 좌절됐지만, 그는 잊지 않고 프랑스에 보답하려고 했다. 울진 1·2호기 공사를 프랑스에 준 것이다. 1973년 프랑스를 방문한 김종필 총리가 프랑스산 원자력발전소를 도입할 수 있다는 언질을 준 것에서 시작된 한국과 프랑스의 원자력 커넥션은, 재처리시설 도입까지 달려갔다가 미국의 방해로 좌절되고 프랑스에 울진 1·2호기 공사를 주는 것으로 일단락 되었다.

그러나 프랑스 CERCA와 계약한 핵연료 성형가공 시험시설 도입사업은 살아남았다. 이 사업은 저농축된 우라늄을 가져와 성형가공을 하는 것인지라 핵폭탄 제조로 이어질 수가 없다. 그에 따라 핵연료 성형가공 실험 공장 설계가 1976년 중에 이루어졌고, 1978년엔 1,200평 규모의 시험시설을 완성하게 되었다.

재처리는 중단, 성형가공만 살아남아

핵연료 성형가공을 사업을 위해 1976년 12월 1일에 만든 것이 한국핵연료개발공단이다. 한국핵연료개발공단은 1979년 9월 24일 제26차 경제장관회의에 핵연료 국산화 계획을 보고했다. 그러나 경제장관회의는 가압경수로용 핵연료의 국산화는 인정했지만 중수로용 핵연료의 개발은 경제성이 없다는 이유로 인정하지 않았다. 이것이 자극이 돼 핵연료개발공단은 중수로용 핵연료부터 국산화하겠다는 계획을 세웠다.

그리고 4년이 지난 1983년 핵연료개발공단은 중수로용 핵연료를 제조해, 그해 3월 30일 캐나다 초크리버 연구소가 운영하는 NRU 연구용 원자로에 장전해 연소(태우는) 시험을 하게 되었다. 7개월 후 NRU 원자로에서 꺼낸 한국산 사용후핵연료는 캐나다에서 제조해서 연소시킨 사용후핵연료와 차이가 없었다. 공인을 받게 된 것이다. 이로써 한국은 세계에서 두 번째로 중수로용 핵연료를 제작할 수 있는 나라가 되었다.

중수로용 핵연료 국산화를 추진한 원자력연구소는 가압경수로용 핵연료 개발에도 도전했다. 그러나 핵연료를 사줘야 할 한국전력은 가압경수로용 핵연료를 성형가공하는 사업은 구매자 시장(Buyer's Market)이기에 굳이 개발할 필요가 없다고 주장했다. 이러한 반대는 '물주'인 한전이 돈을 대지 않겠다는 뜻이므로 핵연료개발공단은 한전을 대신할 파트너를 찾아야 했다.

1984년 12월 4일에 마감한 핵연료개발공단의 파트너 찾기 입찰에는 5

개 사가 도전했는데, 오랜 심사 끝에 독일의 지멘스-KWU를 선정했다. 핵연료개발공단관 지멘스-KWU는 1988년 7월 공장을 준공했다. 1990년 2월 17일 이 공장에서 생산된 KOFA(Korea Fuel Assembly)라는 가압경수로용 핵연료를 고리 2호기에 장전했는데, 이 연료가 손상되었다.

고리 2호기는 미국 웨스팅하우스가 제작한 것이다. 그렇다면 고리 2호기에 쓰일 핵연료는 웨스팅하우스가 제일 잘 만든다. 국산 핵연료 손상에 놀란 한국은 지멘스-KWU와의 협력을 중단하고 웨스팅하우스와 기술계약을 맺어 다시 가압경수로용 핵연료 제작에 나섰다. 이 사업은 성공을 거둬 웨스팅하우스 원자로가 설치된 고리 1·2·3·4호기와 영광 1·2호기엔 웨스팅하우스의 기술로 만든 핵연료를 장전하게 되었다.

그러나 영광 3호기는 미국 컴버스천 엔지니어링에서 제작한 것이라 핵연료도 달랐다. 이런 점 때문에 한국원자력연구소와 한국핵연료주식회사(한국핵연료공단의 후신)는 컴버스천 엔지니어링과 공동으로 핵연료를 설계하여 1994년 9월 10일 시험가동 중인 영광원전 3호기(국산원전 1호기)에 장전하였다. 한국형 표준원전에 장전된 가압경수로용 핵연료는 손상되지 않고 연소했다.

이로써 영광원전 3호기는 제1호 한국형 표준원전이라는 타이틀과 함께, 국내 기술진이 설계한 가압경수로용 핵연료를 최초로 장전한 원자로라는 두 개의 타이틀을 얻게 되었다. 이것이 영광원자력발전본부의 영광이다. 그러나 이러한 영광을 누리기 전 영광원자력본부는 호된 시련을 겪는다. 영광 원전 1·2호기만 가동되던 1989년 일어난 무뇌아(無腦兒) 사건과 1990년의 대두아(大頭兒) 사건이 그것이다.

영광 원전 1·2호기에서 일했던 사람들의 부인이 뇌가 없는 아이를 사산하고 매우 큰 머리를 가진 아이를 낳았다는 소문이 퍼지면서 영광은 한 순간에 반핵운동의 중심지가 된 것. 이 무뇌아-대두아 사건에 대해서는 뒤에서 상술하기로 한다.

한국형 핵연료를 장전한 영광 3호기는 1994년 10월 13일 처음으로 임계에 도달했다. 1995년 2월 7일에는 출력 100퍼센트에 도달함으로써 정상가동을 확인하고, 그해 3월 31일부터 본격적인 상업발전에 들어갔다. 영광 3호기의 완성으로 한국은 원전 기술 자립률 95퍼센트와 국산화율 79퍼센트를 기록하게 됐고, 총 발전설비량은 3000만 킬로와트를 넘겼다. 영광 4호기는 1995년 7월 7일 최초 임계에 도달하고, 1996년 1월 1일부터 상업발전에 들어갔다.

영광 3·4호기는 컴버스천 엔지니어링이 중심이 돼 설계한 것이라 국제적으로는 컴버스천 엔지니어링의 '시스템 80' 계열 원자로로 불린다. 그러나 울진 3·4호기부터 신월성 1·2호기까지의 10기는 한국에서 설계된 것이라, 한국표준형원자로(Korea Standard Nuclear Power plant)라는 뜻으로 KSNP로 불린다. 그런데 KSNP는 지극히 한국적인 이름이라 외국으로 수출할 때는 적절치 못한 이름이 된다.

그리하여 한전 내부 공모로 당선된 이름이 '최적의 가압경수로' 라는 뜻의 Optimized Power Reactor에 1000메가와트(100만 킬로와트)를 붙인 OPR-1000이다. 신월성 1·2호기와 신고리 1·2호기는 KSNP 대신 OPR-1000으로 불리게 되었다.

중수로 세 기를 추가 건설 추진한 이유

1990년대 한국은 중수로 분야도 크게 발전시켰다. 1983년 월성 1호기를 준공한 후 더 이상 중수로를 짓지 않다가 14년이 지난 1997년 월성 1호기, 1998년 월성 3호기와 4호기를 준공했다. 왜 한국은 소리 소문 없이 세 기의 중수로를 완공한 것일까.

이유는 핵연료의 자주화 때문이다. 가압경수로용 핵연료는 농축을 해야 만들 수 있는데, 한국은 농축을 하지 못한다. 미국 등에서 (저)농축한 우라늄을 수입해 성형 가공해 제조한다. 그러나 중수로용 핵연료는 농

© 이정훈

축을 하지 않고 제작할 수 있다. 정련과정만 거쳐서 만든 천연우라늄을
가공해 바로 제작하는 것이다.

우라늄광산은 한국에도 있다. 품질이 떨어져서 그렇지 충북 괴산에
우라늄광산이 있다. 농축우라늄의 공급이 끊기면, 한국은 이 우라늄광
산을 개발해 채굴한 다음 선광과 정련을 거쳐 천연우라늄을 제작한다.
외국에서 수입하는 것보다는 비싸겠지만, 유사시에는 이렇게 해서라도
핵연료를 자체 조달해야 한다.

그리하여 컴버스천 엔지니어링의 원자로를 토대로 한 원전 국산화가
추진되는 와중에 갑자기 한 기의 중수로가 가동되고 있는 월성에 세 기
의 중수로를 추가로 건설하는 일이 추진되었다. 종합설계는 AECL이 담
당했고 한국원자력연구소는 하도급자로 참여해 AECL과 공동으로 종합
설계하게 되었다. 한국원자력연구소는 중수로 종합설계 기술도 배울 수

있게 된 것이다.

월성 2호기 때 한국원자력연구소가 참여한 설계 비율은 40퍼센트였으나, 월성 3·4호기 때는 60~65퍼센트 정도를 참여하게 되었다. 그리고 캐나다와 합의가 성사될 경우 한국은 제3국에 한국형 중수로를 수출할 수 있다는 약속도 받아냈다. 중수로 분야에서도 한국은 상당한 기술자립을 이뤄낸 것이다.

가압경수로는 핵연료를 교체하기 위해 15~16개월에 한 번씩 두 달 정도 가동을 멈춰야 하지만, 중수로는 그럴 필요가 없다. 가압경수로는 대형 원자로 하나로 구성돼 있지만, 중수로는 압력관이라고 하는 소형 원자로 380여 개로 구성돼 있다. 따라서 거의 매일 핵연료 교체가 이뤄진다. 압력관은 작기 때문에 핵연료 교체는 몇 시간 만에 마무리된다. 그 사이 다른 원자로(압력관)는 정상 가동을 한다.

이러니 중수로는 쉬지 않고 가동할 수 있다. 매일 1백 퍼센트는 아니어도 99.7퍼센트의 가동은 이루어지는 것이다. 중수로를 건설하기로 한 데는 이러한 운전 연속성에 대한 평가도 큰 영향을 끼쳤다.

월성 1호기(60만 킬로와트급)보다 용량이 큰 70만 킬로와트급의 월성 2호기는 1997년 9월 준공되었고, 같은 70만 킬로와트급인 3·4호기는 1998년 12월 준공되었다. 월성 2·3호기의 원자로는 캐나다에서 제작했지만 월성 4호기는 한국중공업에서 제작했다.

그러나 중수로의 효율성은 가압경수로보다 떨어진다. 중수로의 발전 단가가 가압경수로 보다 비싸기 때문이다. 따라서 한국은 월성 2·3·4호기 완공을 계기로 특별한 이유가 없는 한, 더 이상 중수로를 짓지 않기로 했다. 한국에 짓는 원전은 가압경수로로 단일화하기로 한 것이다.

5메가와트 연구용 원자로 자체 제작한 북한

1990년대 한국은 1980년대의 프랑스처럼 동일한 원전을 지으면서 기술자립을 굳혀갔다. 그러나 북한은 다른 길로 갔다. 다른 길이란 원전이 아닌 핵무기 개발이다. 계기는 1989년부터 몰아친 동유럽 공산국가와 소련의 붕괴였다.

북한은 오랫동안 사회주의 국가들과 무역하며 경제를 이끌어왔다. 그런데 사회주의 경제의 기관차인 동유럽 공산국가와 소련이 무너졌으니, 북한 경제는 끝없이 추락할 수밖에 없었다. 경제의 위기는 정치의 위기로 전환된다.

1962년 평안북도 영변군에 세워진 북한 원자력연구소는 1965년 소련에서 도입한 연구용 원자로 IRT-2000을 준공하였다. 그리고 1979년 자체 기술로 열출력 5000킬로와트(5메가와트)급 연구용 원자로를 착공해 1986년 가동시켰다. IRT-2000 연구용 원자로에 들어가는 핵연료는 소련에서 제공한 것이어서 소련의 동의가 없는 한 북한은 이 연구용 원자로에서 나온 사용후핵연료를 재처리할 수 없다.

5메가와트 원자로는 자체 건설한 것이다. 따라서 북한이 이 원자로에 들어가는 핵연료를 자체 제작할 수 있다면 여기에서 나온 사용후핵연료도 임의로 재처리할 수 있다.

5메가와트 연구용 원자로는 동유럽과 소련이 붕괴하기 직전에 완공됐으므로 북한은 이 원자로에서 나오는 사용후핵연료를 재처리해 핵무기 개발에 도전했다. 한국과 미국의 정보당국은 1990년대 초 북한의 핵개발 노력을 포착하고 이를 막는 조치를 취하게 된다. 한반도 비핵화를 추진한 것이다.

노태우 정부가 주도한 한반도 비핵화는 1967년에 일본이 발표한 비핵 3원칙을 벤치마킹한 측면이 있다. 1960년대 후반 일본이 직면한 큰 이슈는 제2차 세계대전을 계기로 미국이 점령해 사용하고 있는 오키나와를 돌려받는 것이었다. 오키나와 섬은 1945년 6월 니미츠 해군원수가 이끄는 태평양군 산하의 육군 제10군이 상륙한 이래로 계속 미군이 점령해 왔다. 1952년 일본은 미군정을 끝내고 독립했지만 미군은 오키나와를 일본에 돌려주지 않고 군사주둔지로 활용했다.

이 시기에 오키나와의 운명은 지금의 괌을 보면 쉽게 유추할 수 있다. 괌은 최초로 세계일주 항해를 한 마젤란이 발견함으로써 1521년부터 스페인의 식민지가 되었다. 그런데 1898년 미국과 스페인이 벌인 전쟁에서 스페인이 패함으로써 이 섬에 대한 영유권은 미국으로 넘어갔다.

1941년 12월 진주만을 기습하며 태평양전쟁을 일으킨 일본은 바로 이 섬을 차지했다. 그러나 미국은 1944년 7월 니미츠 해군원수가 이끄는 태평양군 예하 해병대 부대가 상륙전을 성공함으로써 이 섬을 되찾았다.

괌은 1898년부터 미국이 영유권을 행사해온 섬이었으므로 어느 나라도 반환을 요구하지 못했다. 차모로 족으로 불리는 원주민이 살지만 이들은 독립할 의사를 보이지 않고 있다. 때문에 괌은 자연스럽게 '준주(準州)' 자격을 가진 미국의 해외 영토가 되었다. 이러한 괌 섬이 지금 휴양지로도 이름을 날리고 있다. 이곳에는 13공군이 주둔해 있는 것으로 유명한 앤더슨 공군기지 등 미군의 주요 군사기지가 포진해 있다.

오키나와는 18세기 후반 일본의 현(縣)으로 편입되면서 일본의 영토가 된 섬이다. 이러니

■ 북한 영변 원자력연구소
1986년 북한은 열출력 5메가와트의 연구용 원자로를 자체 제작해 준공하고 여기서 나온 사용후핵연료를 재처리해 플루토늄을 추출했다. 지금 북한이 제작한 핵무기는 이 원자로에서 나온 사용후핵연료를 재처리해서 얻은 플루토늄으로 만든 것이다.

일본인들은 오키나와를 그들의 영토로 생각하게 되었다. 1952년 4월 군정을 끝내면서 일본을 독립시켜준 미국은 오키나와에 대해서는 일본의 통치를 허락하지 않았다. 미국은 오키나와를 동북아를 커버하는 미군(해병대가 주력)의 전초기지로 사용하려고 했다.

그리하여 1960년대 일본에서는 오키나와에 대한 통치권을 일본으로 돌려달라는 반환운동이 강하게 일었다. 이러한 일본의 민족주의적 움직임을 많은 나라가 우려의 눈길로 바라보았다. 오키나와 반환운동을 계기로 민족주의가 폭증해 일본이 재무장을 금지한 평화헌법을 개정하지 않을까 염려를 한 것이다.

비핵 3원칙으로 1석 4조 이룬 일본

일본의 경제력은 무서운 속도로 재건되었기에 많은 나라들은 일본이 마음만 먹으면 영국, 프랑스, 중국처럼 금방 핵무기를 개발할 수 있다고 보았다.

일본은 전통적으로 중국을 라이벌로 여긴다. 그런데 1964년 10월 15일 중국이 핵실험을 성공시켰으니, 일본도 핵무장을 하려고 할 것이라는 우려가 나올 수밖에 없었다. 오키나와 반환운동을 추진하던 일본은 주변국의 우려부터 잠재워야 했다.

그리하여 1967년 12월 사토 에이사쿠(佐藤榮作) 일본 총리는 일본 국회에 출석해 '(일본은) 핵무기를 보유하지도 만들지도 반입하지도 않는다'는 발표를 했다. 이를 일본의 '비핵 3원칙'이라고 한다. 일본은 핵무기의 보유와 제작, 반입을 포기하는 대가로 오키나와 반환을 요구했다.

1971년 일본은 미국과 오키나와 반환협정을 체결하기에 이르렀고 그해 11월 일본 중의원은 사토 총리가 발표한 비핵 3원칙을 준수하겠다는 결의안을 채택했다. 오키나와 반환과 일본의 비핵 3원칙을 맞교환한 것이다.

비핵 3원칙 발표한 사토 에이사쿠 일본 총리
61대, 62대, 63대 일본 총리를 연임한 사토 일본 총리는 1967년 비핵 3원칙을 선언함으로써, 미국으로부터 오키나와를 돌려받는 단초를 만들고, 플루토늄을 도입할 수 있는 쪽으로 미일원자력협정을 개정하는 데 성공했다. 일본에서 나온 사용후 핵연료를 다른 나라로 보내 위탁 재처리할 수 있게 함으로써 장차 일본에 재처리공장을 지을 수 있는 계기를 만들었고, 자신은 노벨평화상까지 받는 1석 4조를 거머쥐었다.

이 협정에 따라 일본은 1972년 오키나와를 미국으로부터 돌려받았는데, 이때 함께 따라온 것이 대만 인근에 있는 센가쿠(尖閣) 제도이다.

센가쿠를 대만과 중국에서는 '조어도(釣魚島)'로 부르는데 대만 중국은 조어도를 그들의 고유영토로 주장해왔다. 미국이 센가쿠 제도를 일본에 넘겨준 후 중국과 대만은 조어도 영유권을 주장하며 지금까지 일본과 갈등하고 있다.

사토 총리는 국제사회에 비핵 3원칙을 던져주고 오키나와를 돌려받았다. 일본의 비핵화 선언이 큰 것인가, 오키나와가 큰 것인가. '제2차 세계대전의 유령'이 살아 있을 때라 국제사회는 일본의 비핵 3원칙을 '큰 것'으로 보았다. 그리하여 비핵 3원칙을 발표한 사토 총리를 평화를 위해 헌신한 사람으로 보고, 1974년 그에게 노벨 평화상을 수여했다.

일본은 챙길 것은 다 챙기고 비핵화 선언을 했다. 일본의 비핵화 3원칙은 핵무기에 한정한 것이기에 원자력발전 분야에는 적용되지 않는다. 일본은 IAEA 분담금을 미국 다음으로 많이 내기에 원자력발전 분야에 관해서는 거의 모든 것을 챙길 수 있었다. 일본은 인도가 핵실험을 하기 전에 이러한 싹쓸이를 하는 행운도 누렸다.

일본은 인도가 핵실험을 하기 전에 프랑스로부터 연구용 재처리시설을 도입해 이바라키(茨城)현 도카이무라(東海村)에 짓는다는 것을 미국으로부터 용인받았기에, 인도가 핵실험을 하고 난 다음인 1977년 이 시설을 완공할 수 있었다. 연구 목적으로 한정되기는 했지만, 일본은 인도의 핵실험에도 불구하고 재처리시설을 확보한 국가가 된 것이다.

북핵 실험으로 실패한 한국의 비핵화 선언

이 시기 한국은 비핵화 선언을 하지 않고 일본을 따라가려다 인도의 핵실험으로 앞길이 꽉 막혀버렸다. 이러한 한국의 불행은 북한이 핵개발을 시도하던 1990년대 초 비핵화 선언으로 반복해 일어나게 된다.

김일성 정권 안보를 위해서 핵무기를 개발하겠다는 북한의 노력이 노골화되자 '답답하게도' 노태우 대통령은 미국이 던진 비핵화 카드를 순순히 받아들였다. 그에 따라서 1991년 11월 8일 노태우 대통령은 다음과 같은 요지의 〈한반도의 비핵화와 평화구축을 위한 선언〉을 하게 되었다(全文은 이 장 끝에 있음).

"첫째, 우리는 핵에너지를 평화적 목적을 위해서만 사용하며 핵무기를 제조·보유·저장·배비 ·사용하지 않는다.

둘째, 우리는 '핵무기의 확산방지에 관한 조약'과 이에 따라 국제원자력기구와 체결한 '핵안전조치협정'을 준수하여, 한국 내의 핵시설과 핵물질은 철저한 국제사찰을 받도록 하며 핵연료 재처리 및 핵 농축시설을 보유하지 않는다.

셋째, 우리는 핵무기와 무차별 살상무기가 없는 평화적인 세계를 지향하며 화학생물무기의 전면적 제거를 위한 국제적 노력에 적극 참여하고 이에 관한 국제적 합의를 준수한다.…"

이 선언을 하면서 노태우 대통령은 북한도 이에 상응하는 조치를 취해 달라고 촉구했다. 노태우 대통령은 핵무기를 제조·보유·저장·배비·

사용도 하지 않는다는 비핵 5원칙을 선언하면서 한국은 핵연료 재처리와 농축을 하지 않겠다고 말해버렸다.

이것이 한국 원자력계의 발목을 잡는 족쇄가 되었다. 한국은 핵연료 주기 완성을 추진해볼 수 없게 되었다.

노태우 정부는 '순진하게도' 우리의 발목을 묶어야 북한의 발목을 잡을 수 있다고 보고, 먼저 자기 발목을 묶은 것이다. 북한은 이러한 노태우 정부의 노력에 '걸려주는 척' 하다 빠져나갔다.

노 대통령의 비핵화선언 두 달 후 열린 남북 총리급 회담에서 북한은 '한반도 비핵화 공동선언'을 채택해줌으로써 노태우 정부가 던진 그물에 걸려드는 척했다(1992년 1월 20일 채택, 발효는 1992년 2월 19일부터). 이 공동선언에서 핵심이 되는 내용은 다음과 같다(全文은 이 장 끝에 있음).

"1. 남과 북은 핵무기의 시험·제조·생산·접수·보유·저장·배비·사용하지 아니한다.

2. 남과 북은 핵에너지를 오직 평화적 목적에만 이용한다.

3. 남과 북은 핵재처리시설과 우라늄 농축시설을 보유하지 아니한다…."

비핵화 선언을 통해 농축과 재처리를 하지 않겠다고 한 한국은, 북한과 함께 또 다시 재처리시설과 농축시설을 보유하지 않겠다고 선언해버렸다. 이로써 재처리를 원했던 한국 원자력계는 '2중문'에 갇히게 되었다.

비핵화 공동선언이 나온 때로부터 14년이 지난 2006년 10월 9일 북한은 핵실험을 했다. 북한은 보란듯이 비핵화 공동선언을 깨버린 것이다.

약속을 한 당사자가 그 약속을 깼는데 또 다른 당사자는 그 약속을 준수하고 있는 것이 작금의 한국이다. 한국은 이 선언에 갇혀 평화 목적의 재처리 쪽으로는 단 한 걸음도 내딛지 못하고 있다.

미국과 단독협상 성공시킨 북한

북한은 미국마저 속여 넘겼다. 비핵화선언 후 핵개발에 전력을 기울인 북한은 1994년 '서울을 불바다로 만들겠다'며 핵 위기를 증폭시켜 미국과 마주 앉는데 성공했다. 강석주 북한 외무성 제1부상이 갈루치 미국무부 차관보와 마주 앉아 북한 핵개발 문제를 논의할 수 있게 된 것이다. 강－갈 회담으로 약칭된 이 회담은 1994년 10월 21일 제네바에서 합의점을 찾게 되었다(全文은 이 장 끝에 있음).

제네바 합의는 미국과 북한이 장차 정식 외교관계를 발전시켜나간다는 것과 남북한 총리가 서명한 한반도 비핵화 공동선언을 인정한 것이 특징이다. 그러나 이 합의는 한국 원자력계의 숙원사업인 재처리와 농축만 막고 북한의 핵실험을 허용함으로써 결국 휴지가 되었다.

정치가 과학을 덮는다는 것은 불변의 명제이다. 당시 한국에서는 농축과 재처리를 포기한 비핵화를 당연한 것으로 여겼기에, 농축과 재처리 포기가 초래할 미래 사태에 대한 우려의 목소리는 크지 못했다. 대신 북한이 핵개발을 중지하는 대가로 미국이 KEDO(한반도에너지개발기구)를 통해 북한에 지어주기로 한 가압경수로 문제만 집중 거론되었다.

제네바 합의가 이뤄진 1994년 10월은 북한의 지도자 김일성이 죽은 지 3개월 되는 시점이고, 국제적으로는 컴버스천 엔지니어링의 시스템 80으로 불렸지만 한국에서는 KSNP로 불린 영광 3호기에 최초의 국산 핵연료가 장전돼 시험가동에 들어간 지 한 달쯤 되는 시점이었다.

북한의 지도자 김일성이 죽었으니 한국에서는 북한이 곧 무너질 것으로 보는 사람이 많았다. 그리고 한국형 원전 건설이 완료됐으니 북한을 미래의 한국 영토로 보고, 북한에 한국형 원전을 건설해야 한다는 목소리가 나오기 시작했다.

가압경수로를 짓는 데는 10년 정도의 시간이 걸린다. 1994년 타결된 제네바 합의도 9년 뒤인 2003년에 북한에 가압경수로를 지어준다고 했다. 10년(실제로는 9년)의 기간 동안 미국은 가압경수로를 지어주는 척하면서 북한이 내부붕괴를 하도록 유도할 수 있다.

이러한 판단이 한국인들에게도 전파되었다. 때문에 한국에서는 북한에 어떤 가압경수로를 지어줄 것인가가 화두가 되었다. 여기에서 '10년 사이에 북한 정권은 붕괴될 것인데, 그렇게 되면 한국이 북한 지역을 통치해야 한다'는 당위성이 나오게 되었고, '그렇다면 북한 지역에 들어서는 가압경수로는 한국형이어야 한다'는 두 번째 당위도 나오게 되었다.

당위에 당위가 보태지면 큰 증폭이 일어난다. 한국은 재처리를 포기했다는 것에 주목하지 못하고 북한에 한국형 가압경수로를 지어주어야 한다는 목표에만 집착하게 되었다. 그런데 KEDO는 미국이 설립한 것인지라 미국도 미국형 원자로를 북한에 공급할 수 있다. 일본은 북한에 대일청구권 자금 제공을 전제로 북한에 일본형 원자로를 넣으려 한다는 분석도 나올 수 있었다.

너무 쉽게 결정된 KEDO 원전 두 기 건설

이러한 전망이 우리의 눈을 흐리게 했다. 비핵화 선언으로 재처리가 봉쇄됐다는 문제를 보기보다는, 북한에 다른 나라의 원전이 들어가는 것부터 막아야 한다는 여론이 강하게 형성되었다.

이러한 사태의 한 가운데 있었던 한국원자력연구소의 이창건 박사는 이런 회한을 토로한 바 있다.

"1972년 닉슨 미국 대통령이 중국을 방문해 미국과 중국 관계를 정상화하자는 합의가 있자, 일본이 먼저 중국과 국교를 정상화했다. 제네바 합의에는 미국과 북한 관계를 정상화하자는 내용이 있었으니, 과거 중국과의 사례로 볼 때 일본은 미국보다 먼저 북한과 외교관계를 맺으려고 할 가능성이 있었다.

한반도 비핵화 공동선언

재처리와 농축까지 포기하겠다는 내용이 담긴 한반도 비핵화 선언을 교환해 발효시킬 때의 한국의
정원식 총리(왼쪽)와 북한의 연형묵 총리(1992년 2월 19일). 이로써 한국 원자력은 농축과 재처리
라는 가장 중요한 부분에 도전할 수 없게 되었다. 한반도 비핵화 선언은 한국 원자력산업의 발목을
잡은 '자기 덫' 이다.

　　북한과 일본 대표가 국교를 맺기 위해 마주 앉는다면 북한 지역에 대한
식민지배를 청산하는 대일청구권 자금에 대한 논의가 벌어진다. 이 협상에
서 청구권 금액이 결정되면, 일본은 청구권 자금을 주는 대신 일본 기업체의
북한 진출을 요구할 것이 분명하므로, 북한 지역 개발은 일본이 주도한다.

　　대일청구권 자금을 받은 북한은 사회간접자본부터 건설하게 될텐데, 전
력은 가장 중요한 사회간접자본이 아닌가.

　　일본의 전력체계는 우리와 다르다. 북한은 우리와 한 나라가 되어야 할
곳이다. 여기에 우리와 다른 전력체계가 들어가면, 그만큼 남북한 국가 통합
이 늦어진다. KEDO가 지어주게 되는 가압경수로는 북한 처지에서는 용량

이 워낙 큰 것이기에 북한 전력체계의 기본을 잡는 존재가 된다. 따라서 반드시 한국형이 들어가야 한다고 판단했다."

이 박사의 판단은 매우 일리 있는 것이었다. 개화기 때(18세기 후반) 일본은 구미 열강에 의해 사회간접자본을 갖추었다. 그 시기의 일본은 지금과 달리 어리숙했으므로 구미 열강의 수에 놀아났다. 전력체계를 예로 들어 살펴보기로 하자.

일본은 나고야(名古屋)를 경계로 그 동쪽은 도쿄(東京)를 중심으로 한 '간토(關東)지방', 서쪽은 오사카(大阪)가 중심이 된 '간사이(關西)지방'으로 구분한다.

개화기 때 간토 지방에 들어온 서구의 전력회사는 이곳의 전기 주파수를 50사이클로 만들었다. 그런데 간사이 지역에 들어온 서구의 전력회사는 지금의 한국과 같은 60사이클의 전기를 제공했다.

그로 인해 지금도 일본은 간토에서는 50사이클, 간사이에서는 60사이클의 전기를 쓰고 있다. 주파수가 다르면 전기제품도 달라야 한다. 따라서 도쿄에서 살다가 오사카로 이사가면 무용지물이 되는 전기제품이 적지 않았다.

지금은 간토(關東) 지역의 경제력이 간사이(關西) 지역의 경제력보다 우세하다. 이 박사는 일본이 북한에 청구권 자금을 제공해 일본 회사를 진출시킨다면, 상대적으로 우위에 있는 간토 지방의 전력회사가 진출할 것으로 보았다. 이렇게 되면 북한의 전기 주파수는 한국과 다른 50사이클이 될 수도 있다(그러나 전기 사이클은 발전을 할 때 조정하면 보정할 수 있다).

이 박사는 일본에서는 비등경수로가 강하다는 것도 고려했다. 간토 지방에서 활동하는 히타치와 도시바는 미국 GE의 기술을 도입했기에 비등경수로를 제작한다. 반면 간사이에서 활동해온 미쓰비시는 웨스팅하우스의 기술을 받았기에 가압경수로(PWR)를 만든다. 한국은 비등경수로를 전혀 건설하지 않았으므로 운영 경험도 없다.

중단된 신포의 KEDO 원전 공사
한반도 문제에 대한 안일한 인식 때문에 한국은 함경남도 신포에 두 기의 한국형 가압경수로를 지어준다고 약속했다. 그러나 2003년 북한이 우라늄 농축을 하는 것이 확인되면서 미국은 이 공사를 중단시켰고, 1994년의 제네바 합의도 폐기시켰다. 제네바 합의가 폐기됐다는 것은 한반도 비핵화 선언도 폐기됐다는 뜻이 될 수 있다.

그런데 북한 지역에 히타치나 도시바가 제작하는 비등경수로가 들어 간다면 통일한국은 운영경험이 전무한 비등경수로를 떠맡아야 한다. 애써 개발한 한국형 가압경수로 시장이 그만큼 줄어드는 것이다.

이창건 박사는 '그래서 KEDO가 건설하는 원자로는 한국형이어야 한다는 전제하에 제네바 합의에는 가압경수로를 제공한다는 문구를 집 어넣게 했다'고 말했다. 다음은 그의 말이다.

"나는 한국 정부를 통해 이 아이디어를 전했는데, 한국 정부가 미국에 이 를 전달함으로써 미국은 제네바 합의문에 가압경수로를 제공한다는 문구를 넣게 되었다."

'북한에 원전 두 기 제공'은 무모한 발상

이로써 북한에 한국형 가압경수로를 공급해야 한다는 것이 시대정신이 되었다. 목표를 달성하기 위해 한국은 KEDO 투자의 50퍼센트 이상을 담당하겠다고 주장하였다.

한국의 원자력계 인사들은 북한에 한국형 원자로를 공급해야 한다는 것에 대해서는 의견일치를 보았으나 몇 기를 제공할 것인지에 대해서는 의견이 엇갈렸다. 이창건 박사는 두 기 제공을 주장했으나 몇몇은 한 기 제공을 주장했다. 이 박사는 북한 지역에 대한 통일한국의 선(先)투자 개념으로 두 기 건설을 주장했다.

이 박사는 이러한 의견을 김덕(金惠) 안기부장에게 피력했고 김덕 안기부장이 동의해, 김영삼 대통령에게 보고되면서 한국에서는 가압경수로 두 기를 제공할 수 있다는 의견이 나왔다.

강-갈 회담을 할 때 미국은 북한에 두 기의 원자로를 지어주겠다는 생각이 없었다. 그런데 일부 미국 연구소에서도 두 기를 건의하고 한국도 두 기를 지어주겠다고 하자 미국은 협상에 유리할 것으로 판단해 이를 받아들였다.

갈루치 차관보는 '가압경수로 두 기를 제공할 테니 북한은 핵개발을 중단하라'고 요구해, 제네바 합의를 끌어내게 된 것이다.

가압경수로 두 기를 짓는 곳으로 함경남도의 신포가 굳어졌다. 그러나 신포에 가압경수로 두 기를 짓는 것은 이창건 박사의 아이디어와는 다른 것이었다. 이 박사의 애초 생각은 한 기는 신포에 짓고 또 한 기는 남북 화해를 상징하는 뜻에서 비무장지대에 짓자는 것이었다.

그런데 이것이 막판 협상 과정에서 신포에 두 기를 모두 지어주는 것으로 결론이 나버렸다. 이 박사의 말이다.

"그때 우리는 북한이 곧 붕괴될 것으로 보았다. 많은 사람이 '북한을 연착륙시킬 것이냐' '경착륙하게 놔둘 것이냐'를 논의하고 있었으므로, 우리로

서는 북한에 미리 손을 넣어둘 필요가 있었다. 그런데 결과적으로 북한이 붕괴할 것이라는 우리의 판단은 어긋났다. 그리고 두 기의 원자로를 제공하겠다고 한 것도 북한의 전기 사정을 고려하면 옳은 결정이 아니었다는 생각이 든다.

지금도 그렇지만 당시 북한이 가동하는 전기시설은 2백만 킬로와트정도로 추정됐다. 이러한 나라에 1백만 킬로와트짜리 원자로 두 기를 지어준다면, 북한의 전기 소비량은 금방 4백만 킬로와트로 늘어난다. 북한 경제가 4백만 킬로와트 체제에 맞춰져 있을 때, 갑자기 가압경수로 한 기가 멈춰 선다면 북한의 전기 생산량은 순식간에 3백만 킬로와트로 떨어진다.

이렇게 되면 북한은 모든 전기가 나가버리는 블랙아웃 상황을 맞는다. 북한처럼 전기 소비가 적은 나라에는 큰 발전소를 지어주면 안 된다.

비무장지대에 가압경수로를 짓자는 것은 남북통일 차원에서 추진해볼 만한 일이었는데, 북한이 조만간 붕괴할 것이라는 안일한 판단 때문에 쉽게 포기했다. 우리는 여러 가지 잘못된 판단을 내렸다."

한 발 전진, 한 발 후퇴

결국 제네바 합의는 2002년 북한이 고농축우라늄을 이용한 핵무기를 개발하는 것이 사실로 확인됨으로써 파기되었다. 그리고 2006년 북한은 엉성한 수준의 핵실험을 함으로써 제네바 합의는 완전히 없던 일이 되고 말았다. 제네바 합의는 북한에게 핵무기를 개발할 수 있는 시간만 준 것이다.

한국의 원자력은 김대중 정부 때 더욱 침울해지는데 이에 대해서는 뒤에서 상술하기로 한다.

이렇게 1990년대는 흘러갔다. 한국은 한국형 가압경수로를 제작할 수 있게 됐으나 북한의 핵개발을 주저앉히기 위해 재처리를 포기하는 비핵화선언을 했다. 북한은 계속해서 핵개발을 추진해 미국과 단독으로 협상하는 기회를 마련했고 가압경수로 두 기를 지원받는 제네바 합의를 성사시켰다. 그러나 제네바 합의는 물거품이 되고 북한은 핵무기 개발을 성공시켰다. 이 시기에 세계 유일의 피폭 국가인 일본은 미국의 동의를 받아 상업용 재처리공장을 짓는 공사에 들어갔다.

1990년대 한국은 한 발 전진했다가 한 발 물러서는 답보를 거듭했다. 반면 북한과 일본은 1980년대의 프랑스가 그랬던 것처럼 불도저처럼 밀고 나가 그들의 국익을 극대화했다.

노태우 – 김영삼 – 김대중으로 이어진 정권은 이승만 – 박정희 – 전두환 정권과 달리 원자력에 대한 이해가 없었다. 이들은 정치적인 목적을 이루기 위해 원자력을 이용한 정치인이었지, 국가의 미래를 만들어가는 설계자가 아니었다.

이런 점에서 이들은 이승만 – 박정희 – 전두환과 선명히 대비된다.

노태우 대통령 '한반도 비핵화와 평화 구축을 위한 선언' 전문
(1991년 11월 8일)

〈한반도의 비핵화와 평화구축을 위한 선언〉

나는 오늘 한반도와 나아가 동북아시아에 대한 항구적인 평화를 구축하기 위한 중요한 결단을 밝히려 합니다.

오늘날 세계는 반세기간의 암울했던 냉전시대의 유산을 청산하고 평화를 구현하기 위해 지난 시대에는 생각할 수 없던 과감한 조치를 이루어 나가고 있습니다. 지난날의 적대세력이 손을 잡고 인류공동의 미래를 위해 우호와 협력을 기약하고 있습니다.

순식간에 인류를 파멸로 이끌 수 있는 대량파괴무기에 대해서도 획기적인 조치가 이루어지고 있습니다. 미국과 소련은 핵무기의 폐기와 대폭적인 감축을 추진하고 있으며 가공할 무차별 살상력을 가진 화학무기의 완전폐기를 위한 협상도 제네바에서 진행되고 있습니다.

이처럼 화해와 협력의 물결이 넘치고 있는 세계를 보며 우리가 사는 한반도에도 대결의 위험이 사라진 것으로 생각하는 사람도 있습니다. 그러나 불행히도 이 세계에서 유독 한반도에서만 역사의 거대한 흐름과 배치되는 상황이 계속되고 있습니다.

세계적으로 핵무기 폐기와 감축이 이루어지고 있는 이 시간에도 북한은 핵확산방지조약 가입국으로서 마땅히 이행해야 할 의무를 거부한 채 핵무기를 제조하려는 노력을 포기하지 않고 있습니다.

북한이 화학생물무기를 만들어 보유하고 있는 것도 잘 알려진 사실입니다. 한반도에는 동족상잔의 비극적인 전쟁이 있었고 그 후 근 40년간 군사적 대결과 군비경쟁이 지속되어 왔습니다.

이러한 상황에서 북한의 핵무기 개발은 이제까지의 문제와는 차원을 달리하는 심각한 문제입니다. 그것은 민족의 생존자체를 위협하는 것일 뿐만 아니라 그로 인해 동북아시아와 세계의 평화가 한순간에 파괴될 수 있는 위험을 안게 되는 것입니다.

온 세계가 북한의 핵무기 개발에 큰 우려를 갖고 이를 저지하기 위해 우리와 함께 온갖 노력을 기울이고 있는 것도 이 때문입니다.

나는 지난 9월 UN총회 연설을 통해 북한이 핵안전조치협정에서 서명하여 핵무기 개발을 포기하고 남북한간에 군사적인 신뢰를 구축하기 위한 조처에 응한다면 한반도의 핵문제에 대하여 북한과 협의할 용의가 있다는 것을 분명히 밝혔습니다.

북한은 우리의 이러한 적극적인 제의에 호응하는 대신 오히려 더욱 비현실적인 주장만을 내세우며 국제적인 의무이행에 등을 돌리고 있습니다.

나는 한반도의 핵문제를 선도적으로 해결하고 이 땅에 평화를 정착시키기 위해 중대한 결단을 내리고 이를 실행하는 조처를 위해 나가기로 결정하였습니다. 나는 우리의 평화의지를 바탕으로 한반도의 비핵화를 실현하고 화학생물무기를 이 땅에서 제거하기 위하여 우리의 정책을 다음과 같이 선언합니다.

첫째, 우리는 핵에너지를 평화적 목적을 위해서만 사용하며 핵무기를 제조·보유·저장·배비·사용하지 않는다.

둘째, 우리는 〈핵무기의 확산방지에 관한 조약〉과 이에 따라 국제원자력기구와 체결한 〈핵안전조치협정〉을 준수하여 한국내의 핵시설과 핵물질은 철저한 국제사찰을 받도록 하며 핵연료 재처리 및 핵농축시설을 보유하지 않는다.

셋째, 우리는 핵무기와 무차별 살상무기가 없는 평화적인 세계를 지향하며 화학생물무기의 전면적 제거를 위한 국제적 노력에 적극 참여하고 이에 관한 국제적 합의를 준수한다.

우리는 핵과 화학생물무기를 갖지 않는 이와 같은 정책을 성실히 이행해 나갈 것입니다. 이제 북한이 국제사찰을 피하며 핵무기를 개발해야 할 아무런 이유도 명분도 있을 수 없습니다.

나는 이 자리에서 북한도 나의 이 선언에 상응하는 조처를 취할 것을 강력히 촉구합니다. 북한은 우리와 함께 핵 재처리 및 농축시설의 보유를 분명히 포기해야 할 것입니다.

북한이 핵안전조치협정에 조속히 서명하고 이와 같은 조치를 취한다면 남북한은 고위급회담을 통해 핵문제를 포함한 모든 군사안보문제를 협의, 해결해 나갈 수 있을 것입니다.

한반도의 제반문제는 어디까지나 남북한 당사자간의 직접 협의를 통해 자주적으로 해결되어야 합니다.

나는 북한이 핵개발 기도를 하루빨리 포기하여 핵무기가 없는 한반도를 실현함으로써 이 땅에 진정한 평화의 시대를 열게 되기를 7000만 동포와 더불어 충심으로 바랍니다.

오늘 이 정책을 선언하기에 앞서 정부는 이 정책이 안보에 미칠 영향을 면밀히 검토하였으며 우리의 안보에는 흔들림이 없을 것이라는 확신 위에서 이와 같은 결단을 내렸습니다.

나는 북한이 이 세계의 현실을 직시하여 우리와 함께 민족적 비극의 소지를 없애고 민족화합과 평화통일을 이루는 길로 나아가기를 기대합니다.

한반도 비핵화 공동선언 전문
한반도의 비핵화에 관한 공동선언
(1992년 2월 19일 발효)

남과 북은 한반도를 비핵화함으로써 핵전쟁 위험을 제거하고 우리나라의 평화와 평화통일에 유리한 조건과 환경을 조성하며 아시아와 세계의 평화와 안전에 이바지하기 위하여 다음과 같이 선언한다.

1. 남과 북은 핵무기의 시험, 제조, 생산, 접수, 보유, 저장, 배비, 사용을 하지 아니한다.

2. 남과 북은 핵에너지를 오직 평화적 목적에만 이용한다.

3. 남과 북은 핵 재처리 시설과 우라늄농축시설을 보유하지 아니한다.

4. 남과 북은 한반도의 비핵화를 검증하기 위하여 상대측이 선정하고 쌍방이 합의하는 대상들에 대하여 남북 핵통제공동위원회가 규정하는 절차와 방법으로 사찰을 실시한다.

5. 남과 북은 이 공동선언의 이행을 위하여 공동선언이 발효된 후 1개월 동안 남북핵통제공동위원회를 구성·운영한다.

6. 이 공동선언은 남과 북이 각기 발효에 필요한 절차를 거쳐 그 문본을 교환한 날 부터 효력을 발생한다.

1992년 1월 20일

남북고위급회담 남측 대표단 수석 대표
대한민국 국무총리 정 원 식

북남고위급회담 북측 대표단 단장
조선민주주의인민공화국 정무원 총리 연 형 묵

〈미합중국과 조선민주주의인민공화국간 기본합의문〉

미합중국(이하 미국으로 호칭) 대표단과 조선민주주의인민공화국(이하 북한으로 호칭) 대표단은 1994. 9. 23부터 10. 21까지 제네바에서 한반도 핵문제의 전반적 해결을 위한 협상을 가짐.
양측은 핵이 없는 한반도의 평화와 안전을 확보하기 위해서는 1994. 8. 12 미국과 북한 간의 합의 발표문에 포함된 목표의 달성과 1993. 6. 11 미국과 북한간 공동발표문상의 원칙의 준수가 중요함을 재확인함. 양측은 핵문제 해결을 위해 다음과 같은 조치들을 취하기로 결정함.

I. 양측은 북한의 흑연감속 원자로 및 관련시설을 가압경수로 원자로 발전소로 대체하기 위해 협력함.

1) 미국 대통령의 1994. 10. 20자 보장서한에 의거하여, 미국은 2003년을 목표시한으로 총 발전용량 약 2,000MWe의 가압경수로를 북한에 제공하기 위한 조치를 주선할 책임을 짐.
 – 미국은 북한에 제공할 가압경수로의 재정조달 및 공급을 담당할 국제 콘소시엄을 미국의 주도하에 구성함. 미국은 동 국제 콘소시엄을 대표하여 가압경수로 사업을 위한 북한과의 주 접촉선 역할을 수행함.

 – 미국은 국제 콘소시엄을 대표하여 본 합의문 서명 후 6개월 내에 북한과 가압경수로 제공을 위한 공급 계약을 체결할 수 있도록 최선의 노력을 경주함. 계약관련 협의는 본 합의문 서명 후 가능한 조속한 시일 내 개시함.

 – 필요한 경우 미국과 북한은 핵에너지의 평화적 이용 분야에 있어서의 협력을 위한 양자협정을 체결함.

2) 1994. 10. 20자 대체에너지 제공 관련 미국 대통령의 보장서한에 의거 미국은 국제 콘소시엄을 대표하여 북한의 흑연감속 원자로 동결에 따라 상실된 에너지를 첫 번째 가압경수로 완공시까지 보전하기 위한 조치를 주선함.
 – 대체에너지는 난방과 전력 생산을 위해 중유로 공급됨.
 – 중유의 공급은 본 합의문 서명 후 3개월 내 개시되고 양측간 합의된 공급 일정에 따라 연간 50만 톤 규모까지 공급됨.

3) 가압경수로 및 대체에너지 제공에 대한 보장서한 접수 즉시 북한은 흑연감속 원자로 및 관련 시설을 동결하고, 궁극적으로 이를 해체함.
– 북한의 흑연감속 원자로 및 관련 시설의 동결은 본 합의문 서명 후 1개월 내 완전 이행됨. 동 1개월 동안 및 전체 동결기간 중 IAEA가 이러한 동결 상태를 감시하는 것이 허용되며, 이를 위해 북한은 IAEA에 대해 전적인 협력을 제공함.

– 북한의 흑연감속 원자로 및 관련 시설의 해체는 가압경수로 사업이 완료될 때 완료됨.

– 미국과 북한은 5MWe 실험용 원자로에서 추출된 사용후원료봉을 가압경수로 건설기간 동안 안전하게 보관하고, 북한 내에서 재처리하지 않는 안전한 방법으로 동 연료가 처리될 수 있는 방안을 강구하기 위해 상호 협력함.

4) 본 합의 후 가능한 조속한 시일 내에 미국과 북한의 전문가들은 두 종류의 전문가 협의를 가짐.
– 한쪽의 협의에서 전문가들은 대체에너지와 흑연감속 원자로 가압경수로의 대체와 관련된 문제를 협의함.

– 다른 한쪽의 협의에서 전문가들은 사용후연료 보관 및 궁극적 처리를 위한 구체적 조치를 협의함.

II. 양측은 정치적, 경제적 관계의 완전 정상화를 추구함.

1) 합의 후 3개월 내 양측은 통신 및 금융거래에 대한 제한을 포함한 무역 및 투자제한을 완화시켜 나감.
2) 양측은 전문가급 협의를 통해 영사 및 여타 기술적 문제가 해결된 후에 쌍방의 수도에 연락사무소를 개설함.
3) 미국과 북한은 상호 관심사항에 대한 진전이 이루어짐에 따라 양국 관계를 대사급으로까지 격상시켜 나감.

III. 양측은 핵이 없는 한반도의 평화와 안전을 위해 함께 노력함.

1) 미국과 북한에 대한 핵무기 불위협 또는 불사용에 관한 공식 보장을 제공함.
2) 북한은 한반도 비핵화 공동선언을 이행하기 위한 조치를 일관성 있게 취함.
3) 본 합의문이 대화를 촉진하는 분위기를 조성해 나가는 데 도움을 줄 것이기 때문에 북한은 남북 대화에 착수함.

IV. 양측은 국제적 핵비확산 체제 강화를 위해 함께 노력함.

1) 북한은 핵비확산조약(NPT) 당사국으로 잔류하여 동 조약상의 안전조치 협정 이행을 허용함.
2) 가압경수로 제공을 위한 공급 계약 체결 즉시 동결 대상이 아닌 시설에 대하여 북한과 IAEA간 안전조치 협정에 따라 임시 및 일반사찰이 재개됨. 가압경수로 공급계약 체결시까지, 안전조치의 연속성을 위해 IAEA가 요청하는 사찰은 동결 대상이 아닌 시설에서 계속됨.
3) 가압경수로 사업의 상당 부분이 완료될 때 그러나 주요 핵심 부품의 인도 이전에, 북한은 북한 내 모든 핵물질에 관한 최초보고서의 정확성과 안전성을 검증하는 것과 관련하여 IAEA가 필요하다고 판단하는 모든 조치를 취하는 것을 포함하여 IAEA안전조치협정(INFCIR/403)을 완전히 이행함.

강 석 주
조선민주주의인민공화국 수석대표
조선민주주의인민공화국 외교부 제1부부장

로버트 갈루치
미합중국 수석대표
미합중국 본부대사

Chapter 7

도래한 원자력 르네상스
그러나 갈 길은 멀다

한국 원자력에 관해 가장 '언프랜드리(unfriendly, 비우호적)'한 정권은 김대중 정부였다. 민주화를 추구했다고 자칭하는 김대중 정부는 한국의 원자력발전에 대해서는 언프랜드리했으나 핵무기를 개발하는 북한에 대해서는 프랜드리(우호적)하려고 했다.

이러한 김대중 정부의 한계를 극복하는 것이 2000년대 한국 원자력계가 해야 할 핵심 과제 가운데 하나였다. IMF 외환위기 극복을 당면 과제로 안고 출범한 김대중 정부는 영국의 예에 따라 전력산업 분할 조치를 취했다. 한국전력의 발전(發電)부문을 분할한 것이다.

2001년 4월 한국전력의 발전소들은 남동발전 남부발전 동서발전 서부발전 중부발전 그리고 한국수력원자력의 여섯 개 회사로 나뉘었다. 원자력발전은 한국수력원자력(한수원)이 전담하게 되었다.

원자력발전에 대해 언프랜드리했던 김대중 정부

　발전부문 분할은 한국의 전력산업을 키우는 길인가? 한 개 회사를 여섯 개 회사로 쪼개면 각각의 회사에 관리조직을 두어야 한다. 대형 관리조직 하나면 될 일을 여섯 개의 관리조직이 나눠서 해야 하니 그만큼 인력과 비용이 늘어난다. 노조도 여섯 개가 만들어진다.

　중복을 없애기 위해 통합하는 것이 개혁인가, 중복을 만드는 것이 개혁인가. 김대중 정부는 분할을 개혁으로 알고 추진했다. 영국은 원자력발전소를 자력으로 짓는 것을 포기한 나라이다. 그런데도 김대중 정부는 영국이 취한 발전(發電)부문 분할을 본받아 한국에 적용했다.

　원자력 부문이 한국전력에서 독립한 데 대해 한수원 직원들은 대체로 반기는 분위기다. 원전인들은 한전 내에서 특별한 대우를 받아왔는데, 이것이 한전인들에게는 불만이었다. 그런 차에 원전 부문이 독립했으니 원자력인들은 더 이상 한전인들의 눈치를 보지 않을 수 있게 되었다. 그들만의 복지체계와 임금체계를 만들 수 있게 된 것이다.

　김대중 정부는 발전부문 뿐만 아니라 배전(配電)부문도 2008년에 쪼갠다는 계획을 세웠다. 그러나 이 계획은 노무현 정부가 들어서면서 백지화했다. 노무현 정부는 김대중 정부를 이었지만 분할만이 개혁의 전부라고 본 것은 아니었다.

　이런 가운데 원자력발전의 암흑기인 1990년대가 지나가고 '원자력 르네상스기'인 2000년대가 시작됐다. 일본, 프랑스와 함께 끈질기게 원자력발전소를 지어온 한국이 좋은 시절을 만나게 된 것이다.

　호시절이란 한국 원자력발전 능력을 해외로 수출하는 것이다. 원전을 수출하려면 한국전력과 한국수력원자력, 원자력발전소를 설계하는 한국전력기술과 원자로를 제작하는 두산중공업 그리고 핵연료를 제작하는 한전원자력연료 등을 하나로 묶는 것이 좋다. 프랑스의 아레바나 미국의 웨스팅하우스가 바로 그런 회사이다. 아레바와 웨스팅하우스는 원

264 한국의 핵주권

전 계통설계, 원자로 설계와 제작, 원전 건설 그리로 원자력발전과 핵연료 제조 등 원자력의 모든 것을 갖고 있다.

그런데 이제 와서 합병을 추진하면 임금체계 등이 달라졌으므로 적잖은 갈등이 일어난다. 때문에 대안으로 나오는 것이 한국의 원자력 관련 사들로 컨소시엄을 형성해서 수출을 해보자는 것이다. '한국 원자력'이라는 거대한 컨소시엄 안에 한국전력과 한수원, 한국전력기술, 두산중공업, 한전원자력연료 등이 들어와 한 조직처럼 움직이는 것이다.

그러나 컨소시엄은 단일 회사나 그룹보다 결속력이 약하다. 그래서 프랑스는 독일의 원전 회사인 지멘스까지 흡수한 거대한 원자력 회사 '아레바'를 만들었다. 아레바에는 1970년대 한국에 재처리 기술을 제공하려고 했던 SGN과 핵연료를 제조하는 코제마, 원전을 만드는 프라마톰 등 프랑스의 원자력 관련회사가 전부 들어와 있다. 프랑스는 이러한 아레바를 앞세워 유럽의 원전 시장을 통일하고 이어 미국 시장까지도 장악하려고 한다.

2000년대 한국 원자력계가 이룬 최대의 성과는 3세대 원전인 APR-1400을 개발했다는 것과 방폐장 공사를 시작했다는 것이다. 그리고 이 원전을 수출한 것이다.

차세대 원전으로 불리는 APR-1400은 140만 킬로와트급 원전을 자력으로 개발하는 것이다. '신형 가압경수로'로 불리고 있는 이 사업은 1992년 6월 국가 선도 기술개발사업(일명 G-7 프로젝트)에 선정되면서 시작되었다.

APR-1400 원전을 지을 곳이 없다

차세대 원전 개발 사업은 1992년 12월부터 1994년 12월 사이에 1단계 사업이 진행돼 기본 요건과 설계 개념을 정하고, 1995년 3월부터 1999년 2월까지의 2단계 사업에서는 기본 설계를 완성했다. 1999년 9월부터 2001년 12월까지 3단계 사업에서는 설계 최적화와 표준 설계 인가 취득을 위한 업무 등이 수행되었다.

그리고 2001년 11월부터 최초의 차세대 원전인 신고리 3호기와 4호기를 종합설계하는 작업에 들어갔다. APR-1400을 설치하는 신고리 3·4호기 공사는 2007년 11월 28일 시작되었다.

경제를 부흥시키려면 먼저 사회간접자본부터 확충해야 한다. 전력은 가장 중요한 사회간접자본인데, 전기값이 싸면 그만큼 그 나라의 경쟁력은 올라간다. 원자력은 어느 발전원(源)보다도 발전단가가 싸다. 따라서 한국 경제를 부흥시키고 싶다면 원자력발전 비율을 높여가는 것이 좋다.

2012년 12월 한국은 23기의 원전을 가동하고 있는데, 23기 원전의 총 설비용량은 대한민국 전체 발전설비용량(81,553메가와트)의 25퍼센트(20,716메가와트)에 이른다. 그러나 원자력발전은 발전단가가 싸기 때문에 전력 사정에 여유가 있으면 한국은 발전단가가 비싼 가스발전소 등은 가동하지 않는다. 반면 원자력발전은 항상 가동하기에 실제 발전량에서 원자력발전이 차지하는 비율은 훨씬 높다. 2011년 전체 발전량에서 차지하는 원자력발전량의 비율은 36퍼센트 정도였다.

2000년대 중반 들어 증폭된 녹색성장의 필요성 덕분에 원자력은 각광을 받기 시작했다. 환경운동단체로부터 환경을 해치는 핵심세력으로 지탄받았던 원자력이 친환경 에너지원으로 인정받은 것은 아이러니가 아닐 수 없다.

원자력이 친환경 에너지로 인정받게 된 것은 많은 에너지를 내면서도 이산화탄소를 발생시키지 않는 거의 유일한 에너지원이기 때문이다.

스리마일 섬 원전과 체르노빌 원전 사고가 날 때만 해도 사람들은 완벽한 원전 안전을 자신하지 못했지만, 두 사고를 겪고 난 후에는 발달한 과학과 기술을 토대로 원전의 안전 분야를 비약적으로 발전시켰다. 이것이 지구 온난화를 염려하는 지금 원자력이 다시 주목받게 된 결정적인 이유이다. 원자력발전은 이산화탄소를 발생하지 않으면서 값싸게 대용량의 에너지를 낼 수 있는 유일한 대안이다.

2008년 현재 한국에서 발생하는 총 이산화탄소의 양은 6억 톤 가량이다. 그런데 2009년 현재 한국이 운영하고 있는 20기의 원전에서 생산하는 에너지를 석탄이나 석유 같은 화석연료를 때는 화전 에너지로 대체한다면, 한국에서는 무려 1억 톤의 이산화탄소가 더 발생하게 된다.

교토(京都)의정서는 지구 온난화의 주범을 이산화탄소로 보고, 이산화탄소를 많이 발생시키는 나라와 기업에 대해서는 강력한 페널티를 물리려고 한다. 때문에 이산화탄소를 적게 발생시키면서 현대사회가 필요로 하는 많은 에너지를 낼 수 있는 에너지원(源)의 개발은 시급한 과제로 떠올랐다.

이산화탄소 발생을 최소화하면서 경제를 계속 발전시킬 수 있는 것을 가리켜 '녹색성장' 이라고 한다. 이명박 정부는 녹색성장을 강조했기에 한국은 2030년까지 전체 발전설비용량에서 차지하는 원자력발전의 총 발전설비용량은 41퍼센트, 실제 발전량에서 원자력발전량이 차지하는 비율은 59퍼센트까지 높이려고 한다. 이 목표를 달성하려면 한국은 2009년 현재 짓고 있는 것을 포함해 14기의 원전을 더 지어야 한다. 이 14기 가운데 신고리 1·2호기와 신월성 1·2호기의 네 기는 OPR-1000으로 짓고, 신고리 3·4·5·6호기, 신울진 1·2·3·4호기까지의 여덟 기는 APR-1400으로 짓는다.

이렇게 하고 나면 두 기를 짓지 못한다는 계산이 나온다. 지금 한국 원자력계의 최대 고민은 새로운 원전을 지을 부지를 확보하기 어렵다는 것이다. 원전 건설은 부지 확정에서부터 준공까지 10~12년 정도가 걸리는 장기 사업이다. 한국은 2015년쯤에는 신규 원전부지 두 곳을 더 확보해야 하는데 이 일이 간단치 않아 보인다. 국민들은 그들이 살고 있는 땅에 원자력발전소가 들어서는 것을 반기지 않기 때문이다.

원전은 아무 데나 지을 수 없다. 지반이 단단하고 안정된 곳이어야 한다. 주변에 인구밀집지역이나 문화재가 없어야 공사가 수월해진다. 2차 냉각수 확보와 물류까지 고려한다면 바다에 인접해 있어야 한다. 이러한 조건을 모두 고려한다면 새로 원전을 지을 수 있는 곳은 없다고 보는 것이 현실적이다.

1980년대 정부는 강원도 삼척군과 경북 울진군 등에 원자력 건설부지를 지정해 놓았었다. 그런데 김대중 정부는 1999년 12월 이를 해제해 버렸다. 1980년대의 원자력 건설부지 고시가 살아 있다면 원전 르네상스가 열린 지금, 한국은 어렵지 않게 신규 원전 건설부지를 확보할 수 있을 것이다. 2010년 말 한수원은 원전을 지을 수 있는 땅을 가진 지자체를 대상으로 공모를 통해서 신규 원전 건설지를 선정한다는 결정을 내렸다.

김대중 정부는 숙원 사업인 방사성폐기물 처분장 건설 사업에도 적극적이지 않았다. 안면도 사태 이후 표류를 거듭한 이 사업은 노무현 정부 때인 2003년 부안군이 유치를 신청함으로써 전환점을 맞았다. 그러나 환경단체와 반핵단체의 개입으로 거센 시위가 벌어져 유혈극을 벌이다가 실패로 끝나고 말았다. 그리고 2005년 경주시가 주민투표에 의해 최종 후보지로 결정됨으로써 19년을 표류해온 한국의 방폐장 부지 선정 사업은 막을 내리게 되었다.

2012년 완공하는 이 방폐장에는 중저준위폐기물만 저장한다. 한국은 사용후핵연료를 재처리하지 않기에 아직 고준위폐기물은 나오지 않고 있다. 하지만 한미원자력협정을 개정해 재처리를 하게 된다면, 고준위 방사성폐기물 처분장 건설이 화급한 문제가 될 수밖에 없다.

2007년 12월 한국은 설계 수명 30년을 맞아 일시 가동 정지에 들어간 한국 최초의 원전인 고리 1호기를 정밀 조사한 후 이 원전을 10년 더 가동해도 좋다는 결정을 내렸다. 한국도 미국, 일본 등에 이어 안전성이 입증된 원전은 '계속운전' 하기로 한 것. 고리 1호기의 계속운전에 이어 최초의 중수로인 월성 1호기 계속운전 문제도 결정한다.

가압경수로는 거대한 원자로 한 개로 구성돼 있지만 월성 1호기는 380개의 원자로(압력관)를 묶어 놓은 집합체이다. 가압경수로의 원자로는 내구성이 확인될 때까지만 계속운전을 거듭하지만, 중수로의 압력관은 작아서 얼마든지 교체할 수 있다. 30년 된 압력관을 뽑아내고 새 압력관을 설치하면 중수로는 사실상 신형 원자로가 되는 것이다.

월성 원전 1호기는 2009년부터 압력관 교체 작업을 펼쳤기 때문에 특별한 이유가 없는 한 계속운전은 승인을 받을 것으로 보인다. 이어 고리 2·3·4호기와 영광 1·2호기, 울진 1·2호기, 원전 국산화를 위해 컴버스천 엔지니어링과 공동으로 설계 제작한 영광 3·4호기 등도 안전성 검사에 합격하면 계속운전에 들어간다. 반면 문제가 있다고 판단되면 폐로 (廢爐)시키고 해체해야 한다.

북한, 불완전한 핵실험 감행

북한 원자력계도 2000년대에 나름대로 의미 있는 성과를 거뒀다. 2006년 10월 9일 핵실험을 감행한 것이다. 그러나 이 핵실험은 '불완전' 한 실험이었다. 플루토늄탄은 1백만분의 1초 사이에 최소한 80번의 핵분열이 일어나야 한다. 1백만분의 1초 사이에 80번 이상 핵분열이 일어나지 않으면 플루토늄탄은 '피시식' 꺼지게 된다.

'피시식' 꺼진다고 해서 뜨거운 열과 압력, 방사성 물질이 나오지 않는다는 이야기는 아니다. 핵반응은 일어났지만 너무 길게 진행됐기에 폭압이 약해졌다는 뜻이다. 기폭에 문제가 있다는 뜻이기도 하다.

이러한 사실은 북한이 실시한 핵실험의 강도가 약했다는 것으로도 입증된다. 한국지질자원연구원은 북한이 핵실험을 했다고 한 날에 감지한 진도가 3.9 규모라고 발표했는데, 이러한 진도는 TNT 5백~8백 톤(0.5~0.8 킬로톤)을 터뜨렸을 때 일어나는 것이다.

성공한 지하 핵실험에서는 최소한 TNT 1만 톤(10킬로톤) 이상을 터뜨렸을 때 일어나는 것과 유사한 인공지진이 감지된다. TNT 1000톤이 터졌을 때 일어나는 위력을 1킬로톤의 위력이라고 하는데, 과거 미국이나 소련 등이 실시한 플루토늄탄 지하실험 때는 30~40킬로톤의 위력이 발생했다.

가장 작은 것이 파키스탄이 지하 핵실험을 했을 때인데 그때는 12킬로톤 정도의 위력이 발생했다. 그러나 북한의 핵실험에서는 0.8킬로톤도 안 되는 위력이 나왔기에 전문가들은 실패했다고 판단한 것이다. 하지만 안보의식이 해이해지는 것과 북한 상황을 완전히 파악할 수 없다는 점 등을 고려해 북한 핵실험은 실패했다고 공식 발표하지는 않았다.

2009년 5월 25일 실시한 북한의 2차 핵실험에서도 2.5킬로톤의 위력이 나왔기에 역시 실패한 핵실험이란 판단이 나왔다. 이때의 인공지진 규모는 4.7이었다.

레이저 농축기술 보여준 한국

2000년대 북한이 두 차례의 불완전한 핵실험으로 세계를 놀라게 했다면, 한국 원자력계는 듣도 보도 못한 방법으로 우라늄을 농축해 세계를 놀라게 했다. 1990년대 초 한국원자력연구소의 분광학(分光學, Spectroscopy) 팀은 원전 제어에 필요한 가돌리늄(gadolinium)을 레이저로 분리하는 연구를 했다.

가돌리늄은 희귀 금속으로 중성자를 흡수하는 능력이 뛰어나다. 원자로의 제어봉은 핵분열을 일으키는 중성자를 흡수하는 감속재를 담고 있다. 감속재로는 흑연 등을 사용하는데, 흑연은 불이 잘 붙는다는 약점이 있다. 원전을 안전하게 운영하려면 안전한 감속재를 확보해야 한다. 이러한 감속재 대상으로 주목받은 것이 가돌리늄이었다.

레이저는 불순물을 녹이는 기능을 할 수 있다. 한국원자력연구소의 분광학팀은 가돌리늄에 레이저를 쏴 불순물을 없앰으로써 순도를 높여보기로 했는데, 이것은 가돌리늄 농축에 해당한다. 레이저를 이용해 가돌리늄의 농도를 올리는 농축은 프랑스에서 먼저 연구했으나 경제성이 없다고 판단돼 포기했었다. 한국원자력연구소는 이 사실을 알고 있었지만 해보기로 한 것이다.

1998년 한국원자력연구소는 가돌리늄 레이저 분리시설을 완성하고 2000년 초 가돌리늄 농축을 시도했다. 그런데 프랑스와 같이 '경제성이 없다'는 결과가 나와 이 시설을 폐기하기로 했으나, 폐기하기 직전 이 장비를 이용해 우라늄 농축이 가능한지 시험해보기로 했다.

레이저를 이용해 우라늄 235만 남기고 나머지는 제거해 보기로 한 것이다. 한국원자력연구소에는 오래전부터 보관해오던 우라늄 덩어리가 있었다. 이 우라늄 덩어리를 놓고 실험한 것인데, 놀라울 정도로 농축이 잘돼, 20퍼센트로 농축한 우라늄 235를 얻게 되었다.

20퍼센트로 농축한 우라늄의 무게는 0.2그램에 불과했다. 우라늄 농축은 국제적으로 아주 예민한 문제이다. 핵무기를 만들 수 있는 90퍼센트 농축도도 아니고 임계질량(최소 8킬로그램 이상)도 채우지 못한 것이었지만, 국제원자력기구(IAEA)의 승인을 받지 않고 우라늄을 농축했다는 것은 큰 문제가 될 수 있었다.

때문에 한국은 2004년 장인순 박사가 원자력연구소 소장을 할 때 이 사실을 국제원자력기구에 자진신고해 사찰을 받기로 했다. 북한이 2차 북핵위기를 일으킨 와중에 터져나온 이 사건은 국내외에서 큰 파문을 일으켰다. 한국원자력연구소가 0.2그램이긴 하지만 우라늄 농축을 했다는 것이 확인되자, 노무현 정부는 당황해 국가안전보장회의(NSC)를 여러 차례 열었다. 국제원자력기구는 즉시 특별사찰을 실시했다. 하지만 사찰 결과는 한국원자력연구소가 자진 신고한 내용과 사실이 일치하는 것으로 결론지어졌다.

그해 9월 18일 한국은 통일·외교통상·과학기술부 등 세 장관이 합동으로 "한국은 핵무기를 개발하거나 보유할 의사가 없다"는 내용을 담은 '핵의 평화적 이용에 관한 4원칙'을 발표했다. 그리고 10월 한국원자력안전기술원(KINS)의 부설기관으로 '국가원자력통제소'를 만들어 원자력 기술을 평화 이외의 목적으로 사용하는 것을 감시하는 일을 맡겼다.

해프닝으로 끝나긴 했지만 이 사건을 계기로 국민들은 한국도 우라늄을 농축할 수 있는 능력이 있음을 간접 확인할 수 있었다. 이 사건 이후 국제원자력기구는 한국원자력연구원은 물론이고 국방과학연구소(ADD)까지도 특별사찰하기 시작했다. 국제원자력기구의 사찰관은 목적지를 밝히지 않고 인천공항으로 들어온다. 그리고 바로 임대한 차를 타고 그들이 '생각해 두었던 곳'으로 달려가 사찰을 하는 것이다. 이러한 특별사찰을 받는 쪽은 전혀 준비하지 못한 상태에서 사찰관을 맞으니 당황할 수밖에 없다.

북한은 핵개발을 추진하며 이렇게 불시에 추진되는 특별사찰을 받을 수 없다고 했으나, 한국은 순순히 응했다. 한국은 원자력을 평화 목적으로 사용한다는 의지가 있고 북한은 없기에 이런 차이가 생겼다.

한국은 이 특별사찰 때문에 한 발자국을 더 못 나가고 있다. 한 발자국 더 나가는 것은 평화 목적으로 사용후핵연료를 재처리하는 것을 의미한다. 재처리를 하려면 한미원자력협정을 개정해야 하는데 아직 미국은 한국을 요시찰 대상국으로 보고 있어 협정 개정은 쉽지 않아 보인다.

IAEA 사찰단 방문
한국이 0.2그램의 우라늄을 농축했다는 사실을 공개한 직후인 2004년 9월 21일 한국원자력연구소를 사찰하기 위해 찾아온 국제원자력기구의 사찰단이 연구소 출입절차를 밟고 있다.

남북한 원자력 게임의 승자는 한국

1970년대 북한은 소련으로부터 상업용 가압경수로인 VVER-1000 두 기를 도입해 1985년 완공하기로 했었다. 그러나 이 사업은 공사를 착공하지 못하고 지지부진 하다가 소련이 무너짐으로써 불발로 끝나고 말았다. 그 후 북한이 적극 추진한 것이 영변에 자력으로 지은 연구용 원자로에서 나온 사용후핵연료를 재처리해 얻은 플루토늄으로 핵폭탄을 만드는 것이었다.

20여 년간의 노력 끝에 2006년 10월 9일 북한은 플루토늄탄을 터뜨리는 실험을 했으나 성공을 거두지 못했다. 그 사이 한국은 20기의 원전을 가동하고, 한때 KEDO를 통해 북한에 한국형 원전을 수출하려다 실패했다. 그리고 가돌리늄 농축을 위해 도입한 레이저로 우라늄을 농축하는 실험을 해 상당한 성과를 거두고 중단했다.

▌ 롯카쇼무라 전경
미일원자력협정 개정을 계기로 일본은 프랑스의 기술을 도입해 롯카쇼무라에 재처리공장과 MOX
연료공장 등이 들어선 원자력 클러스터를 지을 수 있게 되었다.

　　1950년대부터 시작된 남북한 핵 게임의 승자는 누구일까. 필자의 판
단은 대한민국이다. 대한민국의 원자력은 압도적으로 북한을 능가했다.
그러나 한일간의 핵 게임을 살펴보면 낙관적인 결과가 나오지 않는다.

　　원전 운영 측면에서 한국은 일본과 거의 대등한 수준에 올라섰다. 하
지만 재처리 분야에서는 비교도 되지 못할 정도로 일본에 뒤처져 있다.
일본은 집요하게 미국을 설득해 미일원자력협정을 개정하고 재처리 기
술을 확보했는데, 여기에는 일본의 행운도 적잖게 작용했다.

　　한국은 농축우라늄을 생산하지 못하나 일본은 1992년부터 롯카쇼무
라에서 연간 1,050톤씩 2~4퍼센트로 (저)농축한 우라늄을 만드는 공장을
운영해오고 있다.

　　일본의 성공은 1990년대 프랑스로부터 기술을 도입해 롯카쇼무라에
재처리공장을 짓기 시작한 것으로 증명된다.

2006년 3월 일본은 재처리공장 공사를 완료하고, 1년간의 시험가동에 들어갔다. 2007년 11월부터 본격 가동에 들어간 이 공장은 하루 4.8톤, 연간 800톤의 사용-후핵연료를 재처리해서 플루토늄을 뽑아내고 있다. 이로써 일본은 핵무기를 보유하지 않은 나라 가운데에서 유일하게 재처리공장을 가진 나라가 되었다.

일본의 발전은 여기서 멈추지 않는다. 일본은 이 공장에서 생산한 플루토늄을 핵분열을 일으키지 않는 우라늄 238과 섞어 MOX(Mixed Oxide, 우리말로는 '혼합산화연료') 연료를 만드는 공장을 2012년쯤 완공할 예정이다. MOX연료는 우라늄을 농축한 핵연료와 마찬가지로 원자로에 장전돼 고온의 에너지를 발생시킨다. 일본은 한 발 더 나가서 꿈의 원자로라는 고속증식로도 만들었다.

4세대 원전인 고속증식로 개발에 앞서가는 일본

그러나 고속증식로는 폭발 위험이 매우 크다는 것이 약점이다. 때문에 가장 먼저 고속증식로를 개발해 상업발전에 들어갔던 프랑스도 1988년 상업용 고속증식로의 가동을 중단하고 연구용 고속증식로만 가동하고 있다.

일본은 프랑스에 이어 두 번째로 고속증식로를 개발했다. 1971년 일본은 연구용 고속증식로인 '조요(常陽)'를 만들고 1994년 우리의 동해에 면해 있는 후쿠이(福井)현 쓰루가(敦賀)시에 28만 킬로와트급의 실증로인 '몬주(文殊, 석가여래 왼쪽에 서 있는 지혜를 상징하는 문수보살에서 유래)'를 완공했다.

실증로(實證爐)는 연구로와 상업로 사이에 있는 것이다. 실증로는 상업로를 만들었을 때 과연 이 원자로(고속증식로)가 안전하게 운영될 수 있는지 실험해보는 실험로이다. 그러나 이듬해 몬주 고속증식로는 큰 사고를 일으켜 일본은 이 실증로의 가동을 중단했다.

그리고 12년 동안 각종 점검을 거듭하고 2007년 8월 재가동했다. 일본은 프랑스와 거의 대등한 수준(연구용 또는 실증용 원자로 가동)으로 고속증식로 분야를 발전시켜나가고 있다. 한국은 2000년대 납-비스무스 합금을 냉각재로 이용하는 고속증식로 개발을 시작했다. 서울대 원자핵공학과 황일순 교수가 주도하는 납-비스무스 고속증식로는 일본·프랑스의 고속증식로보다 우수할 것으로 보인다.

한국 원자력발전소에서 나온 사용후핵연료 재처리 문제는 군사가 아닌 원자력발전 분야에서 정치하게 살펴보아야 한다. 2008년 한국이 운영하는 20기 원전에서 나온 사용후핵연료의 양은 690톤이었다. 그리고 고리 1호기를 가동한 이래 20기의 원전을 가동해온 2008년 말까지 누적된 총 사용후핵연료의 양은 무려 1만 83톤이다.

14기의 원전을 더 가동하는 2030년이 되면 누적된 총 사용후핵연료의 양은 더 늘어나게 된다. 2030년 한국이 얼마만큼의 사용후핵연료를 갖게 될지는 누구도 정확히 계산할 수가 없다. 개략적인 추정만 가능한데, 2030년 한국은 3만 톤 이상의 총 누적 사용후핵연료를 보유하게 될 것으로 보인다. 2100년에는 10만 톤에 이를 것으로 추정된다.

3만 톤 정도로 추정되는 사용후핵연료를 고준위폐기물로 보고 영구처분을 하려면 한국은 지하 3백~5백 미터 깊이까지 두꺼운 암반으로 된 지역을 5제곱킬로미터 정도 갖고 있어야 한다. 10만 톤에 이르는 2100년에는 2백 제곱킬로미터가 필요하다. 그런데 한국 지질학계는 지하 3백~5백 미터라는 깊은 곳까지 조사한 바가 없어, 과연 이러한 지역이 한국에 있는지도 알지 못하고 있다. 설령 있다고 하더라도 지하 3백~5백 미터 지역에 5~2백 제곱킬로미터의 공간을 만들고 관리하는 것은 쉬운 일이 아니다. 이러니 사용후핵연료 관리는 조만간 골치 아픈 문제가 될 수밖에 없다.

고준위폐기물 줄이려면 재처리를 해야 한다

이 문제는 재처리를 하면 쉽게 풀리게 된다. 주요 국가들은 4세대 원자로를 개발하고 있는데, 4세대 원자로는 영어로는 Generation 4인지라, 'GEN(젠) 4'로 약칭된다. 프랑스와 일본, 최근에는 한국도 뛰어든 고속증식로가 4세대 원자로가 될 수 있다.

고속증식로는 핵연료를 태우는 와중에 원자로 안에서 플루토늄이 크게 증식되므로 특별히 '증식로(增殖, Breeder)'이라는 단어를 넣게 되었다. 그런데 프랑스와 일본 사례에서 보듯이 고속증식로는 안전을 자신할 수가 없다. 그래서 나온 것이 원자로 안에서 플루토늄 증식 없이 핵연료를 태우는 고속로이다.

가압경수로에 쓰이는 핵연료는 우라늄 235를 3퍼센트 정도로 (저)농축한 것이다. 이러한 핵연료를 원자로에 넣어 3년간 태운 사용후핵연료에는 1퍼센트 정도의 우라늄 235와 소량의 플루토늄이 들어 있다.

가압경수로용 사용후핵연료에서 발견되는 우라늄 235와 플루토늄의 농도는 중수로에서 쓰이는 천연우라늄의 농축도(0.7퍼센트)보다 높은 것이다. 그리고 이 사용후핵연료에는 우라늄 238이 '여전히' 90퍼센트 이상을 차지한 상태로 있다.

사용후핵연료에 들어 있는 우라늄 235와 플루토늄 그리고 우라늄 238을 꺼내고 나면 남는 것은 5퍼센트도 되지 않는데, 이렇게 남는 것이 영원히 쓸모가 없는 쓰레기이다. 이렇게 영원히 쓸 수 없는 쓰레기는 '고준위폐기물'로 처분해버리고, 우라늄 235와 우라늄 238, 플루토늄을 섞어서 다시 핵연료로 만들어 고속로에 넣어서 때면 이들은 중성자를 맞아서 많은 열을 내고 다른 물질로 변한다.

세슘(cesium)이나 스트론튬(strontium) 등으로 변하는데, 이들은 방사선이 강하고 반감기가 짧다는 특징이 있다. 이러한 고속로를 개발해낸다면 인류는 고준위폐기물의 양을 혁명적으로 줄일 수 있게 된다. 그런데 고속로를 위한 핵연료를 만들려면 가압경수로 등에서 타고 나온 사용후핵연료를 처리해(이를 재처리라고 한다) 우라늄과 플루토늄을 추출해야 한다.

3퍼센트대로 (저)농축한 우라늄으로 핵연료를 만들어 가압경수로 등에 넣어 태우고, 여기서 나온 사용후핵연료를 재처리해 고속로를 위한 핵연료를 만든다. 고속로에서 타고 나온 사용후핵연료에는 중저준위 정도의 방사능을 내는 쓸모없는 물질만 담겨 있으니 이를 영구 처분한다. 이렇게만 된다면 인류는 막대한 에너지를 얻음과 동시에 골치 아픈 고준위폐기물 문제를 피해갈 수 있다.

이러한 연구를 앞장서서 펼치는 나라가 미국이다. 미국은 이 문제를 원자력발전의 강국들이 모여 공동으로 연구하자며, 부시 대통령 시절인 2006년 2월 6일 전 세계를 향해 GNEP('지넵'으로 읽는다: Global Nuclear Energy Partnership)을 제의해 놓았다. 한국은 GNEP에 참여할 수 있는 핵심 국가이므로 한국은 사용후핵연료를 재처리할 수 있어야 한다. 미국은 한미원자력협정을 개정해 한국이 사용후핵연료를 재처리할 수 있도록 해줘야 한다.

한반도 비핵화 선언은 북한이 2006년 10월 9일과 2009년 5월 25일 두 차례 어설픈 핵실험을 함으로써 이미 깨져버렸다. 동참해야 하는 북한이 파기시킨 비핵화선언에 한국이 계속해서 붙잡혀 있을 이유는 없다. 미래의 에너지를 확보하기 위해 한국과 미국이 공동으로 연구해야 하는 것이 현실이라면, 골치 아픈 고준위폐기물 문제도 풀어야만 한다면 미국은 한국을 동반자로 보고 한미원자력협정 개정에 응해주어야 한다.

원자력의 '원' 자도 모르던 불모지 한국은 이승만·박정희·전두환이라고 하는 권위주의 정권의 노력으로 이명박 정부 시절 아랍에미리트(UAE)에 원전을 수출하게 되는 원자력 강국으로 발전했다. 그리고 원자력 르네상스가 열린 지금 거대한 비약을 하려고 한다. 이 비약을 가로막는 큰 장애가 한미원자력협정이다. 한국은 이 협정을 개정해 미래사회에서는 진정한 원자력 강국이 되어야 한다.

평화적으로 쓰이는 한국 원자력에는 언프랜드리했고 핵무기를 만드는 북한에는 프랜드리했던 김대중 전 대통령이 2009년 8월 18일 타계했다. 그가 퇴임할 무렵 세계적으로 원자력 르네상스가 열렸다는 사실은 그가 원자력을 몰랐다는 것을 여실히 보여준다.

UAE에 대한 400억 달러 규모의 원전 수출은 대단한 쾌거이다. 정부는 UAE와 원전 수출 계약을 한 2009년 12월 27일을 기념하여 12월 27일을 '원자력의 날'로 제정했다. 2013년 5월에는 울진과 영광 원자력본부를 한울과 한빛 원자력본부로 개명했다.

원자력 르네상스가 열리면서 2030년까지 세계적으로 400여 기의 원전이 건설될 전망이다. 이 중 최소한 20퍼센트인 80여 기를 한국이 수출하는 것이 대한민국의 목표이다. UAE에 대한 원전 수출은 한국이 세계 원자력 3강에 진입했다는 신호탄이다.

SECTION 3

1. 워싱턴이 기침을 하면 한국은 몸살을 앓는다, 외국의 반핵운동
2. 세계를 뒤덮은 체르노빌의 그림자, 한국에 상륙한 반핵
3. 무뇌아에서 굴업도까지, 방폐장 선정 놓고 강경해진 반핵시위
4. 그래도 원자력이다, 반핵에서 용핵(容核)의 시대로

반핵(反核)에서 용핵(容核)으로
험난했던 원전의 사회 수용 30년

1990년대까지 세계를 뒤덮었던 반핵운동은 핵무기보다는 원자력발전에 초점을 맞춘 것이었다.

원전에서 사고가 일어나면 제일 먼저 희생되는 이는 원전 근무자들이다. 이러한 원전 근무자들이 원전의 안전을 자신하는데, 원전에서 멀리 떨어진 곳에 사는 사람들이 원전의 위험을 제기하고 나선 것이 반핵(反核)운동의 실체였다.

사람들의 뇌리에는 원전과 원폭은 같다는 개념이 있었다. 따라서 원전이 사고를 일으켰다면 원폭이 터졌다는 것으로 이해해 큰 두려움을 느끼고 강한 생존본능을 작동시켜 거부운동을 벌였다.

미국과 소련이 수만 기나 보유하고 있는 핵폭탄은 볼 수 없기에 아무 말도 하지 않고, 쉽게 볼 수 있는 원전을 향해 반핵운동을 펼친 것이다.

이러한 운동을 일으킨 대표적인 인물이 오스트리아의 노벨상 수상자인 콘라트 로렌츠 박사이다. 콘라트 로렌츠 박사가 오스트리아 최초 원전 가동을 중지시킨 후 스리마일 섬 원전 사고가 일어났다. 이를 계기로 유럽에서 일기 시작한 반원전운동은 소련의 체르노빌 원전 사고를 계기로 전 세계로 확대되었다.

이런 여파를 증폭해서 받은 것이 한국이었다. 한국은 정부 차원에서 강력히 원전 건설을 추진했기에 원전에서 나온 방사성폐기물 처분장을 짓는 것에 반대하는 형태로 반핵운동이 터져 나왔다.

외세를 따라간 반핵운동을 잠재우는 데 한국은 19년의 세월이 걸렸다. 한국의 용핵(容核)정책도 선진국을 따라간 것이었지만, 반핵운동도 외세를 따른 것이었다.

Chapter 1

워싱턴이 기침을 하면 한국은 몸살을 앓는다

지금은 덜하지만 고리 1호기를 시험 가동하던 1977년 무렵 우리 사회에는 '엽전의식'이 팽배해 있었다. 물 건너온 외제(外製)는 믿어도 국산은 믿을 수 없다는 생각이 널리 퍼져 있었다.

1976년 당시 한국의 1인당 GNI(국민총소득)는 818달러였고 미국의 1인당 GNI는 8,261달러였으니 당시의 미국인들은 한국인들보다 10.1배나 잘 살았다. 그런데 30년이 지난 2006년 한국인의 1인당 GNI는 1만 8,732달러이고, 미국의 1인당 GNI는 4만 4,305달러이다. 10.1배에 달했던 한미간의 차이가 2.4배 차이로 줄어들었다.

그래서인지 엽전의식이 많이 희박해졌다. 한국에서 대학을 나온 박찬호(朴贊浩) 투수가 미국 메이저리그에 진출해 2000년 18승을 거둔 것이 엽전의식을 버리게 하는 좋은 계기가 되었다. 강타자가 즐비한 메이저리그에서 18승을 올린 것은 손꼽히는 피칭이 아닐 수 없다.

1988년 서울올림픽에서 한국이 4위에 올랐을 때, 한국인들은 '홈그라운드였으니 그렇지 뭐' 하고 대수롭지 않게 여기려 했다. 그런데 야구의 본거지인 미국에서 박찬호가 18승을 올리자 88서울올림픽에서 4위에 오른 것을 믿고 싶어하는 의식이 강해졌다. 이 의식은 2002년 한일 월드컵에서 한국이 4강에 오르고 2010년 밴쿠버 동계올림픽에서 5위에 오르면서 더욱 확고해졌다.

세상을 넓게 보자. 현대중공업을 선두로 한 한국의 조선(造船)산업은 압도적으로 세계 1위이다. 반도체를 비롯한 전자산업의 경쟁력도 세계적이다. 삼성전자의 애니콜과 LG전자의 사이언은 세계 휴대폰계의 절대 강자이다. 현대·기아자동차는 세계 5~6위권의 자동차 회사이고, 포스코도 제철업계에서는 다섯 손가락 안에 든다. 한국은 국가 경쟁력 순위에서 세계 10위권에 근접해 있다.

엽전의식에 사로잡힌 개발도상국과 세계 톱 10의 강국 사이에는 건너기 힘든 강이 있었다. '의식 전환'이라고 하는 강이…. 이 강을 건너려면 한국은 미국을 극복해야 한다. '미국은 항상 최고이고, 한국은 늘 열등하다'는 의식을 버리지 못하면, 한국은 세계 톱 10에 근접한 나라가 되지 못한다는 이야기다.

反美구호로 떨쳐버린 엽전의식

의식 전환을 하기 위해 한국은 '반미(反美)시위'라고 하는 아주 혹독한 대가를 치렀다. 소년이 청년으로 성장하기 위해 '사춘기'를 겪듯, 개발도상국이었던 한국은 선진국이 되기 위해 힘든 내홍을 치른 것이다.

1980년대 우리 사회에 등장한 반미 구호는 우리의 모든 것을 뒤집어보는 동인(動因)이 됐다. 반미는 훗날 '386세대'로 불리게 되는 당시의 대학생들이 부각시켰다. 남북대결이 첨예했던 1960년대와 70년대 금기어

였던 '반미'를 386세대는 간단히 깨뜨림으로써 한국을 역동적으로 변화시킬 수 있는 단초를 만들어냈다.

반미와 반핵은 엇박자를 놓으면서 상승기류를 형성했다. 이 땅에서 반미시위가 거센 시절, 미국은 원전을 짓지 않았다. 그러자 '미국도 하지 않는 원자력을 왜 한국이 하느냐'며 반핵의 불꽃이 타올랐다. 한국의 반핵운동은 대단했지만, 한국의 원자력 발전은 살아남았고 오히려 영역을 확대했다. 그리고 2000년대 후반 한국은 엽전의식과 반미·반핵을 동시에 벗어던지게 되었다.

가공할 반핵(反核)시위가 어떻게 원자력발전을 용인하는 '용핵(容核)'으로 변모했는가. 미국을 중심으로 한 세계 원자력계의 동향과 한국 원자력계의 움직임을 결부해, '반핵에서 용핵으로'를 살펴보기로 한다.

해외에서 불어온 반핵의 열풍

오스트리아의 수도인 빈에는 국제원자력기구(IAEA)가 있는데, 이러한 오스트리아에 단 한 기의 원자력발전소도 가동되지 않고 있다. 같은 중립국인 스위스에는 2008년 말 현재 다섯 기의 원전이 돌아가고 있는데, 오스트리아에서는 단 한 기의 원전도 가동되지 않고 있는 것이다.

1973년 노벨 의학·생리학상 수상자인 오스트리아의 동물학자 콘라트 로렌츠는 1970년대 후반 환경운동에 투신했다. 환경운동가로서 쓴 그의 유명한 저서가 『야생거위와 보낸 일년』이다. 환경운동에 나선 그는 반원전운동을 벌이기로 하고, 1978년 완공 예정인 오스트리아 최초의 원자력발전소인 츠벤덴도르프 원자력발전소를 그 대상으로 삼았다.

그는 츠벤덴도르프 원자력발전소의 가동을 막기 위해 그가 할 수 있는 모든 일을 다 했다. NGO 단체를 동원해 시위를 벌였고, 각종 토론회에 참여해 왜 원전 가동을 막아야 하는지에 대해 역설했다. 이러한 신념

© wikipedia

콘라트 로렌츠
1973년 노벨 의학·생리학상 수상자인 콘라트 로렌츠는 1970년대 중후반 반핵 환경운동에 투신해 오스트리아가 지은 최초 원전인 츠벤덴도르프 원전을 가동도 해보지 못하고 멈추게 했다. 오른쪽은 한국에서 번역된 콘라트 로렌츠의 저서들

© wikipedia

츠벤덴도르프 원전
콘라트 로렌츠 박사가 추진한 반원전운동의 타깃이 돼 준공과 동시에 가동중지에 들어간 츠벤덴도르프 원전.
그 후 오스트리아는 국제원자력기구의 본부가 있건만 가동되는 원전은 없는 '희한한 나라'가 되었다.

이 '놀라운' 결과를 가져왔다. 콘라트 로렌츠의 주장에 동조하는 사람이 기하급수적으로 늘어난 것이다.

대세에 밀린 오스트리아 정부는 츠벤덴도르프 원전 가동 여부를 묻는 국민투표를 실시했는데, 결과는 놀랍게도 '가동하지 말자'는 의견이 절반을 간신히 넘긴 50.5퍼센트로 나왔다. 이로써 츠벤덴도르프 원전은 완공은 했으나 가동도 해보지 못하고 폐쇄되고 말았다.

이에 대해 콘라트 로렌츠는 "츠벤덴도르프 원전은 가장 값비싼 고철이 되었다"라며 기염을 토했다. 이후 세계는 콘라트 로렌츠의 주장이 옳았다는 것을 증명하는 방향으로 움직이기 시작했다. 이듬해 미국에서 스리마일 섬 원전 2호기 용융사고가 일어난 것이다.

스리마일 섬 원전 2호기 용융사고

미국 펜실베이니아 주 해리스버그(Harrisburg)시 인근에 위치한 도핀(Dauphin) 카운티에는 미국 남북전쟁의 한 무대가 되었던 서스퀘해나(Susquehanna) 강이 흐르고 있다. 이 강 한가운데 '스리마일 섬(Three Mile Island)'이 있는데, 이 섬은 영어 머리글자를 따서 TMI로 약칭된다.

미국의 '밥콕 앤드 윌콕스(Bobcock & Wilcox)'는 스리마일 섬에 90만 킬로와트급 가압경수로 두 기를 지었다. 90만 킬로와트에 약간 못 미치는 1호기는 1974년부터 상업운전에 들어갔다. 콘라트 로렌츠가 츠벤덴도르프 원전 폐쇄에 성공하고 한국의 고리 1호기가 상업운전을 개시한 때로부터 약 1년이 지난 1978년 말부터 90만 킬로와트를 약간 넘는 2호기가 상업운전에 들어갔다.

고리 1호기가 상업운전에 들어간 지 1년 3개월이 되고, 스리마일 섬 원전 2호기가 상업운전에 들어간 지 4개월여 되는 1979년 3월 28일 새벽 4시쯤, 스리마일 섬 원전 2호기에서 경천동지할 사건이 일어났다. 증기

스리마일 섬 원전
1979년 3월 28일 원자로가 녹아내리는 사고를 일으킨 미국의 스리마일 섬 원전 2호기. 이 사고로
이 원전을 짓고 운영한 밥콕 앤드 윌콕스 사의 원자력 부문은 문을 닫았다. 뒤에 보이는 큰 구조물
은 2차 냉각수를 식히는 냉각탑이고, 앞에 있는 원통형 건물이 원자로가 있는 격납건물이다.

발생기에서 2차 냉각수를 돌리는 냉각펌프가 멈춰선 것이다.

2차 냉각수는 1차 냉각수로가 준 고열로 고압의 수증기가 돼 터빈을
돌려준다. 터빈이 돌아가면 발전기도 따라서 돌아가 전기를 생산한다.
터빈을 돌려준 고압의 수증기는 냉각돼 다시 물이 되는데, 수증기가 물
로 돌아오는 것을 가리켜 '복수(復水)'라고 한다.

'돌아온 물', 즉 복수는 다시 증기발생기로 들어가 1차 냉각수로부터
뜨거운 열을 받아 또다시 터빈을 돌려주는 수증기가 된다. 냉각펌프는
'돌아온 물(복수)'을 증기발생기로 보내주는 기능을 하는데, 이 펌프가 고
장나면 증기발생기로의 물 공급이 원활하지 못하게 된다. 이렇게 되면
증기발생기 안에 있던 소량의 물이 강한 열을 받아 높은 압력의 수증기

로 변한다. 그런데 수증기의 압력이 너무 세지면 위험해지므로 이렇게 되었을 때는 밸브를 열어 수증기를 빼줘야 한다.

2차 냉각수는 원자로에 들어가지 않으므로 방사선에 오염돼 있을 가능성이 매우 희박하다. 따라서 2차 냉각수가 흐르는 관의 밸브를 여는 것은 방사선 오염과는 거리가 멀다. 증기발생기의 압력이 높아지자 자동으로 TMI-2호기의 증기발생기 밸브가 열렸고, 그 밸브를 통해 높은 압력의 수증기가 빠져나갔다.

높은 압력의 수증기가 빠져나갔으면 복수기에서 '돌아온 물'은 냉각펌프를 통해 증기발생기로 보내져야 한다. 그런데 냉각펌프가 작동하지 않으니 증기발생기는 물을 받지 못해 더 이상의 증기를 생산하지 못했다. 그러자 2차 냉각수에 열을 전해줌으로써 냉각되는 1차 냉각수가 '식지' 못해 급격히 온도가 높아졌다.

그에 따라 압력도 올라갔으며 압력이 과도하게 증가되는 것을 방지하기 위해 PORV(pilot-Operated Relief Valve, 가압기 상부에 위치)가 개방되었는데 어느 일정 압력까지 감소되면 밸브는 차단되지 않아 그 결과 개방 고착된 밸브를 통해 냉각수가 외부로 유출되었다.

1차 냉각수가 사라지자 원자로는 열을 식히지 못해 과열되기 시작했다. 밸브가 고착되어 개방되었지만 개방되어 있다는 신호도 없었고 그 결과, 주제어실 운전원은 이를 알지 못하고 원자로 내로 유입되는 냉각수 양을 감소시킴으로써 상황을 악화시키는 조치만을 수행하였다. 결국 TMI-2 원자로는 온도가 매우 높아지면서 녹아내리기 시작했다.

방사선이 아니라 엑소더스에 놀란 세계

영어로는 '멜트 다운(Melt down)', 우리말로는 '용융(鎔融)'이라고 하는 사고가 일어난 것이다. 밥콕 앤드 윌콕스는 '노심(爐心)'으로 표현되는 원자로 안에 있던 핵연료가 절반 정도 녹아내린 16시간 후 비로소 냉각수 펌프를 재가동해 원자로의 용융을 멈춰 세울 수 있었다.

원자로에 들어가는 핵물질은 펠릿(Pellet, 담배 필터 정도의 크기와 모양을 한 금속재)에 들어 있다. 원자로가 과열돼 녹아내린 것은 펠릿이 녹고, 펠릿을 담고 있는 연료봉이 녹고, 연료봉이 들어 있는 원자로도 녹아 펠릿에 있던 핵물질이 원자로 밖으로 나왔다는 것을 의미한다.

그러나 냉각수는 빠져나간 다음이었으므로 핵물질과 냉각수가 결합된 핵증기(核蒸氣)는 거의 만들어지지 않았다. 핵증기가 생성되지 않았다는 것은 강한 폭압이 발생하지 않았다는 뜻이다.

핵증기가 발생해 강한 폭압이 일어났어도 TMI-2호기의 격납건물은 이 폭압을 견뎌냈을 것이다. 덕분에 거의 모든 핵물질이 격납건물 안에 갇혔다. 그러나 원자로가 녹아내렸다는 소식은 많은 사람들을 놀라게 했다. 적잖은 사람들이 원자로가 녹아내린 것을 원자폭탄이 터진 것과 같다고 생각했다. 공무원들도 같은 인식을 가졌다.

사고 발생 이틀 후 미국 당국은 미량의 방사능이 대기로 유출됐다는 것을 알렸다. 극소량의 핵증기가 격납건물 밖으로 나갔음을 인정한 것이다. 그리고 인근에 살고 있는 주민 가운데 임산부와 10세 이하의 어린이를 소개(疏開)시키자, 소개 대상이 아닌 다른 주민들도 불안을 느껴 살던 곳을 떠나기 시작했다. 그로 인해 원거리인 해리스버그 등에 사는 주민까지 포함해 10만여 명이 집을 떠나는 소동이 일어났다.

이 거대한 엑소더스는 당연히 언론의 주목을 끌었다. 언론이 엑소더스를 대대적으로 보도하자 원전이 없는 곳에 사는 사람들도 원전을 두려운 존재로 인식하게 되었다.

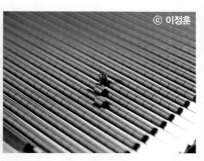

펠릿

핵분열을 일으키는 우라늄 235 등 핵물질이 들어가 있는 담배 필터 크기의 펠릿. 무게가 5.2그램에 불과한 펠릿 하나에서는 4인 가족이 8개월간 쓸 수 있는 전기가 생산된다. 이러한 펠릿을 일렬로 긴 통 안에 넣는 것이 핵연료봉이고(오른쪽), 핵연료봉 1백여 개를 묶어놓은 것이 '핵다발'인데 보통은 핵다발을 핵연료라고 부른다.

그로 인해 미국에서는 큰 변화가 일어났다. 반(反)원전운동이 격화된 것이다. 당시 미국 대통령은 지미 카터였는데, 카터는 핵을 좋아하지 않았다. 카터 행정부는 미국 내에 건설 중이던 53개 원전에 대해서만 계속 건설을 허가하고, 계획 중인 원전에 대해서는 일체 건설을 허가하지 않기로 했다. 이 사고로 밥콕 앤드 윌콕스의 원자력 부문이 문을 닫았다.

아쉬운 것은 많은 사람들이 격납건물이 방사능을 품은 핵물질을 막아낸 사실에 주목하지 못했다는 점이다.

격납건물 밖으로 나간 극소량의 핵증기에 의해 주민들이 받게 된 평균 방사선량은 0.01밀리시버트로 밝혀졌다. 0.01밀리시버트의 방사선은 무시해도 좋을 정도로 아주 미미한 수치이다.

인간이 살고 있는 자연계에도 방사선이 존재한다. 사람들이 늘 쬐고 사는 자연방사선의 세기는 2.4밀리시버트 정도라고 한다. 이러한 자연방사선에 0.01밀리시버트가 추가돼 봐야 무슨 의미가 있겠는가.

그런데 자연방사선은 일정하지 않다. 그날그날의 상황에 따라 바뀌는 경우가 많다. 2.0밀리시버트가 됐다가 2.8밀리시버트가 되기도 한다. 그

스리마일 섬 원전 사고현장에 온 카터 대통령
1979년 4월 1일 지미 카터 당시 미국 대통령이 직접 스리마일 섬 원전 사고현장을 방문했다. 이 사고를 계기로 카터 대통령은 더 이상 미국에 원전을 짓지 않겠다는 선언을 함으로써, 세계적으로 반(反)원전 무드를 증파시켰다.

렇다면 0.01밀리시버트의 증가는 무시해도 좋은 수치이다. 이러한 판단을 내린다면 핵증기는 격납건물 밖으로 전혀 나가지 못한 것이 된다. 그러나 사람들은 과학을 근거로 한 이 설명에 주목하지 않았다.

스리마일 섬 원전 2호기 사고로 단 한 명의 사망자, 단 한 명의 부상자도 없었다. 심리적인 불안 때문에 거대한 엑소더스만 연출된 것인데, 사람들은 이것만 보고 원전에 대한 두려움을 품었다. 그리고 '세계 최강'인 미국이 원전 건설 중단 결정을 내린 것에 주목했다. 한국에서는 '미국도 저러한데 엽전은 오죽하겠느냐'는 인식이 형성될 수 있게 된 것이다.

TMI-2 사고는 한국에서는 크게 보도되지 못했다. 원자력 입국과 핵주권에 대한 의지가 강했던 박정희 정부의 입김 탓이었을 것이다. 당시한국 사회에는 '원자력과 미국은 건들지 말라'는 터부가 살아 있었다.

이 제재는 1979년 10·26사건으로 박정희 대통령이 서거하면서 무너지게 되었다. 그리고 엘리트 집단을 중심으로 TMI-2호기 사고가 알려지면서 박정희 정부가 도입한 고리원전도 안전을 믿을 수 없다는 인식이 확산 돼갔다. 군사정부가 친핵(親核) 노선을 걷는 중에, 사회의 엘리트들은 조금씩 반핵(反核)의 기운을 잉태하고 있었다.

스웨덴도 국민투표로 원전건설 중단 결정

스리마일 섬 원전 사고와 관련해 1980년 스웨덴이 아주 중요한 결정을 내렸다. 10기의 원자력발전소를 운영하던 스웨덴이 국민투표를 통해 원전 추가 건설 중지를 결정하고, 가동중인 원전도 2020년까지 모두 폐쇄한다는 결정을 내린 것이다.

스웨덴이 이와 같은 결정을 내리기 1년 전인 1979년 독일에서 페트라 켈리와 헤르베르트 그룰 등이 주도해 250여 개 환경단체가 연합한 녹색당이 출범했다. 녹색당은 북대서양조약기구(NATO)와 바르샤바조약기구(WTO)의 폐지와 거대 기업의 해체, 주 35시간 노동제 그리고 반핵을 주장했다.

페트라 켈리 등은 핵무기에 반대하는 반핵운동을 펼친 것인데 이것이 반원전운동으로 이어졌다. 독일 언론은 그를 가리켜 '원자력시대의 잔다르크'라고 불렀다. 이 별명은 그를 놀리는 것인 동시에 찬양하는 것이기도 했다.

독일에는 한국처럼 미군이 주둔했다. 주독미군은 점령군으로 보일 수도 있다. 이에 반감을 품은 독일 젊은이들은 반미 구호를 외쳤다. 이러한 때 녹색당이 등장해 반핵무기를 주장하니, 반미 성향의 젊은이들이 이에 동조했다. 반미와 반핵무기 주장이 결합한 것이다.

그러나 핵무기는 보이지 않는다. 보이는 것은 원자력발전소뿐이므로

TMI-2 사고를 기억하는 사람들은 '원자력발전소=핵무기'란 인식을 갖고 반원전 시위를 벌였다. 이러한 나라에서 공부한 한국 유학생들은 반핵에 대해 생각해 볼 수밖에 없었을 것이다.

386세대가 형성되면서 서서히 한국에서도 반미의 물결이 일기 시작했다. 1980년대 대학에 들어온 386세대 가운데 일부는 광주 사태를 유혈진압하고 정권을 잡은 신군부를 미국이 인정해준 데 대해 불만을 품었다. 이들은 신군부 배후에 미국이 있는 것으로 인식하고, 독재 타도와 반미를 함께 외치기 시작했다.

대학가의 정서는, 더구나 비판적인 정서는 시대를 호흡하는 언론에 민감하게 투영된다. 젊은 기자일수록 비판과 반미에 쉽게 사로잡혔다. 그러나 언론사에는 장년의 고참 기자도 적지 않으니 비판적인 정서는 '사실'을 갖고 있어야 표출될 수 있었다.

이스라엘 공군의 이라크 오시라크 원전 공습

1981년 6월 3일 이스라엘 공군기들이 사우디아라비아로 우회해 날아가 이라크가 프랑스의 지원을 받아 건설하고 있던 오시라크(Osirak)의 원자로를 파괴했다. 그 유명한 '오페라 작전'을 펼친 것이다. 이스라엘은 이 원자로가 가동될 경우 이라크는 핵보유국이 될 수 있다고 보았기에 공습했다. 그로 인해 '원자로는 원자폭탄이다'란 해석이 나오게 되었다.

이 사건도 한국에서는 크게 알려지지 않았다. 하지만 이 사건은 원자력발전소와 원자폭탄을 '등치'시키는 인식을 낳았다는 점에서 중요하다. 오시라크 원자로는 4만 킬로와트급 연구로였다. 일반적으로 상업용 가압경수로는 3퍼센트 내외로 농축된 우라늄을 사용한다.

그러나 오시라크 원자로는 연구용 성격을 갖고 있었기에 핵무기 제조에 사용될 수 있는 93퍼센트 농축도의 우라늄을 사용했다. 이 원자로를 공급한 프랑스는 이라크에게 93퍼센트로 고농축된 우라늄 12.5킬로그램을 전달했다. 12.5킬로그램의 고농축우라늄으로는 원자폭탄을 만들 수 있다.

프랑스는 세계적으로 핵을 확산시킨 혐의를 받고 있는 나라다. 이러한 프랑스를 이용해서 사실상 핵무장을 완료한 나라가 이스라엘이다. 오랫동안 한반도를 달궈온 북한 영변의 원자로는 1957년 프랑스

© wikipedia

오시라크 원전
이스라엘 공군기의 공습으로 파괴되기 전 이라크가 건설하던 오시라크 원전. 이 연구용 원자로는 핵무기를 제조할 수 있는 93퍼센트로 고농축된 우라늄을 핵연료로 사용하기에 이스라엘은 이라크가 이 원자로를 이용해 핵무기를 제조할 수 있다고 보고 공격했다.

가 개발해 이스라엘에 공급한 G-1 연구용 원자로와 매우 비슷하다. G-1 연구용 원자로는 4만 킬로와트급으로 플루토늄 생산에 적합했다. 프랑스로부터 이 원자로를 제공받은 이스라엘은 1970년대 초 자력으로 핵무장을 했다.

아랍국가들로 둘러싸인 이스라엘의 자위(自衛)의식은 대단하다. 1973년 이스라엘은 프랑스의 지원으로 '크피르(Kfir, 사자 새끼라는 뜻)'라는 이름의 전투기를 만들고, 이 전투기를 토대로 1980년 '라비(Lavi, 젊은 사자라는 뜻)'라는 아주 우수한 전투기도 개발했다.

크피르 전투기를 개발했을 때 골다 메이어 총리가 이끄는 이스라엘은 아랍국가들의 선제공격으로 치명타를 입었다. 4차 중동전이 일어난 것인데, 이때 이스라엘은 핵무기 사용을 진지하게 검토하다 포기했다. 핵무기를 사용하면 국제적으로 고립될 것이라는 판단 때문이었다. 핵무기를 제조한 경험이 있는 만큼 이스라엘은 '주변 아랍국가들이 핵무기를 개발하지 않을까?' 하며 눈에 불을 켜고 살펴봤다.

그리고 그들에게 원천기술을 알려준 프랑스가 적국인 이라크에 원자로를 공급한다고 하니, 이스라엘의 신경은 곤두설 수밖에 없다(이스라엘은

그 후 남아프리카공화국과 함께 보유한 핵무기를 폐기했다고 주장했다).

이스라엘은 외교적으로 프랑스에 압력을 넣어서 이라크의 핵무장을 막을 것이냐 아니면 이라크의 핵시설을 공격할 것이냐를 놓고 깊은 고민에 빠졌다. 이때 오시라크 원전 제공에 관련된 프랑스의 관계자들이 연쇄적으로 피살되거나 테러를 당하는 사태가 일어났다. 많은 사람들은 '모사드'로 불리는 이스라엘 정보부가 한 것으로 추정했으나 증거는 없었다. 이러한 방해에도 불구하고 이라크에 대한 프랑스의 원전 공급은 계속됐기에 이스라엘은 후자를 선택했다.

오시라크 원자로의 정식 이름은 '타무즈(Tammuz)-1'이었다. 타무즈-1은 G-1과 비슷한 4만 킬로와트급의 연구용 원자로였다. G-1으로 핵무장을 한 바 있는 이스라엘은 타무즈-1이 어떤 용도로 쓰일 것인지 짐작할 수 있었다. 이런 사실이 확인되자 이스라엘은 프랑스와 이라크가 '돌아오지 않는 다리'를 건넜다고 판단하고 공습을 하게 되었다. 이스라엘에서 발진한 전투기들은 공중급유기로부터 급유를 받아가며 사우디아라비아를 관통해 이라크로 돌진했다. 그리고 단 80초의 공습으로 오시라크 원자력 단지를 초토화했다.

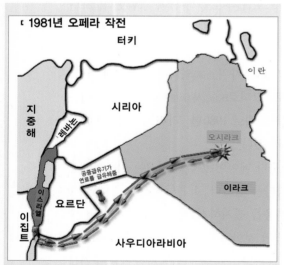

오시라크 원전 공습 경로
1981년 6월 3일 이스라엘 공군기들은 공중급유기로부터 급유를 받으며 사우디아라비아 쪽으로 우회해 날아가, 이라크가 프랑스의 지원을 받아 건설하고 있던 오시라크 연구용 원자로를 폭파했다.

'한국 원전에 문제 있다' 는 기사 등장

'원전=원자폭탄' 이라는 인식이 형성되던 때인 1983년 미국에서 한국 원전과 관련해 비판적인 언론인의 흥미를 끌 수 있는 기사가 보도됐다. 『카운터스파이(Counter Spy)』와 『멀티내셔널 모니터(Multinational Monitor)』라는 이름의 미국 잡지가 '한국 원전에 결함이 있다' 는 내용의 기사를 게재한 것. 고리 1호기는 TMI 원전과 같은 가압경수로이나, 건설사는 TMI와 다른 웨스팅하우스였다.

두 잡지는 UNDP(UN개발계획)와 IBRD(세계은행)의 지원을 받은 샐러먼 레비 씨가 1982년 4월 6일부터 16일 사이 한국의 원자력발전소를 돌아보고 작성한 '한국 원자력발전소 계획의 안전성 검토' 라는 제목의 보고서를 토대로 이 기사를 작성했다.

레비 씨는 이 보고서에서 △경제성을 강조하면 안전성을 등한시할 수 있으니, 경제성과 안전성이 잘 균형을 이루도록 한국은 원자력 관련 법령을 정비해야 한다 △원전 가동을 담당하는 동력자원부와 원자력 개발과 감독을 담당하는 과학기술처의 업무를 분명히 구분해야 한다 △원자력 규제를 담당하는 인원을 육성하기 위해 종합인력개발계획을 마련해야 한다 는 등의 6개 항을 지적했다.

레비는 한국의 원자력발전소가 더욱 안전하게 운영되려면 이러한 내용을 보강해야 한다고 말한 것인데, 이 보고서를 입수한 두 잡지는 이 지적을 한국 원자력발전소의 문제점으로 판단해, '미국의 수출입은행은 한국이 원자력발전소를 짓기 위해 도입하려는 차관 지원을 중단해야 한다.' 고까지 주장했다. 두 잡지는 TMI 사고 이후 미국의 반원전 정서를 토대에 깔고 있었기에 이러한 논조의 기사를 쓴 것이었다.

'워싱턴이 기침을 하면 서울은 몸살을 앓는' 현상은 어제 오늘의 일이 아니다. 『카운터스파이』와 『멀티내셔널 모니터』는 영향력이 큰 매체는 아니지만 미국 매체가 한국 원자력발전에 대한 기사를 다루는 것은 매우 드문 일인지라, 한국 언론은 일제히 이를 비중 있게 보도했다.

사람들은 '사실을 믿는 게 아니라, 믿고 싶은 것을 믿으려고 하는' 경향이 있다. 사실이라고 믿고 싶은 것이 보도됐을 때 이를 믿는 것은 '믿음의 오류'에 빠지는 지름길이다. 강력한 군사정권이 있고 민도도 낮은 시절이라면 이러한 경향은 억제될 수 있다. 그러나 1980년 서울의 봄과 광주 사태를 계기로 한국의 정치 민도는 반미(反美)를 외칠 정도로 크게 올라가 있었다.

이러한 정치 민도가 과학과 결합하면 사람들은 확신을 하게 된다. 이 트렌드는 '과학을 토대로 한 반핵(反核)'이 등장함으로써 확실히 열리게 되었다. 때마침 선진국에서도 환경을 중시하는 경향이 형성되고 있었으니, 과학을 토대로 한 반핵은 바로 환경 문제와 연결되었다. '반핵=환경 개선'이라는 인식이 퍼진 것이다.

미국의 핵실험과 충돌한 그린피스

과거 오랫동안 미국은 알래스카 서쪽에 있는 작은 무인도 '암칫카(Amchitka)'에서 지하 핵실험을 해왔다.

암칫카 섬은 해달을 비롯한 야생동물의 천국이었다. 이러한 섬에서 인공지진을 일으키는 지하 핵실험을 하는 것은 멸종 위기에 몰린 야생동물을 위기에 빠뜨리는 것일 수 있다.

1971년 캐나다 서부에 있는 브리티시컬럼비아 주의 밴쿠버에서 일단의 젊은이들이 미국의 핵실험에 반대하기 위해서 배 중앙에 'GREEN PEACE'라고 쓴 깃발을 올린 배를 몰고 암칫카 섬으로 달려갔다.

바다 한가운데 있는 작은 섬에서 핵실험을 하면 해일이 일어난다. 때문에 이들은 '해일반대위원회'란 단체를 만들고, 자신들의 주장을 전달하기 위해 배 중앙에 GREEN PEACE라고 쓴 깃발을 달았던 것이다.

'당연히' 이들은 암칫카 섬 인근에서 미국 당국에 의해 검거됐는데, 이것이 언론에 보도되자 큰 반향이 일었다. 야생동물을 보호하려는 이들의 용기를 칭찬하는 사람들이 많아진 것이다.

언론은 '해일반대위원회'라는 딱딱한 이름보다

암칫카 섬 위치
1971년 암칫카 섬에서 하는 미국의 지하 핵실험에 반대한 캐나다 젊은이들의 운동으로 그린피스가 탄생했다.

는 그린피스라는 쉽고 간결한 이름을 자주 제목으로 뽑아 보도했다. 이들이 암칫카 섬으로 항해할 때 캐나다 인디언들은 이들에게 『무지개전사(Rainbow Warrior)』라는 책을 선물했다.

암칫카 섬으로의 항해 이후 이 단체는 그린피스로 이름을 바꾸고 네덜란드의 암스테르담에 본부를 두었다. 그리고 이 단체에서 운용하는 선박을 '무지개전사'호로 이름 짓고 멸종위기에 처한 바다 야생동물을 보호하는 운동, 핵실험 반대를 주장하는 목소리를 높이기 시작했다. 스리마일 섬 원전 사고와 오시라크 원전 공습 등을 계기로 핵에 대한 두려움을 갖고 있던 사람들은 그린피스의 용기를 격려했다.

이 녹색평화운동이 사회학적 · 정치학적으로 주목을 끌기 시작했다. 구미 유학생과 국내 언론을 통해 그린피스의 용기있는 행동이 알려지면서 국내에서도 반핵과 환경에 대해 생각해보는 사람이 늘어난 것이다.

환경을 중시하는 세계적인 분위기는 한국에도 상륙했다. 1980년 1월 5일 한국도 환경청을 발족시켰다. 이제 환경은 누구도 거부할 수 없는 '절대선'이 되기 시작했다.

Chapter 2

세계를 뒤덮은 체르노빌의 그림자,
한국에 상륙한 반핵

한국 정부가 환경청을 발족시켰다는 것은 한국도 환경문제에 예민하게 대응하기 시작했다는 뜻이다. 반핵은 환경문제로 자리 잡았는데, 환경에 대한 의식이 높아졌으니 한국도 반핵운동이 일어날 토대가 마련된 것이다. 반핵운동은 핵무기 퇴치가 아니라 원전의 가동과 방사성폐기물 처분장 건설·운영은 환경을 오염시킨다는 인식을 더 많이 일으켰다.

한국도 원전을 환경문제와 결부하기 시작

1984년 10월 22일 국회 보사위원회에는 환경청이 작성한 '울산 고리 원자력발전소 배출구 주변의 해양식물 생태와 바닷물의 온도변화' 라는 보고서가 제출되었다. 다음날 중앙일보는 이 보고서를 근거로 '고리원자력 1·2호기 발전소 주변 해역 방사능 오염 심각'이라는 제목의 기사를 실어 파문을 일으켰다.

이 소동이 있기 1년 전인 1983년 한국에너지연구소(한국원자력연구원의 전신)의 환경연구팀은 고리 원전 주변 해역의 '온배수 및 방사성 물질의 환경영향 평가'를 하고, 이를 1984년 2월호 『한국연구개발단지 소식』지에 기고했다. 연합통신은 이 기사를 발견해 보도했는데, 그로 인해 세계적인 반원전운동을 알고 있던 국회가 고리원전에 관심을 갖게 되었다.

1984년 3월 국회가 고리 원전의 온배수 문제에 대한 자료를 요구하자 한국전력은 많은 자료를 제시하며 '방사능 오염 위험은 없다'는 설명을 했다.

바닷물을 포함한 자연계에는 자연적으로 존재하는 방사성물질이 있다. 이들은 아주 약한 방사선을 방출한다. 지구상의 생명체는 이 방사선 속에서 생활한다. 지구가 생겨난 이래 존재해온 아주 약한 방사선을 가리켜 '자연방사선'이라고 한다.

스리마일 섬 원전 용융사고에서 설명했듯이 원자력발전소에는 증기발생기에서 발생한 증기를 식혀 물(2차 냉각수)로 돌려주는 '복수(復水) 과정'이 있다. 증기를 식혀 물로 바꿔주고 자신은 약간 온도가 올라간 채 흘러나오는 바닷물이나 강물을 '온배수(溫排水)'라고 한다.

온배수는 기존의 물보다 섭씨 3~7도 정도 온도가 높으므로 원전에서 나온 온배수는 주변 수상 생태계를 교란시킬 수 있다. 그러나 온배수는 금방 확산되기 때문에 원전단지에서 좀 떨어진 곳에서는 별 문제가 없다. 온배수가 어디까지 영향을 끼치는지에 대해서는 체계적인 연구 조사가 있어야 한다. 온배수를 포함한 모든 바닷물에는 자연방사선이 나오므로 방사선이 나왔다는 게 아니라 얼마나 검출됐느냐가 중요하다.

한국에너지연구소는 이런 내용을 알고 조사를 했으나, 연합뉴스는 이것을 알지 못하고 보도를 했다. 국회 역시 방사능이 검출됐다는 것에만 주목해 이 자료를 요구했다.

이 사건은 국회에서 한국전력 측이 잘 설명함으로써 넘어갔는데 1년 뒤인 1984년 10월, 환경청은 한국에너지연구소의 이 보고서를 토대로 '그들의 보고서'를 만들어 국회에 제출했다. 환경청이 새로 조사를 한 것도 아니고 과거 한국에너지연구소에서 조사한 내용을 정리해 다시 국회에 보낸 것인데, 이를 중앙일보가 입수해 '고리원전 주변 해역 방사능 오염 심각'이라고 보도한 것이다.

다람쥐 쳇바퀴를 돌듯이 한국에너지연구소→언론(연합통신)→국회→환경청→국회→언론(중앙일보)을 거치면서 일이 확대됐다. 여기에 중앙일보는 그럴 듯하지만 진실과는 거리가 있는 자료를 갖다 붙였다. 중앙일보는 국제원자력기구(IAEA)가 가장 깨끗한 바다를 조사해서 발표한 '전(全)베타 자연방사능 준위'의 수치를 '해수(海水) 방사능 오염기준치'로 인용한 것이다.

고리원전 주변의 바다는 육지의 오염물질이 많이 흘러드는 근해이다. 육지에서 유입되는 물에는 바닷물보다 방사선을 띤 물질이 많다. 따라서 육지의 오염물질이 거의 흘러들지 않는 아주 먼 바다보다는 자연방사선의 준위가 높을 수밖에 없다.

한국에너지연구소의 원(原) 보고서에도 '국제원자력기구가 조사한 일반 청정해역 해수의 전베타 자연방사능은 340pci/ℓ인데, 고리원전 주변 해수의 전베타 자연방사능은 481pci/ℓ로 돼 있었다.

고리원전 주변 바다의 방사능 준위를 비교하려면 다른 육지의 근해와 비교해야 한다. 원자력법은 가장 낮은 핵종(In¹¹⁴)의 해수(海水) 방사능 기준치를 500pci/ℓ로 해놓고 있다. 프랑스 원전 주변 해역에서는 고리원전보다 높은 540pci/ℓ가 나왔고, 일본 원전 주변 해역에서는 우리보다 낮은 455pci/ℓ가 조사된 바 있었다. 고리원전 주변 해역의 전베타 자연방사능은 이들과 비슷한 것이었다.

고리원전 1호기를 가동하기 전인 1970년 조사한 고리원전 주변 바다의 방사능 농도는 521pci/ℓ였고, 1975년에는 446pci/ℓ였다. 따라서 고리

인근 해역의 방사능 농도가 고리원전 1호기를 가동한 후 현저히 높아졌다고 보기는 어렵다. 그렇다면 고리원전 주변 해역은 문제가 없는 것인데, 중앙일보는 가장 깨끗한 바다와 비교해 오염이 심각한 것처럼 보도했다.

'해명'은 '변명'으로 들리는 것이 일반적이다. 사람들은 중앙일보의 보도를 믿고 싶어했다. 믿고 싶은 것을 믿는 사회적인 분위기, 이것이 바로 반원전운동을 일으키는 기폭제였다. '과학 비슷한 것'을 토대로 원전의 위험을 지적한 것에 대해서 눈에 불을 켜고 보도하는 언론의 경향성은 이후로도 상당기간 계속 되었다.

프랑스와 충돌한 그린피스

한국의 반원전운동이 조짐을 보이기 시작할 때 유럽에서 아주 거대한 싸움이 일어났다. 그린피스가 프랑스 정부와 정면으로 맞붙은 것이다. 고리원전 온배수의 방사능 오염 시비가 있고 9개월이 지난 1985년 7월 10일 뉴질랜드에서 일어났던 일이다.

프랑스는 미국과 소련, 영국보다 늦게 핵무장을 했다. 세 나라는 반핵운동이 일어나기 전 필요한 핵실험을 상당부분 마무리했으나, 프랑스는 그렇지 못했다. 프랑스보다 한 발 늦은 중국은 공산국가였으므로 핵실험을 하는 데 무리가 없었다. 그러나 프랑스는 자유진영에 속해 있으니 반핵운동의 타깃이 될 수밖에 없었다.

프랑스는 미국이나 소련, 중국에 비하면 영토가 좁지만 식민지라고 표현할 수 있는 해외 영토를 갖고 있었다. 프랑스 정부는 1985년 8월 초 해외 영토인 태평양 폴리네시아의 모루로아 환초 일대에서 대기권 핵실험을 하기로 계획했다. 이 정보를 입수한 그린피스는 '무지개전사(Rainbow Warrior)호'를 몰고 모루로아 환초로 출발했다.

© wikipedia

■ 인양된 무지개전사호
원폭 투하 40주년(1985년 8월 6일)을 앞두고 뉴질랜드의 오클랜드항에 입항해, 프랑스가 모루로
아 환초에서 벌이기로 한 대기권 핵실험에 반대하는 시위를 벌이던 그린피스의 '무지개전사' 호가
7월 10일 프랑스 정보기관인 대외안전국(DGSE)의 공작원이 터뜨린 폭탄으로 침몰하였다. 이 사건
으로 뉴질랜드와 프랑스가 갈등을 빚고, 프랑스에서는 국방장관과 대외안전국장이 사임했다.

    그해 7월 초 무지개전사호는 모루로아 환초에서 비교적 가까운 뉴질
랜드 오클랜드항에 입항했다. 세계적으로 반핵운동을 주도하는 그린피
스의 무지개전사호가 프랑스의 대기권 핵실험에 반대해 뉴질랜드까지
항해하자 세계 언론이 주목했다. 프랑스 정부가 어떻게 대응할지 주시
한 것이다. 프랑스 정부는 핵실험 강행 의사를 굽히지 않았다.

    1985년 8월 6일은 일본 히로시마(廣島)에 인류 최초로 원자폭탄이 떨
어진 지 꼭 40년이 되는 때였다. 무지개전사호는 원폭 투하 40주년을 맞
아 모루로아 환초 일대를 돌며 반핵시위를 하기로 계획하고 있었다. 이
러한 때인 7월 10일 오클랜드항에 정박해 있던 무지개전사호에서 폭탄
두 개가 터져 이 배가 침몰하는 사건이 일어났다.

    그로 인해 그린피스 활동에 대한 국제적인 관심이 증폭되었다. 수사

에 착수한 뉴질랜드 당국은 무지개전사호를 폭침시킨 것은 프랑스 대외 정보기관인 대외안전국(DGSE) 소속공작원이라는 사실을 밝혀냈다. 정보 기관요원이 제3국에서 민간선박을 폭발시킨 것은 대단히 큰 뉴스였다.

뉴질랜드는 자국의 주권이 침해당했으니 당연히 프랑스에 엄중 항의 했고, 세계는 프랑스 정부를 궁지에 몰아넣은 그린피스와 궁지에 몰린 프랑스 정부의 대응에 주목했다.

과거 프랑스는 이라크에 오시라크 원전을 제공함으로써 이스라엘 정 보기관인 모사드로부터 거센 공작을 받았다. 이때 프랑스는 이스라엘에 공작을 하지 말라는 항의를 했었는데, 이러한 프랑스가 정보기관을 동 원해 NGO 선박을 폭발시켰으니 더 이상 할 말이 없었다.

당시 프랑스 대통령은 사회당 출신의 미테랑이었다. 미테랑 대통령은 이 사건에 대한 책임을 물어 C. 에르뉘 국방부장관을 퇴임시키고 대외 안전국장을 해임하였다. 국방과 정보의 총수를 물러나게 한 후 이 사건 은 비로소 잠잠해지기 시작했다. 무지개전사호 사건은 국익과 환경이 충돌한 대표적인 경우였다.

그린피스의 저항은 세계적으로 반핵을 알리는 계기가 되었다. 이를 계기로 핵 보유국들은 대기권과 지하 핵실험을 자제하고, 그동안의 핵 실험을 통해 얻은 자료를 토대로 시뮬레이션하는 방향으로 선회했다. 지하나 대기권 핵실험을 많이 한 나라는 시뮬레이션 실험만으로도 실제 핵실험을 한 것과 같은 결과를 얻을 수 있다.

한국의 엘리트들도 프랑스 정보부에 의한 무지개전사호 폭침 사건에 주목했다. NGO는 정치적 이해관계가 없는 단체인데, 이러한 단체의 움 직임에 프랑스 정부가 정보기관을 동원해 대응한 것은 '핵은 위험하다' 라는 인식을 전파하기에 충분했다. 한국에서도 반핵운동을 일으켜야 한 다는 공감대가 형성되기 시작했다.

체르노빌 원전 4호기 용융 및 화재 사고의 충격

1980년 중반의 한국인들은 소련을 미국과 동급의 국가로 여겼다. 미국은 최첨단이지만 소련도 최첨단을 달리는 나라로 본 것이다. 지금 시점에서 보면 이는 큰 착각이다. 이러한 사실은 소련에서 떨어져 나온 러시아의 지금(2007년) 국력이 한국과 비슷하다는 데서 '충분히' 확인된다.

약 10년 전인 1996년 러시아의 국가 GNI(국민총소득)는 3,364억 달러로 5,553억 달러인 한국보다 적었다. 러시아는 세계 1,2위를 다투는 원유 생산국이자 수출국인데, 그 후 국제 원유가가 큰 폭으로 올랐다. 2000년 말 배럴당 25달러 선이던 국제 원유가가 2007년에는 100달러에 이른 것이다. 그에 따라 러시아의 수입도 폭증해 2006년 러시아는 한국을 근소한 차이로 제치고 세계 11위의 경제대국이 되었다.

냉전 때인 1980년 미국의 국가 GNI는 소련(9,400억 달러로 추정)보다 3배 정도 많은 2조 7,890억 달러였다. 1980년의 소련 GNI가 과연 9,400억 달러였느냐는 의문이 든다. 아무튼 냉전 시절은 물론이고 냉전 이후에도 소련이나 그 후신인 러시아가 미국에 필적할 정도로 강한 경제력을 가진 적은 없었다. 그러나 소련은 미국보다 많은 핵무기를 보유했기에 냉전시기의 한국인들은 소련을 미국과 대등한 나라로 보았다.

한국과 일본은 모든 원자력발전소를 바닷가에 지었다. 이유는 증기발생기에서 나온 증기를 식혀 다시 물로 바꿔주는 복수(復水)를 하는 데 유리하기 때문이다. 바다가 제공할 수 있는 물의 양은 강보다 훨씬 많다.

그러나 구미권 국가들은 강물을 냉각수로 사용하는 경우가 많다. 스리마일 섬 원전도 서스퀘해나 강물을 냉각수로 활용했다. 프랑스도 파리 상류에 있는 센 강 주변에 원자력발전소를 가동하고 있다. 한국에서도 일부 화력발전소는 강물을 냉각수로 활용한다. 대표적인 경우가 서울 시내인 마포구 당인동에 있는 서울화력발전소(일명 당인리발전소)인데, 서울화력은 한강 물을 냉각수로 활용한다.

체르노빌 위치
구소련 원전은 격납건물이 없었기에 폭발한 핵증기에 의해 강한 방사선을 띤 감속재 흑연 파편 등이 산지사방으로 흩어져 피해가 커졌다. 체르노빌은 구소련 우크라이나공화국을 흐르는 프리퍄트 강 주변에 있는 도시다.

체르노빌 원전 사고 현장
1986년 4월 26일 미국의 스리마일 섬 원전 2호기처럼 원자로가 녹아내리는 사고를 일으킨 체르노빌 원전 4호기가 위치한 체르노빌.

소련은 영국이나 미국보다 먼저 상업용 원자로를 만든 나라이다. 이러한 소련에서 큰 사고가 일어났다. 프랑스 정보기관에 의한 그린피스의 '무지개전사' 호 폭침(爆沈) 사건이 있은 지 9개월이 지난 1986년 4월 26일 우크라이나공화국에서 일어난 사고가 그것이다.

소련의 우크라이나공화국 프리퍄트(Pripyat)강 주변에 체르노빌이라는 도시가 있다. 이 도시 인근에는 프리퍄트 강물을 끌어들여서 만든 저수지 물을 냉각수로 이용하는 체르노빌 원전본부가 있다. 소련은 1960년대 초부터 이곳에 원자력발전소를 짓기 시작해 모두 네 기의 원전을 완성했다. 마지막으로 건설된 체르노빌 4호기는 1984년 4월부터 상업운전에 들어갔다.

그로부터 2년이 지난 1986년 4월 26일 새벽 1시 23분 최신형인 4호기가 거대한 사고를 일으켰다. 사고 전날인 4월 25일 체르노빌 원자력본부는 '정기 점검을 위해 4호기 가동을 정지시킨다' 는 계획을 갖고 있었다.

그런데 정지를 하기 전에 간단한 실험을 해보기로 했다. 비상전력 확보에 관한 것으로 그리 어려운 실험이 아니었다.

그러나 실험에 참여한 운전원들은 안전 매뉴얼을 지키지 않았다. 이들은 원자로를 정지하지 않은 상태에서 터빈의 관성력으로 발전하는 실험을 해볼 생각을 했다. 때문에 이상이 생기면 자동으로 원자로를 정지시키는 비상정지계통을 끊어 놓고 실험에 들어갔다.

그렇다면 원자로의 출력을 3분의 1 정도로 떨어뜨려 놓고 실험해야 했는데, 잘못 조작해 거의 정지된 상태를 만들어버렸다. 그리고 출력을 높이는 조치를 취했는데, 이번에는 3분의 1 정도만 가동하는 것이 아니라 정상보다 더 가동되게 하는 실수를 저질렀다. 원자로가 이상 작동을 하면 비상정지계통이 작동해 자동으로 세워야 하는데 이 계통은 이미 끊어 놓았다.

운전원들은 이 사실을 모른 채 실험을 했으므로 순식간에 원자로가 과열되었다. 그로 인해 급격히 뜨거워진 원자로가 4월 26일 새벽 1시 23분 폭발을 일으켜 원자로를 덮고 있던 건물의 지붕을 날려버렸다. 원자로가 녹아내리면서 1차 냉각수를 끓여 만들어진 핵증기가 강력한 폭압(暴壓)을 일으킨 것이다. 미국의 스리마일 원전 2호기와 똑같은 원자로 용융 사고였다.

그러나 차이점은 있었다. 스리마일 원전 2호기는 냉각수가 먼저 빠져나가 핵증기 폭발이 없었다. 또 두꺼운 격납용기와 격납건물을 쓰고 있어 방사선물질이 밖으로 나가지도 않았다. 그러나 체르노빌 4호기의 외부에는 얇은 벽과 지붕만 있어 핵증기가 이들을 날려버렸다. 핵증기도 외부로 나감으로써 방사선 물질이 사방으로 흩어지게 되었다.

RBMK형인 이 원자로는 앞에서 지적한 대로 흑연을 감속재로 사용한다. 흑연은 불에 타는 가연성(可燃性) 물질이다. 핵증기로 인해 폭발한 원자로에서 나온 흑연 파편은 불을 달고 산지사방으로 날아갔다. 흑연 파편에는 핵증기와는 비교되지 않을 정도로 많은 방사선이 있다. 핵증기는 금방 흩어져 희석이 되지만 흑연 파편에서 나오는 방사선은 희석되지 않는다. 체르노빌 원전본부는 순식간에 아수라장이 되었다. 지붕이 날아간 원자로에서 계속해서 불 붙은 흑연 파편이 튀어 올랐다.

방사선이 확산되는 것을 막으려면 흑연 파편부터 막아야 하는데, 이를 위해서는 과열된 원자로를 냉각시켜야 했다. 원전 직원들과 출동한 소방대는 신속히 진화작업을 펼쳤으나 불길은 쉽게 잡히지 않았다. 이들은 사고 발생 열흘째 되는 날 비로소 진화할 수 있었다.

이렇게 오랫동안 방사선 물질이 날아다녔으니 당연히 피폭자(被爆者)가 많을 수밖에 없었다. 화재를 진압하기 위해 뛰어든 원전 직원들과 소방관들이 특히 높은 농도의 방사능에 노출되었다. 흑연 파편이 떨어진 곳에 있던 사람들도 높은 방사선을 맞을 수 있다. 체르노빌 4호기의 폭발 및 화재 사고로 31명이 사망했다. 사망자의 대부분은 사고 당시 현장 근처에 있었던 원전 직원과 사고 직후 불을 끄기 위해 출동했던 소방대원들이었다.

방사선에 피폭된 사람은 다수였다. 그러나 방사선을 쪼였다고 모두가 사망하는 것은 아니다. 앞에서도 설명했지만 자연방사선보다 약간 더 센 방사선을 쬔 것은 건강에 심각한 위험을 주지 않는다. 건강한 사람은 법적으로 허용한 것보다 약간 센 방사선을 쬐어도 별 이상이 없다. 그러나 고선량의 방사선을 쬔 사람은 후유증을 앓다가 사망할 수도 있다.

사고 발생 19년이 지난 2005년까지 체르노빌 원전 용융사고로 고선량의 방사선을 쬐어 치료를 받다 후유증으로 사망한 사람은 19명이다. 어린이는 어른보다 면역력이 약하다. 체르노빌 원전 인근에 사는 어린이 가운데 9명이 갑상선암으로 사망했다. 어린이가 갑상선암으로 숨지는 것은 드문 일이라 방사선 피폭을 그 원인으로 볼 수밖에 없다.

그리하여 체르노빌 원전 용융 화재 사건에 의한 희생자는 사건 현장에서 진화작업을 하다 숨진 31명, 방사선 후유증으로 숨진 19명, 갑상선암으로 숨진 어린이 9명을 더한 59명으로 정리되었다.

체르노빌 원전 단지는 다른 나라와 마찬가지로 인가와는 떨어져 있었기에 일반인 가운데에서는 많은 사망자가 나올 수 없었다. 그런데도 반핵단체들은 이 사고로 수만, 수십만 명이 피폭돼 숨졌다고 주장했다. 체르노빌 원전 화재 사고의 희생자는 2005년까지 59명이 정확한 수치인데, 이들은 근거도 없이 과장된 주장을 지금까지도 반복하고 있다.

과장된 체르노빌 원전 사고

체르노빌 원전 4호기 용융사고로 15밀리시버트(mSv) 이상인 '비교적 고선량'에 노출된 사람의 총 수는 60만 명이었다.

15밀리시버트 이상을 '비교적 고선량'이라고 한 것은 자연방사선량이 2.4밀리시버트이고, 국제방사선방호위원회(ICRP)가 권하는 일반인의 방사선 피폭 허용량인 1밀리시버트보다 높은 데서 나왔다.

그러나 일반인도 일상생활에서 국제방사선방호위원회가 권하는 것보다 높은 방사선을 쬐는 경우가 많다. X-선으로 가슴 촬영을 한 번 하면 0.5밀리시버트에서 1밀리시버트 정도의 방사선을 맞지만, 위장 계통을 촬영하면 5밀리시버트, 장(腸) 계통을 촬영하면 8밀리시버트의 방사선을 맞는다. 위장이나 장 계통을 X-선 촬영하면 국제방사선방호위원회가 권하는 일반인의 피폭 허용량보다 높은 방사선을 맞는 것이다.

그러나 이 방사선을 맞고도 위와 장이 나쁜 사람들은 '아무 일 없었다'는 듯이 생활한다. 아주 허약한 사람이 아닌 한, 하루 동안 격심한 노동을 했다고 해서 목숨을 잃는 경우는 매우 드물다. 힘든 일을 했더라도 다음날 푹 쉬고 나면 언제 힘들었느냐는 듯 금방 원기를 회복한다.

방사선도 그와 비슷하다. 치사량을 넘긴 방사선을 쬐면 즉사하고, 치사량에 근접한 방사선을 쬐면 중병에 걸리지만, 그보다 낮은 방사선을 쬐면 일시적인 체력 저하를 겪다가 회복되는 것이다.

그런데 그린피스는 체르노빌 사고가 있은 후 비교적 고선량인 15밀리시버트 이상을 맞은 60만 명 가운데 9만여 명 이상에서 암이 발생할 것이라는 보고서를 내놓았다.

그린피스의 예측은 UN이 한 조사와는 그 내용이 크게 달랐다. UN은 '체르노빌 사고 후 20년'이라는 보고서를 낸 적이 있는데, 이 보고서는 체르노빌 원전 용융사고로 15밀리시버트 이상을 쬔 사람 가운데 앞으로 3,940명 정도가 더 죽을 것이라고 전망했다. 그린피스는 9만 명, UN은 3,950명이 체르노빌 원전 사고로 쬔 방사선 때문에 암 등이 발병해 죽게 될 것이라고 다르게 예측한 것이다. 이러한 차이는 냉정히 분석해보아야 한다.

사람은 누구나 나이가 들면 죽는다. 건강한 사람도 노쇠해지면 암을 비롯한 각종 병에 걸리게 된다. 학자들은 60만 명의 인구가 있으면 이 가운데 15만 명 정도는 노쇠해지면서 암에 걸린다고 본다. 자연사하는 사람의 4분의 1 정도는 암에 걸려서 사망한다는 것이다. 그렇다고 해서 무조건 4분의 1이 암으로 죽는다고 단정하는 것은 아니다. 암에 걸린 줄도 모르고 살다가 다른 병이나 사고로 죽는 경우도 허다하기 때문이다.

여기서 말하는 4분의 1은 직접적인 사인이든 아니든 관계없이 암에 걸리게 되는 비율을 의미한다. 60만 명의 인구가 있으면 이 가운데 15만 명이 늙어가면서 암에 걸리는 것이 일반적인 추세다. 따라서 그린피스가 전망한 9만여 명의 암 발생자는 15만 명이라는 숫자에 포함될 수가 있다. 60만 명의 사람은 살다가 사망하게 되는데, 이때 4분의 1인 15만 명 정도는 암에 걸린 상태로 사망한다고 하니, 그린피스가 내놓은 9만 명은 큰 의미가 없는 숫자가 된다.

UN은 이런 현상을 알고 조사했으므로 UN이 거론한 3,940명(약 4000명)은 자연적으로 암을 갖게 돼 사망하는 사람 숫자에 추가되는 숫자로 보아야 한다. 60만 명 가운데 15만 명 정도는 암에 걸린 채로 죽는데, 여기에 4000명을 더 하면 그 수는 15만 4천 명이 된다. 그러나 15만 명과 15만 4000여 명은 차이가 크지 않다. 이 정도 차이는 오차 범위 안의 숫자로 보아야 한다.

결국 그린피스가 말한 9만여 명과 UN이 언급한 3,940명은 의학적으로는 의미 없는 수치가 된다. 체르노빌 원전 4호기로 인한 사망자는 59명이다. 59명은 사고 후 19년을 거치면서 누적한 전체 희생자 수이므로 이 사고로 인한 희생자 수를 수만 혹은 수십만 명이라고 하는 것은 심각한 과장이 아닐 수 없다.

반핵단체와 언론은 체르노빌 원전 사고에 대해 대대적으로 떠들었지만 59명을 넘어서는 구체적인 사망자 수를 내놓지 못했다.

과학이 아니라 믿고 싶은 것만 믿는 사람의 심리

희생자 수로 본다면 체르노빌 사고는 별것이 아니다. 1912년 일어난 타이타닉호 침몰 사고로 1,513명이 희생되었다. 1996년 서울 삼풍백화점 붕괴사고 때는 501명이 숨지고 6명이 실종되었다. 1945년 8월 6일 일본 히로시마에 떨어진 원자폭탄은 6만 6000여 명을 희생시켰고, 8월 9일 나가사키에 떨어진 원폭은 3만 9000여 명의 목숨을 빼앗았다.

그런데도 체르노빌 원전 사고는 끔찍했다는 기억을 전파시켰다. 미국의 스리마일 섬 원전 사고, 이스라엘 공군의 이라크 원전 공습, 그린피스와 충돌한 프랑스 핵실험 등으로 반핵무드가 세계적으로 퍼져나간 다음에 일어난 일이기 때문일 것이다. 이런 사고가 반복되자 사람들은 원전 사고를 원자폭탄 폭발로 연결시키려 했다. 이러한 인간 심리를 돌려놓기에 과학은 역부족이었다.

한국과 미국, 일본, 프랑스 등 자본주의 국가들의 원전이 갖고 있는 격납건물은 핵증기 폭발 압력을 견디고, 날아가는 전투기가 떨어져도 튕겨내버리고 자신은 깨지지 않는다고 한다. 미사일도 직각으로 맞지 않으면 튕겨낼 것이라고 한다. 그러나 핵폭탄이 터지거나 거대한 운석(隕石)이 떨어진다면 견디지 못할 것이다. 핵폭탄이 터지거나 거대한 운석이 떨어지면 그 지역은 격납건물의 파괴와 상관없이 초토화되므로 격납건물의 파괴여부는 의미없는 일이 된다.

그렇다면 격납건물은 인간이 만들 수 있는 것 가운데 가장 강력한 원전 보호 시설이다. 이러한 시설을 갖춰 놓고 운영하는 자본주의권의 원전을 핵폭탄이라고 하는 것은 과학을 무시한 주장이다. 하지만 사람들은 믿고 싶은 것만을 믿으려 했다. 그리고 언론이 이를 부추기면서 원전에 대한 강한 거부감이 형성되었다.

이탈리아도 스위스도 원전건설 중단 결정

체르노빌 원전 사고는 높아진 민주화 덕분에 한국에서도 크게 보도되었다. 미국과 동급인 것으로 보이는 소련에서 일어난 원전 사고를 보며 한국인들은 경악했다. 한국인들은 미국에서 도입한 한국의 원전을 불안한 눈으로 바라보게 된 것이다. 서울올림픽도, 한일월드컵도, 박찬호의 메이저 리그 진출도 없던 시절이었다.

체르노빌 사고는 특히 유럽국가들에게 큰 영향을 끼쳤다. 이탈리아는 1959년 원전 건설을 시작해 총 네 기의 원전을 운영해왔다. 그런데 체르노빌 사고가 일어나자 깜짝 놀라 국민투표를 통해 새로운 원전을 짓지 않고 기존 원전은 수명이 다하는 대로 폐쇄한다는 '원자력발전 중지 결정'을 내렸다. 1987년에 스리마일 섬 원전 사고 직후 스웨덴이 한 것과 똑같은 방법으로 똑같은 결론을 내린 것이다.

3년이 지난 1990년 다섯 기의 원전을 가동하고 있던 스위스도 국민투표를 통해 신규 원전 건설 중단을 결정했다. 유럽 국가의 국민들이 이럴 정도니 한국인들의 불안은 어떠했겠는가.

그런데도 박정희의 뒤를 이은 5공 정부는 친핵(親核) 노선을 견지했다. 광주사태로 적잖은 국민을 희생시킨 것으로 알고 있는 이 정부를 공격하기 위해서라도 젊은 엘리트들은 반핵의 깃발을 올려야 했다. 이제 반핵은 한국에 충분히 습윤돼 누군가가 불씨를 던지면 거대한 불길로 타오를 태세를 갖춰 가고 있었다.

무엇이 한국에서 반핵의 기치를 올리는 불씨가 될 것인가.

Chapter 3

무뇌아에서 굴업도까지
방폐장 선정 놓고 강경해진 반핵시위

모든 사회현상은 정치와 맞물려 돌아간다. 체르노빌 원전 사고 발생 1년 후인 1987년 한국은 '6월 민주항쟁'이라고 하는 민주화 열풍을 맞았다. 1987년 1월 초 서울대생 박종철 군이 치안본부(지금의 경찰청) 대공수사단의 고문을 받다 숨진 것이 알려지면서 시작된 이 운동은 격렬한 '가투(街鬪, 거리 투쟁)'를 몰고 왔다.

이러한 때 전두환 정부는 '대통령을 직선으로 뽑자는 쪽으로 개헌(改憲)할 수 없다'는 4·13호헌(護憲)조치를 내놓았다. 이것이 국민정서에 반했으므로, 대통령을 직선으로 뽑자는 거대한 시위가 일어났다. 박종철 군 고문치사에 반대하는 시위가 직선제 쟁취를 위한 6월 민주항쟁으로 확대된 것이다. 이 시위는 여당의 차기 대통령 후보가 된 노태우 씨가 '대통령을 직선으로 뽑겠다'는 6·29선언을 함으로써 잦아들었다.

6월 민주항쟁을 계기로 학생운동권에서는 자민투(自民鬪)의 세력이 커졌다. 당시 대학가의 운동권에서는 ML노선으로 약칭되는 마르크스–레닌 주의를 따르는 민민투(民民鬪)와 자주(自主)를 주장하며 북한의 주체사상을 따르려는 자민투가 경쟁했는데, 자민투가 강해진 것이다.

NL계의 자민투는 주체사상을 따른다고 하여 주사파(主思派)로 약칭되었다. "반전, 반핵, 양키 고 홈"도 외쳤다. 유럽국가의 전유물인 줄 알았던 "양키 고 홈"이 한국에서도 터져 나온 것이다. 친북성향을 띤 이들은 한반도에 있는 주한미군의 핵무기를 철수하라고 주장했다. 이 구호가 한국의 반원전운동을 만드는 데 큰 힘이 되었다.

1987년 6월 민주항쟁을 통해 대통령 직선제 쟁취라는 민주화를 이룬 한국은 한 해 뒤인 1988년 심각한 노사분규를 겪게 되었다. 정치의 민주화가 분배의 균등을 요구하는 노동운동으로 번져간 것이다. 한순간에 한국은 '시위 공화국'이 되었다.

민주화운동 → 노사갈등 → 반핵시위로 발전

이 와중에도 한국은 88서울올림픽을 성공적으로 치렀다. 서울올림픽에서 한국은 4위에 올랐다. 권위정부 시절 늘 적자이던 무역수지도 그해에는 88억 달러 흑자를 기록했다.

이러한 결과는 '엽전은 안 돼'라는 의식에서 벗어나게 해주는 좋은 소재였다. 민주의식의 신장과 자신감의 회복은 '한국을 세계 변화에 동참시키자'는 노력을 낳았다. 체르노빌 원전 사고 이후 발생한 세계적인 반원전운동에 동참하려는 한국인들이 늘어난 것이다.

그러나 노태우 대통령이 이끄는 새로운 한국 정부는 원전을 계속 짓겠다는 의지를 버리지 않았다. 체르노빌 원전 사고로 인해 세계적으로 반원전 분위기가 강해지던 시절에도 한국은 프랑스, 일본과 더불어 원전을 계속 지으려고 했다.

원전 후발국인 만큼 한국은 할 일이 많았는데 그 가운데 하나가 원자력발전소에서 나오는 방사성폐기물 처분장을 짓는 것이었다.

프랑스는 1969년부터 라망쉬(la Manche)에 방폐장을 운영해왔고, 일본은 체르노빌 원전 사고 직전인 1985년 아오모리(靑森) 현의 롯카쇼무라(六ケ所村)에 방폐장을 짓기로 지역 주민들과 합의했다. 그러나 한국은 올림픽이 끝난 다음에도 방폐장 부지를 확정짓지 못했다.

개발독재 시기를 거쳐 잘살게 되고 민주화가 정착되면, 어느 나라에서든 환경을 중요시하게 된다. 쓰레기 매립장이나 화장장(火葬場) 같은 혐오시설이 자기 동네에 들어오는 것을 거부하는 님비(NIMBY: Not In My Back Yard) 현상이 강해진다. 님비 현상은 원자력발전에도 투영되었다.

1987년 6월 민주항쟁을 겪은 후 한국 사회는 많은 것을 뒤집어서 보게 되었다. '성공을 한 배경에는 반칙이 있었을 것'이라는 인식이 강하게 형성된 것이다. 이러한 분위기가 만들어진 데는 서울올림픽 폐막 직후에 열린 국회의 5공청문회와 광주청문회가 큰 영향을 끼쳤다. 두 청문회는 국가의 주요 결정이 국익보다는 정권의 필요에 의해 결정되었다는 것을 보여주었다. 이 가운데 원자력에 직접적인 영향을 준 것은 5공청문회였다.

5공청문회가 열리던 1988년 12월 초 고리원전본부에서 방사성쓰레기 무단투기 문제가 터져 나왔다. 1985년 고리원자력본부는 사용하지 않는 침전지를 매립하면서 일반 폐기물과 함께 고화(固化)처리 시험용 드럼을 매립한 적이 있었다. 이 시험용 드럼은 중저준위 방사성폐기물 드럼과 똑같이 노란 색을 칠한 것이었다.

고리원전 인근에 사는 주민들은 이 드럼을 진짜 중저준위 방사성폐기물 드럼으로 믿고 검찰에 고발했는데, 이것이 지역 언론에 대서특필 되었다. 조사 결과 이 드럼은 전혀 방사선이 나오지 않는 모조 드럼이라는 것이 확인되었다. 그러나 주민들은 믿으려 하지 않았다. 주민들은 집단이주까지 요구(1988년 12월 12일)하며 시위를 이어나갔다.

무뇌태아 - 대두아 사건

원전을 거부하는 사회적인 분위기는 원전 종사자들에게도 심리적인 영향을 끼쳤다. 1969년 한전에 입사해 1976년 3월부터 83년 10월까지 고리원전에 근무했던 박모 부처장이 1986년 5월 서울대 병원에서 임파선암 판정을 받고 투병하다 1988년 10월 1일 타계했다. 그러자 유족들은 한전과 청와대에 '고인의 방사선 피해 가능성'을 담은 서신을 보냈다.

박 부처장이 허용치 이상의 방사선을 쬐었다는 기록은 없었다. 하지만 이 사건은 한전 직원이 방사선을 쬐여 사망했다는 헛소문을 만들어냈다. 원전 종사자의 가족도 믿지 못할 정도로 원전은 혐오시설로 인식된 것이다. 그만큼 언론과 반핵단체를 통해 유포된 원전에 대한 인식은 부정적이었다.

사실 원전분야에 종사하는 한전 사람들도 원자력과 방사선에 대해서는 제대로 알지 못했다. 사내 분위기가 심상치 않자 1989년 1월 26일 영광원전은 직원들을 대상으로 반핵 운동가들이 펼치는 주장이 과연 옳은지를 보여주는 공청회를 가졌다.

영광원전이 직원 공청회를 가진 것은 1년 전 그곳에서 일어난 무뇌태아(無腦胎兒) 사건이 끼친 영향이 컸다. 이 사건은 뒤늦게 언론에 알려져 문제가 된 경우였다. 무뇌태아가 영광기독병원에서 유도분만으로 사산(死産)돼 나온 것은 1988년 11월 12일이었다. 이 산모는 1년 뒤인 1989년 6월 30일 영광종합병원에서 또 다시 무뇌태아를 사산하였다.

그러자 그해 7월부터 몇몇 방송과 신문이 무뇌태아 사산을 보도해 전국적인 이슈를 만들었다. 보도가 있을 당시 사산된 태아의 아버지인 김모 씨는 영광원전 직원사택의 경비원으로 일하고 있었다.

그리고 김 씨는 1987년 3월 5일부터 31일까지 27일간 한국전력보수(주) 영광사업소가 주도한 영광원전 2호기 터빈 및 발전기 보수작업의 보조원으로 일했고, 1987년 7월 8일부터 10일까지 사흘간은 영광원전 취수구 청소작업을, 1988년 3월 29일부터 4월 3일까지의 33일간과 1988년 8월 8일부터 18일까지 11일간은 터빈과 복수기의 세관(細管)을 검사하는 작업의 보조원으로 일한 것으로 밝혀졌다.

김 씨가 일했던 곳은 방호복을 입지 않는 '일반구역' 이다. 일반구역은 일반적인 발전소에도 있는 곳이라 작업복 차림으로 일한다. 방사선이 나오지 않는 곳이니 당연히 작업자들이 방사선을 쪼였는지의 여부도 검사하지 않는다. 그런데도 언론은 영광원전에서 일했다는 것만을 근거로 김 씨가 무뇌태아를 낳았다고 보도했다.

김 씨의 부인은 방사선이 아니라 다른 이유로 무뇌태아를 낳았을 가능성이 높았다. 하지만 많은 사람들은 방사선 때문에 김 씨의 부인이 두번이나 무뇌태아를 사산했다고 믿으려 했다. 김 씨 부부에게는 다섯 살 난 딸이 있었는데 이 딸은 정상이었다.

무뇌아-대두아 사건
1988년과 1989년 전남 영광지역에서는 영광원전에서 일했던 김모 씨의 부인이 무뇌아를 사산했다는 것과 역시 영광원전에서 일한 바 있는 문모 씨의 부인이 대두아를 낳았다며, 이 사실을 알리는 반핵 단체의 포스터가 뿌려졌다. 이 사건의 진위를 추적하기 위해 필자가 썼던 1992년 3월호 월간조선 기사.

소문이 끊이지 않자 서울대 병원은 2년 뒤인 1990년 1월 8일부터 15일 사이 김 씨 가족에 대해 임상조사를 했으나, '방사성 동위원소에 피폭됐다는 증거는 없다' 는 판정을 내렸다.

무뇌태아 사건이 일어날 무렵, 영광에서는 대두아(大頭兒) 문제도 함께 일어났다. 이 아이의 아버지인 문모 씨는 1987년 7월부터 1988년 11월 사이 한국전력보수의 일용인부로 영광 원전의 방사성폐기물 처리 건물과 원자로 건물(격납건물) 안에서 세 차례 작업한 적이 있었다. 이런 문 씨의 부인이 1988년 7월 1일 아이를 낳았는데 머리가 매우 크고 눈동자가 너무 아래로 처져 있었다.

　이 사실이 알려지자 반핵단체들은 이 아이의 모습을 과장해서 그리고
'대두아의 주범 핵발전소를 고발한다.'는 등의 제목을 붙인 포스터를 만
들어 뿌리며 대대적인 선동을 했다. 대두아 사건과 함께 무뇌태아 사건
은 입소문을 타고 사방으로 번졌다. 순식간에 원자력발전소는 기형아를
낳는 흉물이 된 것이다.

　확인 결과 문 씨는 원자로 건물 안에서 작업할 때 60밀리렘(약 0.6 밀리
시버트)을 쬐었다는 기록이 남아 있었다. 앞에서도 밝혔지만 자연방사선
은 약 2.4밀리시버트이다. 문 씨는 원자로 건물에 출입하면서 자연방사
선보다 적은 방사선을 쬔 것이다.

　그러나 반핵단체들은 과학을 토대로 한 설명을 믿으려 하지 않았다.
이들은 이 설명을 원전의 위험성을 호도하기 위한 거짓말로 몰아붙였
다. 그리고 문 씨 딸을 그린 포스터를 제작해서 반원전운동을 선동했다.
자신의 아이가 반원전운동에 이용되는 것이 마음의 상처가 된 탓인지
문 씨 부부는 1990년 서울대 병원이 추진한 역학 조사에 응하지 않았다.

　의학계의 정설은 '기형아 잉태는 임산부가 방사선을 맞았을 때 일어
난다. 배우자인 남편이 맞아서 기형아를 잉태하게 됐다는 보고는 전혀
없다.'이다. 무뇌아와 대두아의 아버지들은 위험한 수준의 방사선을 맞
았다는 근거가 없고 부인들은 원전에서 일한 사실이 없다. 그렇다면 답
은 자동으로 나오는데, 사람들은 과학이 내려준 이 답을 믿으려고 하지
않았다.

　방사선과 무뇌태아·대두아가 관련이 있으려면 사고가 일어난 스리
마일 섬 원전 인근과 체르노빌 원전 인근은 물론이고, 원자폭탄을 맞은
히로시마와 나가사키 지역에서도 방사선으로 인해 무뇌태아나 대두아
가 태어났다는 기록이 있어야 한다. 그러나 그곳에서는 그런 보고가 없
었다.

　무뇌태아는 우리나라에서는 신생아 1000명당 1~2명 정도, 유럽에서

■ 중저준위폐기물

월성원전본부 안에 있는 중저준위폐기물 저장소 내부이다. 이 폐기물에서는 일반인들도 얼굴이 노출되는 작업 가운을 입고 들어갈 수 있을 정도로 아주 약한 방사선만 나온다.

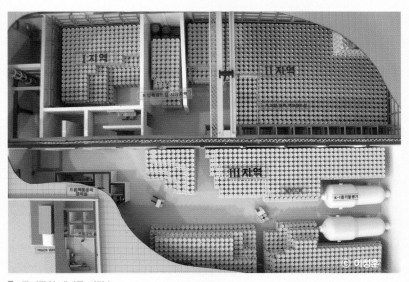

■ 중저준위 폐기물 저장소

고리원전본부 안에 있는 중저준위폐기물 드럼통을 쌓아놓은 저장소 전체를 보여주는 모형. 격납건물 안에 있던 증기발생기도 이곳에 보관한다. 증기발생기는 원자로와 달리 많은 방사선을 내지 않는다.

울진원전의 사용후핵원료 습식 저장소

방사선을 막는 가장 확실한 차폐물은 '물'이다. 따라서 각 원자력발전소에서는 수심 10미터가 넘는 풀(pool) 안에 사용후핵연료를 넣어 놓는다. 사용후핵연료는 이곳에서 서서히 열을 식히면서 세월을 보낸다. 저장조의 수면 밖으로는 거의 방사선이 나오지 않기에 작업자는 얼굴을 노출한 일반 작업복을 입고 일한다.

금방 나온 사용후핵연료

울진 원전 5호기에서 사용후핵연료 저장조로 옮겨지는 사용후핵연료. 금방 원자로에서 꺼낸 것이라 온도가 높아 저장조에 오래 있던 사용후핵연료보다 빛깔이 강렬하다. 사용후핵연료의 이동은 방사선 위험 때문에 물 속에서 이뤄진다.

는 8명 정도가 태어나는 것으로 보고되고 있다. 자연방사선만 존재하는 상황에서도 무뇌태아, 대두아는 태어나고 있는 것이다. 이유를 알 수 없는 질환이나 문제에 무조건 방사선을 갖다 붙이려고 한 것이 1980년대 후반 반핵운동가들의 의지였다.

방폐장 선정 문제로 터져나온 반핵운동

반핵운동가와 친핵(親核)노선을 견지하는 정부와의 충돌은 시시각각 다가오고 있었다. 이 충돌은 방사성폐기물 처분장 선정 문제를 계기로 크게 일어나게 되었다. '원자력발전소=원자폭탄' 이라는 인식을 갖고 있는데, 원자력 쓰레기를 내 땅에 묻는다고 하니 반핵운동가의 선동에 휘말린 지역 사람들은 결사항전을 하게 된다.

방사성폐기물 처분장 문제와 관련해 한국은 많은 고민을 했다. 고민의 요체는 사용후핵연료를 재처리할 것이냐의 여부였다. 사용후핵연료를 재처리해 플루토늄을 얻고 나면, 고열과 고선량의 방사선을 쏘는 고준위폐기물이 발생한다.

고준위폐기물은 수만~수십만 년 동안 매우 위험한 수준의 방사선을 쏘기에 자연생태계와 영원히 분리된 곳에 처분하여야 한다. 자연생태계와 영원히 분리된 곳은 지하 3백~5백 미터에 있는 암반지역을 가리킨다. 그곳에는 지하수가 있어서도 안 된다. 그곳에 갇힌 공기도 밖으로 나오면 안 된다.

물도 공기도 순환되지 않고, 지진이 일어나도 변화가 없는 곳에 고준위 폐기물을 갖다 놓고 고선량의 방사선이 자연방사선 정도로 떨어질 때까지 수만~수십만 년을 기다리는 것이다.

박정희 정부 시절 한국은 재처리를 추진했으나 인도의 핵실험으로 길이 막혀버렸다. 전두환 정부 시절에는 재처리를 포기하고 원전만 계속 지었으나 속으로는 여전히 재처리를 갈망했다. 재처리는 원전에서 나온 사용후핵연료를 다루는 것이니, 이를 위해서는 방폐장을 지어 사용후핵연료를 한곳에 모아야 한다.

그러나 누구도 재처리를 위해 사용후핵연료를 모은다는 말은 할 수가 없다. 할 수 있는 것은 방사성폐기물 처분장을 짓는다는 것 뿐이다. 중저준위폐기물은 크게 위험하지 않고 재활용도 하지 않으니 적당한 시설을 만들어 처분하면 된다. 그리고 사용후핵연료는 한미원자력협정을 개정해 재처리할 수 있을 때를 기다리며 한곳에 모아놓으면 된다. 이는 중간저장을 하자는 것이다.

원자력을 하는 사람들은 이러한 합의에 금방 도달한다. 이에 따라 중저준위폐기물 영구처분장과 사용후핵연료 중간저장소 건설사업이 추진되었다. 이름하여 방사성폐기물 처분장(방폐장) 선정사업이다.

그러나 사용후핵연료에서는 치명적인 방사선이 나오기 때문에 특별한 방호시설을 필요로 한다. 방사선을 막는 가장 좋은 물질은 물이다. 수심 5미터 이상의 물 속에 들어가 있는 방사성 물질은 수면 위로는 거의 방사선을 쏘지 못한다. 때문에 과거 미국이나 영국, 구 소련 같은 나라는 고준위폐기물을 심해(深海)에 투기했었다.

그러나 심해에도 가능성은 매우 희박하지만 생명체가 살 수가 있다. 이러한 생명체가 우연히 방사성을 갖고 있는 물질을 흡입하게 되고, 위쪽에 사는 고기가 이 생명체를 먹고, 이 고기를 더 위쪽에 사는 고기가 먹는 식으로 먹이 사슬이 이어지다 보면, 수면 근처에 사는 고기도 방사성 물질을 체내에 흡수할 수 있다.

사람들이 잡는 고기는 수면 근처에 사는 것들이다. 어느 날 이러한 고기가 그물에 걸려들어 누군가가 이 고기를 먹는다면 그는 방사능을 가진 핵종(核種)을 체내에 넣는 사고를 당할 수도 있다.

사실 이러한 일이 일어날 가능성은 제로에 가깝다. 이유는 일정 시간이 지나면 핵종은 배설물에 섞여 몸 밖으로 배출되기 때문이다. 심해에

© 이정훈

사는 생명체나 고기도 생물이기에 배설을 한다.

그러나 몇몇 핵종은 배출되지 않고 장기(臟器)에 붙어버린다. 이러한 장기를 다른 생명체가 계속해서 먹어주다가 마지막으로 인간이 먹어야 이 일이 일어난다. 가능성이 매우 희박한 경우이지만, 이러한 염려 때문에 선진국들은 심해 투기를 중단했다.

이처럼 물은 방사선을 차폐하는 좋은 수단이기에 각 원전은 사용후핵연료를 물이 담긴 수조(水槽)에 넣어 보관한다. 수조를 이용한 사용후핵연료 보관은 넓은 면적을 차지한다는 문제가 있다. 때문에 '캐스크(cask)'나 '캐니스터(canister)'라고 하는 고선량의 방사선을 차폐하는 통을 만들어 그 안에 넣어두기도 한다.

캐니스터는 두께가 1미터 가까이 되는 콘크리트로 만든 일종의 격납건물다. 고선량의 방사선은 1미터 정도 되는 콘크리트를 뚫고 나가지 못하기에 캐니스터 옆에서는 특별한 방호복을 입지 않은 사람들이 들어가 일할 수 있다.

각 원전에서 보관하는 방사성폐기물의 양이 늘어나자 정부는 처분장 건설을 검토하게 되었다. 1983년 과학기술처는 '방사성폐기물관리대책 위원회'를 만들어 이 문제를 처음으로 공식 논의했다. 그리고 1986년 5월 13일 원자력법을 개정하는데, 개정된 이 법에는 방사성폐기물 사업을 전담할 기관으로 한국에너지연구소를 지정한다는 내용이 있었다. 3년 후인 1989년 6월 16일 이 법의 시행령이 공포되었다.[7] 이제 한국은 방사성 폐기물 처분장을 짓는 길로 들어선 것이다.

1989년 경북 영덕군 남정면의 방폐장 반대시위

1986년 10월 한국에너지연구소는 한국전력기술(주)에게 3년간 방사성 폐기물 처분장 후보부지를 조사하라는 용역을 주었다. 한국전력기술은 3단계 작업을 거쳐 경상북도 울진군 기성면과 영덕군 남정면, 영일군 송라면 일대(지금은 포항시 북구 송라면)를 후보지로 압축하였다. 경북 지역에서만 3개 후보지를 선정한 것이다.

그러나 이 조사는 기술공학적인 측면에 한정된 조사였고 인문·사회·과학적 측면에서의 적합성은 검토하지 않았다. 후보지 가운데 고대 유물이 묻혀 있거나 보호해야 할 자연자원이 있다면 그곳은 방폐장 후보지에서 제외돼야 한다. 때문에 한국에너지연구소는 다시 일곱 개 업체와 계약을 맺어 인문·사회과학적 측면에서의 조사도 실시해 1990년까

---

7 방폐장 선정의 전 과정은 정주용, 「정책 수용성 급반전 현상에 관한 연구」(고려대 행정학과 박사학위 논문, 2008) 참조.

지 최적의 장소를 선정해 달라고 했다.

이때부터의 후보지 조사작업은 은밀히 진행되었는데 조사요원들이 등산복 차림으로 후보지역에 들어가 조사하다 주민들에게 적발되는 사태가 벌어졌다. 터질듯 말듯 하던 긴장된 분위기는 영덕군 남정면에서 폭발했다. 당시 세상은 6·29선언으로 민주화가 착근된 다음이었다. 일자리보다는 권익을 주장하는 노동자들의 투쟁이 끓어 넘치던 1989년이었다.

1989년 3월 초 경북 영덕군 남정면에서 '방폐장선정반대대책위원회'가 만들어져, 3월 12일 방폐장 선정 반대 궐기대회를 하고 국도를 점거하였다. 남정면 주민들은 3월 29일부터 과학기술처와 한국에너지연구소로 몰려가 시위를 벌였다. 이후로도 시위는 계속 이어졌다. 1989년 10월 23일 과학기술처는 장관 명의로 반대대책위원회에 '아직 부지를 확정한 것은 아니다' 라고 통보하였다.

이로써 주민 시위는 일단락됐다. 정부가 주도한 방폐장 후보지 선정 사업은 실패로 막을 내렸는데, 이것이 최초의 방폐장 후보지 선정 실패 사건이다(1차 입지 선정 실패). 이 실패를 계기로 정부는 방폐장 부지 선정에 대한 홍보의 필요성을 절감하고 후보지 지역 주민들을 초청하는 행사를 갖기 시작했다. 비공개에서 공개 위주로 방향을 바꾼 것이다.

확실히 한국에너지연구소가 방폐장 사업을 하도록 원자력법이 개정된 1989년부터는 더욱 혹독한 반핵시위가 몰아쳤다.

그때부터 경주를 중저준위 방폐장 후보지로 선정한 2005년까지를 따지면 16년, 1986년 첫 조사부터 따지면 19년간, 한국의 방폐장 부지 선정 사업은 표류했다. 반핵시위는 민주화시위, 반미시위, 노동투쟁의 열기를 받아 가공할 파워를 일으켰다.

1990년 안면도 반핵 시위

1989년 12월 30일 한국에너지연구소는 한국원자력연구소로 명칭을 환원했다. '원자력'을 복권시킨 것이다. 한국원자력연구소는 방폐장 사업을 위해 방사성폐기물관리사업단을 만들었다가 1990년 10월 23일 이 사업단을 '원자력 제2연구소'로 명칭을 변경, 격상시켰다. 사용후핵연료 중간저장시설과 연구시설을 위한 부지에 원자력 제2연구소를 입주시켜 폐기물 보관과 연구를 병행하겠다고 한 것이다.

그러나 정부는 중저준위폐기물 처분장은 무인도에 짓고 사용후핵연료 중간저장과 연구시설은 바닷가에 짓는다는 쪽으로 방침을 변경했다. 인접해 있긴 하지만 중저준위폐기물 처분장과 사용후핵연료 중간저장시설을 분리하겠다고 한 것이다(1990년 3월 과학기술처 장관의 국회 경제과학위원회 보고). 그리고 이 시설이 들어서는 지역은 지역개발을 해준다는 원칙도 세웠다. 1989년 영덕군 남정면 사태 때와 달리 '당근'을 내놓은 것이다.

충남 안면도와 전남 신안군 압해도 등을 놓고 검토하던 정부는 1990년 9월 6일 제226차 원자력위원회에서 안면도를 사용후핵연료 중간시설과 연구시설부지로 선정하고, 중저준위폐기물 처분장은 안면도 인근의 섬을 골라 추후에 선정한다는 결정을 내렸다. 이어 정부는 충남도청을 상대로 정부가 제공할 당근 문제를 논의했다. 이러한 사실은 두 달 후 언론을 통해 세상에 알려졌다.

1990년 11월 3일자 한겨레신문은 '과학기술처는 충남 안면도를 사용후핵연료 중간저장시설과 원자력 제2연구소 부지로 선정해 놓고 충남도와 협의하고 있으며, 1990년 12월 중순에 열릴 제227차 원자력위원회에서는 안면도 인근의 섬을 중저준위폐기물 처분장으로 선정할 것이다. 그후 정부는 주민공청회를 열어 빠르면 1991년 상반기부터 공사를 시작하려고 한다'는 요지의 보도를 했다.

이 보도를 계기로 안면도에서는 순식간에 반대위원회가 만들어졌다.

그리고 전국 단위로 활동해온 환경단체·반핵단체와 연대해서 대규모 반대시위를 일으켰다. 이들은 자녀들의 등교를 거부하고 상가를 철수한 상태에서 민란에 가까운 시위를 벌였다.

시위의 규모가 걷잡을 수 없을 정도로 커지자 11월 8일 과학기술처는 장관 명의로 안면도 입지선정 철회를 발표했다. 경북 영덕에서 실패한 지 1년 만에 다시 백기를 든 것이다.

안면도 사태 때 정부가 주력한 것은 '원자력 제2연구소'라는 이름으로 포장한 사용후핵연료 중간저장시설과 연구시설의 확보였다. 중저준위폐기물은 위험한 것이 아니

1990년 안면도 사태
한겨레신문 보도로 안면도가 방폐장 후보지로 선정됐다는 사실이 알려지자, 안면도 일대에서는 민란에 가까운 반핵시위가 터져 나왔다.

기 때문에 중저준위폐기물 처분장 선정에는 아예 신경쓰지도 않았다.

이때는 재처리 포기를 담고 있는 노태우 정부의 비핵화 선언(1990년 11월 8일)과 남북한이 합의한 한반도 비핵화 공동선언(1992년 1월 20일)이 나오기 전이었다. 재처리를 가능케 하기 위해 원자력인들이 머리를 싸매고 궁리하던 시절이었다. 그러나 안면도 사태와 비핵화 선언을 계기로 원자력인들은 사용후핵연료 문제에 대해 손을 놓게 되었다.

안면도 사태는 가공할 폭력을 보여주며 굵고 짧게 사그라들었다. 이

때 반핵단체들이 '전가(傳家)의 보도(寶刀)' 처럼 활용했던 시위의 소재가 전남 영광에서 일어난 대두아와 무뇌태아 사건이었다.

선거로 선출되는 정치인들은 국익이 아니라 표심에 기운다. 반핵에 동참하는 정치인들이 늘어난 것이다. 님비(NIMBY) 현상은 갈수록 치열해져 갔다.

고위 공무원들과 지방자치단체장은 자기 재임 중에는 방사성폐기물을 비롯한 혐오시설을 받거나 짓지 않겠다는 경향을 보였다. 님토(NIMTO: Not In My Term of Office) 현상이 일어난 것이다. 이렇게 되자 정치인뿐만 아니라 정부도 원전을 매서운 눈초리로 바라보게 되었다.

1989년 11월 11일 과학기술처는 '1988년 한전은 원자력 운영기술 지침서의 규정에 따라 국내 3개 원전에 대해 50여 차례 안전점검을 해야 하는데 이를 제대로 하지 않았다'며 '조사해서 위법 사실이 드러나는 대로 처벌을 해달라'고 서울지검에 안병화 한전사장과 한전을 고발했다.

원전은 모든 것을 법대로, 규정대로 해야만 했다.

기형가축 출산 사건

그로 인해 원전의 모든 것, 보다 정확히 표현하면 원전과 관련된 부정적인 것은 모두 보도할 수 있다는 가치관이 만들어졌다.

1990년 4월 25일자 「광주일보」와 「조선일보」, 「세계일보」 등은 "영광원전 인근인 전북 고창군 상하면 자룡리와 석남리에서 기형 가축이 태어나고, 가축의 사산과 유산율이 급격히 높아졌는데, 이 현상이 영광원전과 관련 있지 않은지 관심이 집중되고 있다"고 보도했다.

같은 해 6월 20일자 「한국일보」와 「동아일보」 등은 '울진원전 인근인 경북 울진군 북면 사계리에서 1989년 10월 암수 구분이 되지 않는 기형 송아지 한 마리가 태어나 현재 생존해 있고, 1990년 5월에 앞다리가 꺾어진 송아지와 입을 다물지 못하는 송아지가 태어났으나 곧 사망했다. 주민들은 기형 송아지 출산은 원전 때문이라고 주장한다'고 보도했다.

그로 인해 조사가 이뤄졌으나 두 지역에서는 방사성 물질이 발견되지 않았다. 자연방사선 정도의 방사선만 있는 것으로 확인된 것이다. 기형 가축 출산은 방사선이 아닌 다른 원인 때문이라는 사실이 밝혀졌다.

농촌진흥청 산하 가축위생연구소는 전북 고창의 기형가축을 대상으로 혈청 검사를 한 결과 1988년과 1989년 전국적으로 유행했던 아카바네(赤羽) 병원균의 항체가 발견되었다고 밝혔다.

일본에서 발견된 아카바네병은 아카바네 모기에 의해 전염된다. 새끼를 밴 암소가 이 모기에 물려 감염되면 유산을 하거나 기형 송아지를 낳을 가능성이 높아진다고 한다.

1990년 7월 11일 고리 원전 인근인 경남 양산군 장안읍 길천리에 사는 김모 씨는 고리 원전 2백 미터 앞 해상에 쳐놓은 3중 정치망을 걷어 올려 그 중에 가슴지느러미 부위가 썩어서 내장이 튀어나오고 꼬리 부분 한쪽이 검붉은 색으로 썩어들어가 있고 등도 굽은 25센티미터 길이의 도다리 한 마리를 발견했다.

고리 원전 앞바다에서 잡힌 이 기형물고기 사건은 언론에 의해 전국으로 알려졌다. 주민들은 이 고기가 고리원전에서 나온 방사능 때문인지에 대한 조사를 의뢰했다. 이에 한국원자력안전기술원과 한국해양연구소가 길천리 주민 3명을 입회시킨 가운데 이 고기를 놓고 방사능 측정을 했으나 방사능은 검출되지 않았다.

한국해양연구소의 조사결과는 이 물고기가 1차적으로 기생성 코페포다(Copepoda)에 감염됐고, 2차적으로 세균에 의해 지느러미가 손상돼 표피에 궤양이 나타난 것으로 나왔다. 기생성 코페포다는 세계적으로 분포하는 것으로, 물고기의 아가미와 지느러미, 혈관, 소화기 등으로 침입해 점액이나 피부 등을 갉아먹으며 상처를 내서 어류를 폐사시키는 생물체이다.

기형가축 출산이나 기형물고기 발견은 방사선과 무관한 것으로 밝혀졌지만 관련 보도는 끊이지 않았다.

1991년 3월 2일 영광 원전 인근인 영광군 홍농읍에서 한 어미 흑염소가 아래턱과 혀가 없고 머리는 정상보다 3분의 1 정도 크고 눈이 튀어나온 기형 새끼를 낳았다. 이에 대해 주민들은 어미 흑염소가 방사선에 오염된 사료를 먹었기 때문이라고 주장해 어미 흑염소가 먹는 솔잎과 콩깍지, 볏짚과 토양을 채취해 방사선 오염 여부를 분석했으나, 인공방사성을 띤 핵종은 전혀 발견되지 않았다.

1990년 4월 18일에는 원전이 없는 경남 창녕군 창녕읍에서 눈이 네개, 콧구멍이 네 개, 입이 두 개인 송아지가 태어났다. 기형가축은 방사선과 무관하게 전국에서 고르게 태어나고 있었던 것이다. 그러나 사람들은 기형가축·기형아 출산을 방사선과 연결해서 보려는 시각을 쉽게 버리려고 하지 않았다.

방촉법(放促法) 제정으로 경제적 지원 약속, 그런데도 또 실패…

안면도 사태로 두 번째 실패가 있은 후, 1991년 6월 7일 열린 제227차 원자력위원회는 방폐장 부지 선정을 위해 △폐쇄적인 절차가 아니라 공개적인 절차로 후보지를 선정한다 △지역개발 사업과 연계해 부지를 선정한다 △지역 주민들이 자원(自願)하면, 정부가 후보지를 선정해 주민 동의를 받는 것보다 우선적으로 검토한다는 원칙을 세웠다. 그리고 중저준위 방폐장과 사용후핵연료 중간저장시설은 같은 지역에 위치할 수도 있고 떨어질 수도 있다는 개념도 도입했다.

비슷한 시기에 한국원자력연구소는 '원자력 제2연구소'를 한국원자력연구소 부설 '원자력환경관리센터'로 바꾸었다(1991년 9월 5일). 그리고 서울대를 포함한 네 개 대학에 방폐장 부지 선정과 지역개발 협력을 주제로 한 후보지 선정 작업을 맡겼다. 이 용역은 과학적인 분석에만 매달리지 않고 사회과학적인 접근으로 후보지를 정해 보겠다는 것이었다. 그러나 이 노력도 반핵단체의 선동으로 난관에 봉착했다.

조사에 나선 서울대 등은 전국의 주요도시를 순회하며 공개토론회를 열었으나, 일부 도시에서 반핵단체들이 토론장을 점거해 토론을 무산시킨 것이다. 이러한 반발을 겪으면서 네 개 대학은 화강암 층이 발달해 있는 강원 양양군 현남면 등 여섯 곳을 선정하였다.

정부는 지역주민들이 자원하는 곳에 대해서도 조사를 했다. 그리고 서울대 등이 조사한 것과 합쳐 1991년 12월 강원 고성군 현내면, 강원 양양군 현남면, 경북 울진군 기성면, 경북 영일군 기북면, 전남 장흥군 용산면, 충남 태안군 고남면 등 여섯 군데를 선정하였다. 정부는 이 여섯 개 후보지 가운데 하나를 골라 최종 후보지를 선정해 협의를 한다는 계획을 세웠는데 이것이 역효과를 불렀다.

정부가 협의하기 위해 선정한 곳은 방폐장 부지로 확정된 것과 진배없는 것이 되므로 이들 지역에서는 몰려든 반핵단체의 선동으로 강한 반대가 나올 수밖에 없다. 정부가 현명했다면 여섯 개 지역을 경쟁시키는 구도로 갔어야 했다. 주민투표 등을 실시해 가장 높은 지지율이 나온 곳에 경제적 지원을 주며 방폐장을 짓는다고 해야 반핵단체의 활동력이 줄어드는데, 정부는 여섯 개 지역 가운데 어느 하나를 골라 협의하겠다고 하자 반핵단체의 활동으로 전 지역에서 반대운동이 일어났다.

1992년 5월 13일 정부는 '방사성폐기물 관리사업의 촉진 및 시설 주변지역의 지원에 관한 법률(일명 방촉법)'을 만들겠다고 하고, 국회의 동의를 거쳐 1994년 1월 5일 공표하였다. 이로써 방폐장이 들어서는 지역은 '방촉법'에 따라 지원을 받는다는 것이 명확해졌다.

그러나 정부의 노력은 실패했다. 경제적인 지원을 근거로 방폐장을 지으려고 하는 정부의 노력을 주저앉히기 위해 반핵단체들이 내민 카드는 주민투표였다. 반핵단체는 주민투표로 주민에게 의사를 물어 주민들이 동의해야 방폐장을 지을 수 있다며 방촉법을 근거로 지역지원을 약속한 정부의 노력을 무산시켰다. 정부는 반핵단체가 선동한 주민투표안을 받아들이지 못한 것이다.

1년을 끈 굴업도 사태, 정부 또다시 항복하다

1994년은 반핵의 기운이 가장 높았던 시절이었다.
그해 4월, 반핵단체로 세계적인 주목을 받고 있던 그린피스는 1985년 프랑스 정보기관의 공작으로 폭침된 '무지개전사호'를 대신해 마련한 'MV그린피스호'를 이끌고 한국을 방문했다. 그린피스는 4월 19일 영광원전 인근해상에서 국내반핵단체들이 동원한 선박과 함께 반핵시위를 하고 일본으로 떠났다.

당시 일본은 일본 원전에서 발생한 사용후핵연료를 영국과 프랑스에 보내 위탁 재처리하고 있었는데, 이 위탁 재처리한 핵연료를 돌려받으려 하는 시점이었다. 영국과 프랑스에서 재처리해서 만든 새 핵연료와 고준위폐기물은 선박에 실려 일본으로 갔다. 그린피스는 이 배의 입항을 차단하기 위해 일본으로 가던 길에 한국에 들러 반핵시위를 벌인 것이다.

일본은 세계 유일의 피폭국가인데도 1980년대와 1990년대를 휩쓴 세계적인 반핵열풍에 휩싸이지 않았다. 물론 일본에도 내로라하는 반핵운동가가 활동했지만 국민 대다수는 동참해주지 않았다. 일본의 반핵운동은 반핵운동가만의 시위가 되었다.

일본으로 들어간 그린피스는 효과적인 시위를 벌이지 못했다. 재처리물질을 싣고 온 선박의 일본 입항을 막는데 실패한 것이다. 이러한 배경이 있었기에 일본은 롯카쇼무라에 중저준위 방폐장을 짓고 사용후핵연료 재처리공장도 지을 수 있었다.

┃ 1995년 굴업도 사태

방폐장을 유치하면 경제적 혜택을 준다는 '방촉법'이 제정됐지만 방폐장 후보지로 선정된 굴업도
와 굴업도를 품고 있는 인천에서는 굴업도 방폐장 건설에 반대하는 맹렬한 시위가 터져 나왔다.

방촉법 제정에도 불구하고 방폐장 선정에 실패한 후 정부는 과기처와
원자력연구소의 원자력환경센터가 추진하던 방폐장 선정작업을 범정부
차원에서 추진하는 것으로 바꾸었다.

1994년 10월 29일 열린 국무회의는 과기처, 내무부, 경찰청, 통상산
업부, 환경부, 공보처, 총무처, 수산청이 참여하는 '방사성폐기물 관리
사업 추진위원회'를 만들기로 했다. 그리고 이 위원회로 하여금 부지 선
정작업을 추진하게 해, 경기도 옹진군 굴업도, 경북 영일군 청하면, 경
북 울진군 기성면 등 세 곳을 최종 후보지로 압축하였다.

경북 영일군 청하면과 경북 울진군 기성면은 과거부터 늘 후보지로
거론되던 곳이라 바로 강력한 반발이 터져 나왔다. 추진위원회는 후보
지로 '처음' 선정된 굴업도를 최종 후보지로 선정하기로 의결했다(1994년
12월 22일).

1994년 12월 24일 정부는 과학기술처의 허남 안전심사관을 단장에 임명했다. 국무총리실 방사성폐기물사업기획단을 만들고 이 사업기획단은 범 부처를 통괄하는 기구로 기능했다.

이 사업기획단은 주민공청회 등을 거쳐 1995년 2월 15일 굴업도를 방폐장 시설지구로 확정하였다. 그런데 굴업도는 너무 좁았다. 따라서 굴업도 인근에 있는 덕적도와 영흥도, 대부도에도 연구시설을 입주시키겠다고 발표했다.

그러나 이 발표는 그전에 일어난 반핵단체의 시위에 가려 빛을 보지 못했다. 굴업도가 방폐장 부지로 선정됐다는 것이 1994년 12월 15일 MBC 9시 뉴스를 통해 알려졌는데, 이후 폭발적인 반핵시위가 터져 나왔기 때문이다. 시위는 12월 22일 정부가 굴업도를 방폐장 부지로 최종 결정했다는 것이 발표된 후 더욱 거세졌다. 그럼에도 불구하고 정부는 1995년 2월 27일 굴업도와 덕적도 일대를 방사성폐기물 관리시설지구로 지정·고시하였다. 이것이 새로운 도화선이 되었다.

새 학기가 시작된 인천 지역에서는 학생들까지 동맹휴학에 들어가고 반핵운동가들이 단식투쟁을 벌였다. 5월 20일에 시민궐기 대회가 열리고 5월 25일에는 파출소를 습격하는 사태로 벌어졌다. 그해 6월 27일 열린 지방선거에서도 굴업도 방폐장은 핫이슈가 되었다.

그래도 정부는 굴업도 방폐장을 밀고 나가려 했는데, 그해 10월 굴업도 인근에 활성단층 징후가 있다는 보고가 있었다. 12월 15일 열린 제234차 원자력위원회는 굴업도를 방사성폐기물 관리시설지구에서 해제한다는 결정을 내렸다.

여담이지만 이때 정부는 방사성폐기물 처분장 건설 지원금 500억 원을 주민들에게 지불한 다음이었다. 굴업도가 무산되자 국무총리실 방사성폐기물 기획사업단은 이 지원금을 회수하느라 큰 고통을 겪었다. 근 1년을 끌어가며 버텼지만 정부는 네 번째로 백기를 들고 만 것이다.

반핵의 힘은 막강했다. 반핵운동가들은 1979년 미국 스리마일 섬 원전 사고와 1986년 소련의 체르노빌 원전 사고를 근거로 계속 원자력 안전을 문제삼았기 때문에 정부는 우선 원전의 안전을 강조하지 않을 수 없었다.

그리하여 1994년 정근모 장관이 이끄는 과학기술부는 '원자력정책성명'을 발표한 그 다음해에 9월 10일을 '원자력안전의 날'로 정했다. 이후 매년 이날이 되면 원자력 발전소에서는 원자력 안전을 강조하는 행사를 가져왔다.[8]

그리고 '한국 원자력의 빙하기'를 가져온 김대중 정부가 1997년 2월 출범하였다. 하지만 김대중 정부 시절에 한국의 원자력은 답보를 거듭했으며 방폐장 문제 또한 마찬가지였다. 방폐장 문제가 재론되는 것은 노무현 정부가 들어선 다음이었다.

김대중 정부와 노무현 정부가 어떻게 방폐장 문제를 풀어갔는지는 다음 장에서 살펴보기로 한다.

---

8 1995년부터 해마다 9월 10일 '원자력안전의 날'에 원자력 안전에 관한 행사를 가졌는데 2009년 12월 27일 UAE와 원전 수출계약이 성사된 것을 기념하기 위해 이명박 정부가 이 날을 '원자력안전 및 진흥의 날'('원자력의 날'로 줄여서 사용)이라 하여 법정기념일로 제정하였고 2010년 12월 27일 제 1회 기념식을 가졌다.

Chapter 4

그래도 원자력이다

반핵에서 용핵(容核)의 시대로

굴업도 실패가 있은 후 김영삼 정부는 중요한 결정을 내렸다. 과학기술처와 한국원자력연구소가 추진해온 방폐장 부지 선정 작업을 통상산업부와 한국전력에 넘기기로 한 것이다. 이유는 방사성폐기물 사업을 연구기관이 맡는 것은 오해를 살 수 있다는 판단 때문이었다.

오해란 재처리를 뜻한다. 한국은 노태우 대통령 때 재처리를 하지 않겠다는 비핵화 선언을 했으니, 방폐장 문제를 연구기관에 맡기는 것이 좋지 않다고 판단했다. 이러한 방침이 알려지자 원자력연구원소의 간부들은 집단으로 보직사퇴서를 제출하는 등 강력하게 반발했다.

이 갈등을 겪으면서 1996년 6월 25일 열린 제245차 원자력위원회는 방사성폐기물 처분장과 사용후핵연료 중간저장시설 업무는 한국전력에 넘기고, 관리는 통상산업부가 담당한다는 결정을 내렸다.

북한 의식해 별다른 움직임이 없었던 김대중 정부

한전과 통상산업부는 김대중 정부 시절인 1998년 9월에 열린 제249차 원자력위원회에 새로운 부지 선정 방안을 제출했다. 이 방안에서 주목할 것은 '정부가 지방자치단체에 사업 추진을 제의하면, 지방자치단체는 시민을 대상으로 한 여론조사와 환경영향평가를 해서 부지 후보로 신청을 한다'는 것이었다. 지방자치단체가 바로 방폐장 유치를 신청할 수도 있지만 정부의 권유를 받은 지방자치단체도 자체 여론조사와 환경영향평가를 해 신청할 수도 있게 한 것이 특징이었다.

그러나 정부가 지방자치단체에 사업 추진을 제안하는 방안은 추진되지 못했다. 지역 지원이 약속돼 있는 만큼 많은 지방자치단체 스스로가 신청을 검토했기 때문이다. 하지만 이들의 노력은 환경운동연합이 전국을 돌아다니면서 개최한 설명회에 걸려 결실을 맺지 못했다.

환경운동연합의 설명을 들은 주민 일부가 강하게 반발하는 바람에 자치단체들은 선뜻 신청서를 제출하지 못한 것이다. 이로써 다섯 번째 입지 선정 작업도 실패로 끝났다. 과거와의 차이점은 반핵시위라고 하는 충돌이 없었다는 것뿐이었다.

북한과의 대화를 중시했던 김대중 정부는 한국에서 '핵' 자가 나오는 것을 두려워했다. 북핵이든 남핵(南核)이든 핵은 무조건 거론되지 않기를 원했다. 그래서 김영삼 정부 시절에 이종훈 한전 사장이 추진한 사용후핵연료의 위탁재처리 움직임도 중지시켰다. 이러한 정권이었으니 방폐장 건설은 적극적으로 추진될 수가 없었다.

그리하여 2002년부터 추진된 여섯 번째 입지 선정에서는 사업자나 정부가 먼저 부지를 선정한 후 지방자치단체에 공모해 보라고 권유하는 '사업자 주도 방식'을 채택하기로 했다. 지방자치단체가 유치를 신청하면 이것도 검토한다는 결정을 내렸다. 여기까지가 방폐장 사업과 관련해 김대중 정부가 한 모든 것이다.

노무현 정부는 한 발 더 나갔다. 2003년 4월 21일 산업자원부 등 10개 부처와 한국수력원자력은 '방폐장을 유치하는 지역에는 3000억 원의 특별지원금 외에 한수원 본사를 옮겨준다, 양성자가속기 사업을 신청하면 가산점을 주겠다'는 내용의 공동 담화문을 발표한 것이다.

그리고 사업자 주도 방식을 추진하기 위해 네 개 지역에 대한 예비 지질조사에 들어갔는데, 네 개 지역 모두 예비 지질조사를 위한 굴착을 거부함으로써 이 방식도 추진할 수 없게 되었다.

부안사태 속의 김종규 군수 소신

남은 방법은 지방자치단체가 유치를 신청해오는 것뿐이었다. 가장 발빠르게 움직인 것은 전라북도였다. 강현욱 전북지사는 낙후한 전북을 발전시키려면 방폐장을 유치해야 한다고 주장했다(2003년 5월 26일). 그 직후 전북 부안군 위도면과 군산시 옥도면의 비안도, 경북 봉화군, 충남 보령시 등에서 방폐장 유치 신청을 하려는 움직임이 나타났다. 이 가운데 가장 유력한 후보지로 꼽힌 것은 군산시였다. 그러나 군산시는 '부지 부적합' 판정을 받아 떨어져나갔다.

반핵단체들도 빠르게 움직였다. 이들은 방폐장 유치 움직임이 있는 곳을 찾아가 다양한 반핵운동을 펼쳤다. 그로 인해 유치 찬성 분위기를 보이던 전북 부안군 의회가 '반대 7, 찬성 5'로 반대쪽으로 돌아섰다.

그런데도 불구하고 김종규 부안군수는 2003년 7월 11일 전북도청에서 기자회견을 갖고 부안군과 전북의 발전을 위해 위도에 방폐장을 유치하는 신청과 양성자가속기 유치 신청을 하겠다며 신청서를 제출했다. 정부는 7월 15일 부안군 위도를 단독후보로 확정하였다.

김 군수의 행동이 반핵단체가 치켜들고 있던 도화선에 불을 댕겼다. 이미 군의회가 반대의사를 표명한 터라 부안군민들은 부안군청 앞에 모

┃ 2003년 부안사태
불타는 경찰 버스. 부안사태는 방폐장 유치와 관련해 이 땅에서 일어난 마지막 과격시위였다. 이
시위는 김종규 부안군수가 소신을 갖고 지역발전을 위해서는 방폐장을 유치해야 한다며 유치 신청
서를 제출함으로써 촉발되었다.

┃ 내소사의 갈등
2003년 8월 9일 전북 부안군 진서면 내소사에서 주민을 설득하다 고립된 김종규 부안군수를 구
출하기 위해 출동한 경찰을 막아선 반핵 시위대들. 이러한 대립 속에 김 군수는 주민들로부터 폭행
을 당해 중상을 입고 전북대 병원으로 황급히 이송되었다.

여서 시위를 벌이기 시작했다. 이 시위는 점점 커져서 자녀들의 등교 거부로 번졌다.

8월 9일 부안주민들의 반대는 극에 달했다. 이날 김종규 부안군수는 부안군 진서면 내소사에서 주민들을 만나 설득하려다 성난 주민들로부터 거친 폭행을 당했다. 반대의사를 주장한 주민들은 유치를 고집하는 김 군수에게 뒷문을 이용해 떠날 것을 요구했으나, '소신파'인 김 군수는 절 정문으로 나가겠다며 행동으로 옮기다 집단 폭행을 당했다. 반핵을 지지하는 주민들이 김 군수를 폭행한 것은 충격이었다.

그 직후 부안 시위는 더욱 격렬해져 폭동 수준으로 확대되었다. 수습에 나선 정부는 반핵단체와 주민투표를 통해 주민 의사를 확인한다는 합의를 도출했다. 그리고 실시된 주민투표에서 91.8퍼센트의 주민이 반대의사를 밝히자 정부는 위도를 방폐장 부지로 선정한다는 결정을 취소하고 말았다.

김 군수의 희생을 치러가며 격렬하게 치른 부안사태는 많은 교훈을 남겨주었다.

첫째, 방폐장은 위험하지 않을 수도 있다는 인식의 확산이었다. 김 군수가 주민들에게 몰매를 맞아가면서까지 그의 고향인 위도에 방폐장을 유치하겠다고 한 것은 '방폐장이 위험하지 않으니 저렇게 하였겠다'는 인식을 확산시켰다.

둘째, 지방의 열악한 재정사정이 노정된 것이다. 시골에는 노인 혼자 사는 가정이 적지 않다. 주민등록부상으로는 아들·며느리와 함께 사는 것으로 되어 있지만, 아들·며느리는 일감을 찾아 떠나고 노인만 혼자 사는 것이다. 따라서 시골의 실재 인구는 주민등록부에 있는 것보다 훨씬 더 적다. 이러한 곳에서는 아무리 경제를 일으키려고 해도 잘 되지 않는다.

방촉법에 따라 정부가 지원하겠다고 한 3000억 원은 이 지역 경제를 일으킬 수 있는 종잣돈이 될 수 있다. 양성자가속기는 3000억 원보다 더 좋은 기폭제이다. 양성자가속기가 건설되면 이 시설을 이용하기 위해 기업체가 찾아오므로 적잖은 돈이 지역에 떨어진다. 한수원 본사가 옮겨오는 것도 지역 경제를 살리는 요체가 된다. 한수원 본사가 납부하는 지방세는 전 주민이 내는 지방세보다 많을 것이기 때문이다.

김 군수는 이러한 점을 염두에 두고 방폐장을 유치하려고 한 것이다. 고향 발전을 위해 자기를 희생한 김 군수의 행동이 많은 사람들을 움직였다.

첫 번째는 원자핵공학과의 강창순 교수를 중심으로 한 서울대 교수들의 움직임이었다. 2004년 4월 7일 강창순 교수는 당시 줄기세포 복제로 주목을 받고 있던 수의학과 황우석 교수 등 일곱 명의 교수와 함께 서울대 관악캠퍼스에 원전수거물관리센터 방사성폐기물 처분장을 설치하자는 기자회견을 하고 서울대 교수 63명이 서명한 건의문을 정운찬 서울

서울대 교수들의 방폐장 유치 선언
2004년 4월 7일 서울대 원자핵공학과 강창순 교수(오른쪽)와 수의학과 황우석 교수 등이 "방폐장은 안전하다"며 "서울대에 방폐장을 유치했으면 좋겠다."는 기자회견을 열고 있다.

대 총장에게 전달했다.

국제원자력기구(IAEA)의 안전자문위원을 겸하고 있는 강 교수는 "원전수거물 관리사업이 중요한 국책사업임에도 18년째 원점에 머물러 국가적으로 에너지를 낭비하고 있다. 국가와 사회로부터 혜택을 받고 있는 서울대가 전문적인 지식과 정보를 이용해 모범을 보여야 한다. 원전수거물 시설이 주민 안전에 전혀 문제가 되지 않는다는 과학적 확신을 바탕으로 솔선수범하는 모습을 보이고자 한다"라며 관악캠퍼스에 방폐장을 유치하겠다고 한 이유를 밝혔다.

이에 대해 서울대 측은 "학교 차원에서는 아무런 입장 정리가 돼 있지 않지만 교수들이 우국충정으로 건의하는 것이므로 일단 접수하겠다."고 밝혔다. 그러나 관악구청은 성명서를 통해 "교수들이 구청과 사전상의도 없이 일방적으로 건의안을 발표한 것에 대해 유감스럽게 생각한다. 부안문제가 해결되지 않은 상황에서 이러한 논의를 하는 것 자체가 부적절하다고 본다"며 반대 의견을 밝혔다.

강 교수가 주도한 서울대 방폐장 유치는 1회성 이벤트로 끝나고 말았지만 원자력을 전공한 교수들이 나서서 '방폐장의 안전'을 호소한 것은 김 군수의 자기희생에 이은 또 하나의 충격으로 다가왔다. 우리 사회에서도 소신껏 방폐장의 안전을 외치는 사람들이 늘어나기 시작했다.

패트릭 무어 박사가 폭로한 그린피스의 비리

이러한 때 외국에서 놀라운 소식이 들려왔다. 그린피스를 공동 창시한 사람들 가운데 한 명인 환경학자 패트릭 무어(Patrick Moore) 박사가 2005년 4월 28일 미국 상원의 에너지·천연자원위원회에 증인으로 출석해서 "원자력은 화석연료를 대신해 전 세계의 에너지 수요를 만족시킬 수 있고, 지구 온난화 가스를 배출하지 않는 유일한 에너지이다. 원자력

과 석탄, 석유, 천연가스를 비교한다면 원자력 에너지는 이산화탄소 외에도 다른 대기오염물질을 전혀 배출하지 않는다는 점에서 고민할 필요가 없는 최선의 선택이다."라고 밝힌 것이다.9

이어 패트릭 무어 박사는 그린피스의 재정상황 등, 가려져 있던 그린피스의 어두운 부분을 폭로해 충격을 주었다. 패트릭 무어 박사는 "환경을 지키면서 고(高)에너지 사회를 이끌어 가려면 현실적으로 원자력발전 외에는 대안이 없다"고 거듭해서 강조했다. 그린피스 창시자의 이런 선회는 무조건 반핵에 동참해온 사람들에게 충격을 주었다.

패트릭 무어
1947년 캐나다에서 태어난 환경학자로 그린피스의 창설 멤버다. 무어 박사는 2005년 4월 28일 미국 상원에서 그린피스의 비리를 폭로하면서 "환경을 지키면서 에너지를 생산할 수 있는 대안은 원자력밖에 없다"고 발언해 신선한 충격을 주었다.

밖이 변하면 안도 바뀐다. 한국에서도 여러 가지 움직임이 일어나기 시작했다. 부안사태가 있은 후 산업자원부는 방폐장 부지를 선정하기 위해 '원전사업지원단'(단장 조석 산업자원부 부이사관)이라는 태스크 포스를 만들었다. 후에 이 조직은 '원전사업기획단'으로 개칭되었는데, 이 기획단은 부안 실패를 초래한 주민투표를 방폐장 부지 선정 요소로 도입한다는 결정을 내렸다.

2003년 12월 이 기획단은 '방폐장 부지 결정은 주민투표에 의한다'는 내용을 핵심으로 한 '원전수거물부지 선정 보안방안'을 내놓았다. 그 직

---

9 나카무라 마사오 지음, 김경민 옮김, 『원자력과 환경: 그린피스 창시자는 왜 원자력을 택했을까?』 (엔북, 서울, 2006), p. 13.

후인 2004년 1월 29일 국회는 주민투표법을 제정했다. 국회의 주민투표법 제정과 주민투표에 의한 방폐장 부지 선정은 무관하게 추진된 것인데, 둘은 우연히 결합하게 되었다.

원전사업기획단은 또 하나의 중요한 결정을 내렸다. 사용후핵연료 중간저장시설을 중저준위폐기물 처분장과 분리시킨 것이다.

정부가 짓고자 하는 방폐장은 사용후핵연료를 중간저장 하지 않고 중저준위폐기물만 처분한다. 그리고 주민투표에 의해 중저준위폐기물 처분장을 유치한 지역에는 정부가 약속한 3000억 원의 특별지원금을 제공한다. 중저준위폐기물이 담긴 드럼 한 통이 들어올 때마다 지방자치단체와 폐기물 관리사업자는 63만 원 정도의 반입수수료를 받는다는 결정을 내렸다. 한수원 본사도 옮겨준다는 약속도 하였다.

이러한 사실이 알려지자 예상치 못한 움직임이 나타났다. 그간의 시위를 통해 '중저준위폐기물을 위험하지 않다'는 것을 안 주민들이 정부의 지원을 기대하며 방폐장을 유치하려는 움직임을 보인 것이다. 반대세력도 있었지만 찬성하는 세력이 많아지면서 자연스럽게 주민투표를 통해 찬반을 결정하자는 구도가 형성됐다.

2005년 들어 이러한 구도는 더욱 확고해졌다. 2005년 6월 13일 정부는 방폐장 유치 가능지역으로 거론되던 지역의 유권자를 대상으로 여론조사를 했는데, 찬성률이 울진 54퍼센트, 영덕 51.3퍼센트, 삼척 51퍼센트, 군산 47.4퍼센트, 영광 46퍼센트, 경주 44.6퍼센트, 포항 39.9퍼센트로 나타났다.

여론조사에 응답한 사람 중에는 대답을 하지 않은 사람도 많았다. 응답을 하지 않은 사람을 제외하고 응답자 중에서 찬반비율을 따지면 39.9퍼센트의 찬성률을 보인 포항을 제외한 나머지 지역에서는 전부 찬성이 반대보다 높게 나왔다.

경주 승리 환영
2005년 11월 2일 실시된 주민투표에서 경주시는 가장 높은 지지율이 나와 방폐장 후보지로 선정되었다.

"방폐장을 유치 못해 억울하다"
부안사태를 계기로 주민투표에 의한 방폐장 후보지를 선정한다는 결정이 내려지고 주민투표에서 가장 높은 지지율이 나온 경주가 선정되자 군산에서는 방폐장을 유치하지 못한 데 항의하는 많은 현수막이 나붙었다.

지역 경쟁 구도를 만들어 숙원 사업을 이루다

　이러한 사실이 확인되자 정부는 주민투표에서 가장 높은 지지율이 나온 지역을 중저준위 방폐장 부지로 선정한다는 방침을 굳히고, 8월 31일을 공모 마감시한으로 정했다. 이때부터 각 지역에서 방폐장을 유치하려는 과열 현상이 나타났다. 반핵단체는 전혀 힘을 쓰지 못하고 방폐장을 유치해 지역경제를 살리자는 세력이 힘을 발휘하기 시작한 것이다.

　그리하여 지역주민이 지역주민을 붙잡고 방폐장을 유치해야 한다고 설득하는 현상이 일어났다. 과거에는 한국원자력연구소나 한국수력원자력의 직원이 '방폐장을 유치해 지역경제를 살리자' 고 역설해도 믿어

© 이정훈

▍정식 이름이 월성원자력환경관리센터인 경주방폐장 모형
　경주방폐장은 지하에 건설된다. 중저준위폐기물은 위험하지도 않은데 안전도를 너무 높여 지하에 지음으로써 비싸게 짓게 됐다는 지적도 만만치 않다.

▌ 경주방폐장 건설 현장
2012년 완공을 목표로 건설되는 월성원자력환경관리센터의 지하동굴 건설입구 현장. 2008년 11월의 모습이다.

▌ 중저준위방사성폐기물 운반 선박
전국의 원전에서 나온 중저준위방폐물을 경주방폐장으로 옮길 '한진청정누리호' 인도식이 2009년 4월 15일 부산 대선조선소에서 열렸다. 이 배는 (주)한진과 JKENG사가 공동으로 운항한다.

주는 사람이 없었는데, 지역주민들이 나서서 스스로 방폐장을 유치하자는 운동을 벌인 것이다.

마감 시한인 2005년 8월 31일까지 신청서를 접수시킨 곳은 경북 경주시와 경북 포항시, 경북 영덕군, 전북 군산시였다. 이 네 개 지역은 곧 바로 지지율을 올리기 위한 경쟁에 들어갔다. 그로 인해 방폐장 건설을 찬성한다는 비율이 급격히 올라갔다.

11월2일 실시된 주민투표에서 지지율 1위를 기록한 곳은 경주시(89.5퍼센트)였고 다음이 군산시(84.4퍼센트), 영덕군(79.3퍼센트), 포항시(67.5퍼센트)였다. 경주시는 방폐장을 유치하고 3000억 원의 특별지원금과 양성자가속기 설치 그리고 한수원 본사 이전이라는 선물을 받을 수 있게 되었다. 중저준위폐기물이 반입되면 경주시는 반입수수료도 받게 된다.

2007년 11월 9일 문무대왕의 해중릉으로 알려진 대왕암 근처에 있는 경주의 바닷가에서는 방폐장의 공식 명칭인 월성원자력환경관리센터 건설 착공식이 열렸다. 19년간의 방황이 끝난 것이다. 방폐장 건설은 노무현 정부의 최대 치적 가운데 하나로 꼽힌다. 방폐장 기공식이 열린 날, 경주에서는 어떤 반핵단체도 시위를 하지 않았다.

싱거운 종말, 한국의 반핵운동은 그렇게 주저앉았다. 마침내 한국은 반핵에서 용핵(容核)의 시대로 진입한 것이다. 반핵을 외쳤던 환경단체들은 다른 곳을 찾아 떠났다. 2008년 집권한 이명박 정부가 4대강 살리기 사업을 추진하자 이것을 반대하는 운동을 벌였다.

그에 따라 눈 녹듯이 사라진 것이 엽전의식이다. 여기에 2009년 말 UAE 원전수출이 더해지자 한순간에 강한 친원전 분위기가 조성됐다. 한국이 만든 원전과 방폐장이 위험하다고 하는 사람이 급격히 줄어들었다. 한국은 조선과 전자, 자동차, 철강, 석유화학 등 여러 제조업 분야에서 톱 10에 들어가 있는 산업 강국이니 원자력도 그만한 반열에 올라섰다고 보게 된 것이다.

'김종규 원자력문화상' 제정을

거센 반핵의 폭풍을 뚫고 방폐장을 짓는 용핵의 시대로 들어간 데는 김종규 부안군수가 대단한 희생을 했다. 그가 없었다면 한국은 더 많은 시간을 들여 용핵의 시대로 들어갔을 것이다. 이런 점에서 필자는 김종규 군수의 행적을 기리는 '김종규 원자력문화상' 같은 것을 제정했으면 좋겠다는 생각을 한다.

앞으로 한국 원자력계가 풀어야 할 가장 큰 숙제는 재처리이다. 재처리를 위해서는 한미원자력협정부터 개정해야 한다. 한미원자력협정을 개정해 재처리를 할 수 있게 된다면, 재처리의 부산물인 고준위폐기물을 어떻게 처리할 것인가를 놓고 다시 고민해야 한다.

고준위폐기물은 움직이지 못하도록 유리물질 속에 넣고 유리화한 다음, 이것을 통에 넣고 시멘트로 굳혀 지하 300~500미터의 안정된 암반에 넣어 영구 보관해야 한다.

재처리 분야에서 가장 앞서 있다고 하는 프랑스도 아직 고준위폐기물 처분장을 짓지 못하고 있다. 프랑스나 일본을 필두로 고준위폐기물 처분장을 짓기 시작하면 한국도 그 뒤를 따라야 한다. 이러한 때 원자력을 위해 '일해 줄' 누군가가 필요하다고 생각된다면 '김종규 원자력문화상'을 만들어 시상하는 것이 한 방법일 수 있다.

경주방폐장 건설을 시작한 시점은 세계적으로 원전 르네상스가 열린 시기와 겹쳐진다. 교토 의정서에 의해 이산화탄소 배출을 규제하려는 시기와도 일치한다.

원전은 이산화탄소를 생성하지 않으면서 아주 큰 에너지를 생산하는 유일한 방안이다. 한국의 원전 이용률은 핀란드와 더불어 세계 1, 2위를 다투고 있다. 2010년 현재 핀란드는 단 네 기의 원전을 운영하나 한국은 20기의 원전을 가동한다.

'가지가 많으면 바람 잘 날 없는' 법인데, 20개의 '가지'를 가진 한국이 네 개 가지를 가진 핀란드만큼 조용하게 서 있다는 것은 원전 운영기술이 훨씬 더 뛰어나다는 뜻이다. 이러한 기반이 있었기에 한국은 반핵단체의 거센 도전에도 불구하고 용핵시대를 열 수 있었다.

2014년부터 한국 원자력은 새로운 단계에 진입한다. 그해 6월 월성원자력환경관리센터가 준공되기 때문이다. 이 센터는 한국방사성폐기물관리공단이 책임을 지고 운영하게 된다. 이러한 변화가 예상되고 박근혜 정부도 출범한 2013년, 한국은 사용후핵연료라고 하는 고준위 방폐물을 어떻게 할 것인지에 대한 국민 판단을 묻는 공론화(公論化)에 들어간다.

이 공론화는 사용후핵연료의 재처리 여부를 묻는 것이 아니다. 원자력발전소에 저장하고 있는 사용후핵연료를 한 곳으로 옮겨, 종합 관리·저장하는 것에 대한 의견을 묻는 것이다. 원전에 설치된 사용후핵연료 저장시설은 2016년 포화되니 따로 시설을 만들어 그곳으로 옮겨 보관하자는 것이다. 이를 전문용어로 '중간저장'이라고 하는데, 방사성폐기물 관리법 6조의 2항은 '중간저장 문제는 공론화를 통해 결정한다'고 규정해놓고 있다. 공론화는 법에 의해 하는 합법적인 행동인 것이다.

중간저장을 하려면 중간저장 부지를 결정해야 한다. 공론화는 중간저장 시설을 유치하는 지역을 결정하고 중간저장 시설을 짓는 문제를 논의해보자는 것이다. 중저준위 방폐장을 유치하게 하기 위해 정부는 이 시설을 유치하는 지역에 3000억 원을 지원했다. 따라서 사용후핵연료 중간시설을 유치하는 지역에는 더 많은 지원을 해줘야 할 것으로 보인다. 중간시설을 유치하는 지역에 얼마를 지원할 것인가도 공론화를 통해 결정해야 한다.

이러한 공론화를 통해 사용후핵연료를 중간저장 시설을 짓고 각 원전에서 오래 보관해온 사용후핵연료를 옮겨와 보관하게 된다면 차후 이들을 재처리할 것인지, 아니면 영구 처분할 것인지를 결정하게 된다. 이러한 결정을 하기 전까지 사용후핵연료는 원자력안전법에 의해 폐기물로 규정된다(이 법 2조 18호). 그러나 재처리하면 훌륭한 에너지원이 되기에 중간저장을 하면서 계속 결정을 기다리는 폐기물로 유지된다. 사용후핵연료를 재처리하려면 원자력안전법 개정과 함께 한미원자력협정을 개정해야 한다. 이중에서도 핵심을 한미원자력협정 개정이다.

중저준위 방폐장을 건설하게 된 한국은 사용후핵연료 중간저장시설도 지을 수 있을 것인가. 그러한 기로 진입한다면 23기의 원전을 가동하게 된 한국은 더욱 강한 원전 국가로 발전할 것이다. 그리고 늘어나는 사용후핵연료를 줄여야 한다는 당위성 때문에 재처리를 하는 나라로 승격될 것이다. 진짜 원자력 강국이 되는 것이다.

김종규의 눈물, "부안을 기억하십시오"

- 2005년 11월 29일자 「주간동아」에 게재

부안을 기억하십시오

김종규 전 부안군수

목 놓아 울지도 못하고 가슴으로 한없이 웁니다!
2003년부터 지금까지 계속 울고 있습니다.

소리 내어 울 수 있는 것은 행복한 일입니다.
내 울음소리에 함께 울어주는 옆 사람이 있는 것,
너무나 행복한 일입니다.

그러나 우리는한없이 가슴으로만 울어댑니다.
2003년 7월부터 2005년 현재까지 계속 울어댑니다.
어느 누구에게 이 가슴속 울음을 전해야 할지도 모른 채
한없이 울어댑니다.

그 막막한 울음이 언제 멈출 수 있을지,
어느 누가 토닥이며 이해한다고 이 울음을 멈추게 할지,
아무도 알 수가 없습니다.
누가 울고 있는지도 알 수가 없습니다.

그러나 제게는 보입니다.
서러움의 눈물, 절망의 눈물, 배신의 눈물, 고통의 눈물이 말입니다.
부안 주민 전체가 흘리는 분노의 눈물이 말입니다.

매 맞는 군수에, 피 흘리는 전경과 주민

한때 부안은 소위 부안사태라 불리며
주민 45명이 구속되고 121명이 불구속 기소되었으며 전경과 주민 5백여 명이 다치기도
했습니다.

인구가 7만여 명인 부안군에 한때는 경찰이 8000여 명이 상주할 정도로 갈등이 심했습니다. 그 와중에 저는 방폐장 유치를 철회하라며 주민들에게 폭행을 당해 몇 달간 병원 신세를 져야 하는 심각한 상황이 발생하기도 하였습니다.

매 맞는 군수에, 피 흘리는 전경과 주민.

반목하는 이웃들.

핵은 곧 죽음이라는 어마어마한 말로 주민들을

공포로 몰아넣은 사회단체들.

당리당략과 자신들의 지지기반에만 신경 쓰며 대책 없는 반대를 종용해온 정치인들.

이에 나 몰라라 하며 일관성 없는 정책과 뒷짐만 져온 정부.

이런 상황이 국책사업인 방폐장 유치와 관련해 부안이라는 작은 지역 안에서 일어난 일들입니다.

상상이 가십니까?

엄두가 나십니까?

결국 우리(부안군민)끼리 싸우고, 우리끼리 다치는 자중지란에 지나지 않은 결과가 나오게 되었습니다.

멍든 가슴에 빨간약이라도 발라주십시오.

경주시가 중저준위 방폐장 최종부지로 결정되던 날,

아니 그 이전,

여러 도시들이 과열된 경쟁 속에서 서로 유치작전을

시작한 날부터 제겐 흘릴 눈물도 하소연할 말도 분노할 가슴도 식어버린 채 지나온 시간들만이 머릿속을 스쳐 지나갔습니다.

그리고 TV에서 기뻐하며 얼싸안고 춤추는 경주 시민들을 본 순간 목 놓아 울었습니다.

소리도 못 내고 말입니다.

그런데 사람들은 이렇게 말합니다.

"기껏 싸우더니 낙동강 오리알 된 것 아니냐"

"고생 다 하고 로또복권 뺏겼네, 그러게 그렇게 반대하지나 말지 고소하다"

"이러다 부안만 잊혀지는 것 아니냐"

"부안은 역시 훌륭하다 환경파수꾼의 도시다"

"핵은 죽음이 아니던데 엄청난 돈이던데? 부안 안됐다"

잘된 건지 안 된 건지에 대한 판단은 않겠습니다.
진실은 하나이기 때문입니다.

그러니 이젠,
더 이상 이런 말들로 상처를 주지 말고
언제 아물지 모르는 상처에 약이라도 발라주십시오.
고준위를 분리하자고, 방폐장은 안전하다고 외쳐왔던 쉰 목소리에
드링크라도 주고
매향노로 몰려 두들겨 맞아 멍든 가슴에
옥도정기라도 발라주란 말입니다.
그곳에 부안이 있었고
그때에 부안은 싸웠고
지금도 부안은 분노와 배신의 속울음으로 지새우니까 말입니다.

모두에게 고합니다.
이제 고합니다.

첫째, 소신 있는 정치인이 되어주십시오.
당리당략에 따라 소신 없이 좌충우돌하고, 지역 발전에 대한 진지한 고민도 없이 정부
정책에 대한 주민 설득은커녕 오히려 반대를 선동하는 정치인이 있었음은 불행한 일이
아닐 수 없습니다. 이제부터라도 지역을 위해 진지한 자세로 나서주길 바랍니다.

둘째, 정부는 일관성 있는 정책으로 우리의 눈물을 닦아주십시오.
오락가락하는 정책 변경, 나약한 공권력, 일방적인 대화기구 운영, 고준위와 분리하고
정부 일정을 늦춰 달라는 부안군의 요청도 묵살하는 등 근본적인 해결책보다는
시끄러움을 잠재우려는 미봉책에 그친 정부는, 진정한 화해를 이루고 갈등이
해소될 수 있도록 우리에게 격려와 지원을 아끼지 말아주길 바랍니다.

셋째, 핵은 죽음이라는 보도로 혼란에 빠뜨렸던 언론과 사회단체는 사과를 하십시오.
제4의 권부인 언론, 평화와 환경을 사랑하는 사회단체는 그 당시 우리에게 무어라
말했습니까. 핵은 기형아를 낳게 하는 산출고요 어린아이들에겐 희망이 없는 땅이라고
외쳤습니다.
지금은 무어라 말하고 있습니까. 왜 아무 말도 없는 겁니까!

그렇다면 무엇이 진실입니까!
90퍼센트에 가까운 찬성률을 보인 경주와 군산 주민들은 바보입니까.
이젠 진실을 알려주십시오.
그리하여 대책 없는 반대와 마녀사냥하듯 떠들어대는 기사 따위는 기재하지 마시기
바랍니다.

부안을 기억하십시오.

세월이 흐르다 보니
제게 '앞서간 사람'이라며 인터뷰를 요청합니다.
소신 있는 단체장이라고 합니다.
허탈한 웃음만 나올 뿐입니다.
소리 내지 못하는 울음만이 목을 메우고 있습니다.

그래도 여전히 부안의 하늘은 아름답고
부안의 바다는 푸르기만 합니다.
여전히 단풍은 지고 들녘은 풍성합니다.
메말라버린 가슴으로 휑한 바람이 들어와도 우리는 또 정부를 믿고, 우리나라 좋은
나라라 위로하며 살아갑니다.
서울 간 자식 학비라도 편히 보내주려 했던 가엾은 모정이 짓밟혔어도
우린 또 허리 굽혀가며 조개를 캐고 밭을 갑니다.

부안을 기억하십시오.
난제인 국책사업을 과감하게 받아 안으려 했던
부안을 기억하십시오.
정부와 사회단체와 언론들에게 소외당하고 거짓에 눈 가려졌던
부안을 기억하십시오.
우리가 목 놓아 울어버리고 허심탄회하게 막걸리라도 기울일 수 있게
부안을 기억하십시오.

부안은 바람이 이루어지는 곳입니다.
우리의 바람이 이루어지도록
우리가 소망하는 바
다시 한번 말씀드립니다.
부안을 기억하십시오.

SECTION 4

1. 명분이 아니라 실속을… 일본 핵연료 클러스터인 롯카쇼무라를 가다
2. 쉘부르에는 우산이 없다. 재처리공장이 있다
3. 이종훈이 불 붙이고 장영식이 물 끼얹었다
4. 2014년 만료되는 한미원자력협정 개정을 노려라

재처리를 위하여

한국수력원자력(주) 울진원자력본부 전경 / ⓒ 한국수력원자력

요약

재 처 리 를 위 하 여

앞으로 한국 원자력이 나아가야 할 길은 사용후핵연료의 재처리다.

재처리를 하지 않고 사용후핵연료를 폐기물로 보고 영구처분을 한다면, 한국은 지하 300~500미터의 암반지역에 넓은 면적(2030년 기준 5제곱킬로미터 정도)의 고준위방사성폐기물처분장을 만들어야 한다. 그러나 재처리를 해 플루토늄 등을 핵연료로 재사용한다면 고준위방사성폐기물 양을 20분의 1 정도로 줄일 수 있다.

재처리 분야에서 가장 앞서가는 나라는 프랑스다. 원자폭탄을 맞은 일본이 그 뒤를 열심히 쫓아가고 있다. 일본은 미국을 설득해 미일원자력협정을 개정함으로써 일본 원전에서 나온 사용후핵연료를 재처리할 수 있게 되었다. 이러한 일본은 한국이 벤치마킹할 대상이다.

재처리를 염두에 둘 경우 가장 큰 걸림돌은 한반도비핵화선언과 한미원자력협정이다. 이 중에서도 핵심은 한미원자력협정이다. 한국은 대미관계를 돈독히 함으로써 미국으로부터 사용후핵연료 재처리를 허가받을 수 있도록 해야 한다. 한미원자력협정이 재처리를 하는 쪽으로 개정되면 한반도비핵화선언은 심각한 장애가 되지 않는다. 이 선언은 북한이 두 차례 핵실험을 함으로써 이미 깨져버렸기 때문이다.

필자는 운 좋게도 프랑스와 일본이 만든 재처리공장을 살펴볼 수 있는 기회를 가졌다. 두 나라는 어떻게 주민 반발을 해결하며 재처리시설을 지었는가. 그리고 이 시설을 어떻게 운영하고 있는가에 대한 르포를 싣는다. 그리고 김영삼 정부 시절 추진했던 한미원자력협정 개정 노력이 대북관계를 중시한 김대중 정부 시절 어떻게 좌절됐는지 분석함으로써 한미원자력협정을 개정할 방안을 찾아보기로 한다.

Chapter 1

명분이 아니라 실속을 …
일본 핵연료 클러스터인 롯카쇼무라를 가다

    일본의 켄(縣)은 우리의 도(道)와 비슷하고 군(郡)은 똑같은 군(郡), 무라(村)는 면(面)과 유사하다.

    '혼슈(本州)'로 불리는 일본 본토 최북단에는 '도끼' 모양을 하고 있는 시모키타(下北) 반도가 있다. 시모키타 반도는 쓰가루(津輕)해협을 경계로 홋카이도(北海道)를 마주 본다. 이러한 시모키타 반도를 안고 있는 것이 아오모리켄(青森縣)이다.

    아오모리켄은 북쪽 바다에 면해 있어 바람이 강하고, 전체적인 풍광은 매우 황량하다. 바람이 강하니 농작물 재배가 잘될 까닭이 없기 때문에 이곳에서는 추위에 강하고 바람을 피해 땅 속으로 자라는 당근이나 감자, 마, 무 따위의 고랭지 채소가 주로 생산된다. 그리고 유명한 것이 사과다. 아오모리켄의 사과 생산량은 일본 1위다.

사과 산지와 공군기지로 유명한 곳

'아오리'는 한국에도 많이 알려진 사과 품종이다. 아오리는 1943년 아오모리켄 사과시험장에서 선발한 품종인데, 1975년 '쓰가루'로 명명되었다. 그러나 한국에서는 쓰가루보다는 아오리가 더 많이 알려진 이름이다. 쓰가루 사과는 과즙이 많고 당도가 높으며 신맛이 적은 것으로 유명하다.

사과를 빼고 아오모리켄에서 유명한 것을 손꼽으라면 6월까지도 눈을 이고 있는 일본 100대 명산 가운데 하나인 '핫코다(八甲田, 1,548미터)산'을 들 수 있다. 핫코다산은 화산인데, 메이지 35년(1901년), 이 근처에 주둔하던 구 일본 육군의 보병 5연대가 혹한기 설중(雪中)행군을 하다 210명 가운데 199명이 조난당했다.

날씨를 주제로 삼는 작가로 필명을 날렸던 닛타 지로(新田次郎, 1912~1980년)는 이 조난 사건을 토대로 한 소설 『핫코다산에서의 죽음의 방황(八甲田

■ 아오모리켄
'혼슈(本州)'로 불리는 일본 본토 최북단에 있는 아오모리켄. '아오리'라는 사과 산지로 유명한 이곳에 일본 원자력의 심장인 롯카쇼무라가 있다.

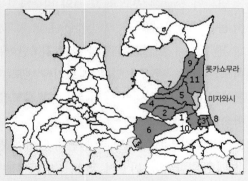

■ 롯카쇼무라의 위치
붉은 선 위 전체가 아오모리켄인데, 이 중에서 녹색을 칠한 곳이 가미기타군이고, 그 중 11번이라고 적혀 있는 곳이 롯카쇼무라. 롯카쇼무라는 태평양을 바라보고 있어 바람이 강한 척박한 곳이다. 11번 밑에 흰색으로 된 곳이 미자와시이다.

山 死の彷徨)』을 집필해 일본에서 화제를 모은 바 있다. 이곳에는 지금도 일본 육상 자위대의 보통과(보병) 5연대가 주둔하고 있다. 일본 자위대는 정식 군대가 아니기에 보병을 보통과(普通科)로 부르고 있다.

아오모리켄의 대도시인 미자와(三澤)시는 일본 항공자위대의 북부방면대 사령부와 이 사령부 소속의 제3항공단이 사용하는 기지 그리고 공군 사격장이 있는 곳으로도 유명하다. 미자와기지는 일본에 주둔하는 미 제5공군 예하 35전투비행단도 함께 사용한다. 일본 항공자위대와 주일 미 공군이 함께 사용하는 곳이기에 이 기지는 구 소련과 그 뒤를 이은 러시아 공군의 동태를 감시하는 역할을 해왔다.

1976년 극동 지역에서 근무하던 구 소련 공군의 벨렝코 중위가 성능이 베일에 싸여 있던 미그-25 전투기를 몰고 일본 홋카이도(北海道)의 하코다테(函館) 공항으로 망명한 적이 있었다. 벨렝코 중위의 미그-25는 일본의 방공망을 뚫고 불시착했는데, 놀란 일본 항공자위대는 방공망을 강화하기 위해 F-15J 전투기와 공중조기경보기 도입을 서둘렀다. 그리고 E-2C 공중조기경보기를 미자와기지에 집중 배치했다. 이런 이유로 미자와기지는 군사적으로 매우 중요한 곳이 되었다.

일본도 공군기지를 민간공항으로 이용한다. 아오모리켄은 미자와기지에 아오모리 공항청사를 만들고, 이 공항을 국제공항으로 승격시켜 한국 관광객을 유치하고 있다. 한마디로 바람 많고 사과가 많고 군부대가 많은 곳이 아오모리켄이다.

도끼 모양 반도에 모인 여섯 개 마을

이러한 아오모리켄 북동쪽에 도끼 모양의 시모키타 반도가 있다. 시모키타 반도에는 '도끼날' 위치에 해당하는 북쪽에 시모키타(下北)군이 있고, '도끼자루' 위치인 남쪽에 가미키타(上北)군이 있다.

일본 핵문제와 관련해 주목을 끄는 곳은 가미키타군에 있다. 아오모리켄(靑森縣)의 가미키타군(上北郡) 롯카쇼무라(六ケ所村)에 일본 최대 규모의 핵연료 클러스터가 있는 것이다.

가미키타군의 롯카쇼무라는 아오모리켄에서도 가장 변두리다. 태평양에 면해 있는 롯카쇼무라는 특색이 없다. 얼마나 특색이 없었으면 '여섯 개의 마을'이라는 뜻을 가진 '롯카쇼(六ケ所)'가 이름이 됐을까. 실제로 이곳은 메이지 천황 때인 1889년 4월 1일 구라우치(倉內) 등 여섯 개 마을을 모아 '롯카쇼무라'라는 행정 단위를 만들었다고 한다.

지금은 그래도 덜하지만, 얼마 전까지만 해도 롯카쇼무라는 일본에서 가장 가난한 곳 중의 하나였다. 이곳에 초등학교는 일곱 개, 중학교는 다섯 개가 있으나, 고등학교는 한 개뿐이고 대학은 없다. 따라서 이곳 아이들은 중학교를 마치면 현청(縣廳) 소재지인 아오모리(靑森) 시 등의 대처로 떠날 수밖에 없었다.

한국 농촌처럼 젊은이는 떠나고 노인만 남아 인구가 계속 줄어들던 곳이 롯카쇼무라였다. 그런데 최근에 미미한 숫자이긴 하지만 인구가 늘어났다. 2002년 1만 1천700여 명 정도이던 인구가 300명 가량 늘어 최근 1만 2000명이 된 것. 시골 인구는 감소한다는 '시대 대세'와 역행하게 된 것은 '핵연료 클러스터' 때문이다.

롯카쇼무라에는 일본원연(原燃, '일본원자력연료'라는 뜻)에서 관리하는 저준위방사성폐기물 매설센터와 고준위방사성폐기물 저장관리센터, 우라늄 농축공장, 재처리공장, MOX연료 공장 그리고 이곳을 홍보하는 PR센터가 있다.

일본원연은 1985년 '일본원연산업'이라는 이름으로 출범해서 1992년 일본원연서비스와 합병해 지금의 이름을 가졌다. 일본원연의 주주는 일본의 9개 전력회사와 일본원자력발전(㈜) 등이다.

일본원연은 아오모리켄에서 가장 큰 기업이다. 아오모리켄에서 두 번째로 큰 기업인 아오모리은행보다 자본금이 16배나 많다. 이렇게 큰 기업이 아오모리시가 아닌 롯카쇼무라에 본사를 두고 있으니, 롯카쇼무라의 재정수입은 좋을 수밖에 없다.

롯카쇼무라를 이해하려면 먼저 일본의 전력산업과 원자력발전산업부터 살펴보아야 한다.

현재 한국에서는 한국수력원자력 등 6개 발전(發電)회사가 전기를 생산하고, 각 가정과 공장에 전기를 나눠주는 배전(配電)은 한국전력이 독점하고 있다. 그러나 2001년 이전에는 한국전력이 발전도 하고 배전도 하는 독점적인 전력회사 지위를 갖고 있었다.

일본은 여러 개의 섬으로 구성돼 있기에 무려 10개의 전력(電力)회사가 있다. 이 10개의 전력회사들은 과거의 한국전력처럼 그들이 위치한 지역에서 발전과 배전을 모두 담당한다. 한국전력은 공기업이지만, 일본의 10개 전력회사들은 민간기업이다. 10개 전력회사 중 오키나와에 있는 '오키나와전력(沖繩電力)'은 소비되는 전력이 너무 적어 발전용량이 큰 원자력발전소를 짓지 않았다.

오키나와전력을 제외한 일본의 9개 전력회사는 모두 원자력발전소를 갖고 있다. 그리고 이 10개의 전력회사 외에 '일본원자력발전주식회사'라는 발전(發電) 전문회사가 있다. 이 회사는 미국에서 원자력발전을 도입하던 시절 원자력발전 기술을 익혀, 오키나와전력을 제외한 9개의 전력회사에게 기술을 나눠주기 위해 만들어졌다.

핵연료 클러스터가 들어선 이유

오키나와 전력을 제외한 일본의 9개 전력회사와 일본원자력발전주식회사는 핵연료를 소비하고 사용후핵연료와 방사성폐기물을 배출하기에 일본원연주식회사를 만드는 주주가 되었다. 2008년 말 현재 이 회사들이 보유한 원자력발전소는 모두 55기다.

롯카쇼무라에 일본원연주식회사가 위치하게 된 것은 지방자치단체인 롯카쇼무라와 일본원연주식회사의 이해가 맞아떨어졌기 때문이다. 둘 사이의 인연을 살피려면 1969년으로 거슬러 올라가야 한다.

일본 중앙정부가 낙후된 지방을 발전시키기 위해 '신(新)전국종합개발 계획'을 결정한 것은 1969년 5월 30일이었다. 이에 따라 대표적인 오지 인 아오모리켄 일대에 대한 개발계획이 거론되기 시작했다. 일본 중앙 정부는 롯카쇼무라 일대에 석유화학 콤비나트를 건설한다는 계획안을 검토했다.

지역 개발은 그 지역 사람들이 오랫동안 살아온 터를 수용하는 것에 서부터 시작된다. 롯카쇼무라에 석유화학 콤비나트를 짓는다는 소식이 알려지자 대대로 이곳에서 살아온 사람들 중 일부는 고향을 떠나기 싫 어 개발계획에 반대했다. 롯카쇼무라는 개발 찬성과 개발 반대로 나누 어져 시끄러워졌다.

개발 반대를 외친 대표자는 당시 롯카쇼무라의 촌장(村長)인 데라시타 리키사부로(寺下力三郎) 씨였고, 개발 찬성론의 대표자는 촌의회 특별위원 장인 하시모토 가츠시로(橋本勝四郎) 의원이었다. 찬반 대립이 극심해지 자, 양파(兩派)는 상대를 굴복시키기 위해 주민투표로 상대의 파면을 결 정하는 '주민소환'을 서로 발의했다.

1973년 롯카쇼무라에서는 두 사람을 놓고 주민소환(파면)을 결정하는 주민투표가 치러졌으나, 두 사람 모두 간발의 표차로 소환을 모면했다. 제1차전은 무승부가 된 것이다. 그러나 그해 12월에 치러진 촌장선거에 서는 개발 지지파에 속한 후루카와 이세마츠(古川伊勢松) 씨가 당선됨으로 써 개발 쪽으로 축이 기울었다.

그 후 후루카와 씨는 내리 4선을 기록하며 1989년까지 촌장을 지냈는 데, 그가 촌장을 하던 시절 일본은 1차 오일쇼크(1973년)와 2차 오일쇼크 (1979년)에 부딪혔다. 그러자 일본 중앙정부는 원유를 비축하는 것이 중요 하다고 판단해 석유화학 콤비나트 건설을 포기하고 석유비축기지 건설을 서둘렀다. 1979년 이러한 일본 중앙정부의 의지를 파악한 후루카와 촌장은 일본의 제1호 석유 비축기지를 롯카쇼무라에 유치하는 데 성공했다.

그런데 기대했던 만큼 많은 석유비축 기지가 들어서지 않아 공단 예정지로 설정해둔 땅이 남게 되었다. 이러한 때인 1984년 일본전기산업연합회가 "롯카쇼무라의 놀리는 땅에 핵연료시설을 지어도 되겠느냐"고 문의해왔다. 후루카와 촌장은 곧 여론 수렴에 나섰고 유치하자는 의견이 많았다. 그리하여 이듬해인 1985년 일본의 10개 발전회사들은 공동으로 '일본원연주식회사'를 설립하고, 이곳에 우라늄농축공장을 짓기 시작했다.

쓰치다 촌장(村長)의 벼랑끝 전술

우라늄 농축공장 건설은 이 지역에 개발 찬성과 반대라는 구래의 분쟁을 재연시켰다. 그 결과 개발파인 후루카와 촌장이 출마하지 않은 채로 치러진 1989년 촌장선거에서 "더 이상 공단을 유치하지 않겠다"고 공약한 '동결파'의 쓰치다 히로시(土田浩) 씨가 당선되었다.

그런데 새로 촌장에 당선된 쓰치다 촌장은 명분만 추구하지 않고 실리를 쫓는 성동격서(聲東擊西) 전술을 구사할 줄 알았다. 그는 농축우라늄 공장 건설에 이어 이곳에 재처리공장과 고준위방폐물 임시보관장을 짓고 싶어하는 '일본원연주식회사' 직원들과 마주 앉아 오랜 협상에 들어갔다. 전형적인 '벼랑끝 전술'을 구사한 것.

그는 '더 이상 롯카쇼무라를 개발해서는 안 된다'는 주장을 내세우며 사용후핵연료와 방폐물을 보관할 장소를 찾지 못해 절절매고 있던 '일본전기산업연합회'와 '일본원연주식회사'를 애태웠다. 그리고 좋은 조건을 받을 때마다 조금씩 개발을 허용했다. 그리하여 그가 촌장으로 재

© 한국수력원자력   © 한국수력원자력

■ 롯카쇼무라의 저준위방사성폐기물 영구처분장
1992년부터 조업에 들어간 이 저준위방폐물 처분장은 천층(淺層)처분을 한다. 표면의 흙을 걷어낸
후 콘크리트 구조물 속에 저준위방폐물을 넣고 콘크리트 뚜껑을 덮은 후 그 위에 흙을 덮는 식으로
운영한다. 왼쪽사진은 저준위폐기물을 콘크리트 구조물 안에 넣고 콘크리트 뚜껑을 덮은 모습이다.
오른쪽 사진의 위쪽은 처분장이 다 차서 흙을 덮었고, 아래쪽은 폐기물을 채우고 있는 모습이다.

임하던 시절, '일본원연'은 우라늄농축공장을 완공하고 이어 저준위방
폐물 영구처분장(일본 이름은 低レベル 放射性廃棄物 埋設センター: 저레벨 방사성폐기
물 매설센터)을 만들어 조업에 들어갔다(1992년).

'일본원연'은 오부치(尾駮) 호수 건너편에 있는 야산을 파, 가로 세로
가 25미터이고 높이가 6미터인 콘크리트 박스를 여러 개 설치한 후, 그
안에 5000개의 드럼통을 넣고 콘크리트를 부어 밀봉하고 있다. '일본원
연'은 두 개의 저준위방폐물 처분장을 운영중인데, 이곳이 다 차면 4미
터 두께로 흙을 덮고 그 위에는 꽃밭을 만든다.

1995년 '일본원연'은 이곳에 가장 문제가 된 고준위방폐물 임시보관
장(일본 이름 高レベル 放射性廃棄物 貯蔵管理センター: 고레벨 방사성폐기물 저장관리센터)
을 완성했다. 가장 빡빡한 상대였던 쓰치다 촌장 시절, '일본원연'이 롯
카쇼무라에 고준위방폐물 임시보관장을 완성했다는 것은 상당한 아이
러니가 아닐 수 없다.

롯카쇼무라에 고준위방폐물 임시보관장이 들어선 것은 이 시기 일본
이 추진한 사용후핵연료의 해외위탁 재처리와 관계가 있다. 이 보관장
을 짓기 전 '일본원연'은 일본의 원자력발전소에서 수거한 사용후핵연

료를 영국의 BNFL과 프랑스의 코제마로 보내 재처리를 맡겼다.

BNFL과 코제마는 사용후핵연료를 재처리해 다시 원자로에 넣는 MOX연료를 만들고 그 과정에서 발생한 고준위폐기물을 함께 일본으로 보내주었다. MOX연료와 고준위방폐물은 배에 실려 롯카쇼무라에 있는 무츠오가와라(むつ小川原) 항구로 운반돼 왔는데, 이 배가 이동하면 '그린피스'를 비롯한 전 세계의 반핵(反核)단체들이 바빠졌다. 한국의 반핵단체들도 이 배가 대한해협을 비롯한 한국 근해로 지나가는 것을 막기 위해 '이벤트성' 시위를 준비하곤 했다. 때문에 시위대를 만나지 않기 위해 이 배는 의도적으로 먼 바다를 돌아 일본으로 향하곤 했다.

이러한 일련의 사건을 겪으면서 이 배가 무츠오가와라 항구에 도착하면 일본의 반핵운동가들이 시위를 했다. 다카기 진사부로(高木仁三郎) 박사와 히로세 다카시(廣瀬隆) 씨 등 대표적인 일본의 반핵운동가들이 사람들을 이끌고 나타나 시위를 벌인 것이다.

이 시위를 뚫고 MOX연료와 고준위폐기물은 롯카쇼무라의 '일본원연' 안으로 옮겨진다. MOX연료는 곧 원전으로 옮겨가 사용되지만, 고준위폐기물은 롯카쇼무라에 보관된다.

재처리공장 가동하고 MOX 공장 착공

반핵단체들이 주목하는 것이 바로 고준위폐기물이다. 고준위폐기물은 방사능 덩어리라고 해도 과언이 아닐 정도로 매우 위험한 쓰레기다. 때문에 영국과 프랑스의 재처리공장에서는 이 쓰레기를, 고열을 가해 액체로 만든 유리와 섞어 높이 1.3미터, 지름 33센티미터, 두께 5밀리미터의 스테인리스 원통에 집어넣고 밀봉한다.

그리고 스테인리스 원통을 냉각하면 유리 성분은 단단한 고체로 변해 고준위방폐물을 꽉 잡고 있게 된다(유리화). 하지만 고준위방폐물은 유리질 속에 갇혀 있어도 열을 내뿜는다. 그로 인해 스테인리스 원통의 외부 온도는 섭씨 200도까지 올라간다. 이 온도가 섭씨 100도 이하로 내려가는 데 30~50년이 필요한데, 이 기간 동안 스테인리스 원통을 롯카쇼무라의 고준위방폐물 임시보관장에 보관하는 것이다.

필자는 2001년 5월 9일 롯카쇼무라를 방문한 적이 있었다. 당시 이미 '일본원연'은 사용후핵연료를 프랑스 코제마(지금은 아레바)로부터 MOX 연료와 스테인리스 통에 넣은 고준위폐기물을 돌려받고 있었다. 롯카쇼무라에 도착한 다음날 필자는 '일본원연' 홍보과장인 모리 하루미(森春美) 씨의 안내를 받아 프랑스에서 돌려받은 고준위폐기물이 담긴 스테인리스 통 보관장을 방문했다.

모리 과장의 설명에 의하면 이 임시 보관장은 강력한 지진에도 끄떡없도록 거대한 암반을 지하 20미터까지 파내려가서 건설했다고 한다. 거대한 암반 위에 '연탄'처럼 구멍이 숭숭 뚫린 콘크리트 '저장 피트(pit: 깊은 구멍이)'를 만든다. 저장 피트에 뚫린 이 구멍을 '수납관'이라고 하는데, 16미터 깊이의 수납관에는 아홉 개의 스테인리스 원통이 들어간다. 아홉 개의 원통이 들어간 수납관은 두께 1.9미터의 거대한 뚜껑이 덮여 30~50년간 관리된다.

롯카쇼무라의 고준위폐기물 임시 보관장에는 160개의 수납관이 건설돼 있어 모두 1천 440개의 스테인리스 원통을 집어넣을 수 있었다. 모리 과장은 "이러한 시설과 별도로 현재 160개의 수납관을 가진 임시 보관장을 추가로 건설하고 있다"고 밝혔다.

그리고 어느 정도 냉각이 이뤄지면 스테인리스 원통을 지하 3백 미터 이상의 암반 깊숙한 곳에 넣어 수만 년 동안 보관한다. 지하 암반은 생명체와 접촉이 전혀 이뤄질 수 없는 곳이고 지하수도 스며들지 않는 곳이다. 이곳에서 고준위폐기물은 붙어 있는 핵종이 반감기(半減期)를 지닐 때까지 기다리는 것이다. 반감기를 지내려면 최대 수만 년의 시간이 필요하기에 아무 것도 접촉할 수 없는 지하 300미터 이하의 암반 속에 스테인리스 원통을 집어넣는다.

이것을 고준위폐기물의 영구처분이라고 하는데, 아직 이 시설은 어떤 나라도 짓지 못하고 있다. 이 시설을 지으려면 주민과 시설의 운영 주체 사이에 새로운 합의가 이루어져야 한다. 일본이나 프랑스 등 원자력 선진국들은 다른 나라가 어떻게 하는가 살펴보기 위해 그리고 고준위폐기물의 양과 독성을 현저히 줄이는 신기술의 등장을 기다리고 있기에 고준위폐기물 영구처분장 건설을 서두르지 않고 있다.

고준위폐기물 임시 보관장 건설과 관련한 '일본원연'의 고민은 미자와기지에서 출격한 전투기가 공중 기동훈련을 하다 실수로 롯카쇼무라의 고준위폐기물 임시 보관장으로 떨어지지 않을까 하는 것이었다. 이런 가능성에 대비해 '일본원연'은 임시 보관장에 최고 지름 45밀리미터 철근을 집어 넣고 강화콘크리트를 이용해 두께 1미터 이상의 지붕과 벽을 씌웠다.

미국에서 실험해본 결과 이러한 재질과 두께를 가진 건물은 중형기가 떨어져도 파괴되지 않는다고 한다. 2000년 6월 15일 '일본원연'은 일본이 F-16을 참조해서 미국과 공동 개발한 F-2 전투기가 추락했을 때를 가정해 방호벽 두께에 대한 검토에 들어갔는데, 미국에서와 같은 결론이 도출됐다고 한다.

임시 보관장 안으로 안내한 모리 과장은 '법적으로 허용된 이곳의 최대 방사선량은 연간 최대 2밀리시버트인데 실제로는 그 1000의 1 내지는 1만분의 1만 검출되고 있다'고 설명했다. 임시보관장 내에 있는 계측기는 1백분의 1밀리시버트까지만 잴 수 있는 것이었다. 이 계측기는 0.00밀리시버트를 가리키고 있었다.

그리고 1993년부터 프랑스 아레바의 기술 지원을 받아 2조 1천900억 엔을 투자해 2008년 상업가동에 들어가게 된 것이 사용후핵연료 재처리 공장이다(일본 이름은 六ヶ所 再處理工場). 이 공장은 연간 800톤의 사용후핵연료를 재처리해 우라늄과 플루토늄을 추출할 수 있다. 우라늄 농축공장

고준위방사성폐기물 임시보관장
1995년 완성된 이곳은 일본의 10개 전력회사에서 나온 사용후핵연료를 재처리해서 나온 고준위방사성폐기물을 임시로 저장한다. 일본은 언젠가 3백 미터 이상 깊이의 암반층으로 이 폐기물을 옮겨 영구 처분할 계획이다. 위험한 방사선은 나오지 않기에 필자(왼쪽)는 평상복 차림으로 들어갔다.

에 이어 사용후핵연료 재처리공장까지 완공함으로써 일본은 핵무기를 갖지 않은 상태에서 '핵주기'를 완성한 유일한 나라가 되었다.

'벼랑끝 전술'로 챙길 것은 챙기면서 핵연료 클러스터를 만드는 데 협조한 롯카쇼무라의 쓰치다 촌장은 1997년 12월 치러진 촌장 선거에서 패해 세 번째 연임에 실패했다. 이 선거에서 이긴 이는 적극적인 개발론자인 하시모토 히사시(橋本壽) 씨였다. 하시모토 체제의 등장으로 롯카쇼무라의 핵연료 클러스터 건설은 더욱 빨라졌다고 한다. 그리고 찬반 양론으로 나누어져 대립했던 주민들은 일상생활로 돌아가게 되었다.

롯카쇼무라가 원자력 클러스터 건설로 더 이상 내홍을 겪게 되지 않은 지금 일본이 준비하는 것이 MOX연료(Mixed OXide Fuel: 혼합 산화연료) 제조 공장을 짓는 것이다. 이 공장 역시 프랑스 아레바의 기술지원을 받아 만든다. MOX연료는 재처리공장에서 뽑아낸 플루토늄과 우라늄을 이용해 만든 새로운 핵연료이다.

2001년 한창 공사 중일 때의 롯카쇼무라
현재의 롯카쇼무라는 1급 보안시설이라 내부촬영이 불가능하다. 필자는 재처리공장 등을 건설하고 있던 2001년 5월 이곳을 방문해 사진을 찍을 수 있었다.

'일본원연'은 MOX공장을 롯카쇼무라에 짓기 위해 아오모리켄은 물론이고 롯카쇼무라와 협상을 거듭해 2008년 공사에 들어갔다. '일본원연'은 1천 300억 엔을 투자해 2012년쯤 이 공장을 완공할 예정인데, 이 공장은 연간 130톤 정도의 MOX연료를 생산할 계획이다.

MOX공장이 완공되면 일본은 더 이상 프랑스 등 다른 나라에 사용후 핵연료 위탁재처리를 맡기지 않아도 된다. MOX공장이 완공되고 고준위폐기물 영구처분장까지 완성한다면 일본은 핵무기 제조를 제외하고는 원자력의 모든 것을 가지게 된다. 이러한 일본의 핵능력을 뒷받침하는 곳이 바로 롯카쇼무라의 핵연료 클러스터이다.

아오모리켄에서 가장 큰 회사인 '일본원연'이 롯카쇼무라에 본사를 두고 이곳에 핵연료 클러스터를 만들었으니 롯카쇼무라는 활기를 띨 수밖에 없다.

1980년대 초반 이곳 주민의 1인당 소득은 89만 엔이었고, 아오모리켄

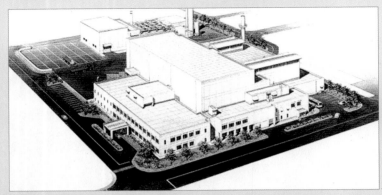

롯카쇼무라의 MOX공장 조감도
재처리공장에서 뽑아낸 플루토늄을 우라늄과 섞어서 만드는 MOX연료를 생산한다. 역시 프랑스 아레바의 기술지원을 받아 2008년 착공했다. 2012년쯤 완공해 연간 130톤 정도의 MOX연료를 생산할 예정이다.

주민의 1인당 소득은 122만 엔, 전체 일본의 1인당 국민소득은 170만 엔이었다. 1인당 롯카쇼무라의 주민소득은 일본 전체 국민소득의 52퍼센트, 아오모리켄 주민소득의 72퍼센트로 일본에서도 가장 못 사는 지역 가운데 하나였다.

이런 롯카쇼무라의 주민소득이 '일본원연주식회사'가 들어선 1994년에는 전체 일본 국민소득의 82.4퍼센트까지 따라붙었다. 그리고 역전을 이루어냈다. 2000년 말 롯카쇼무라 주민소득은 320만 엔에 달했는데, 이는 아오모리켄 전체의 1인당 주민소득 252만 엔은 물론이고, 일본 전체의 1인당 국민소득 299만 엔보다 높은 것이었다.

소득이 높아지자 인구도 늘어났다. 1980년대 초까지만 해도 롯카쇼무라의 남자들은 농한기인 겨울철에는 돈벌이를 위해 대처로 나가곤 했었다. 그러나 지금은 거의 나가지 않는다. 롯카쇼무라에서 돈벌이를 할 기회가 훨씬 더 많아졌기 때문이다.

지금 롯카쇼무라는 도시 같은 시골이다. 롯카쇼무라는 원자력 시설을 유치하는 대신 일본 정부를 비롯한 각종 기관으로부터 지원금을 받았다. 이 지원금으로 롯카쇼무라는 1997년 700여 석의 객석을 갖춘 극장과

▌ **롯카쇼무라 문화교류플라자**
핵연료 클러스터를 유치한 대가로 건설한 롯카쇼무라의 문화시설 내의 도서관.

대소 연회장, 3만 권의 책을 소장한 도서관까지 갖춘 '롯카쇼무라 문화
교류플라자'를 지었다. 롯카쇼무라는 문화를 즐길 수 있는 시골이 된 것
이다.

사고를 극복하고 이룬 원자력 기술 자립

롯카쇼무라의 핵연료 클러스터는 중저준위 방폐장이 들어서기로 한
경주시 양북면에게는 좋은 벤치마킹 사례가 된다.

이 중저준위 방폐장 부근에 네 기의 중수로가 가동되고 있는 가운데,
가압경수로인 OPR-1000을 토대로 한 신월성 1·2호기(2012년쯤 완공 예정)를
짓고 있고 앞으로 APR-1600 네 기가 더 들어서는 월성원자력본부가 있
다. 월성원자력본부와 방폐장이 나란히 있는 조건은 이곳을 원자력 클
러스터로 만들 수 있다는 것을 암시한다.

경주시 양북면과 인근에 있는 양남면, 감포면의 주민들은 한수원 본
사가 양북면 장항리에 위치해야 한다고 주장해 이를 관철시켰다. 그러

나 경주시는 경주 시내에 있어야 한다며 이 결정을 뒤집으려 하고 있다. 만약 양북·양남·감포면 주민들의 주장이 받아들여진다면, 양남면-양북면-감포면 일대는 롯카쇼무라처럼 거대한 원자력 클러스터가 된다.

경주시 중심부는 한수원 본사를 놓친다 해도 나름대로 발전할 수 있는 기회를 잡게 된다. 중저준위 방폐장을 유치했기에 정부로부터 3000억 원을 지원받기 때문이다. 이 3000억 원을 어떻게 쓸 것인가는 경주시가 결정해야 한다. 롯카쇼무라는 이 지원금으로 도서관과 극장, 연회장 등을 지었다. 그러나 도서관과 극장, 연회장은 재(再)생산 능력이 약하다. '잘산다'고 하지만 시골인 롯카쇼무라에서 연회장과 극장, 도서관을 이용하는 사람은 그리 많지 않다.

경주시는 이 지원금을 재생산이 가능한 분야에 사용하는 것이 좋다. 예를 들어 한수원과 협조해 양남-양북-감포면 일대에 기숙사 생활이 가능한 과학고등학교나 외국어고등학교, 포스텍 같은 공과대학을 짓는 것이다. 이 고등학교와 대학에 합격하는 학생에게는 전원 장학금을 준다고 하면, 이 학교는 단번에 일류로 떠오를 수 있다. 그리고 이 지역 출신 학생 중에서 상위 몇 퍼센트는 자동으로 이 학교에 들어갈 수 있게 한다면, 이곳에서는 금방 친원자력 분위기가 조성될 수 있다.

이런 과정을 거쳐 설립된 학교에서는 원자력 전문가나 친원자력인을 배출할 수 있어 이곳은 한국 원자력의 중심지가 될 것이다. 수준 높은 공과대학이 있으면 세미나를 비롯한 행사가 많아지니 연회장과 극장도 자주 사용하게 된다. 새로운 산업이 생기는 것이다. 본사가 오지에 들어섬으로써 자녀교육 문제에 애로를 느꼈던 한수원 직원들은 공부만 잘하면 자녀를 좋은 학교에 보낼 수 있으니 불만이 적어질 것이다.

그리고 이곳에 짓기로 한 양성자가속기를 이용한 사업을 끌어들임으로써 양북-양남-감포면 일대를 교육단지 겸 첨단산업단지로 바꿔나간다. 상전벽해를 시도하는 것이다.

다시 일본 원자력 이야기로 돌아가보자.

임계사고 극복한 일본 원자력

한국에서는 한전원자력연료㈜가 미국 등에서 수입한 농축우라늄을 토대로 핵연료를 제조한다.

그와 비슷하게 과거 일본에서는 미쓰비시(三菱)계열의 '미쓰비시원자연료'와 스미토모(住友)금속 계열의 'JCO(Japanese Nuclear Fuel Conversion Co: 일본핵연료변환공장)'라는 회사가 핵연료를 만들어왔다.

일본은 차세대 원자로라고 하는 '고속증식로'를 개발하고 있다. 가압경수로에서 사용하는 핵연료에는 '우라늄 235'가 3퍼센트 정도 들어가나, 고속증식용 핵연료에는 20퍼센트 정도 들어간다. 일본은 연구용 고속증식로 '조요(常陽)'를 운영해왔는데, 이 고속증식로에 들어가는 핵연료를 이바라키(茨城)켄 도카이무라(東海村)에 있는 JCO공장에서 제작했다.

'우라늄 235'는 일정 농도가 될 때까지는 핵분열을 일으키지 않으나 어느 수치에 도달하면 갑자기 핵분열을 일으키는데, 이렇게 핵반응을 일으키는 것을 '임계(臨界)반응'이라고 한다. 1999년 9월 30일 도카이무라의 JCO에서는 20시간 동안 임계반응이 일어나 두 사람이 죽는 사고가 발생했다. 사고 원인은 고속증식용 핵연료의 제작 날짜가 다가오자, 마음이 급해진 작업자 세 명이 공정을 무시하고 일시에 너무 많은 양의 우라늄을 집어넣었기 때문이었다.

그로 인해 일본 열도가 시끄러워져 사법당국의 수사가 이뤄졌고 JCO는 사실상 해체되었다. 이 사고는 일본 원자력 역사상 최초로 형사 책임을 물은 것으로 유명하다.

JCO가 임계사고를 일으켰다면 '일본원연주식회사'의 우라늄 농축공장이 있는 롯카쇼무라의 주민들도 불안해질 수밖에 없다. 롯카쇼무라 주민들로서는 '일본원연'에 대해 "당장 공장 가동을 중단하라"는 압력을 가할 수도 있는 것이다. 그러나 이런 움직임은 예상 외로 미미했다.

그 결과 롯카쇼무라에는 JCO보다 훨씬 더 위험할 수 있는 우라늄농축 공장과 재처리공장이 들어섰고 지금은 MOX공장을 짓고 있다.

이러한 행동은 확실히 한국과 다른 모습이다. JCO 사고가 일어났을 때 일본 언론은 사실만 보도할 뿐, 선동은 자제했다. 이는 '원자력은 규정대로 다루지 않으면 위험하다. 하지만 일본의 에너지 자립을 위해서는 이러한 시설이 꼭 필요하다.'는 인식을 일본 언론들이 공유하고 있었기 때문이었다. 프랑스도 그렇지만 일본도 롯카쇼무라의 재처리공장 등을 1급 보안시설로 보고 일반인의 접근을 차단하고 있다. 이제 일본은 배워오는 것보다 지켜야 할 것이 많은 나라가 되었다.

일본에서 가장 깊이 판 온천

'일본원연주식회사' 담장에서 불과 500미터쯤 떨어진 곳에는 일본에서 가장 깊은 데서 물을 끌어올린다는 '롯카쇼무라 온천탕'이 있다.

필자는 '일본원연'을 취재하며 수차례 이 앞을 지나갔는데, 그때마다 '과연 고준위폐기물 임시보관장 옆에 있는 온천탕이 장사가 될 것인가?'라는 의문을 품었다.

이러한 의문을 풀고 비 때문에 다가온 으슬으슬한 추위도 떨칠 겸, 취재 차량을 세우고 3백 엔(약 3,300원)을 내고 온천탕에 들어갔다. 비누도 수건도 비치돼 있지 않은 아주 작은 온천탕이었다. 기자는 다시 3백 엔을 주고 수건을 샀는데, 이 수건에는 국립공원인 핫코다(八甲田)산보다 깊은 2,100미터 만큼 파고 들어갔다는 그림이 그려져 있었다.

탕은 너무 작아서 네 명만 들어와도 꽉 찰 것 같은 느낌을 주었다. 탕바로 앞에는 노천탕(露天風呂)이 있었다. 노천탕은 1.2미터쯤 돼 보이는 판자로 담을 치고 그 위로 한참 공간을 남겨둔 채 반투명 슬레이트 지붕을 올렸다. 그래서 몸을 세우면 비 내리는 주변 풍경을 바라볼 수 있었다.

문제는 강풍을 타고 을씨년스럽게 쏟아지는 비였다. 바람을 등에 업은 빗줄기는 슬레이트 지붕과 판자 담 사이로 난 공간으로 사정없이 들이쳤다. 그 비를 맞으며 지하 2,100미터에서 뽑아올렸다는 물로 온천욕을 하는 것은 시원했다.

노천탕은 텅 비어 있었다. 온천물은 혼탁한 다갈색(茶褐色)이라 욕조 바닥이 전혀 보이지 않았다. 슬쩍 찍어 먹어본 물 맛은 찝찔했다. 태평양 물이 침투한 까닭이리라.

그렇다면 만에 하나 '일본원연'의 시설물이 파괴되어 고준위방사성 물질이 지하로 스며든다면 온천수를 오염시킬 수도 있다. 한국에서라면 이러한 곳에 설치된 온천탕은 장사가 되지 않을 것이다. 그러나 이곳의 농부들은 온천탕 이용을 생활의 일부로 받아들인 듯, 목욕가방과 수건을 들고 들어와 한참을 쉬다가 돌아갔다.

일본은 참 조용한 나라다. 우리는 무엇을 하든 요란하기만 하고 실속은 챙기지 못하는 경우가 많은데, 일본은 챙길 것을 챙기면서 조용히 진행한다. 유일한 피폭 국가인 일본이 롯카쇼무라에 핵연료 클러스터를 만든 것은 우리에게 아주 많은 메시지를 던지고 있었다.

Chapter 2

쉘부르에는 우산이 없다 재처리공장이 있다
프랑스 라아그 사용후핵연료 재처리공장을 가다

아주 긴 여행이었다. 2008년 3월 18일 인천공항을 이륙한 비행기는 꼬박 12시간을 날아가 프랑스 파리의 드골 공항에 착륙했다.

입국수속을 마치고 짐을 찾아 렌터카 사무실에서 차를 빌리는 동안 두 시간이 지나갔다. 이후 다섯 시간을 달려 영국을 마주 보고 있다는 해변가의 작은 도시에 도착했다. 그리고 대학교 때 억지로 배운 '아주 짧은' 불어 실력으로 주위 푯말을 읽어보니 '쉘부르'였다. 영화 '쉘부르의 우산'의 배경이 된 지역이 이곳이라는 말인가?

바쁘게 출국했기에 방문지 정보는 전혀 준비하지 못했다. 이미 사위는 어두워졌고 냉기를 머금은 바닷바람이 매서워 더 이상 둘러보지 못하고 호텔 안으로 들어섰다.

그곳에서는 가장 좋다는, 하지만 '시골 냄새' 가득한 호텔 로비에 들어섰다. 한 쪽에 판매용인지 장식용인지 구분되지 않는 작은 진열장 안

■ 쉘부르
쉘부르는 영국을 바라보는 대서양을 면하고 있어 일몰이 아름다운 곳이다. 서안해양성 기후 때문에 흐린 날이 많아 우산을 들고 다니는 경우가 많다. 이런 배경에서 '쉘부르의 우산' 이라는 영화가 만들어졌다.

ⓒ 이정훈

에 꽂혀 있는 분홍빛 우산이 눈에 들어왔다. 그제야 '진짜로 쉘부르에 온 모양이네' 하는 생각이 들었다.

막막한 아쉬움, 쉘부르의 우산

자크 드미 감독이 만든 뮤지컬 영화 '쉘부르의 우산'(1964년작)의 헤로인(heroine) 카트린 드뇌브는 우산 집 외동딸 주느비에브 역을 맡았다. 사랑만큼 강력한 묘약은 없다. 주느비에브는 어머니의 반대에도 불구하고 자동차 정비공인 기(니노 카스텔누오보 분)에게 빠져버렸다. 비 오는 날 두 사람은 그들만의 공간인 '우산 속' 에서 사랑을 속삭인다.

프랑스는 1996년까지 국민 개병제를 유지했다. 성년이 된 건강한 프

영화 '쉘부르의 우산' 포스터
1964년 개봉된 영화 '쉘부르의 우산'은 되돌릴 수 없는 젊은 날의 막막한 사랑을 소재로 한다. 쉘부르 인근에 프랑스의 핵재처리공장이 있다.

랑스 남성은 2년간 입대해야 했던 것이다. 사랑에 들뜬 자에게 날아든 징집영장은 강력한 포박과 같다. 영장은 주느비에브에게는 2년간 사랑 중지를, 기에게는 2년간 전투 수행을 명령했다.

영화는 '알제리 전쟁'을 치르던 1957년을 배경으로 한다. 이 전쟁은 1954년 프랑스의 식민지인 북부아프리카의 알제리가 독립을 시발점으로 일어나, 1962년 드골 대통령이 알제리의 독립을 인정함으로써 막을 내렸다. 1957년은 한창 전쟁이 뜨거울 때였다. 이별을 앞둔 남녀는 절박한 사랑을 나누고, 주느비에브는 기의 아이를 잉태했다.

그런데 전쟁터로 간 기에게서 오던 소식이 끊어졌다. 엎친 데 덮친 격으로 모녀의 생활이 힘들어졌다. 생활고에 직면한 어머니는 딸에게 돈 많은 보석상 카사르와 결혼할 것을 요구한다.

주느비에브가 카사르와의 결혼을 앞둔 어느 날, 전투 중 부상당해 입원해 있던 기가 1년 5개월 만에 의병제대로 조기 전역해 돌아왔다. 주느비에브의 결혼 소식을 듣고 상심한 기, 하지만 평정심을 되찾고 자신을 도와준 주인집 딸 아들렌과 결혼한다.

필름은 빠르게 세월을 감아버린다. 눈이 펑펑 내리는 어느 해 크리스마스 이브, 기가 일하는 주유소로 기를 닮은 아들을 태운 주느비에브의 차가 들어온다.

울컥 하는 심정과 자제해야 한다는 마음으로 마주 선 남과 여, 불꽃이 튀지만 심화(心火)를 진정시키고 각자의 삶으로 고개를 돌린다. 주느비에브의 차가 떠나고 기가 멍하니 서 있는 주유소로 시내에 나갔던 기의 아내와 아들이 탄 차가 들어온다….

막막하고 해답 없는 이루지 못한 사랑 이야기가 이 영화의 플롯이다. 아~ 옛날이여! 쇳소리가 실린 듯한 영화 '쉘부르의 우산' 배경음악이 뇌리를 비집고 지나갔다.

프랑스 최초의 핵잠수함 '르두타블'

그러나 쉘부르에 왔다는 흥취는 느낄 수 없었다. 짐을 풀고 늦은 저녁을 먹고 나니 한국 시각으로 맞춰져 있는 시계가 6시를 가리키고 있었다. 프랑스로 가겠다고 자리에서 일어난 것이 아침 6시였으니 24시간 만에 등을 붙이게 된 것이다. 정말 고단한 여행이었다.

다음날 새벽 시차 때문에 일찍 잠자리에서 일어나 어스름을 무릅쓰고 사진기를 들고 밖으로 나갔다. 호텔 옆에는 요트 전용부두가 있었다. 그 부두 끝에는 방파제 구실을 하는 안벽이 깊은 바다를 마주하고 있었다. 오른쪽으로 몸을 돌리자 커다란 카페리 두 척이 휘황한 불빛을 뿌리며 더 큰 항구에 정박해 있는 것이 보였다.

이곳은 서쪽으로 바다를 면한 곳이기에 육지에서 해가 뜬다. 일출이 시작되려는지 카페리 위의 구름이 붉은 기운을 빨아들였다. 그 모습이 너무 좋아 잘 찍어보려고 나갔는데, 난간을 두른 거대한 도크(Dock) 위로 시커먼 것이 삐죽이 솟아 있었다. 이게 뭔가?

눈여겨 살펴보니 마스트에 '르 르두타블(Le Redoutable: 몹시 두렵게 하는)'이라고 써놓은 프랑스의 핵추진 잠수함이 아닌가.

르두타블 전략핵추진 잠수함
쉘부르는 조선산업이 발달한 도시였다. 여기에는 이곳에서 건조한 프랑스 최초의 전략핵추진 잠수함 르두타블이 전시돼 있었다.

　　쉘부르는 조선업이 번창했던 곳이다. 1963년 프랑스 해군은 쉘부르 조선소에 프랑스 최초의 핵추진 잠수함 건조를 주문했다. 그리고 1967년 진수해 1971년 실전배치한 것이 이 잠수함이다.

　　'르두타블(9000여 톤급)'을 건조할 때 프랑스 해군은 다탄두 탄도미사일을 탑재할 수 있도록 업그레이드된 차기 르두타블급을 설계하게 했다.

　　차기 르두타블급은 다섯 척 건조됐다. 그런데 2008년 현재 5번 함까지는 퇴역하고 6번 함인 렝플렉시블(L'enflexible: 불굴의)함만 실전 운용되고 있다. 퇴역하는 르두타블급을 대체하기 위해 건조한 전략 핵잠수함이 신형 다탄두 탄도미사일인 M-45를 탑재하는 '트리옹팡(Le Triompahant: 승리)'급 네 척이다.

　　프랑스가 자력으로 설계하고 건조한 최초의 핵추진 잠수함 '르두타블'을 쉘부르의 새벽에 만나리라고는 꿈에도 상상하지 못했다. 허를 찔린 기분이었다. 잠수함은 가상 적국의 탐지를 피하기 위해 지붕을 씌운 조선소에서 제작한다. 주변을 둘러보니 도크 뒤쪽에 지붕을 씌운 조선소 건물이 보였다.

나중에 안 사실이지만 이 건물은 해양박물관으로 개조됐다는데, 휴가철이 아니어서인지 손님은 거의 없는 듯했다.

어젯밤에는 쉘부르의 우산에 취하고, 오늘 새벽에는 르두타블과의 조우로 벌렁거리는 가슴을 안고 밝아오는 아침을 맞았다. 이제부터는 보다 큰 것을 만나

노르망디 반도
영국을 향해 코뿔소 뿔처럼 솟아 있는 코탱탕 반도의 위치. 이곳은 노르망디 지방으로 불리고 있어, 이 반도는 노르망디 반도로 불리기도 한다. 제2차 세계대전 때 연합군은 이 반도로 상륙해 프랑스를 수복했다(노르망디 상륙작전). 이 반도 끝에 라아그곶이 있고 라아그곶에 아레바의 재처리 공장이 있다.

야 한다. 시차 때문에 졸음이 쏟아졌는데 잠에 빠져들면 안 된다. 단전에 힘을 준 필자는 렌터카에 올라 서쪽으로 달려갔다.

쉘부르에서 30여 킬로미터쯤 떨어진 곳에 '라아그곶(串)'이 있다. 쉘부르에서 라아그(la Hague)곶 사이는 영국을 향해서 불쑥 솟은 코탱탕(Cotentin) 반도(노르망디 반도로 불리기도 한다)인데, 이 반도 끝에 송곳처럼 바다를 찌르고 있는 라아그곶이 있다. 라아그에는 프랑스가 자랑하는 원자력 회사 아레바(AREVA)의 사용후핵연료 재처리공장이 있다.

라아그와 쉘부르는 대서양에 면해 있어 습하고 찬비가 자주 내린다. 영화 '쉘부르의 우산'이 제작될 무렵 대부분의 프랑스 근로자들은 마이카를 갖지 못했다. 따라서 출근할 때마다 항상 우산을 들고 나섰다. 하지만 지금은 대부분 자가용 자동차를 갖고 있기에 우산을 들고 걷는 사람을 볼 수 없다.

더구나 세계 조선업의 중심이 한국으로 이동하면서 쉘부르 조선소의 망치 소리는 더 이상 울리지 않게 되었다. 쉘부르에 '르두타블' 잠수함이 전시되면서 쉘부르의 우산도 사라진 것이다. 그리고 쉘부르의 조선소가 맡고 있던 지역경제는 라아그의 재처리공장이 이끌게 되었다.

"방문자가 직접 사진 찍을 수는 없다"

이 공장은 방위산업체 뺨치는 1급 보안시설이다. 오전 9시를 막 넘긴 시각 공장 정문에 이르자, 프랑스 국기와 함께 펄럭이는 태극기가 보였다. 기자인 필자의 방문을 환영한다는 뜻이다. 정문에서는 보안요원이 출입하려는 차량을 샅샅이 검색하고 있었다. 이들은 필자가 타고 온 차

ⓒ 이정훈

▌ 라아그 재처리공장
라아그 재처리공장은 1급 보안시설이라 공장 안에서 필자가 사진 찍는 것을 금했다. 밖에서 본 라아그 재처리공장.

량은 들여보내지 않고 정문 밖에 주차하도록 했다. 아레바에서 나온 관계자들은 '환영한다'는 인사와 함께 "사진은 아레바에서 찍어줄 테니 가져온 사진기는 영치해 달라."고 요청했다.

아레바의 재처리공장은 IAEA(국제원자력기구)의 사찰을 받아가며 사용후핵연료를 재처리해 플루토늄을 추출한다. 이곳에서는 매년 90~100기의 원전에서 나오는 1천700여 톤의 사용후핵연료를 재처리할 수 있다. 2008년 1월 프랑스가 가동하고 있는 원전은 58기이니, 이 공장은 프랑스에서 나온 사용후핵연료는 물론이고 외국에서 보내온 사용후핵연료도 위탁 재처리해준다.

아레바 측의 설명에 따르면 1966년 자그마한 시설로 개장한 이 공장은 시설을 확충해 지금까지 2만3천600여 톤의 사용후핵연료를 재처리했다고 한다. 이중에 프랑스에서 온 것이 1만3천410톤(57퍼센트)으로 가장 많고, 다음이 독일에서 온 5천479톤, 일본에서 온 2천944톤, 스위스에서 온 766톤, 벨기에에서 온 672톤, 네덜란드에서 온 336톤이다.

사용후핵연료를 재처리해서 얻는 플루토늄은 핵연료뿐만 아니라 핵폭탄도 만들 수 있는 것이기에 항상 예민한 주제가 된다. 이렇게 예민한 시설을 보러온 필자에게 아레바 측은 어디까지 보여줄 것인가.

브리핑룸으로 안내한 아레바 측은 재처리에 대한 일반적인 설명을 해주었다. 그리고 흰색 작업복(방호복은 아니다)으로 갈아입어 달라고 했다. 옷을 갈아입고 나자 간단한 방사선 측정기를 부착시키고 재처리공장 안으로 데려갔다. 공장 내부로 이동하며 강조한 것은 "이 공장은 규모 8의 지진을 견딜 수 있다"였다. 이는 원전과 거의 똑같은 조건으로 지었다는 이야기다.

가장 먼저 보여준 것은 기차 화차에 실려 온 거대한 플라스크(Flask, 容器)였다. 플라스크 안에는 원전에서 보낸 사용후핵연료가 담겨 있다. 사용후핵연료에서는 강한 방사선이 나오므로 플라스크에는 이를 차단하는 시설이 탑재돼 있다. 플라스크에 넣을 수 있는 사용후핵연료의 양은

▌ **사용후핵연료 운반 플라스크**
라아그 재처리장은 기차와 트럭(트레일러)을 이용해 프랑스와 유럽의 원전에서 나온 사용후핵연료를 운반해 온다. 트레일러로 운반돼 오는 플라스크는 차량이 시속 160킬로미터로 달리다 충돌해도 깨지지 않는다고 한다. 사진은 기차 화차에 실리는 플라스크.

6톤 정도이나, 방사선 차폐 장치 때문에 플라스크의 무게는 110톤에 이른다.

사용후핵연료는 다양한 경로로 이곳에 도착한다. 프랑스를 포함한 유럽국가들은 주로 기차로 보내고 일본은 배로 보낸다. 그러나 일본에서 보낸 것도 마지막에는 기차에 실려 이곳으로 온다. 일부는 30~40개 바퀴를 달고 있는 대형 트레일러에 끌려오기도 한다.

시속 160킬로미터로 충돌해도 파손 안 돼

한 번에 6톤씩 1천700여 톤을 수송하려면 1년에 300회 정도 기차나 트레일러가 이곳에 들어와야 한다. 1966년부터 치면 40년 이상 쉘부르와 라아그의 주민들은 사용후핵연료를 싣고 이동하는 화차와 트레일러 속에서 살아온 것이다. 그런데도 이 지역 주민들이 반핵의 기치를 높이 들었다는 소식은 거의 들어보지 못했다. 왜 그럴까?

플라스크 운반시 가장 염려되는 것은 사고로 인해 플라스크가 파손되는 것이다. 따라서 플라스크는 시속 160킬로미터로 달리다 충돌해도 파손되지 않도록 제작한다고 한다. 아레바 측은 '어떠한 사고가 일어나도 사용후핵연료는 플라스크 밖으로 튀어나올 수 없다'고 강조했다.

화덕에서 금방 꺼낸 연탄재가 뜨겁듯이 원자로에서 나온 사용후핵연료도 매우 뜨겁다. 따라서 원전에서 막 나온 사용후핵연료는 3~4년 정도 수조(水槽)에 넣어 냉각시켰다가 이곳으로 가져온다. 재처리의 첫 공정은 화차 등에 실려 온 플라스크를 열어 사용후핵연료를 꺼내는 것이다.

사용후핵연료는 강한 방사선을 쏘기에 아무 데서나 꺼낼 수 없다. 방사선을 완전히 차폐하는 곳에서 플라스크를 열어야 한다. 플라스크에 담아온 사용후핵연료의 정확한 이름은 '핵연료 다발'이다.

핵연료 다발은 나라마다, 원자로의 노형에 따라 모양과 크기가 다르다. 한국형 가압경수로의 핵연료 다발은 지름 1센티미터, 길이 4미터 정도의 핵연료봉 256~289개로 구성돼 있다. 각각의 핵연료봉 안에는 핵연료가 담겨 있는 담배 필터 크기의 펠릿(pellet) 370여 개가 들어 있다. 한국형 가압경수로의 핵연료 다발의 무게는 655킬로그램 정도다. 따라서 한국형 가압경수로의 핵연료 다발이라면 플라스크에 아홉 개 정도 넣을 수 있다.

아레바는 플라스크를 로봇팔이 움직이는 무인실에 넣어 뚜껑을 연다. 무인실에는 1.2미터 두께의 안전유리창이 설치돼 있었다. 안전유리창으로 들여다본 무인실 안에서는 로봇팔이 플라스크를 열어 핵연료봉을 뽑아 올리고 있었다.

아레바 측은 '이 방은 22년 전에 만들어진 것인데 단 한 번도 사람이 들어가지 않았다'고 설명했다. 22년 전에 만든 로봇팔이 단 한 번도 고

▌ 무인실
플라스크에 담겨온 사용후핵연료를 꺼내는 무인실. 1986년 만든 후 사람은 누구도 들어가 본 적이
없다. 사람들은 무인실 밖에서 로봇팔을 조작해 플라스크를 열고 사용후핵연료의 연료봉을 뽑아낸다.

장나지 않있다는 자랑이었다.

콩 심은 데 콩 나고, 팥 심은 데 팥 나야

과거 이 무인실에는 IAEA의 카메라가 설치돼 있었다고 한다. 그러나
아무도 들어갈 수 없고 따라서 핵연료봉도 빼돌릴 수 없으므로 지금은
작동을 멈췄다고 한다. 아레바 측은 '투명하고 정직한 운영 덕택에 불필
요한 분야에까지 뻗어 있던 IAEA의 사찰이 많이 줄었다'고 말했다.

로봇팔이 뽑아낸 핵연료봉은 바로 물이 담긴 수조로 옮겨진다. 핵연
료봉을 다시 냉각시키는 것이다. 냉각된 핵연료봉은 무인 절단실(切斷室)
로 옮겨져 3.5센티미터 길이로 잘린다. 절단을 하기 전 아레바 측은 핵연

료봉 안에 있는 핵연료의 양을 다시 한 번 확인한다. 어느 나라, 어느 회사의 것인지도 또 한 번 확인하는 것이다.

재처리의 핵심은 '콩 심은 데 콩 나고, 팥 심은 데 팥 나는 것'이다.

A를 재처리하면 반드시 A-1이 나와야지, B-1이나 C-1이 추출되면 안 된다. B-1이나 C-1이 나오면 재처리를 의뢰한 국가나 회사는 바로 이의를 제기할 것이고, IAEA는 아레바가 사용후핵연료를 빼돌렸다고 보고 조사에 들어가게 된다.

잘린 핵연료봉에서는 펠릿과 펠릿 안에 있는 핵연료가 쏟아져 나온다. 그런데 여기서부터는 '상표'가 붙어 있지 않기에 어느 나라, 어느 회사의 것인지 특정할 수 없다. 따라서 모든 것을 '한 번 더 확인'하고 절단 작업에 들어가게 된다.

핵연료봉 밖으로 나온 핵연료는 더욱 강한 방사선을 쏘므로 절단 작업도 무인실에서 한다. 절단된 핵연료봉과 펠릿 조각은 따로 추출하고, 절단되지 않은 펠릿은 질산에 담가 녹인 후 금속 성분으로 분리해낸다. 이런 금속에는 강한 방사선을 쏘는 방사성 물질이 붙어 있으므로 이를 제거하는 제염(除染)작업을 몇 차례 실시한다. 금속에서 방사성 물질을 떼어내는 것이다. 그리고 방사선 차폐 능력이 있는 컨테이너에 넣고 압축기로 눌러 금속 덩어리로 만들어 버린다. 제염작업을 통해 금속에서 떼어낸 방사성 물질은 고온으로 녹인 액체 유리를 부어 식히는데, 유리가 굳으면 방사성 물질은 유리 안에 갇힌다. 이를 '유리화'라고 한다.

금속성분을 제거한 질산액에는 우라늄과 플루토늄, 그리고 재활용이 불가능한 폐기물만 남는다. 제일 먼저 하는 것은 폐기물의 분리다. 이 폐기물은 지독한 방사선을 쏘므로 금속 덩어리를 넣은 컨테이너보다 차폐 능력이 훨씬 더 좋은 캐니스터(Canister, 容器, 일본 롯카쇼무라 기사에서는 '스테인리스통'으로 표현했음) 안에 넣고 액체 유리를 부어 유리화한다. 그리고 생명체가 사는 공간과 영원히 분리되는 특수한 공간에 넣어놓는다.

방사성 물질은 반감기를 갖고 있으므로 두세 차례 반감기를 넘기면 내쏘는 방사선이 크게 약해진다. 그러나 지독한 방사성 물질의 반감기는 상당히 긴 편이라 생명체와 접촉할 수 없는 곳에 넣어 영구 처분해야 한다. 이러한 방사성 물질에서도 상당한 열이 나온다. 따라서 캐니스터는 섭씨 1,100도의 열을 견딜 수 있도록 특수 재질로 제작한다. 아레바는 이러한 과정을 통해 추출된 고준위폐기물이 담긴 캐니스터를 의뢰자 측에 돌려준다.

유일한 예외는 프랑스이다. 원자력 분야에서 가장 앞서간다는 프랑스를 포함해 전 세계 어떤 나라도 아직은 고준위폐기물 처분장을 짓지 못하고 있다. 이 때문에 프랑스는 임시 저장만 하고 있는데, 임시저장 장소가 바로 이 공장 안에 있다.

아레바 측은 '핵무덤'이라고 할 수 있는 임시저장 장소도 보여주었다. 2001년 5월 필자가 일본 롯카쇼무라에서 본 고준위방폐물 임시 보관장과 같은 곳이다. 핵무덤에 들어가는데도 그들은 '위험하지 않다'며 일본에서와 마찬가지로 별도의 방호복을 제공하지 않았다.

핵무덤은 창고형 건물인데, 문을 열고 들어가자 텅 빈 공간이 나왔다.

© 아레바

핵무덤
C-04 등으로 일련번호를 붙이고 있는 맨홀 뚜껑 아래 고준위방사성폐기물을 넣고 유리화시킨 캐니스터가 9층으로 쌓여 있다(오른쪽). 왼쪽은 이 핵무덤을 밟고 선 채 아레바 관계자로부터 설명을 듣는 필자(맨 오른쪽).

무덤은 바닥에 있었다. 바닥에는 C-04, C-05 식으로 번호를 붙인 맨홀 뚜껑이 있는데 이 뚜껑 밑 12미터 깊이의 구멍에 고준위폐기물을 담은 용기를 9층으로 쌓고, 그 위에 2미터 두께로 콘크리트를 쳤다는 것이다.

유럽의 오래된 성당에 가보면 성당 바닥에 성인의 묘지가 있는 것을 볼 수 있다. 성당 바닥에 깔린 거대한 돌에 십자가와 함께 '성인 아무개가 묻혔다'는 글이 새겨져 있다. 핵무덤의 맨홀 뚜껑을 밟으면서 떠올린 것은 성당 바닥의 묘지였다. 아레바 측은 '이곳에는 모두 1만 2000여 개의 캐니스터를 묻을 수 있는데 현재는 3천500여 개가 묻혀 있다'고 설명했다.

한국형 가압경수로 1기에서 1년에 26톤 정도의 사용후핵연료가 배출되는데 이를 재처리하면 18개의 캐니스터에 들어가는 고준폐기물이 생산된다고 한다. 그러니까 맨홀 두 개에 한국형 가압경수로 1기에서 나오는 1년치 고준위폐기물을 묻을 수 있다.

남프랑스 마쿨에서 MOX연료 제작

금속을 제거한 사용후핵연료에서는 플루토늄과 우라늄을 분리한다. 이 작업에서 핵심은 플루토늄 추출이다.

추출한 플루토늄은 가루 상태로 전환돼 무게가 3킬로그램 정도 되는 강철통에 담긴다. 그리고 이 강철통 다섯 개를 특수 제작한 캐니스터에 넣고 밀봉해 의뢰자가 찾아갈 때까지 보관한다. 이 플루토늄을 어떻게 쓸 것인지는 의뢰자가 결정할 사항인데 대개는 다시 핵연료를 만드는 데 사용한다.

플루토늄을 이용해 만든 핵연료를 MOX연료라고 한다. 남프랑스의 아비뇽은 1309년부터 1377년까지 로마 교황이 유수된 곳으로 유명한데, 아비뇽 부근에 마쿨(Marcoule)이 있다. 마쿨은 와인 생산지와 관광지로 널리 알려져 있는데, 여기에 프랑스의 중요한 원자력 시설이 있다.

프랑스는 1956년부터 마쿨에 플루토늄을 이용하는 다양한 실험 시설을 지어 운영해오고 있다. 대표적인 시설이 플루토늄을 생성해가면서 타기에 '꿈의 원자로'로 불리지만 안정성이 입증되지 않아 아직도 개발 중에 있는 고속증식로이다. 프랑스는 2009년 현재 고식증식로의 실증로만 운영하고 있다. 실증로란 실험단계에 있는 원자로이다. 2009년 현재 실증용 고속증식로를 가동하는 나라는 프랑스와 일본뿐이다.

프랑스는 1970년대 마쿨에 세계 최초로 '피닉스'란 이름의 실증용 고속증식로를 지어 다양한 실험을 반복해오고 있다.

그리고 1995년 이곳에 MOX연료 공장을 지었다. 프랑스는 자국산 사용후핵연료를 재처리해서 얻은 플루토늄을 이곳으로 보내 MOX연료를 제작한다. 아레바 측은 '외국도 요구를 하면 이곳으로 플루토늄을 보내 MOX연료를 제조해줄 수 있다'고 했다. 프랑스에 MOX연료 제조를 의뢰한 대표적인 나라는 일본이다.

재처리한 사용후핵연료에서 가장 많이 나오는 것은 우라늄 238이다. 아레바는 이 우라늄을 질산액에 녹아 있는 액체 상태로 특수 용기에 넣어 의뢰자에게 보낸다. 재처리로 얻은 우라늄 238에는 강한 방사선을 쏘는 방사성 물질이 묻어 있다. 재처리로 얻은 우라늄 238에서 강한 방사선을 쏘는 물질을 제거하는 데는 비용이 많이 들어, 재처리로 얻은 우라늄 238를 재사용하는 것은 비경제적이라고 한다.

필자는 중저준위방사성폐기물을 영구 처분하는 로브(l' Aube) 처분장도 방문했다. 로브 처분장은 롯카쇼무라의 중저준위방사성폐기물 처분장과 비슷했다. 시멘트로 만든 거대한 블록(콘크리트 구조물) 안에 중저준위폐기물을 담은 노란 드럼통을 차곡차곡 쌓은 후 시멘트 지붕(콘크리트 뚜껑)을 씌워 봉하는 것이 처리의 전부였다.

롯카쇼무라와 로브 처분장은 지표에다 시멘트 구조물을 만들고 그 안에 중저준위방폐물을 처분하는 천층(淺層) 처분장이다. 중저준위방폐물

▌로브 처분장

로브 처분장도 천층 처분을 한다. 왼쪽에 즐비하게 서 있는 박스 형태의 콘크리트 구조물이 저준위 방사성폐기물을 넣는 곳이다.

▌콘크리트 구조물 안

콘크리트 구조물 안에는 콘크리트로 만든 격벽이 있고 각각의 격벽 안에는 크레인을 이용해 저준 위방사성폐기물을 넣은 드럼통을 쌓는다. 드럼통이 다 차면 콘크리트를 부어 밀봉하고 콘크리트 뚜껑을 씌운다.

은 위험하지 않기 때문에 이렇게 처리해도 충분하다. 그러나 한국은 동굴을 파서 처분하는 심층(深層) 처분을 선택했다.

공식 이름이 월성원자력환경관리센터인 경주방폐장은 1조 5천 228억 원을 들여 지하 암반을 뚫고 들어가 사일로를 만들고 사일로 안에 중저준위방폐물이 든 노란 드럼통을 쌓는다. 그리고 사일로가 다 차면 돌을 채우고 시멘트로 밀봉해버리는 식으로 운영된다.

동굴에 중저준위방폐물을 처분하는 나라는 핀란드인데 한국은 핀란드보다 훨씬 더 안전하게 방폐장을 만들었다. 그런데도 이 암반이 약하다며 문제를 제기해 공사기간을 연장해가며 보강공사를 하게 되었다.

이러한 한국 방폐장에 대해 '너무 비싸게 지었다'는 비판이 쏟아지고 있다. 위험하지 않은 시설이 너무 완벽한 안전시설을 갖췄기에 건설비용은 물론이고 운용비용도 많이 나올 것이라는 지적이다. 이러한 비용은 고스란히 전기 값에 보태지니 국민 부담만 높아진다.

한국은 '양날의 검' 휘두를 것인가

세계 유일의 피폭(被爆) 국가로 비핵 3원칙을 천명했던 일본이 재처리공장을 지었듯이, 한국도 재처리공장을 지을 수 있을 것인가.

아레바의 자크 베스네누 부사장은 '한국이 원할 경우 아레바는 모든 것을 제공할 수 있다. 한국은 재처리공장을 큰 규모로 지어 라아그 재처리공장처럼 다른 나라의 사용후핵연료를 위탁 재처리해줄 수도 있다'고 말했다. 프랑스는 실제로 소비되는 전력의 80퍼센트 정도를 원자력으로 충당한다. 이 때문에 국제유가가 치솟아도 에너지 위기가 심각하지 않다. 반면 한국은 35퍼센트 정도를 원자력에 의존한다. 국제유가의 진폭이 큰 지금, 한국은 원전 건설을 독려하고 재처리를 결정하는 '양날의 검'을 휘두를 수 있을 것인가.

Chapter 3

이종훈이 불 붙이고 장영식이 물 끼얹었다
1990년대 핵 재처리 추진 실패 내막

　이종훈(李宗勳) 씨는 YS정권 시절인 1993년 3월부터 5년간 한국전력 사장을 지냈다. 한국전력 정규공채 출신으로는 최초로 사장이 된 그는 1996년 의지를 갖고 은밀히 핵 재처리시설 도입을 추진했다.

　그가 도입을 추진했던 재처리시설은 핵무기 제조용이 아니다. 당시 한국이 가동하고 있던 16기 원자력발전소에서 나오는 사용후핵연료를 재처리해, 다시 원자로에 넣는 MOX연료를 만들자는 것이었다.

　그러나 이 씨를 중심으로 한 한국전력인들의 노력은 IMF 경제위기와 DJ정권 출범 후 새로 한전 사장이 된 장영식(張榮植) 씨에 의해 좌절되었다. 이 씨는 어떤 이유로 핵 재처리시설을 도입하려고 했는가. 그리고 장 씨는 어떤 이유로 이를 좌절시켰는지 그 전말을 밝혀보기로 한다.

한국, 일찌감치 원자력에 눈떠

제2차 세계대전 승전국인 미국은 세계 핵주권을 장악하고 있는 나라라고 해도 과언이 아니다. 어느 나라든 미국의 동의 없이 핵을 마음대로 움직이지 못한다. 영국, 프랑스, 중국, 러시아 등 핵무기를 갖고 있는 4대 강국도 미국의 눈치를 봐가며 원자로를 수출한다. 한국 또한 미국의 이해 없이는 제대로 된 원자력 정책을 펴기 어렵다.

한국은 원자력의 중요성을 깨달았던 이승만(李承晩) 대통령 덕분에 일찌감치 원자로를 도입했다. 6·25전쟁의 화약연기가 폴폴 날리던 1956년, 양유찬 주미대사는 미국 워싱턴에서 로버트슨 미국 국무부 차관보, 스트라우스 미국 원자력위원장과 함께 '원자력의 비군사적 사용에 관한 대한민국 정부와 미국 정부간의 협력을 위한 협정(한미원자력협정)'에 서명했다. 이 협정이 한국 원자력산업을 싹 틔우는 시발점이 되었다.

그런데 한미원자력협정에는 상업로를 지원한다는 내용이 없었으므로 한국은 원자력협정을 개정하기 위한 노력에 착수했다. 미국은 웨스팅하우스의 원자로를 한국에 제공하기로 했으므로 협정 개정에 동의했다. 1974년 5월 15일 한미 양국은 '미국은 한국이 상업용 원자로에 들어가는 농축우라늄을 이용하는 것을 양해한다'는 쪽으로 내용을 수정한 '한미원자력협정'에 서명했다. 그 덕분에 한국은 1978년 고리 1호기를 가동할 수 있었다.

이렇게 상업용 원자로를 가동할 수 있는 길이 열린 후 한국은 일사천리로 원전을 건설해 2010년 현재 20기의 원전을 가동하는 나라가 되었다. 비슷한 시기 미국과 원자력협정을 맺은 일본은 훨씬 빠르게 원전 분야를 발전시켰다. 전범(戰犯)국가 일본은 IAEA분담금을 미국 다음으로 많이 내며 '입안의 혀'처럼 미국의 비위를 맞춰가면서 비약적으로 원자력분야를 발전시켰다.

일본이 미국에 대해 '입안의 혀'처럼 지내는 방법으로 실속을 채웠다면 자주성을 강조하는 북한은 '벼랑끝 전술'을 구사하다 오히려 실패로 치닫고 있다. 그렇다면 지금 한국이 택해야 하는 것은 북한식 자주 노선이 아니라 일본식 모델이다. 이승만-박정희-전두환 시절 한국이 선택한 것도 일본식 모델이었다.

1991년 11월 8일 한국의 노태우(盧泰愚) 대통령은 '한국은 핵무기를 제조·보유·저장·배비·사용하지 않는다'는 비핵 5원칙을 선언했다. 일본보다 30년 늦게 비핵화 선언을 한 것인데, 핵무기에 대해서는 저장과 배비까지도 하지 않겠다며 일본보다 더 강조해 눈길을 끌었다.

한국이 비핵화선언을 하게 된 배경은 미국이 한국에 있는 핵무기 철수를 결정짓고 한국은 미국 컴버스천 엔지니어링의 기술을 받아들여 한국형 표준원자로(KSNP) 제작에 들어갔기 때문이었다. 한국은 북한의 핵개발을 억제하기 위해 이 선언을 해준 측면이 있다.

비핵화 선언 후 한국은 다음 단계로 빨리 넘어갔어야 한다. 그런데 고조된 북핵 위기와 이 선언이 맞물리면서 한국에서는 모든 핵을 반대한다는 반핵운동이 일어났다. 반핵운동은 방폐장 건설에 반대하는 형태로 터져나왔다. 반핵운동이 힘을 얻자 '표를 의식'한 유력 정치인들이 동참했다. 한국 원자력계는 1994년 말까지 새로운 원전을 전혀 건설하지 못하는 위기에 봉착했다. 이렇게 '손발이 안 맞다' 보니 비핵화 선언은 '비원전(非原電) 선언'이 돼버린 것이다. 이종훈 씨는 이러한 시기(1993년 3월)에 한전 사장이 되었다.

이종훈 씨의 비밀 행보

제네바 합의가 타결된 후 이종훈 사장은 '북한은 한국의 일부이니 KEDO가 북한에 건설하는 원전에는 한국형 가압경수로가 공급돼야 한다'고 주장했다. 이에 대해 미국은 미국 원자로를 판매할 속셈으로 '북한과 남한은 엄연히 다른 나라다. 한국형 가압경수로는 미국의 컴버스천 엔지니어링 기술을 토대로 만들었으므로 미국의 허가 없이는 제3국인 북한에 공급할 수 없다'고 반박했다. 오랜 논란 끝에 미국은 북한을 한국의 일부로 인정해 가압경수로의 공급에 동의했다.

이어 이 사장은 비밀리에 재처리시설을 도입하는 사업에 착수했다. 이를 위해서는 미국과 맺은 원자력협정을 개정하는 것이 급선무였다.

그런데 당시 한국의 민족주의 인사 중에는 북한의 핵무장 노력에 자극받아 '한국도 핵무기를 가져야 한다'고 주장하는 이들이 있었다. 미국은 이런 주장에 주목해 한국이 재처리시설을 짓게 하면 안 된다는 사람이 많았다. 이들을 먼저 무마해야만 원자력협정을 개정할 수 있다.

1996년 4월 이 사장은 미국으로 날아가 법률회사인 H&H(호건 앤드 하트슨)와 1백만 달러에 로비 대행계약을 맺었다. H&H는 올브라이트 당시

■ 이종훈 전 한전 사장
김영삼 정부시절 한국전력 사장을 지낸 이종훈 씨는 한국도 사용후핵연료를 재처리할 수 있도록 한미원자력협정을 개정하는 일을 추진했으나 DJ정권의 반대로 실패했다.

미 국무장관이 파트너로 근무했던 CNP와 같은 계열이었다. H&H의 대표인 마이클 번즈 씨는 국회의원 출신으로 클린턴 당시 대통령의 부인인 힐러리 여사와 아주 가까운 사이로 알려져 있었다. 이 사장은 H&H를 움직이면 한미원자력협정을 개정할 수 있을 것으로 기대했다.

그는 영국의 BNFL과도 접촉했다. 당시에는 BNFL이 한국에 원자로 제작 기술을 제공한 미국의 컴버스천 엔지니어링지분을 인수했기 때문이었다. BNFL은 컴버스천 엔지니어링과 같은 계열의 원자로를 갖고 있는 한국과 협력하면 자사의 재처리시설을 판매할 수

있다고 판단하고, 그들의 대미 로비망을 동원해 열심히 미국을 설득했다. 그러자 라이벌인 BNFL에게 한국 시장을 빼앗길 것을 두려워한 프랑스의 코제마까지 나서서 한국을 위해 대미 로비활동을 벌이게 되었다.

1997년 말 한국에서는 IMF 경제위기가 발생하고 이듬해 김대중 정부가 출범했다. 1998년 5월, 정부는 공개채용 방식으로 한전 사장을 공모해, DJ 측근으로 오랫동안 미국의 뉴욕주립대학에서 교수를 해온 장영식 씨를 사장으로 선출했다.

한전과 H&H는 2년마다 계약을 연장하기로 했었는데, 장 사장이 취임한 직후 계약연장 문제가 대두했다. H&H에서 계약을 연장하겠느냐는 문의가 오자 장 사장은 연장에 반대한다는 답변을 보냈다.

안보회의에서도 중지 결정

그는 자신의 판단을 추인받기 위해 이 문제를 국가안전보장회의에 알렸다. 1988년 6월 임동원(林東源) 청와대 외교안보수석이 주재한 국가안전보장회의(NSC)는 이 사업이 △경제성이 없고 △국제 핵확산금지조약 및 김대중 대통령의 통일이념 구현에 장애가 되며 △남북관계에 부정적 영향을 미치고 △미국의 사전 동의를 얻어내기 어려우며 △국내외 환경단체의 강한 저항이 예상된다며 'H&H와의 계약을 연장하지 않는다'고 결정했다.

한전 주도로 추진된 사업을 국가안전보장회의가 나서서 '하지 마라'고 결정했으니 이후로는 누구도 핵 재처리시설 문제를 꺼낼 수 없게 되었다. 1991년 비핵화 선언으로 발목이 잡힌 재처리 재개의 기회가 졸지에 무너져내린 것이다. 그러나 '최초의 공채 출신 사장이 아니라 최초로 공개채용된 사람인 장영식 씨는 임기를 1년도 채우지 못하고 물러났다.

1999년 4월 박태영(朴泰榮) 산업자원부 장관과의 불화로 퇴임한 것.

2001년 1월 9일 필자는 장 씨를 만나 핵 재처리 시설 도입을 좌절시킨 이유를 장시간 들어보았다. 장 씨는 그 이유를 'NPT(핵확산금지조약)를 지키기 위해서'라고 아주 간단히 설명했다. 한국이 NPT를 지켜야 한다는 것은 그의 신념인 듯했다. 그는 이런 사실도 털어놓았다.

'1998년 한국 언론은 한국이 핵탄을 만들기 위해 재처리를 시도했다고 보도했는데, 내가 그런 기사가 나오게 했다. 한국은 절대로 NPT를 어겨서는 안 된다'

"언제 한국이 NPT를 위반한 사실이 있는가. 한국이 도입하려는 재처리시설은 핵탄을 만들려는 것이 아니다. 전범국가인 일본도 재처리공장을 짓고 있는데, 무슨 근거로 한국은 안 된다는 것인가. 일본에서도 전력회사가 재처리시설 도입을 주도했다"는 필자의 질문에 그는 이렇게 대답했다.

"일본의 전력회사는 민간기업이기 때문에 그렇게 할 수 있지만, 한국전력은 공기업이니 그런 일을 해서는 안 된다. 그런 문제는 정부가 나서서 추진해야 할 일이다. 그런데…, 아무튼 한국은 NPT를 어겨서는 안 된다. 내가 핵연료 재처리시설 도입을 취소시키자 박관용(朴寬用) 의원이 '그렇게 하지 마라'는 경고를 보내왔다. 하지만 내가 IAEA의 사무총장을 만나 상의했더니, 그는 한국의 핵연료 재처리시설 도입 노력을 중지시킨 것을 칭찬하더라. 핵연료 재처리시설 도입을 추진한 사람의 애국심은 인정하지만 그런 일을 하면 안 된다."

그는 묻지도 않은 부분에 대해서도 해명을 했다.

"내가 H&H와 재계약을 취소시키자 한동안 H&H가 나를 고소한다는 소문이 떠돌았다. 1998년 나는 미국의 한 행사에 참석해 H&H의 번즈 씨를 만나게 돼 매우 걱정했었다. 그런데 번즈 씨는 나를 환대했다. 그는 내게 아무런 감정을 표하지 않았다."

정치적으로 결정된 DJ 시절의 원전정책

　그는 박태영 산업자원부 장관과 갈등을 빚은 경위에 대해서도 해명했다.

　"원래 원자력발전소 건설부지는 한전 사장의 추천이 있은 후 산업자원부에서 결정한다. 당시 산업자원부는 삼척과 울진, 해남을 원전건설 후보지로 보고, 이곳을 추천해 달라고 요구했다. 그런데 그곳의 주민들이 하나같이 원전건설에 반대한다는 소식이 들려왔다. 이런 상태에서 그곳을 원전건설 후보지로 추천한다면, 격렬한 반핵운동이 일어나 DJ에 대한 지지도가 떨어질 것으로 판단했다. 그래서 추천을 거부했더니 박 장관과의 사이가 나빠졌다. 그런 결정을 내린 것을 DJ에 대한 과잉충성이었다고 비난해도 좋다. 나는 내가 잘했다고 생각한다."

　장영식 씨는 원자력 문제를 국익 차원이 아니라 정권 차원에서 판단했다. 김대중 정부 시절인 2001년 방사성폐기물처분장을 선정하기 위해 원자력계의 여러 인사들이 발 벗고 뛰어다녔다. 이때 원자력계의 고위 인사가 청와대 실력자를 찾아가 '정부 차원의 지원이 필요하다'며 지원을 부탁했다. 그러자 실력자는 "쓸데없는 소리 마라. 지금 방사성폐기물처분장을 추진하면 선거에서 표 떨어져"라는 말로 일축했다고 한다.

　장영식 씨뿐만 아니라 김대중 정부의 다른 실력자들도 원자력을 자기 정권의 이해 차원으로만 본 것이다.

　이로써 이종훈 사장이 추진했던 '한미원자력협정'을 위한 노력은 물거품이 되고 말았다. 2008년 이명박 정부가 출범하면서 '한미원자력협정'을 개정해야 한다는 국내의 목소리는 매우 커지고 있다.

　과연 한국은 '한미원자력협정'을 개정해서 일본처럼 사용후핵연료를 재처리할 수 있는 단계로 나아갈 수 있을 것인가.

Chapter 4

한미원자력협정 평화목적의 재처리 가능한 쪽으로 개정하라

    원자력은 1953년 미국의 아이젠하워 대통령이 제8차 UN 총회에서 '원자력의 평화적 이용(Atoms for Peace)을 주창함으로써 비군사적인 목적으로 쓰이는 것이 가능해졌다. 평화 목적으로 전파되는 원자력 기술이 군사 목적으로 전용되는 것을 막기 위해 핵 비확산조약(NPT: the Treaty on the Non Proliferation of Nuclear Weapon)이 만들어지고, 국제원자력기구(IAEA: International Atomic Energy Agency)와 원자력 공급국 그룹(NSG: Nuclear Suppliers Group) 등 다자간 체제가 만들어졌다.

    그러나 다자간 체제로는 핵확산을 효율적으로 통제하기 어렵다. 특정 국가에 대한 핵확산을 통제하려면 양자간 체제를 맺는 것이 훨씬 더 좋다. 다자간 체제가 핵 비확산을 위한 전체적인 틀을 제공한다면, 양자간 체제는 구체안을 제시하기 때문이다.

    국제교역은 상호 호혜와 평등의 원칙에 따라 이뤄져야 한다. 따라서 양자 협정에 의한 통제는 호혜와 평등 원칙을 위배한 것으로 볼 수 있다. 하지만 원자력공급국들이 핵물질과 장비, 기술 등을 독점하고 있는 것이 현실이고 핵 비확산은 국제적으로 인정된 원칙이어서 양자 협정에 따른 통제권 행사는 정당한 것으로 인정받고 있다.

우리나라는 1956년 미국과 처음으로 양자 협정인 '한미원자력협정'을 맺었다. 그리고 중수로를 도입하기 위해 캐나다와도 원자력협정을 체결하는 등 2008년 말까지 모두 20개 국과 양자 협정 형태의 원자력협정을 맺었다. 미국, 캐나다, 프랑스 등과 맺은 원자력협정은 한국이 이 나라들로부터 지원을 받는 형태이고, 베트남이나 체코, 루마니아, 인도네시아 등과 맺은 양자 협정은 한국이 지원해주는 형태다.

한국은 제2의 일본이 될 수 있을 것인가

이런 원자력협정 가운데 가장 중요한 것은 역시 한미원자력협정이다. 이 협정은 1956년 2월 3일 '원자력의 비군사적 사용에 관한 대한민국 정부와 미합중국 정부 간의 협력을 위한 협정(Agreement for Cooperation between the Government of the Republic of Korea and the Government of United States of America Concerning Civil Uses of Atomic Energy)'이란 이름으로 체결되었다. 이 협정에 따라 한국은 미국에 원자력 유학생을 파견할 수 있었다.

그리고 한국은 미국에서 연구용 원자로 도입을 추진하는데, 한미협정에 연구용 원자로를 제공한다는 내용이 없어, 1958년 3월 14일 두 나라는 한미원자력협정을 처음으로 개정하게 되었다. 이에 따라 한국은 1958년 12월 미국에서 트리가 마크-II 연구용 원자로를 도입할 수 있었다. 두 번째 개정은 1965년 7월 30일에 있었다. 이유는 트리가 마크-III 연구용 원자로를 도입하기 위해서였다.

두 차례 개정을 거쳐 존속해 온 이 협정은 1972년 11월 24일 서명된

'원자력의 민간 이용에 관한 대한민국 정부와 미합중국 정부 간의 협력을 위한 협정(Agreement for Cooperation between the Government of the Republic of Korea and the Government of United States of America Concerning Civil Uses of Atomic Energy)'으로 대체되었다. 이 개정은 상업용 원자로(고리 1호기)를 미국이 공급해주기 위해 추진된 것이다.

1972년 협정의 영문 이름은 1956년 협정의 영문 이름과 같으나 한국어 명칭은 달라졌다. 1956년 협정에서 Civil Uses를 '비군사적 사용'으로 번역했으나, 1972년 협정에서는 '민간 이용'으로 표현이 바뀌었다. 이 협정은 한국에 대한 미국의 농축우라늄 공급 조건을 손질하기 위해 1974년 5월 15일 1차 개정되었다.

이러한 한미원자력협정에 대해 1993년 대한민국 국회에서는 불평등 협정이라는 의견이 제기되었다. 이종훈 씨가 한국전력 사장이 된 시기였다. 앞에서 정리했듯 이종훈 사장은 재처리를 할 수 있도록 한미원자력협정을 개정하기 위한 노력에 나섰는데, 국회에서도 이에 호응한 사람들이 나온 것이다.

미국은 한미원자력협정 개정에 동의할 수 있다는 의견을 밝혔다. 그리하여 1995년과 1996년까지 협상이 이어졌으나 미국 측은 우리가 기대한 미일원자력협정 수준의 개정에 동의해주지 않았다. 미국은 아르헨티나, 브라질, 남아공, 폴란드, 체코, 헝가리와 맺은 수준으로 한미원자력협정을 개정하자고 고집했다.

이렇게 시작된 양측 협상은 김영삼 정부 말기인 1997년 12월 한국이 IMF외환위기를 맞고, 이어서 김정일 정권과의 대화에 치중한 김대중 정부가 출범하면서 중단되었다. 김대중 정부는 '한미원자력협정' 개정 노력을 이어가지 않은 것이다. 2000년 남북정상회담을 성사시킨 김대중 정부는 한국 원자력산업을 발전시키는 데도 소극적으로 임했다.

이종훈 한전 사장 때 개정하지 못한 '한미원자력협정'을 '미일원자력협정' 수준으로 개정하자는 것이 이명박 정부 출범 후의 '한미원자력협정' 개정 노력이다. 현재의 원자력협정은 1973년 3월 19일 발효됐고, 유효기간이 41년이므로 2014년 3월 19일 효력이 상실된다. 따라서 2014년 6월 16일이 오기 전, 두 나라는 협정을 만들어야 한다.

이명박 정부는 한미원자력협정을 개정하기 위해 2010년 10월부터 미국과 다섯 차례 협상했으나 타협점을 찾지 못했다. 따라서 이 일은 박근혜 정부로 넘어가게 되었다. 박근혜 정부는 한국이 평화목적의 농축과 재처리를 할 수 있어야 한다는 확고한 신념을 갖고 출범했다. 국제원자력기구(IAEA)는 평화목적의 농축과 재처리는 인정하고 있다. 그러나 2013년 4월 24일 열린 6차 협상에서 한국은 기대한 성과를 얻지 못했다.

6차 협상은 북한이 3차 핵실험(2013년 2월 12일)을 하고 난 다음에 열린 것이라 많은 주목을 끌었다. 이명박 정부는 초기에는 한미원자력협정 개정을 적극적으로 추진했으나 후반부에는 열심히 하지 않았다. 이러한 사실은 양국이 5차 협상을 한 후 1년 2개월 만에 6차 협상을 한 사실로 확인된다. 이명박 대통령은 취임 직후 미국산 쇠고기 수입을 허가했다가 촛불시위라고 하는 강력한 후폭풍을 맞은 적이 있었다. 2012년에는 일본과 한일군사정보보호협정을 맺으려고 했다가 국민 반발로 후퇴한 적이 있었다.

5차 협상 후 한국과 미국은 모두 대선 정국으로 들어갔다. 때문에 이명박 정부는 민감한 문제를 추진했다가 잘못되면 역풍을 맞을 수도 있다고 보고 한미원자력협정 개정을 위한 협상을 적극적으로 추진하지 않았다. 이명박 대통령은 원자력발전을 해야 한다는 소신을 갖고 있음에도 한미원자력협정 개정을 위한 6차 협상을 다음 정부로 미뤄 버린 것이다. 바통을 이어받은 박근혜 대통령은 아버지가 원자력을 추진한 주인공이기에 이명박 대통령 이상으로 원자력발전을 해야 한다는 강력한 의지를 갖고 있어, 취임하자마자 바로 6차 협상을 추진하게 했다.

그러나 6차 협상에서는 한미원자력협정의 만기를 2년 연장한다는 합의만 도출했다. 많은 소식통들은, 미국이 한국에 평화목적의 재처리와 농축을 허용해주는 것은 북한의 3차 핵실험에 대한 대응으로 비쳐지는 것을 우려한 듯하다고 추측했다. 그러나 전문가들의 판단은 다르다.

미국의 핵정책은 철저한 비확산이다. 한국과 6차 협상을 할 즈음 미국은 베트남, 요르단, 사우디아라비아와 최초의 원자력협정을 맺는 협상을 하고 있었다. 미국은 세 나라와 맺는 쌍무적 원자력협정에 비확산을 위해 농축과 재처리를 금한다는 내용을 분명히 집어넣으려고 한다. 그런데 한국을 상대로 한 개정 협상에서 농축이나 재처리를 허용해준다면, 세 나라도 '우리도 농축과 재처리를 허용해 달라'는 요구를 할 가능성이 높다.

때문에 미국은 세 나라와 농축과 재처리를 하지 않는다는 쪽으로 협정을 맺고, 한국과의 협정 개정은 다음으로 미뤘다는 것이다. 전문가들은 미국의 입장을 고려해 현행 협정을 2년 연기해준 것은 정무적으로는 잘 한 것 같다는 평가를 해주고 있다.

한국이 평화목적으로 농축과 재처리를 할 수 있는 쪽으로 한미원자력협정을 개정할 수 있느냐는 박근혜 대통령의 역할에 달렸다는 것이 지배적인 의견이다. 일본이 평화목적의 농축과 재처리를 할 수 있도록 미일원자력협정을 개정하는데 실무 역할을 한 일본의 엔도 대사도 "국가 지도자의 의지가 가장 중요하다. 그리고 미국 의회를 설득하는 것이 현실적으로 큰 숙제가 된다"는 의견을 피력한 바 있다.

박근혜 대통령은 취임 직후부터 한국에 온 미국 유력 인사를 만나면 한미원자력협정 개정을 도와달라는 부탁을 자주하였다. 박근혜 대통령의 의지가 투영돼 미국 행정부와 의회를 어떻게 설득해 내느냐가 한미원자력협정의 개정 방향을 결정짓는다.

박근혜 대통령 의지와 미국 의회 설득이 관건

일본이 롯카쇼무라에 우라늄농축공장과 재처리공장, MOX연료공장을 지을 수 있었던 것은 1987년 11월 4일 미일원자력협정을 개정했기 때문이다(발효는 1988년 7월 17일). 이전의 미일원자력협정은 1968년에 개정된 것이었다.

1968년의 미일원자력협정에는 고농축우라늄과 플루토늄을 일본이 저장하는 것에 대한 내용이 없었다. 양국이 공동 결정하여 인정한 시설에서만 재처리를 하거나 형상과 내용을 바꾸는 것이 가능하다고 돼 있었다. 여기서 문제가 되는 것은 '양국이 공동 결정한다'는 것이다. 이것은 미국이 개별 동의를 한다는 것으로 이해됐으므로, 일본은 이를 '미국이 사전에 동의한 시설에서는 재처리를 할 수 있다'는 쪽으로 바꿔 장기적으로 재처리 사업을 하고자 했다.

그리고 일본은 이전의 원자력협정에서는 아무 언급이 없었던 고농축우라늄과 플루토늄의 저장도 미국이 사전에 동의해주면 가능하다는 쪽으로 바꾸고자 했다. 미국이 한번 동의해주면 일본은 고농축우라늄과 플루토늄을 장기간 저장하겠다는 것이다. 여기서의 '사전 동의'는 사전에 포괄적인 동의를 해주는 것이다. 건별로 사전 동의를 받는 것이 아니라 이러한 사업을 할 테니 이 사업 전체를 동의해 달라는 것이다.

이러한 목표를 세운 일본은 원자력 안전을 강화하고 오로지 평화 목적으로만 원자력을 활용한다는 것을 분명히 했다.

이러한 일본의 주장을 1987년 미국이 수용했다. 덕분에 일본은 프랑스 아레바로부터 기술을 도입해 우라늄농축공장과 재처리공장을 짓고, MOX공장도 지을 수 있게 되었다. 미국과 일본 간의 돈독한 원자력 신뢰가 일본 원자력의 도약을 가져온 것이다. 이러한 일본의 예에 따라 '한미원자력협정'을 개정하자는 것이 한국의 바람이다.

'미일원자력협정'을 개정하기 위해 일본은 하나가 되어 뛰었다. 일본

외무성은 원자력과를 신설해 외교적인 대응을 했고, 일본 원자력의 대부인 나카소네 전 총리는 '미일원자력협정' 개정 필요성을 알리는 데 기여했다. 덕분에 일본 국회에서는 '미일원자력협정' 개정에 찬성하는 분위기가 만들어졌다. 반핵단체들은 협정 개정에 반대하는 목소리를 거의 내지 못했다. 일본 조야는 미국 의회를 대상으로 다양한 로비전을 펼쳤는데, 이를 따라 하려고 한 것이 이종훈 한전 사장 시절의 대 미국의회 로비였다. 일본의 조야는 미국 행정부와 언론 사회단체를 설득해 친일(親日) 분위기를 만드는 노력을 집요하게 펼쳤다. 일본은 경제사정이 좋았으므로 국제원자력기구에 미국 다음으로 많은 분담금을 지원했다.

당시 미국 자동차 업계는 일본 자동차의 수출로 타격을 받고 있었다. 이에 일본 측은 미일 정상회담이 열리자 대미 자동차 수출을 자율 규제하겠다고 밝혀 미국 측의 박수를 받았다(1981년 5월 1일). 상황이 이렇게 되자 일본의 핵무장을 이유로 개정에 반대할 것으로 예상됐던 미국 국무부의 군비통제군축국과 국방부 등은 일본의 핵무장 가능성에 대해 아무 의견을 내지 않았다. 덕분에 일본은 '미일원자력협정'을 개정할 수 있었다. 이러한 일본의 노력을 한국은 배워야 한다.

다행히도 박근혜 정부는 이명박 정부에 이어 미국과의 관계가 좋은 편이다. 2013년은 6 · 25전쟁을 끝낸 정전 60주년이면서 한국과 미국이 상호방위조약을 맺은 지(1953년 10월 1일) 60주년이 되는 해이다. 이러한 때 출범한 박근혜 정부가 조금 앞서 연임에 들어간 미국의 오바마 정부와 계속 좋은 관계를 맺어간다면, 한국은 평화목적의 농축이나 재처리를 인정받는 쪽으로 한미원자력협정을 개정해낼 수 있을 것이다. 2015년 한미연합사를 해체하지 않고 동맹을 강화시켜 나가는 것도 한미원자력협정을 유리하게 개정해내는 방편이 될 수 있을 것이다.

한국이 하고자 하는 재처리는 고준위폐기물을 줄이는 것이기에 핵무기를 제조하려는 재처리와는 분명히 다르다. 핵무기를 만들지 않고 고준위폐기물을 줄이는 재처리는 '재활용'으로 불려야 한다. 한국은 사용후핵연료를 재활용하기 위해 한미원자력협정을 개정해야 한다.

한국은 일본에 이어 핵무기를 갖지 않고도 농축 우라늄을 만들고 재처리를 하는 나라가 되어야 한다.

〈표6〉 한미원자력협정 변화 추이

협정 변화	일　자	체결 또는 개정이유	특　징
1956년 협정	1956년 2월 3일	원자력 훈련생을 미국으로 파견하기 위함.	
1차 개정	1958년 3월 14일	연구로인 트리가 마크-Ⅱ를 도입하기 위함.	
2차 개정	1965년 7월 30일	연구로인 트리가 마크-Ⅲ를 도입하기 위함.	
1972년 협정	1972년 11월 24일 체결 1973년 3월 19일 발효	상업로인 고리 1호기를 도입하기 위함.	- '비군사적 사용'으로 번역했던 Civil Uses를 '민간 이용'으로 바꾸었음 -유효기간이 30년이라 2003년 만료됨.
1차 개정 (현재 협정)	1974년 5월 15일 체결 1974년 6월 16일 발효	미국으로부터 농축 우라늄 공급조건을 변경하기 위함.	이때 협정 유효기간을 41년으로 했기에, 2014년에 만료됨.
개정 논의	1993~94년 (15차 한미원자력공동위원회)	한국이 평화목적으로 사용후핵연료를 재처리하기 위해 추진함.	1993년 한국 국회에서 불평등 협정이란 문제가 제기돼 1994년부터 양국이 개정문제를 논의함.
	1995~96년 (16차, 17차 한미원자력공동위원회)	한국은 미일원자력협정 수준으로 한미원자력협정 개정을 요구함.	미국이 동의해주겠다고 한 개정의 폭이 한국이 요구하는 것에 미치지 못함.
	김대중(金大中) 정부	한미원자력협정 개정 추진을 중단시킴.	김대중 정부는 남북 정상회담을 추진해 성사시킴.
현　재	이명박 정부	미일원자력협정 수준으로 한미원자력협정을 개정하려고 함.	현 한미원자력협정은 2014년 만료됨.
	박근혜정부		2016년까지 협정 만료시 한이 연장됨. 단 주요 쟁점에 대해 3개월마다 회의를 하도록 정해져 있음.

SECTION 5

1. "우리는 후손을 위해 원자력을 연구한다" 한국 원자력의 두뇌, 한국원자력연구원
2. 특급 지상과제 "원자로용 실탄을 국산화하라" 핵연료 제조하는 한전원자력연료
3. APR-1400 원자로로 세계시장 공략, 한국 원자력산업의 공장 두산중공업

한국 원자력의
중심부 탐구

한국형 가압경수로 OPR-1000 / ⓒ 두산중공업

요약

한국 원자력의 중심부 탐구

한국 원자력이 나갈 방향은 '후손을 위한 원자력을 만드는 것'이다. 이 목표를 이루기 위해 한국 원자력산업의 두뇌인 한국원자력연구원이 하고 있는 일은 무엇인가.

한국원자력연구원은 미래 시장을 창출하기 위한 원자로를 개발하고, 원전 사고를 막는 방법을 찾아내야 한다. 그리고 한미원자력협정과 비핵화선언 때문에 사용후핵연료를 재처리할 수 없는 한국의 현실을 고려해 플루토늄을 추출하지 않으면서도 쌓여만 가는 사용후핵연료를 줄이는 방법도 찾아내야 한다.

실탄 없는 소총은 쇠막대기이다. 핵연료가 없는 원자로는 쇠로 만든 큰 물통일 뿐이다. 원자로 국산화만큼이나 중요한 핵연료도 국산화도 이루어내야 한다.

한전원자력연료가 담당하고 있는 핵연료 국산화는 어디까지 와 있는가. 이러한 핵연료와 짝을 이루는 원자로와 원자로에서 나온 열로 증기를 생산하는 증기발생기 제작술은 어디까지 와 있는가. 원자로와 증기발생기를 제작하는 두산중공업의 실력은 어느 정도인가.

한국 원자력을 지탱하는 한국원자력연구원과 한전원자력연료 그리고 두산중공업을 살펴본다. 역동하는 한국 원자력의 맥박을 짚어보면서 한국 원자력이 해외로 나갈 수 있는 길을 모색해보자.

한미원자력협정 개정과 한국 원자력의 해외수출, 4세대 원전으로 약칭되는 새로운 원자력 기술개발이 한국 원자력계가 앞으로 도전해 나가야 할 분야이다.

Chapter 1

"우리는 후손을 위해 원자력을 연구한다"
한국 원자력의 두뇌, 한국원자력연구원

대전광역시 대덕연구단지 안에 있는 한국원자력연구원을 찾아가보면 멀리서부터 펄럭이는 대형 태극기를 볼 수 있다. 한국원자력연구원에 근무하는 사람들을 위한 기숙사 단지에 걸려 있는 것인데, 한강 이남에서는 가장 큰 태극기라고 한다. 한때 이 초대형 태극기 밑에 '원자력은 후손을 위함입니다'라는 글귀가 씌여 있었다.

후손을 위한 원자력이란 글귀와 초대형 태극기의 게양은 장인순 박사가 소장으로 있을 때 세운 것이다. 한국원자력연구원은 애국심을 갖고 현재가 아닌 미래를 위해 연구하는 곳이라는 뜻에서 초대형 태극기를 게양하고 이 글귀를 세웠다. 그리고 한국원자력연구원의 정문에는 아인슈타인이 발견한 일반 상대성이론 'E=mc²(에너지는 질량에 빛의 속도의 제곱을 곱한 것과 같다)'이라고 새긴 구조물이 세워져 있다.

이 연구원 안으로 들어가면 촌스럽지만 매우 힘차다는 느낌을 주는 익숙한 글씨를 보게 된다. 원자력연구소 개소 20주년 때인 1979년 3월 박정희 대통령이 써준 '새 時代의 動力'이라는 휘호탑이다. 가난한 시절에 만들어졌기 때문인지 휘호탑의 모습은 소박하다. 하지만 '새 시대의 동력'이란 글귀만큼은 가슴에 와 닿는다. 역시 박정희 대통령은 원자력의 성격을 잘 이해한 지도자였다.

그리고 연구원 한 가운데 있는 언덕에서는 '原子力은 國力'이라고 쓴 전두환 대통령의 휘호탑을 보게 된다. 박정희 대통령의 휘호탑보다 훨씬 크고 나름대로 멋을 부렸지만 촌스러움은 탈피하지 못했다.

왜 전두환 대통령은 원자력을 국력으로 정의했을까. 그는 원자력을 하지 않고 강대국 반열에 올라선 나라가 없다는 것을 잘 알고 있었던 것은 아닐까?

원자력은 우주개발, 방위산업과 더불어 거대(巨大) 과학에 속한다. 원자력과 우주개발, 방위산업은 기업이나 개인이 하기 힘들다. 하지만 국가를 위해서는 꼭 해야 하는 과학이다.

현재 원자력은 한국원자력연구원이, 우주개발은 한국항공우주연구원이, 방위산업은 국방과학연구소가 이끌고 있다.

국가 거대 과학을 이끌어온 연구소답게 한국원자력연구원은 원자력과 관련된 많은 연구를 해왔다. 그리고 원자력과 관련된 많은 기관을 파생시켜왔다. 한국 원자력의 모든 것은 이 연구소에서 분파돼 나왔다고 해도 과언이 아니다.

한국 원자력의 모태인 한국원자력연구원이 어떤 기관들을 파생시키며 발전해왔는지 살펴보고, 후손을 위한 원자력을 위해 무슨 연구를 하고 있는지 알아보기로 하자.

박정희 휘호탑
원자력의 의미를 잘 함축하여 '새 시대의 동력'
이라고 써놓은 박정희 대통령의 휘호탑. 소박하
지만 필체에 힘이 있다. 원자력연구원 정문 부
근에 있다.

전두환 휘호탑
'원자력은 국력'이라고 써놓은 전두환 대통령
의 휘호탑. 이 휘호탑이 있는 곳은 에너토피아
공원으로 불린다.

▌ 후손을 위한 원자력
장인순 소장 시절 한국원자력연구소 기숙사 단지에는 대형 태극기와 함께 원자력은 후손을 위함입니다라는 글귀가 세워져 있다(지금은 다른 문구로 바뀌었다).

▌ 정문에 있는 상대성이론 구조물
한국 원자력의 두뇌인 한국원자력연구원 정문에는 아인슈타인의 상대성이론 공식을 밝힌 구조물이 있다.

한국 원자력 연구의 뿌리

　한국원자력연구원의 최초 명칭은 원자력연구소이다. 1959년 2월 3일 행정부 기구인 '원자력원' 산하 기관으로 설립되고 삼일절 날 개소한 원자력연구소는 대한민국에서 생겨난 최초의 연구소라는 타이틀을 갖고 있다. 정부 기구인 원자력원은 1963년 12월에는 방사선의학연구소를 1966년 11월에는 방사선농학연구소를 만들었다.

　그후 원자력원은 '원자력청'을 거쳐 '과학기술처'로 이름이 바뀌면서 원자력 이외의 분야도 맡게 되었다. 이런 과학기술처가 1973년 2월 7일 원자력연구소와 여기에서 떨어져 나간 방사선의학연구소, 방사선농학연구소를 다시 통합해 한국원자력연구소를 만들었다. 원자력연구소 앞에 '한국'을 추가한 것이다.

　이때부터 이 연구소는 영어이름인 Korea Atomic Energy Resea-rch Institute의 머리글자를 따 'KAERI'(캐리)로 더 많이 불리게 되었다. 박정희 대통령 시절 KAERI는 여러 가지를 뻗어 올렸다.

　1976년 10월 한국원자력연구소는 원자력발전소를 설계하기 위해 한국원자력기술주식회사(KNE)를 만들었다. 이 회사는 전두환 대통령 시절인 1982년 7월,

　▌하나로
한국원자력연구원이 독자적으로 설계해 1995년 준공한 연구용 원자로 '하나로'. 3만 킬로와트급으로 여러 연구를 하는 데 쓰인다. 하나로 주변의 책상은 하나로를 이용해 연구하는 연구원을 위한 것이다.

한국전력의 자회사가 되면서 한국전력기술주식회사(KOPEC: Korea Power Engineering Company)로 바뀌어 지금에 이르게 되었다. KOPEC(코펙)이란 이름으로 더 잘 알려진 한국전력기술주식회사는 원자로를 포함한 원자력 발전소 전체를 설계하는 아주 중요한 역할을 하고 있다.

그리고 핵연료 국산화를 위해 1974년 6월 한국원자력연구소는 분소(分所) 형태로 대덕공학센터를 만들었다. 이 센터는 1976년 12월 1일 한국핵연료개발공단으로 이름을 바꾸고 1977년 3월 2일 현판식을 가졌다. 그런데 박정희 대통령 시절 재처리를 추진한 것과 관련해 박 대통령 사후인 1980년 12월 한국원자력연구소가 한국에너지연구소로 이름을 바꾸었고 이 공단은 한국에너지연구소의 대덕공학센터가 되었다.

그리고 1982년 11월 11일 한국핵연료주식회사(KNF: Korea Nuclear Fuel)라는 이름의 자회사로 독립했다가 1994년 한국원자력연료로 이름을 바꾸었다. 1999년 3월 15일에는 한국전력의 자회사로 신분이 바뀌면서 '한전원자력연료주식회사'가 되었다. 그러나 영문 이름은 계속해서 KNF를 사용하고 있다. 박정희 대통령 집권 말기 한국원자력연구소는 재처리 사업을 추진했으나 미국의 방해와 박 대통령의 서거로 끝까지 추진하지 못했다. 1980년 집권하게 된 전두환 정부는 당분간 재처리 부문은 포기하고 순수 원자력 연구만 하게 한다는 뜻으로 1980년 12월 19일, 이 연구소를 한국핵연료개발공단과 통합해 한국에너지연구소로 만들었다.

이때 한국핵연료개발공단은 한국에너지연구소의 대덕공학센터로 이름이 바뀌게 되었다. 이러한 대덕공학센터가 한국핵연료주식회사가 됐다가 한국원자력연료를 거쳐 한전원자력연료주식회사로 이름을 바꾼 것은 방금 설명했다.

한국에너지연구소는 전두환 정부가 퇴임한 다음인 1989년 12월 30일 한국원자력연구소란 이름을 되찾게 되었다. 원자력을 '광복' 시킨 것이다. 1987년부터 한국에서는 반미 구호가 크게 맹위를 떨쳤는데, 이러한 분위기도 '원자력'이란 이름을 되찾게 한 핵심 요소가 되었을 것이다.

방사능 재해 막기 위해 한국원자력안전기술원(KINS) 설립

전두환 정부 시절 이룬 한국 원자력계의 가장 큰 발전은 '안전'에 대해 눈을 떴다는 점이다. 안전에 대해 신경을 쓰게 된 것은 박정희 정부 시절에 추진한 재처리 사업이 무산되고 NPT(핵 비확산조약) 등에 가입한 것이 계기가 됐다. NPT와 IAEA의 안전협정 등을 이행하려면 원자력 안전을 전문으로 다루는 기관이 있어야 한다.

1981년 12월 31일 한국에너지연구소는 부설로 원자력안전센터를 만들었는데 이 센터는 국민을 방사능 재해로부터 보호하는 일을 한다. 한국전력이 원자력발전소를 짓기 위한 건설 허가를 신청하면, 이 센터는 원자력발전소를 짓고자 하는 지역이 과연 원자력발전소를 지어도 문제가 없는지 조사하고, 그 심사결과를 건설허가기관(당시는 과학기술처)에 보내 허가 여부를 판단하는 자료로 쓰게 한다.

가동 중인 원자력발전소가 허가받을 때와 같은 상태로 운영되고 있는지를 검사하는 것도 이 센터가 하는 일이다. 한국에너지연구소는 원자력발전 방법을 연구하는 곳인데, 그 부설기관인 원자력안전센터는 원자력발전이 안전하게 이루어지는지 검사하는 역할을 한다. 그러나 '가속기(액셀러레이터)'와 '제동기(브레이크)'는 별도 조직으로 있어야 한다.

정부와 국회는 1989년 원자력 안전을 다루기 위해 한국원자력안전기술법을 공포하고, 이 법을 토대로 1990년 2월 15일 원자력안전센터를 독립시켜 '한국원자력안전기술원(KINS: Korea Institute of Nuclear Safety)'을 만들었다. 한국원자력안전기술원은 '부설기관'이라는 꼬리표를 떼내고 한국원자력연구소와 대등한 기관으로 자리매김하게 된 것이다.

이때부터 한국원자력연구소(KAERI)가 새로운 원자력 기술을 개발하는 '공격' 임무를 수행한다면, 한국원자력안전기술연구원(KINS)은 그 기술이 안전한지 검사하는 '수비' 기능을 맡게 되었다. 한국원자력연구소가 가속기라면 한국원자력안전기술연구원은 제동기 역할을 하게 된 것이다.

원자력 안전규제에 대해 눈을 뜬 한국은 1990년대 방사성폐기물 처분 문제도 심각하게 고민하기 시작했다. 방사성폐기물 문제는 재처리와 연결되므로 한국원자력연구소가 맡게 되었다. 1990년 8월 한국원자력연구소는 이 문제를 전담할 기관으로 '방사성폐기물 관리사업단'을 만들었다가 그 해 10월 한국원자력연구소 제2연구소로 확대 개편하였다.

한국원자력연구소는 제2연구소를 안면도에 건설하려다 안면도 사태를 겪었다. 안면도 사태를 계기로 1991년 9월 한국원자력연구소는 제2연구소를 원자력환경관리센터로 이름을 바꾸었다. 당시 한국 원자력계의 최대 과제는 방폐장 건설이었으므로 1994년 정부는 서해안의 굴업도를 대상으로 다시 방폐장 건설을 추진했다.

그러나 이 노력도 '굴업도 사태'라는 거대한 반핵시위를 겪으면서 실패로 끝나고 말았다. 굴업도 사태를 겪은 후 정부는 방폐장 건설사업은 한국전력이 담당하라는 결정을 내렸다. 1997년 1월 1일 이에 따라 한국원자력연구소의 원자력환경관리센터는 한국전력으로 넘어와 한국전력의 원자력환경기술원이 되었다.

2001년 한국전력의 발전(發電) 부문이 6개 발전회사로 쪼개지면서 원자력발전은 한국수력원자력이 맡게 되었다. 원자력환경기술원도 한국전력을 떠나 한국수력원자력의 산하기관이 되었다.

2006년 경주가 방폐장 후보지로 최종 확정되자 이 기관은 원자력발전기술원(NETEC: Nuclear Engineering and Technology Institute)으로 이름을 바꾸었다 (2006년 10월 23일).

원자력발전기술원은 한국원자력연구소 산하기관으로 시작한 조직이기에 대덕연구단지 안에 있다. 경주가 방폐장을 유치하기 전까지는 방폐장 건설이 이 연구원의 가장 중요한 임무였으나, 지금은 원자력발전 전반에 대한 기술지원이 주 임무가 되었다.

'핵 비확산' 수행 위해 한국원자력통제기술원(KINAC) 설립

2000년대가 되자 핵 비확산에 대한 관심이 더욱 높아졌다. 원자력을 평화 목적이 아닌 군사 목적으로 전용하는 것을 감시하려는 기운이 높아진 것이다. 한국은 노태우 정부 때 이미 비핵화 선언과 남북 비핵화 공동선언을 했으니 이 추세를 외면할 수 없었다. 이러한 때인 2003년 5월 정부는 '원자력 시설 등의 방호 및 방사능 방재 대책법(약칭 원자력 방호 방재법)'을 공포하고 2004년 2월 시행에 들어갔다.

이로써 방사능 재해로부터 국민을 보호하는 한국원자력안전기술원 (KINS)의 임무가 더욱 막중해졌다. 이 법이 시행된 다음인 2004년 9월, 한국은 북한의 핵 위협이 고조되고 있는 가운데 우라늄농축 문제로 거대한 폭풍에 휩싸이게 되었다. 한국원자력연구소가 '2000년 20퍼센트대로 농축한 우라늄 0.2그램을 만들었다'는 사실을 공개한 것이었다.

이 '자백'이 있자 국제원자력기구는 즉각 한국으로 사찰단을 보내 조사하게 되었다. 정부로서는 매우 곤란하게 된 것이다. 때문에 2004년 9월 18일 통일부·외교통상부·과학기술부 세 장관이 합동으로 기자회견을 열어 '대한민국은 △핵무기를 개발하거나 보유할 의사가 없다. △핵투명성 원칙을 확고히 유지한다. △핵 비확산에 관한 국제규범을 준수한다. △국제 신뢰를 바탕으로 평화적 핵 이용을 확대하겠다'는 내용을 담은 '핵의 평화적 이용에 관한 4원칙'을 발표했다.

그리고 이 원칙을 실행하기 위해 한국원자력안전기술원(KINS)의 부설 기관으로 '국가원자력통제소'를 만들었다(2004년 10월). 한국원자력안전기술원이 방사성 재해로부터 국민을 지키는 일을 한다면, 부설기관인 국가원자력통제소는 원자력 기술을 평화 이외의 목적으로 사용하는지 감시하는 역할을 한다.

이로써 한국은 국제사회로부터의 의심을 떨쳐버릴 수 있었다. 그러나 이후로도 한국은 1980년대 초와 1990년대 초 플루토늄을 추출하려고 했다는 의혹이 이어졌다. 이러한 문제 제기는 신뢰할 수 없는 외국의 언론 기관과 친북 성향의 인터넷 사이트 그리고 일부 국내 언론에서 나온 것이었다. 한국이 1980년대와 1990년대 플루토늄을 추출했다는 증거는 어디에서도 확인되지 않았다.

하지만 이러한 의혹 제기는 한국 원자력이 평화 이외의 목적으로 활용되는 것은 아닌가 하는 의혹을 일으킬 수 있으므로, 노무현 정부는 이에 대한 감시를 강화했다. 한국원자력안전기술원 부설기관으로 설립한 국가원자력통제소를 2006년 6월 30일 '한국원자력통제기술원(KINAC: Korea Institute of Nuclear nonproliferation And Control)'으로 독립시킨 것이다.

한국은 방사성 재해로부터 국민을 지키기 위해 한국원자력안전기술원이라는 '제동기'에 이어 원자력을 군사 목적으로 전용하는 것을 막는 '한국원자력통제기술원'이라는 또 하나의 '제동기'를 갖게 되었다. 한국원자력통제기술원은 IAEA와 연결된 조직이므로 한국은 원자력 분야의 투명성을 더욱 높일 수 있게 되었다.

한국원자력의학원 설립

한국원자력연구원은 한국원자력의학원(KIRAMS : Korea Institute of Radiological And Medical Sciences)도 설립했다. 한국원자력의학원의 모태는 1962년 3월 29일 원자력연구소 안에 만들어진 '방사선의학연구실'인데, 이듬해인 1963년 12월 17일 원자력연구소에서 독립해 '방사선의학연구소'가 되었다. 이 연구소는 1968년 2월 10일 부속 암(癌)병원을 개원함으로써 방사선을 환자 치료용으로 사용하게 되었다.

1973년 2월 7일 과학기술처는 원자력연구소와 방사선의학연구소, 방사선농학연구소를 통합해 한국원자력연구소를 만들었다. 모태인 방사선의학연구소가 한국원자력연구소로 통합됐으니 방사선의학연구소 부속 암병원은 한국원자력연구소 부속 원자력병원이 되었다. 그리고 1988년 1월 1일 한국에너지연구소 '부설' 원자력병원이 되었다가 2002년 9월4일에는 한국원자력연구소 부설 '원자력의학원(醫學院)'으로 이름을 바꾸었다.

이러한 원자력의학원이 2007년 3월 27일 한국원자력연구원에서 독립해 '한국원자력의학원'이 되었다. 이 의학원은 체르노빌에서처럼 원자력 관련 사고가 일어났을 때 이를 긴급히 진료하는 '국가 방사선 비상진료센터' 기능을 한다. 이 의학원은 한국원자력의학원의 모태였던 방사선의학연구소를 산하기관으로 거느리게 되었다.

방사선은 의학 이외의 목적에도 사용된다. 방사선을 쬔 음식은 그렇지 않은 음식보다 훨씬 천천히 부패된다. 방사선을 쬔 씨앗은 그렇지 않은 종자(種子)보다 많은 결실을 맺는다.

한국원자력연구소는 방사선이 갖고 있는 이러한 능력을 실생활에 유용하게 쓰기 위해 2005년 3월 정읍방사선과학연구소(일명 정읍분소)를 만들었다. 의학 이외의 실생활 분야에 방사선을 이용한다는 점에서 정읍분소는 1966년 만들었던 방사선농학연구소의 정신을 이어받았다고 할 수 있다.

이것이 지난 반세기 동안 한국원자력연구원이 보여준 발전 모습이다. 원자력 진흥을 목적으로 개소한 원자력연구소에서 원자력발전소를 설계하고, 핵연료를 만들고, 원자력 안전을 규제하는 기관이 탄생했다. 이렇게 많은 기관을 배출한 한국원자력연구소는 2007년 3월 27일 한국원자력연구원으로 이름을 바꾸었다. 연구소보다는 연구원이 규모가 큰 느낌을 주기에 개명을 한 것이다.

현재 한국의 국책 연구기관 중에서 '연구소'란 이름을 유지하고 있는 것은 국방과학연구소(ADD) 하나뿐이다. 국방과학연구소와 한국원자력연구소는 똑같이 '연구소'란 이름을 고집하며 국가 거대 과학을 이끌어 오다가 한국원자력연구소가 먼저 '연구원'을 선택하게 되었다.

이러한 발전 과정을 겪어온 한국원자력연구원은 현재 어떤 일에 집중하고 있을까. 모든 일이 다 중요하지만 대략 네 가지를 핵심으로 뽑아볼 수 있다. 4대 과제 가운데 일부는 한국 원자력의 꿈인 재처리와 직간접적으로 연결된 것이므로 상세히 살펴보기로 한다.

중소형 원자로 SMART

OPR-1000에 이어 APR-1400을 개발한 만큼 한국은 대형 원자로 제작 분야에서는 세계 최고를 달린다. 그러나 원자로 중에는 작은 것도 있어야 한다. 특수 목적에 쓰이는 중소형 원자로의 사용처는 의외로 많다.

SMART는 '신형 일체식 모듈형 원자로'를 뜻하는 영문 System integrated Modular Advanced ReacTor를 줄인 것이다. SMART는 중소형 원자로로 분류되는데 중소형 원자로라고 해서 핵추진 항공모함이나 핵추진 잠수함에서 동력용으로 쓰이는 원자로라고 생각하면 오산이다. 함정에 쓰이는 원자로는 거친 파도에 의한 흔들림에 견뎌야 하므로 아예 다르게 설계한다.

중소형 원자로는 흔들림이 없는 안전한 육상에 건설한다. 주 목적은 전기 생산이다. 전기 생산이 목적인만큼 굳이 함정에 싣는다면 중소형 원자로는 전기를 생산해 공급하는 발전함(發電艦)에 실어야지, 배를 움직이는 동력원으로 쓰면 안 된다. 광복과 6·25전쟁 직후 미국은 우리에게 발전함을 지원해줬는데, 지금 발전함을 만든다면 이 배에 실을 수 있는 중소형 원자로가 바로 SMART다.

중소형 원자로는 서울 같은 초대형 도시가 아니라 중소도시에 전기를 공급하는 일을 한다. 전기뿐만 아니라 물도 공급할 수도 있다. 물을 공급한다는 것은 바닷물을 담수(淡水)로 바꿔 주민들에게 제공한다는 뜻이다. SMART는 인구 10만여 명의 도시를 대상으로 전기와 함께 바닷물을

<表 7> 한국원자력연구원과 유관 기관 발전도

범례
- 독립기관으로 발전
- 부설기관으로 발전
- 소속기관 변경

원자력연구소 (1959. 2. 3 설립) (1959. 3. 1 개소)

방사선 의학연구소 (1963. 12. 17. 설립)

부속 암병원 (1968. 2. 10 개원)

방사선농학연구소 (1966. 11. 설립)

한국원자력연구소 (1973. 2. 7 개칭)

부속 원자력병원 (1973. 2. 17)

대덕공학센터 (1974. 6. 설립)

한국해외개발공단 (1976. 12. 1 발족)

부설 원자력병원 (1988. 1. 1 개칭)

한국에너지연구소 (1980. 12. 19. 개소)

대덕공학센터 (1980. 12.)

한국핵연료개발공단(KNF) (1976. 12. 설립)

부설 원자력의학원 (2002. 9. 4 개칭)

한국원자력연구소 (1989. 12. 30. 개소)

방사성폐기물관리사업단 (1990. 8. 발족)

제2연구소 (1990. 10. 개소)

한국원자력안전기술원(KINS) (1990. 2. 15 설립)

한국핵연료(KNF) (1982. 11. 11. 설립)

한국원전연료(KNE) (1976. 10. 설립)

한국원자력환경 관리센터 (1991. 9. 개소)

한국원자력연구소 원자력환경기술원 (1997. 1. 1)

부설 원자력환경센터 (1991. 12. 31 발족)

한국원자력연료(KNF) (1994. 설립)

한국원자력의학원 (KIRAMS) (2007. 3. 17 설립)

한국전력기술(KOPEC) (1982. 7. 설립)

부설 국가연구안전통제소 (2004. 10. 발족)

한국원자력안전기술원(KINS) (1990. 2. 15 설립)

전문방사성폐기물연구소 (2005. 3. 설치)

한국원자력연구소 원자력환경기술원 (2001. 4. 1. 발전 회사 분리됨)

한국원자력연구원 (2007. 3. 27. 개칭)

한국수력원자력 원자력발전기술원 (NETEC) (2006. 10.)

한국원자력연료(KNF) (1999. 3. 15 설립)

한국전력기술(KEPCO E&C) (2010. 7. 개칭)

한국원자력통제기술원(KINAC) (2006. 6. 30. 설립)

현재

담수로 바꿔 공급하는 일을 동시에 할 수 있다.

중동국가들은 물 부족이 심각하기에 바닷물을 담수(淡水)화하는 것에 관심이 많다. 해수 담수화는 바닷물을 끓여 증류시키고, 그 증기를 식혀 담수를 만든 다음, 인체에 유익한 미네랄을 섞는 방법으로 진행된다. 해수를 담수화하는 플랜트를 돌리려면 바닷물을 끓여주는 에너지가 필요한데, 이 에너지원으로 적합한 것이 SMART 같은 중소형 원자로이다.

OPR-1000이나 APR-1400과 같은 대형 원자로는 강화 콘크리트를 이용하여 1미터 내외 두께의 격납건물 안에 설치된다. 격납건물 안에 OPR-1000이나 APR-1400 같은 원자로가 증기발생기와 함께 들어 있는 셈이다.

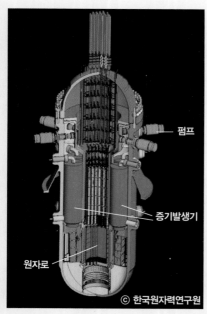

펌프

증기발생기

원자로

ⓒ 한국원자력연구원

▌SMART 모형
중소형 원자로인 SMART 개념도. 이 원자로는 중소도시를 위한 발전과 해수 담수화 등을 동시에 할 수 있다.

SMART와 같은 중소형 원자로는 다른 구조를 갖는다. 중소형 원자로는 강화시멘트로 만든 격납건물이 아니라 합금으로 만든 철제 용기 안에 들어간다. 이 용기 안에 원자로와 증기발생기가 하나로 붙은 형태를 이룬다. 그림에서처럼 '원자로 위에 증기발생기가 붙어 있는 구조'를 만드는 것이다. 이렇다 보니 둘 사이를 연결하는 배관이 적어진다.

SMART의 열출력은 33만 킬로와트이고 전기출력은 9만 킬로와트 정도다. SMART를 전기 생산에 투입하지 않고 열 생산에만 사용한다면 33만 킬로와트의 열출력 모두 해수를 증류하는 데 사용할 수 있다.

UAE(아랍에미리트연합)는 하루 45만 톤의 식수를 필요로 하는 나라이다. 그런데 인구는 375만여 명이고 면적은 한국(남한)보다 약간 적다. 드문드문 있는 큰 도시를 위한 식수를 생산하려면 UAE에는 4~6개의 담수화 시설이 있어야 한다. 이러한 담수화 시설에 SMART가 들어갈 수 있다.

카자흐스탄은 한국(남한)의 22배 면적을 가진 넓은 나라이다. 그러나 인구는 적어서 한국의 3분의 1 수준인 1,500만여 명밖에 되지 않는다. 카자흐스탄은 2000년대 들어 연간 10~15퍼센트라는 매우 빠른 경제성장을 하고 있다. 경제성장이 빠르면 전력 소비도 늘어난다. 경제성장은 매우 빠른데 인구가 적다 보니 이 나라는 독특한 위기에 봉착했다.

대한민국은 좁은 면적에 4,500만 명이 넘는 사람이 모여 살다 보니 단일 전력망을 구축했다. 반면 일본은 여러 개의 섬으로 구성돼 있어 섬마다 독자적인 전력체계를 형성했다. 카자흐스탄은 내륙국가이지만 영토가 넓기에 일본 모델을 따랐다. 전국을 셋으로 나누어 세 개의 전력망을 구축한 것이다.

면적은 넓은데 인구가 적은 나라가 복수의 전력망을 구성하면, 각각의 전력망에서 소비되는 전력량이 적어진다. 이러한 구조는 대용량인 원자력발전을 하는데 장애 요소가 된다. 원자력발전소는 전력 소비가 큰 곳에 지어야 하기 때문이다. 세 개의 전력망으로 구성돼 있는 카자흐스탄에서는 중소형 원자력발전소를 지어야 한다.

기후가 건조한 카자흐스탄은 항상 물 부족을 겪는다. 넓은 국토 면적에 비해 인구가 적은 것도 바로 건조한 날씨때문에 생긴 현상이다. 내륙국가이지만 이 나라도 바다를 갖고 있다. 대륙 속에 호수처럼 들어와 있는 카스피해와 아랄해가 그것이다.

카자흐스탄이 구 소련의 공화국 일원으로 있던 1964년, 소련은 카스피해 연안의 '악타우(Aktau)'라는 곳에 BN-350이라는 중소형 원자로를 건설해 1973년 완공했다. BN-350은 열출력 35만 킬로와트급의 액체 금속로였는데, 이 원자로는 세 가지 일을 동시에 수행했다.

첫째, 인근 지역에서 소비할 전기를 생산하는 것이었다. 이 원자로는

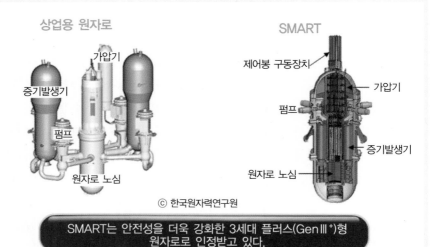

상업용 원자로

증기발생기
가압기
펌프
원자로 노심

SMART

제어봉 구동장치
가압기
펌프
증기발생기
원자로 노심

ⓒ 한국원자력연구원

SMART는 안전성을 더욱 강화한 3세대 플러스(GenⅢ⁺)형
원자로로 인정받고 있다.

▎스마트와 상업용 원자로 비교
상업용 원전은 강화 시멘트로 만든 격납건물 안에 원자로와 증기발생기가 분리돼 들어가 있으나,
SMART는 합금으로 만든 철제 용기 안에 원자로는 아래, 증기발생기는 위에 있는 구조로 한 몸을
이룬다.

전력을 생산해 공급했다. 둘째, 소련군을 위해 플루토늄을 생산하는 일
이었다. 소련군은 이 원자로에서 나온 사용후핵연료를 재처리해 플루토
늄을 얻었다. 셋째, 하루 12만 톤씩 담수를 생산하는 일을 담당했다.

이 원자로의 수명은 1993년 종료됐는데, 1993년은 카자흐스탄이 소련
에서 독립한 다음이었다. 독립한 카자흐스탄은 이러한 원자로를 만들
능력이 없었기에 한국이 설계한 SMART에 큰 관심을 기울이고 있다.

카자흐스탄은 원자력에 대해 두려움이 적은 나라다. 이유는 구 소련
의 공화국으로 속해 있을 때, 카자흐스탄 북부의 세미팔라친스크 지역
에서 소련군이 459여 회에 걸쳐 원폭과 수폭 실험을 했기 때문이다. 그
러나 구 소련의 후신인 러시아의 원자로 제작 능력은 그리 좋지 않기에,
이 나라는 성능 좋은 중소형 원자로를 찾게 되었다.

SMART는 카자흐스탄 사정에 적합하지만 몇가지 약점이 있다. 가장
큰 약점은 '실증로(實證爐)'를 지어보지 않았다는 점이다. 전투기를 만들

때는 설계한 대로 전투기가 제작됐다고 해도 바로 대량생산에 들어가지 않는다. 4~6대의 '시제기(試製機)'를 만들어 각종 시험비행을 해본 후 문제가 없어야 대량생산에 들어간다.

실증로는 시제기와 비슷한 개념의 것이다. 처음 만드는 원자로는 안전성이 입증되지 않았기에 시험운영을 해보기 위해 실증로를 만든다. 그리고 실증로 운영에서 발견된 문제점을 해결하는 방법을 찾아내 진짜로 만드는 원자로 설계에 반영한다.

하지만 모든 원자로가 실증로를 만들어 운영해본 후에 상업로 제작에 들어가는 것은 아니다. 현대 과학은 매우 발전했기에 안전성이 입증되면 실증로 없이 바로 건설에 들어간다. 대표적인 예가 한국이 짓고 있는 140만 킬로와트급의 신고리 3·4호기이다. 한국은 APR-1400의 실증로를 만들지 않고 바로 신고리 3·4호기를 만들고 있다.

프랑스의 아레바도 비슷한 길을 걷고 있다. 160만 킬로와트급인 EPR-1600의 실증로를 만들어 운영해보지 않고, 바로 핀란드 올킬루오토 3호기와 프랑스 플라망빌 3호기를 위한 원자로 제작에 들어갔다. 미국의 웨스팅하우스도 실증로를 만든 바 없는 AP-1000 원자로를 중국에 공급하기로 했다. 가압경수로처럼 기술적으로 많이 발전한 분야는 꼭 실증로를 만들어야 할 이유가 없다.

한국원자력연구원은 SMART도 실증로 없이 바로 건설을 해도 된다고 보고 있다. 그렇다고 하더라도 SMART는 한국원자력안전기술연구원(KINS)의 기술검증은 받아야 한다. 한국원자력안전기술연구원이 승인하면 바로 지어도 된다는 것이 한국원자력연구원의 판단이다.

현재 전 세계에는 20여 종의 중소형 원자로가 개발됐거나 개발되고 있다고 하는데, 설계 진척도 면에서 가장 앞서가고 있는 것이 SMART이다. 이러한 현실 때문에 카자흐스탄은 한-카자흐 정상회담 등에서 SMART에 대한 관심을 표하고 있다. SMART는 틈새시장을 노리고 한국원자력연구원이 개발한 비장의 무기다.

1백 점짜리 원자로는 있을 수 없다. 아무리 완벽한 원자로라고 해도 결국은 폐로를 해야 하는데, 폐로를 하게 되면 방사선 오염 문제가 발생한다. 상업 가동에 들어간 원자로에서는 가동 상태를 알려주기 위해 1만여 개의 시그널이 나온다. 이상(異常)을 알려주기 위해 3000여 개의 알람이 설치돼 있다. 시그널과 알람이 많다는 것은 그만큼 위험한 존재라는 뜻이다.

원자로는 사고를 낼 수 있기에 '한국원자력연구원'은 원자로가 일으킨 사고가 커지는 것을 막는 연구도 해야 한다. 원자로에서 일어날 수 있는 대형 사고는 스리마일 섬 원전사고나 체르노빌 원전 사고처럼 원자로가 과열돼 녹아내리는 것이다.

과열돼 녹아내리거나 녹아내리기 일보 직전까지 간 원자로를 냉각시키려면 냉각수를 넣어야 한다. 그러나 뜨거워진 원자로에 주입한 물은 원자로와 반발한다. 벌겋게 달궈진 난로에 물을 끼얹으면, 달궈진 난로는 식지 않고 난로에서 오히려 물이 튀어오르는 현상이 일어난다. 워낙 뜨거워진 난로에 물을 부으면, 물은 난로에 접촉하지 못하고 방울이 되어 튀어 나와버리는 것인데, 이와 똑같은 현상이 과열된 원자로에서도 일어난다. 과열된 원자로를 식히기 위해 부은 물이 원자로를 식히지 못하고 방울이 되어 튀어오르는 현상을 연구해 해법을 찾는 분야를 '열수력(熱+水力)'이라고 한다.

원자로는 매우 어려운 존재 같지만 실제는 매우 간단하다. 원자로는 커피포트와 비슷하다. 원자로는 물을 넣은 공간에 열선이 들어와 있는 커피포트라고 할 수 있다. 원자로에서 열을 내는 열선은 핵연료인데, 핵연료가 달아오르기 시작하면 원자로 안에 있던 물도 뜨거워진다.

가압경수로용 원자로에 들어가는 물(1차 냉각수)은 150여 기압의 압력을 받는다. 이렇게 높은 압력을 받기에 이 물은 섭씨 320~330도까지 올라가도 설설 끓지 않는다. 이 물은 배관을 통해 증기발생기로 들어가 증기발생기 안에 있는 2차 냉각수를 펄펄 끓여 증기를 발생시킨다.

이렇게 에너지를 내는 원자로가 고장나 과열 되는 것이 원전에서 일어날 수 있는 가장 큰 사고이다. 과열된 원자로가 녹아내리면서 펠릿 안에 있던 방사성 물질과 1차 냉각수가 접촉해 1차 냉각수가 순식간에 증기로 변하는 핵증기화 현상이 일어난다. 핵증기화 현상이 큰 폭발을 일으킨다(증기폭발).

과열된 원자로에서 일어나는 증기폭발의 힘은 매우 강력하다. 이러한 상태까지 간 것이 바로 체르노빌 원전 사고였다. 이렇게 뜨거워진 핵연료를 냉각시키기 위해 급히 물을 집어넣으면, 이 물은 과열된 원자로에 '붙지' 못하고 방울이 되어 튀어오르다 다시 증기가 돼 '또 다른 증기폭발'을 일으킨다. 더욱 큰 사고가 일어날 수 있는 것이다. 이러한 문제를 연구하는 것이 '열수력' 분야이다.

한국은 OPR-1000과 APR-1400 원자로를 제작하는 나라이니 이 원자로가 사고를 일으켰을 때 대처하는 방법도 마련해 놓아야 한다. 이 방법을 찾기 위해 한국원자력연구원이 만든 시뮬레이터가 바로 ATLAS(Advanced Thermal Hydraulic Test Loop for Accident Simulation)로 약칭되는 '가압경수로 열수력 종합 효과실험장치'이다.

ATLAS는 원자로가 용융됐을 때 이를 식혀주는 방법을 찾는 장비이다. 증기폭발 없이 과열된 원자로의 온도를 내리는 방법을 찾아내는 시설이 ATLAS인 것이다.

한국도 회원으로 참여하고 있는 OECD(경제협력개발기구)는 원자력 안전을 위한 프로젝트를 펼치고 있는데, 이 사업에 2006년부터 본격 가동에 들어간 한국원자력연구원의 ATLAS도 참여하고 있다. ATLAS가 있어 한국형 원자로의 안전은 보장될 수 있다.

사용후핵연료를 재활용 하는 DUPIC

새로운 원자로의 개발과 안전 시스템의 개발 못지않게 중요한 것이 사용후핵연료의 재처리이다. 그러나 한국은 한미원자력협정에 따라 재처리를 못하게 돼 있으므로 '마음대로' 이 분야에 도전할 수가 없다. 그러나 사용후핵연료를 그대로 놔두면 사용후핵연료 저장소가 차지하는 면적이 크게 늘어난다는 문제가 있다.

사용후핵연료에서는 뜨거운 열이 나온다. 따라서 물이 담긴 수조에 넣어 식히는데, 물에 담아 식혀도 온도는 쉽게 내려가지 않는다. 수조에 1년간 담가 놓은 사용후핵연료 1톤에서는 무려 12킬로와트의 열이 나온다. 일반적으로 많이 사용하는 전기난로가 대개 5백 와트짜리이다. 12킬로와트는 500와트짜리 전기난로 2백40여 대를 켜놓은 것과 비슷한 전력이다.

사용후핵연료는 중수로에서 훨씬 더 많이 나온다. 2008년 말 현재 16기가 돌아가는 한국 가압경수로에서는 연간 320톤의 사용후핵연료가 나오고, 네 기가 돌아가는 중수로에서는 380톤이 배출되고 있다. 한국에서는 한 해에 7백 톤씩의 사용후핵연료가 쌓이고 있다.

한국은 계속해서 원전을 지어갈 예정이므로 2100년이 되면 누적된 사용후핵연료의 양은 기하급수적으로 늘어난다. 가압경수로에 들어가는 핵연료 다발의 크기는 20센티미터×20센티미터×4.5미터이고 무게는 약 450킬로그램이다. 따라서 2100년이 되면 한국이 보유하게 될 사용후핵연료의 총 누적량은 10만 톤 내외에 이를 것으로 추정된다.

이러한 사용후핵연료를 폐기물로 보고 건식저장을 해 지하에 직접 처분한다면 2백 제곱킬로미터의 면적이 필요하다는 계산이 나온다(2100년 기준). 2030년에는 5제곱킬로미터의 면적이 2100년에는 200제곱킬로미터로 비약적으로 늘어난다. 200제곱킬로미터의 면적은 서울시 면적의 3분의 1에 육박하는 수치다.

암반을 지하 300~500미터까지 파고 들어가 200제곱킬로미터의 공간을 만드는 것은 결코 쉬운 일이 아니다. 지하 300~500미터까지 암반이 있는 곳도 드물것이다. 이러한 처분장에 넣은 사용후핵연료의 방사선의 세기가 천연우라늄 수준으로 떨어지는 데 30만 년의 시간이 걸린다. 이 30만 년 사이에 또 얼마나 많은 사용후핵연료가 발생할 것인가.

사용후핵연료 저장 문제는 조만간 국가적인 난제가 된다. 이 문제를 풀기 위해서는 사용후핵연료를 재처리해야 하는데 재처리는 매우 예민한 문제인지라, 미국 영국 프랑스 러시아 중국 일본 등 6개국을 제외하고는 어떤 나라도 할 수가 없다.

재처리를 하지 않고도 사용후핵연료를 줄이는 방법이 없을까? 이러한 필요성에서 오래전부터 검토된 것이 바로 듀픽이다. 듀픽(DUPIC)은 '(가압경수로 등에서 나온) 사용후핵연료를 캐나다에서 만든 중수로용 핵연료로 바로 사용하는 것'이라는 뜻을 가진 영문 'Direct Use of spent PWR fuel In CANDU reactor'의 머리글자를 딴 것이다.

원자로는 열을 얻는 장치이기 때문에 원하는 양의 열을 내지 못하는 핵연료는 더 이상 때지 않고 배출한다. 따라서 가압경수로에서 타고 나온 사용후핵연료에는 우라늄 235가 적잖게 남아 있게 된다(1퍼센트 이상). 그리고 대부분을 차지하는 우라늄 238 가운데 일부는 중성자를 흡수해 플루토늄으로 변해 있다.

중수로용 핵연료는 천연우라늄을 사용하는데, 천연우라늄에는 우라늄 235가 0.7퍼센트 정도 들어 있다. 그런데 가압경수로에서 나온 사용후핵연료에 들어 있는 우라늄 235와 플루토늄의 양은 0.7퍼센트 이상이다. 그렇다면 가압경수로에서 나온 사용후핵연료를 중수로용 핵연료로 다시 사용할 수 있다는 논리가 성립될 수 있다.

가압경수로에서 나온 사용후핵연료를 중수로용 핵연료로 재사용한다면, 사용후핵연료의 누적량을 크게 줄일 수 있다. 중수로를 만든 캐나다 원자력공사(AECL)는 미국 로스알라모스연구소 등과 13년간 공동연구 끝에 듀픽 핵연료를 만들어냈다.

그런데 듀픽 핵연료를 중수로에 장전해 핵분열을 시키자 예상치 못한 문제가 발생했다. 천연우라늄을 이용해 만든 중수로용 핵연료에는 불순물이 적지만, 가압경수로에서 나온 사용후핵연료로 만든 듀픽 핵연료에는 불순물이 많아 핵분열이 중단되는 일이 자주 발생한 것이다. 이것이 듀픽의 약점이었다.

처음 듀픽 개념이 소개됐을 때 한국 원자력계는 이에 상당한 관심을 기울였다. 듀픽 핵연료기술은 천연우라늄 사용량을 20퍼센트 그리고 사용후핵연료 발생량을 65퍼센트 정도 줄일 수 있을 것으로 판단됐기 때문이었다.

한국은 가압경수로와 중수로를 모두 가졌지만 재처리는 할 수 없는 나라이다. 그런데 듀픽 핵연료를 만들려면 사용후핵연료를 분쇄해야 하는데 결국 이 작업은 플루토늄을 추출하지 않을 뿐 사용후핵연료를 재처리하는 것에 해당한다.

따라서 이 작업을 하려면 한미원자력협정에서 규정한 대로 한미 공동결정(Joint Determination, 약칭 JD)이라고 하는 미국의 동의를 받아야 한다. 한국원자력연구원은 일찌감치 듀픽 연구에 관심을 기울였기에, 세 차례에 걸쳐 미국으로부터 공동결정을 받아냈다.

1999년 4월 처음으로 사용후핵연료 50킬로그램을 형질 변경해도 된다는 동의를 받았고, 2002년 1월 두 번째로 200킬로그램을 형질 변경해도 좋다는 동의를 받았다. 그리고 2007년 4월 다시 200킬로그램에 대한 형질 변경 동의를 받아냈다.

미국으로부터 공동결정을 받아낸 것은 상당한 의미를 갖는다. 이러한 동의 사례가 많아지고 한국이 사용후핵연료를 투명하게 사용한 것이 증명되면, 장차 미국은 한국이 플루토늄 등을 추출하는 재처리도 동의해 줄 수 있기 때문이다.

덕분에 한국원자력연구원은 처음으로 사용후핵연료를 파쇄하고 펠릿에 들어 있던 이산화우라늄 분말로 듀픽용 핵연료를 만들 수 있었다. 사용후핵연료를 파쇄해 펠릿 안에 있는 핵물질인 소결체를 꺼내려면 프랑스 아레바의 라아그 재처리공장이 보유한 무인실과 흡사한 '핫셀(hot cell)'이 있어야 한다.

핫셀은 강한 방사성 물질을 취급할 수 있도록 충분한 차폐장치를 한 실험실이다. 한국원자력연구원은 핫셀을 만들었다. 핫셀 안에는 높은 방사선을 쏘는 사용후핵연료가 들어가므로 핫셀의 벽은 1.5미터 두께의 강화 콘크리트로 만든다. 그리고 핫셀 안을 들여다보기 위해 1.5미터 두께의 유리창을 만들었다.

핫셀 안에는 핫셀 밖에서 활동하는 작업자의 의도대로 움직이는 로봇팔이 들어가 있다. 로봇팔은 사용후핵연료 안에서 펠릿을 꺼내거나 파쇄해 소결체를 만드는 등의 일을 한다.

한국원자력연구원은 연구원이 보유하고 있는 연구용 원자로 '하나로'에서 듀픽연료를 사용해본 다음 상업로에서 듀픽연료를 태우는 시험을 하려고 한다. 한국원자력연구원은 한국원자력안전기술원(KINS)의 승인이 나는 대로 자체 제작한 듀픽 핵연료를 상업로인 월성원전에 장전해 태워보는 실험을 실시할 예정이다.

듀픽 핵연료는 경제성보다는 유사시를 대비해 연구하는 분야다. 그리고 이 연구를 위해 만든 핫셀과 이 연구를 위해 미국으로부터 승인받은 사용후핵연료 형질 변경은 다음에서 설명할 파이로 프로세싱으로 연결될 수 있다. 듀픽은 플루토늄을 추출하지 않고 사용후핵연료를 재처리하는 방법을 찾는 중대한 징검다리 역할을 하고 있다.

▌ DUPIC 연구 위한 무인실 컨드롤 룸

가압경수로에서 나온 사용후핵연료를 재처리하지 않고 바로 중수로용 핵연료로 만드는 듀픽
(DUPIC)을 연구하려면 사용후핵연료를 파쇄해 안전하게 다룰 수 있는 무인실(사진에 보이는 작은
창 안쪽)이 있어야 한다.

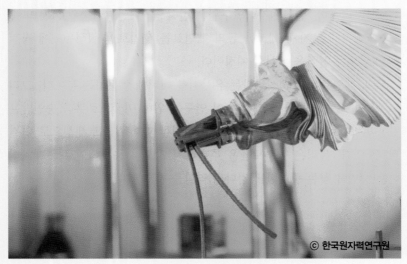

▌ 무인실의 로봇팔

한국원자력연구원이 운영하는 무인실 안에 있는 로봇팔은 사람 손만큼이나 정교하게 물건을 잡아
움직일 수 있다.

파이로 프로세싱

사용후핵연료를 처분할 부지가 부족하다는 문제는 카터 대통령 시절 재처리를 포기한 미국에서도 이미 심각한 문제가 되고 있다. 미국은 재처리를 포기한 후 쌓여가는 사용후핵연료를 처분하기 위해 암반지대를 찾다가 2002년 '비로소' 유카(Yuccca) 마운틴 처분장을 완공했다. 그러나 각 원전에서 쏟아져 나오는 사용후핵연료가 너무 많아 2015년 이 처분장은 다 찰 것으로 전망되고 있다.

그렇기 때문에 고민을 거듭한 부시 행정부는 2006년 1월, '2020년까지 고속로 등을 다른 원자력 선진국들과 공동으로 연구하겠다'는 요지의 GNEP(Global Nuclear Energy Partnership)를 발표했다. 이는 '카터 행정부의 재처리 중단 결정을 뒤집고 2020년부터는 사용후핵연료를 재처리하겠다'며 세계에 협조를 구한 것으로 해석됐다. 이로써 원전에서 나온 사용후핵연료 재처리는 다시 주목을 받게 되었다.

사용후핵연료를 재처리하는 방법으로 많이 사용돼온 것이 퓨렉스(PU-EX)인데, 퓨렉스는 '플루토늄-우라늄 추출'이라는 영문 'Plutonium-URanium EXtraction'의 약어다. 이 방법은 사용후핵연료를 질산으로 녹여 우라늄과 플루토늄을 추출하기 때문에 습식 재처리로 불린다. 필자가 방문한 프랑스의 라아그 재처리장이 바로 PUREX로 사용후핵연료를 재처리해 플루토늄과 우라늄을 추출하는 곳이다.

그러나 퓨렉스로 인해 절약되는 고준위폐기물 처분장의 면적은 10퍼센트 정도밖에 되지 않는다. 처분장 관리기간은 10만 년에서 1만 년 정도로 줄어들지만 1만 년도 오랜 시간이라는 것이 문제이다. 게다가 퓨렉스는 플루토늄도 뽑아내기에 핵폭탄을 만드는 데 원용될 수 있다.

그래서 플루토늄은 거의 뽑아내지 않고 우라늄만 뽑아내는 재처리 기술이 등장했는데, 그것이 바로 유렉스(UREX:URanium EXtraction)이다. 유렉스는 일본이 롯카쇼무라에 지은 재처리공장이 채택한 습식 기술이다.

일본은 비핵3원칙을 공표한 바 있
으므로 국제사회의 의심을 받지
않기 위해 유렉스 공법을 채택한
재처리공장을 지었다.

그리고 지금 한창 연구되는 것
이 파이로 프로세싱(Pyro Processing)
이다. 파이로는 그리스어로 '불
(fire)'을 뜻하므로 파이로 프로세
싱은 '고온에서 하는 처리'로 이
해될 수 있다. 물질은 섭씨 800도
이상의 고온에서 화학적·물리적
인 변화를 일으키는데 이를 이용
하는 것이 바로 파이로 프로세싱
이다. 파이로 프로세싱은 고온에
서 사용후핵연료를 다루는 것이
라 건식(乾式) 재처리에 해당한다.

플루토늄은 추출하지 않고 우
라늄만 추출해 이를 고속로에 넣

파이로 프로세싱
한국원자력연구원은 플루토늄을 추출하지 않고 우라늄만
추출해 다시 고속로에 넣을 핵연료를 만드는 시스템을 연
구하고 있다. 이 시스템이 완성되면 사용후핵연료를 저장
하는 데 필요한 공간을 획기적으로 줄일 수 있다.

어 다시 태우거나 중수로용 핵연료로 이용하게 하는 것이 파이로 프로
세싱이다. 파이로 프로세싱 기술이 완성되면 사용후핵연료 안에서 절대
다수를 차지하는 우라늄(우라늄 238)이 대부분 재활용된다. 그리고 재활용
이 안 되는 것만 남는데 이것은 바로 처분한다. 따라서 처분장의 활용률
이 8백배 정도 높아진다.

재활용이 안 되는 폐기물에서 나오는 방사능도 크게 줄어서, 처분장
관리 기간은 30만 년에서 300년으로 줄어든다.

이 쓰레기에서 나오는 발열량은 100분의 1로, 부피는 20분의 1로 줄
어든다.

파이로 프로세싱을 완성하려면 고속로 분야를 발전시켜야 한다. 한국원자력연구원은 듀픽을 연구하는 과정에서 핫셀을 건설했기에 파이로 프로세싱에 도전해볼 수 있는 조건을 갖추었다.

한국은 1997년부터 파이로 프로세싱 연구를 시작했다. 이에 미국은 관심을 갖고 2002년 공동연구를 제의해, 현재 두 나라는 활발한 교류를 하고 있다. 한국원자력연구원은 2016년쯤 파이로 프로세싱 기술을 완성할 수 있을 것으로 예상하고 있다.

이렇게 다양한 각도에서 후손을 위한 원자력을 연구하는 곳이 한국원자력연구원이다.

연구원은 재처리를 금하는 한미원자력협정을 준수하면서 미래를 위한 연구를 하다 보니 오히려 창의적인 연구를 많이 할 수 있게 되었다. 국력에 비해 매우 일찍 원자력 연구를 시작한 한국원자력연구원의 도전은 앞으로도 계속되어야 한다.

특급 지상과제
"원자로용 실탄을 국산화하라"
핵원료 제조하는 한전원자력연료

실탄 없는 총은 무용지물이다. 미사일(유도탄) 없는 미사일 발사 시스템도 마찬가지다. 원자력발전소만 있고 핵연료가 없다면 그것도 소용없는 일이다.

총에 비하면 실탄은 아주 값싼 존재다. 미사일 발사 시스템에 비하면 미사일(유도탄)은 아무것도 아니다. 원자력발전소에서 차지하는 핵연료도 원전에 비하면 '새 발의 피'다. 그러나 이것이 있어야 총이 발사되고, 미사일 시스템이 작동하며, 원자력발전소가 돌아간다.

원자력 발전단가에서 핵연료가 차지하는 비중은 2퍼센트 밖에 되지 않는다. 2원짜리 연료를 때서 100원짜리 전기를 생산한다는 뜻이다. 그런데도 원자력 발전단가는 석탄이나 석유, 가스 등 다른 연료를 사용한 발전단가보다 훨씬 싸니, 원자력은 매력적인 발전원일 수밖에 없다.

원자로가 소총이면, 핵연료는 실탄

한전원자력연료주식회사는 2010년 현재 국내에서 가동하는 20기의 원전에서 소비하는 모든 핵연료를 공급한다. 한국은 세 종류의 원전을 갖고 있다. 첫째, 웨스팅하우스형 원전이다. 여기에는 웨스팅하우스 원자로를 앉힌 고리 1·2·3·4호기와 영광 1·2호기, 프랑스 프라마톰이 설계한 울진 1·2호기가 해당된다. 울진 1·2호기는 프라마톰이 설계했지만 본기술은 웨스팅하우스의 것이라 웨스팅하우스형으로 분류된다.

둘째, KSNP에 이어 OPR-1000으로 불리게 된 컴버스천 엔지니어링형 가압경수로다. 영광 3·4·5·6호기와 울진 3·4·5·6호기가 여기에 해당한다. 2009년 OPR-1000으로 건설하고 있는 신월성 1·2호기와 신고리 1·2호기, 그리고 APR-1400으로 건설되는 신고리 3·4호기도 컴버스천 엔지니어링형 가압경수로다.

셋째, 월성 1·2·3·4호기를 구성하고 있는 캐나다의 AECL형 중수로이다.

총이 다르면 총알도 달라야 한다. M-16 소총에 들어가는 총알은 카빈이나 M-1, 아카보 소총에 장전되지 않는다. 장전된다고 하더라고 발사가 되지 않고, 발사가 된다고 해도 명

© 이정훈

한전원자력연료 상징탑
원자로에 들어가는 실탄인 '핵연료'를 만드는 한전원자력연료 본관 앞에 있는 상징탑

중도는 현저히 떨어진다. 총은 자기에게 맞는 총알을 장전해야 제 성능을 발휘한다. 원자로와 핵연료의 관계도 마찬가지다.

한국에서 가장 먼저 만들어진 것은 웨스팅하우스형 가압경수로이지만 한국은 컴버스천 엔지니어링형 가압경수로에 들어가는 핵연료부터 생산했다. 이유는 컴버스천 엔지니어링이 한국에 원전 설계 기술을 이전해주었기 때문이다.

원전을 설계했으면 핵연료도 설계해야 한다. 한국은 한국형 가압경수로에 맞는 한국형 핵연료 제작기술을 컴버스천 엔지니어링으로부터 제공받아 개발하기 시작했다. 이렇게 해서 탄생한 것이 플러스-7이다.

1982년 한국핵연료주식회사라는 이름으로 출범한 한전원자력연료는 핵연료 국산화를 위해 많은 노력을 기울였으나 기술과 경험 부족으로 좋은 핵연료를 만들지 못했다. 여기에는 나름대로의 이유가 있다. OPR-1000이라고 하는 한국형 원자로 기술을 제공한 컴버스천 엔지니어링은

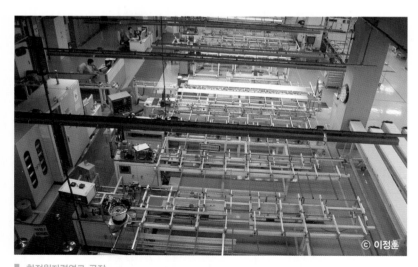

© 이정훈

▌ 한전원자력연료 공장
한국에서 가동하는 세 종류의 원전에 장전되는 각종 핵연료를 제작하는 한전원자력연료 공장의 내부 모습.

ABB라는 회사에 합병돼 ABB-CE가 됐다가 다시 웨스팅하우스에 합병되는 등 우여곡절을 겪었다.

이리저리 팔려다니는 신세이다 보니 컴버스천 엔지니어링은 핵연료 기술을 발전시키지 못했다. 반면 미국 1위이자 세계 1위의 가압경수로 제작사인 웨스팅하우스는 비록 지금은 일본 도시바 계열사로 들어가긴 했지만, 오랫동안 제 자리를 지켜왔다. 이러한 웨스팅하우스가 컴버스천 엔지니어링을 흡수했으니 컴버스천 엔지니어링형 원자로에 들어가는 핵연료도 웨스팅하우스가 제작하게 되었다.

웨스팅하우스가 제작하는 컴버스천 엔지니어링형 핵연료의 이름은 '가디언(guardian)'이다. 똑같은 화덕에 들어가는 연탄이라도 만든 회사에 따라 화력 차이가 난다. 가디언 핵연료는 이전에 나온 컴버스천 엔지니어링형 핵연료보다 월등히 좋았다.

때문에 한전원자력연료는 2001년부터 웨스팅하우스로부터 제공받은 기술을 토대로 가디언 핵연료를 제조해 KSNP나 OPR-1000 가압경수로에 공급해왔다. 한전원자력연료는 웨스팅하우스의 동의를 받아 가디언 핵연료를 면허생산한 것이다.

플러스-7과 에이스-7 양산

면허생산을 통해 기술을 축적한 한전원자력연료는 웨스팅하우스의 기술 지원을 받아 보다 나은 핵연료 개발에 도전했다. 2002년 KSNP나 OPR-1000은 물론이고 신형인 APR-1400 원자로에 넣을 수 있는 핵연료 '플러스-7'을 개발해낸 것. '플러스-7'과 '가디언'의 크기는 똑같으므로 '가디언'과 '플러스-7'은 같이 넣어 태울 수도 있다.

그런데 '플러스-7'이 '가디언'보다 우수했다. 부스러기가 덜 발생한 것이다. 새로운 핵연료를 개발할 때 가장 염려되는 것은 부스러기가 발생하는 것이다.

원자로 안에 들어간 핵연료는 높은 열을 내는데, 이 열을 견디지 못해 일부가 부스러진다. 이 부스러기가 원자로 안에 가득 차 있는 1차 냉각수와 섞이게 된다. 1차 냉각수는 150기압을 받으면서 원자로와 증기발생기 사이를 빠르게 돌아간다. 이러한 물에 핵연료에서 떨어진 금속 부스러기가 섞여 있으면 1차 냉각수가 흐르는 배관이 상처를 입어 마침내 깨지게 된다.

따라서 부스러기를 내지 않는 구조체를 만드는 것이 좋은 핵연료를 만드는 것만큼 중요한 일이므로 처음 핵연료를 제작했을 때는 과연 이 핵연료가 1년 이상 태워도 형상에 변화

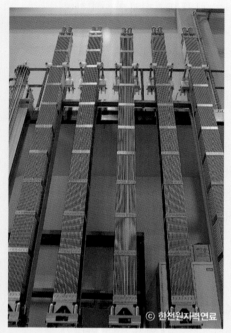

플러스-7
한국형 가압경수로에 들어가는 개량형 핵연료.

가 없는지부터 살펴보아야 한다.

가압경수로는 1년 2~4개월에 한 번씩 핵연료를 교체하는데, 이때 교체되는 핵연료는 전체 핵연료의 3분의 1이다. 따라서 가압경수로에 들어간 핵연료는 보통 3년 이상 타게 된다.

한전원자력연료는 플러스-7을 원자로에 넣고 4년 가까이 태워보았지만 부스러기가 거의 발생하지 않았다. 한전원자력연료는 가디언을 능가하는 새 연료 개발에 성공한 것이다.

이러한 플러스-7 개발에 도전하기 전에 한전원자력연료는 여덟 기가 있는 웨스팅하우스형 핵연료 개발에 도전했다. 이 도전은 플러스-7 개발보다 1년 앞선 2001년 시작되었다. 웨스팅하우스형 원자로에 들어가

는 핵연료 개발은 '한국형'이 된 컴버스천 엔지니어링형 핵연료보다 주목을 덜 받기 때문인지 시간이 오래 걸렸다.

새로운 웨스팅하우스형 핵연료는 2006년 개발이 완료되면서 '에이스-7'이라는 이름을 얻었다. 이 핵연료는 기존의 웨스팅하우스형 핵연료와 비교할 때 일곱 가지 측면을 개선했다. 그리고 웨스팅하우스형 원자로에 넣어 실제로 태워보는 실험을 성공적으로 마치고, 2008년부터 본격적인 양산에 들어가 차례로 웨스팅하우스형 원자로에 장전돼 나가고 있다.

에이스-7
웨스팅하우스형 가압경수로에 들어가는 핵연료.

중수로용 핵연료, 캐나다와 공동 개발

한국은 캐나다에서 개발한 중수로 네 기를 가동하고 있다. 이러한 중수로에 들어가는 핵연료는 캐나다 원자력공사(AECL)가 개발해 제공해왔다. 중수로는 천연우라늄을 가공해 만든 핵연료를 사용하기에 가압경수로에 비해 많은 양의 핵연료를 소비한다. 한국에 있는 네 기의 중수로가 소비하는 핵연료 양은 16개 가압경수로에서 소비하는 핵연료 양과 비슷하다.

때문에 한국원자력연구소는 캐나다 원자력공사와 공동으로 보다 나은 핵연료 개발에 착수했다. 이렇게 해서 나온 신형 핵연료가 '캔플렉스

중수로용 핵연료
'캔플렉스'라는 이름으로 제작되는 중수로용 핵연료.

(CANFLEX:CANDU Flexible Fuelling)'
이다. 캔플렉스는 AECL이 개발한 기존 핵연료(37-element standard fuel)보다 출력이 좋고 안전성도 증가한 것이다. 캔플렉스 핵연료는 한전원자력연료가 제조해 월성에 있는 네 기의 중수로에 공급하고 있다.

이로써 한국은 국내에서 소비하는 모든 핵연료를 제조할 수 있게 되었다. 그러나 한전원자력연료가 제조하는 이 신형 핵연료들은 완전 국산 기술로 개발한 것이 아니다. 따라서 수출을 하려면 원천기술을 제공한 웨스팅하우스와 미국 의회의 수출승인(export license)을 받아야 한다. 중수로용 핵연료도 수출하려면 마찬가지로 캐나다 측의 동의를 얻어야 한다.

그리하여 시작된 것이 X-Gen이란 이름으로 시작된 독자적인 핵연료 개발사업이다. 2010년 순수 한국 기술로 개발한 신형 핵연료 개발을 완성하고, 이후 각종 실험을 거쳐 2016년부터 국내는 물론이고 외국 원전에도 공급한다는 것을 목표로 한다.

X-Gen 핵연료가 수출되려면 이 핵연료는 국내외에 나와 있는 어떤 핵연료보다도 출력이나 안전성이 월등히 좋아야 한다. 이를 위해서는 핵연료를 담고 있는 펠릿의 기능을 강화하고, 펠릿을 담고 있는 연료봉도 튼튼하게 제작해야 한다. 이를 위해서는 용접 기술을 비롯해 많은 분야에서 신기술이 창조되어야 한다.

한전원자력연료는 연료봉을 레이저로 용접해 핵연료 다발을 만든다.

한전원자력연료는 새로운 용접 기술을 개발해 OBERON(오베론)으로 이름지었다. 이 용접 기술은 한전원자력연료에 근무해온 오병은 씨가 개발한 것이다. 따라서 그의 영문 이름(Oh Byeong Eun)에 '신뢰할 수 있는 최적의 기술'이라는 영문을 붙여 이름을 지었다(Oh Byeong Eun's Reliable and Optimized Technology).

한전원자력연료는 한국수력원자력, 한국원자력연구원에 못지않게 원자력 기술 국산화를 위해 매진하고 있다.

Chapter 3

APR-1400 원자로로 세계시장 공략
한국 원자력산업의 공장 두산중공업

경남 창원시 상신구 귀곡동에 있는 두산중공업을 찾아가는 길은 묘했다. 창원 시내를 벗어나 진해 쪽으로 잠시 달리다 장복터널 못 미처 오른쪽으로 빠지면 두산중공업의 입구가 나타난다. 창원에서 진해로 가는 길도 장복산(長福山)을 뚫은 산길이지만, 여기에서 나뉘어 두산중공업으로 이어지는 길도 산을 깎아 만든 고갯길이다.

'볼보고개'

이 길 내리막에 두산중공업의 정문이 있다. 그런데 이 길 왼쪽에 굴착기 등을 생산하는 볼보건설기계코리아 공장이 보였다. 1998년 4월까지는 삼성중공업이 경영한 공장이었다는데, IMF 외환위기 때 스웨덴 기

▮ 울진 6호기 안치

KSNP로 제작한 원자로를 울진원전 6호기 격납건물 안에 앉히는 모습(2002년 7월 12일). 이 원자로는 두산중공업에서 제작했다. 원자로를 이루는 강(鋼)이 방사선에 의해 물성이 변하지 않는 한 이 원자로는 계속 사용할 수 있다.

업인 볼보에 매각돼 지금은 볼보건설기계코리아의 공장이 되었다. 때문에 두산중공업 정문으로 이어지는 이 길은 '볼보고개'란 이름을 얻었다.

두산중공업이 들어선 곳은 '귀곡단지'로 불린다. 과거 이곳의 지명이 귀곡리와 귀현리였기 때문에 생긴 이름이다. 귀곡단지 서쪽은 바다인 합포만(合浦灣)에 접해 있고, 북쪽과 동쪽, 남쪽은 장복산의 갈래인 고산(420미터), 표범산, 귀암산, 홍곡산, 굴앞산이 둘러싸고 있다. 산들은 합포만에 이를 때까지 세(勢)를 올리고 있으므로 귀곡단지는 합포만을 바라보는 전형적인 삼태기 형국이다.

합포만 건너 서북쪽에는 창원시 마산회원구(구 마산시)가 있다. 마산회원구에는 해발 767미터의 높이를 자랑하는 무학산(舞鶴山)이 우뚝 서 있는데, 이 산기슭에서 생산돼 경남지역을 석권한 술이 그 유명한 '무학소주'이다. 합포만은 내륙으로 쑥 들어와 있는 바다로, 남해 쪽을 제외하고는 사방이 죄다 높은 산으로 둘러싸여 있다. 어머니의 자궁처럼 안전하고 아늑하게 들어와 있는 바다….

노산 이은상은 이 안온함에서 '내 고향 남쪽바다~'로 시작되는 '가고파'를 지은 것이 아닐까. 자고로 '산이 높으면 골이 깊은 법'. 높은 산들로 둘러싸여 있으니 합포만은 깊을 수밖에 없다. 합포만 어귀에 있는 진해항에는 10만톤급 항공모함이 들어올 수 있고, 합포만 가장 안쪽에 있는 마산항에도 2만톤급 컨테이너선이 접안할 수 있다.

창원시 진해구(구 진해시)는 해군 교육사령부를 비롯한 여러 전단과 해군사관학교 등이 들어와 있는 군사도시이다. 이러한 해군 부대들이 합포만으로 들어오려는 외적을 막는 보루 구실을 한다. 귀곡단지는 외적과 바람을 막을 수 있는 천혜의 지역에 자리 잡고 있다.

공장을 만드는 공장

이러한 곳에서 한국의 원자력산업이 웅지를 펴고 있다. 원자력발전소의 핵심인 '원자로'와 원자로에서 나온 열을 토대로 증기를 일으키는 '증기발생기', 증기발생기가 일으킨 증기로 돌아가는 '터빈', 터빈을 따라 돌아가며 전기를 생산하는 '발전기'가 모두 이곳에서 만들어진다. 전기를 생산하는 공장이 발전소인데, 그 공장(발전소) 설비를 만드는 공장이 바로 두산중공업이다.

울산에 있는 현대중공업이나 거제도의 대우해양조선에 가보면 곳곳에 중량물이 버티고 있거나 이동하는 것을 볼 수 있다. 배는, 특히 거대한 배는 조각조각 나뉘어 용접함으로써 제작된다. 수백, 수천 개의 철판을 용접해 수십 만 톤짜리 배를 만들다 보니, 조선소 안에서는 거대한 철판을 싣고 가는 대형 차량을 쉽게 볼 수 있다. 이러한 이동으로 조선소는 더욱 활기찬 모습으로 다가온다. 그런데 같은 중공업 공장이면서도 두산중공업은 조용했다. 왜 그럴까.

조선은 물건을 담을 그릇(배)을 만든다면, 기계공업은 그릇(공장) 안에 들어갈 설비를 만드는 산업이기 때문이다. 그릇은 커야 하지만 기계는 클 이유가 없다. 작은 구조물이 공간을 덜 차지한다. 이동하더라도 분주한 느낌을 주지 않는다. 이 차이가 두산중공업의 조용함을 만들었을 것이다.

원자로는 기계이다. 기계는 주조(鑄造)공장에서 만들어지기 시작한다. 원자로는 30년 이상 강력한 방사선을 쬐고 있어야 한다. 핵연료는 펠릿

© 이정훈

▌ 터빈 제작
두산중공업은 증기발생기가 발생시킨 증기를 맞아 돌아가는 터빈도 제작한다.

이라고 하는 담배 필터보다 작은 금속 용기에 들어 있고, 펠릿은 연료봉(燃料棒)이라고 하는 금속 원통에 들어간다. 이 연료봉을 묶어 핵연료 다발을 만드는데, 이 다발을 원자로에 집어넣는 것을 '총알 한 발 장전'이라고 말할 때와 같은 '장전(裝塡)'이라고 한다.

장전된 핵연료가 핵분열을 일으키면 강한 방사선이 나오는데 이 방사선을 가장 먼저 받는 것이 연료봉이다. 연료봉을 뚫고 나간 방사선은 원자로 내벽이 받아내야 한다. 원자로 밖에는 격납건물로 불리는 원자로 건물이 있다.

펠릿과 연료봉을 이루는 금속은 핵연료가 원자로에 장전돼 핵분열을 일으키는 4년 정도 방사선을 맞고 있지만, 원자로는 폐기되는 날까지 계속 방사선을 맞고 있어야 한다.

원자로의 설계수명은 30~40년이라고 하나 요즘은 기술이 발달해 60년을 사용하는 경우가 허다하다. 원자로는 60년 동안 방사선을 맞아도 끄떡없을 정도로 강해야 한다.

쫀득쫀득한 쇠를 만든다

그러나 쇠도 사람과 같아서 일정 수치 이상의 방사선을 오래 쬐고 있으면 물성(物性)이 변해 약해진다. 구리, 안티몬, 주석, 비소 성분을 갖고 있는 쇠일수록 방사선을 쬐였을 때 약해지는 정도가 빠르다. 따라서 원자로를 만들 때는 이러한 성분이 들어가지 않도록 주의해야 한다. 이러한 성분이 들어가 있지 않은 최고의 원료가 바로 자동차 차체(車體)를 만들고 남은 냉연강판의 찌꺼기이다.

잠깐 쇠 이야기를 한 후에 원자로 이야기로 돌아가기로 하자. 포스코는 한국을 대표하는 제철소이므로 철을 생산한다. 그러나 포스코에서 내놓는 상품은 철이 아니라 강(鋼, Iron)이다. 철과 강은 엄청나게 다르다.

스틸(Steel)이라고도 하는 철(鐵)은 용광로에 철광석과 코크스 등을 넣고 가열해서 얻은 쇳물을 식혀 만든다. 이 쇳물을 일정한 모양의 형틀에 넣어 식히면 형틀 모양대로 제품이 만들어지는데, 이것을 가리켜 주철(鑄鐵)이라고 한다. 대표적인 주철 상품이 예전에 시골에서 많이 보았던 가마솥이다. 가마솥은 매우 튼튼해 보이지만 떨어뜨리면 깨진다.

튼튼할 것 같은 주철(또는 철) 제품이 쉽게 깨지는 까닭은 그 안에 들어 있는 탄소 성분 때문이다. 이러한 탄소를 빼내면 철은 훨씬 강하고 질겨지는데, 이를 가리켜 강(鋼)이라고 한다. 통상 탄소가 2퍼센트 이상이면 철, 이하면 강이라 한다.

현대사회는 철기시대의 첨단을 걷는 만큼 강한 쇠를 필요로 한다. 그런데 제철소에서는 철이 아니라 강을 생산하니, 현대는 '강기(鋼器) 시대'로 불려야 할 것이다. 철은 강을 생산하기 위한 중간 제품에 지나지 않는다.

강을 만드는 것은 어렵지 않다. 쇳물에 강제로 산소(O_2)를 집어넣으면 산소는 쇳물 속에 있던 탄소(C)와 결합해 일산화탄소(CO)나 이산화탄소(CO_2)로 빠져나온다. 포스코는 이러한 강을 다양하게 가공한다.

이러한 가공법 가운데 하나가 냉연(冷延)이다. 냉연은 열연(熱延)에 대응하는 말이다. 열연은 열을 가해 강을 롤러로 압착한 것이고, 냉연은 열을 가하지 않은 상태에서 롤러로 압착한 것이다.

냉연강판은 열연강판에 비해 표면이 아름답고 경도(硬度: 굳기)가 강하다. 이러한 냉연강판의 주 고객이 현대나 기아 같은 자동차 회사이다. 자동차 회사는 냉연강판을 이리저리 잘라서 차체를 만드는데, 이때 일부 냉연강판이 자투리로 남는다. 냉연강판의 자투리와 부스러기를 톤당 30여 만 원을 주고 열심히 사들이는 회사가 바로 두산중공업이다.

두산중공업의 주조공장은 이 부스러기에 니켈, 크롬, 바나듐 등을 섞어 전기로에 넣고, 용해시켜 걸쭉한 '쇠 수프'를 만든다. 니켈과 크롬, 바나듐 등을 섞는 이유는 원자로에 인성(靭性)을 주기 위해서이다. 인성은 잡아당기는 힘에 견디는 성질이다.

같은 떡이라도 찹쌀로 만든 떡은 멥쌀로 만든 떡보다 더 쫀득쫀득하다. 찹쌀로 만든 인절미는 잡아당기면 끊어지지 않고 길게 늘어나는데, 이것이 바로 인성이 강한 것에 해당한다. 원자로를 이루는 쇠는 쫀득쫀득해야 한다. 쫀득쫀득한 쇠는 그렇지 않은 쇠보다 방사선에 대한 저항력이 훨씬 강하기 때문이다.

담금질은 보약

건강하려면 날 때부터 건강해야 하는데 태어날 때 갖고 나온 자기 기운을 '원기(元氣)'라고 한다. 건강한 사람은 대개 원기가 왕성하다. 차체를 만들고 남은 잔재에 니켈 등을 첨가해 합금을 만드는 것은 원기 왕성한 강을 만들기 위해서이다. 이러한 강이라야 방사선을 맞는 혹독한 환경에서도 살아남을 수 있다.

두산중공업의 주조공장은 구리와 안티몬, 주석, 비소 성분은 철저히 빼내고, 니켈과 크롬, 바나듐 등을 더해 인성이 강한, 다시 말하면 좋은 유전자를 가진 쇠를 만들어낸다. 좋은 유전자 덕분에 강한 원기를 타고났더라도 녹용과 인삼을 장복하면 더욱 튼튼해진다. 여기에 강인한 단련과정을 덧붙인다면 그는 초인적인 체력을 가진 사람이 될 수 있다. 이러한 일을 하는 곳이 바로 단조(鍛造)공장이다.

단조공장은 대장간처럼 쇠를 가열해서 때리는 일을 반복한다. 같은 찹쌀떡이라도 떡메질을 많이 받은 것이 더 쫄깃쫄깃하다. 떡메질을 하면 찹쌀가루 속에 있던 공기구멍이 압착되기 때문이다. 국수를 만들 때도 오래 반죽하면 기공(氣孔)이 압착돼 맛이 훨씬 더 좋아진다. 강(鋼)도 마찬가지이다.

강괴를 시뻘겋게 달군 후 대형 프레스로 내려치는 것을 반복하는 것인데, 이렇게 하면 훨씬 더 질기고 강한 강이 만들어진다. 그냥 내려치는 게 아니라 앞으로 만들 형상을 생각해가면서 내려치는데, 이러한 작업을 반복하는 곳이 단조(鍛造)공장이다.

두산중공업의 단조공장에는 세계에서 두 대밖에 없다는 1만 3000톤짜리 프레스가 있다. 이 프레스는 시뻘겋게 단 강괴를 물고 꽝꽝 내려치는데, 그 충격이 전 공장으로 울려 퍼진다. 단조과정은 모양을 만들어가면서 때려주기 때문에 단조 공정을 거치면 대략적인 원자로 부품들이 만들어진다.

단조가 끝나면 열처리를 해서 다시 한 번 내외부를 단단하게 만들고, 인성과 강도 등을 조사하기 위한 파괴검사를 한다. 그리고 부분을 모아 용접함으로써 원자로를 만들어낸다.

두산중공업은 이러한 방식으로 한국에서 여섯 번째와 일곱 번째로 건설된 원자로인 영광 1·2호기를 제작했다. 이 원자로는 미국 웨스팅하우스에서 설계한 것이지만 제작은 이곳에서 했다. 프랑스 프라마톰이 설계한 울진 1·2호기도 이곳에서 만들었다.

영광 3·4호기는 미국 컴버스천 엔지니어링과 공동 설계한 한국표준형 원자로로 설계됐는데, 이 원자로도 이곳에서 제작됐다. KSNP와 OPR-1000, APR-1400 그리고 중수로도 이곳에서 만들어졌다.

가압경수로 용기는 가장 두꺼운 곳의 두께가 무려 27센티미터이다. 원자로의 내부는 고온 고압의 1차 냉각수

© 이정훈

쫀득쫀득한 쇠를 위하여
원자로를 만드는 강(鋼)은 방사선을 견뎌야 하니 다른 강보다 인성(靭性)이 좋아야 한다. 이를 위해 프레스로 때리는 담금질을 반복한다. 두산중공업에서는 벌겋게 달군 쇠를 반복해서 때리는 둔탁한 프레스 소리를 들을 수 있다.

가 꽉 차 돌아다닌다. 따라서 부식에 견딜 수 있도록 4~5밀리미터 두께의 스테인리스를 용접해 붙인다. 이렇게 만든 원자로 용기라야 60여 년 정도 방사선을 맞고 있어도 물성 변화를 일으키지 않는다.

증기발생기는 미국으로 수출

원자력발전소에서 원자로만큼 중요한 것이 증기발생기이다. 원자로는 핵분열에 견뎌야 하지만 증기발생기는 고온 고압에 견뎌야 한다.

원자로는 60년 정도 사용할 수 있지만, 증기발생기는 누설 가능성 때문에 20년을 넘기면 대부분 교체한다. 웨스팅하우스와 프라마톰에서 제작한 원자로에는 세 대의 증기발생기가 설치된다. 반면 컴버스천 엔지니어링과 이 회사의 기술을 받아 제작하는 한국 원자로(OPR-1000)에는 두 대의 증기발생기가 설치된다.

따라서 증기발생기는 원자로보다 훨씬 더 많이 제작되는데 이러한 증기발생기도 같은 방법으로 두산중공업에서 제작한다. 두산중공업은 미국의 양대 가압경수로 제작 메이커인 웨스팅하우스와 컴버스천 엔지니어링의 원자로와 증기발생기를 모두 제작한 경험이 있어 미국 원전에도 증기발생기를 제작해 납품하고 있다.

용융 사고를 일으킨 스리마일 섬 원전을 제작한 미국의 밥콕 앤드 윌콕스의 원자로 제작 부문은 도산했지만 다른 부문은 존속했다.

1990년대 이후 두산중공업은 밥콕 앤드 윌콕스가 지은 원전에서 교체하는 증기발생기도 제작해 공급하고 있다. 터빈과 발전기도 이 회사에서 제작한다. 터빈과 발전기는 원전뿐만 아니라 화전에도 사용되므로 이 회사는 화전용 터빈과 발전기도 만든다. 바닷물을 담수로 바꾸려면 막대한 전력이 필요하다. 두산중공업은 발전설비를 함께 갖춘 담수(淡水) 플랜트를 만들어 중동국가에 수출하고 있다.

원자로 내부

60년간 방사선을 쬐고 있어도 물성(物性)이 변하지 않도록 내부를 스테인리스로 처리한 OPR-1000 원자로 내부 모습. 구멍에는 증기발생기 쪽으로 1차 냉각수가 흐를 관을 연결한다.

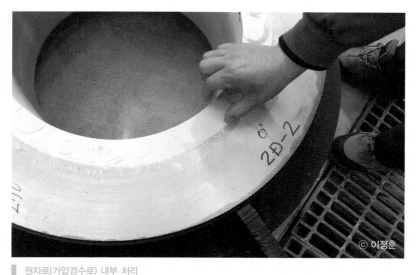

원자로(가압경수로) 내부 처리

원자로에서 증기발생기 쪽으로 1차 냉각수가 나가는 부분. 손가락으로 가리킨 부분이 스테인리스 처리를 한 곳이다. 강한 수압을 받는 곳이라 압력에 견디면서 녹슬지 않게 두꺼운 스테인리스로 처리했다.

■ 증기발생기

두산중공업에서 제작한 증기발생기. 증기발생기는 고온 고압의 1차 냉각수가 흐르기에 보통 20년
정도 사용하면 교체한다. 따라서 원자로보다는 증기발생기의 수요가 더 많다.

■ 한국형 가압경수로 OPR-1000

두산중공업에서 제작이 끝나 원전 건설 현장으로 옮겨지는 가압경수로용 원자로. 중간부분에 툭 튀
어나와 있는 곳이 1차 냉각수를 증기발생기로 보내는 곳이다.

이러한 두산중공업이 최근 한 가지 고민에 빠져 있다. 두산중공업의 덩치가 한국시장만 바라보고 있기에는 너무 커졌기 때문이다.

영국과 프랑스 등 한국과 국가 규모가 비슷한 선진국을 참고할 경우, 한국의 전력산업은 조만간 포화상태에 도달한다. 한국 정도의 인구를 가진 선진국의 발전설비용량은 8000만 킬로와트대에서 더 이상 늘어나지 않는데, 2008년 말 한국의 설비용량이 7천500만 킬로와트 정도이다.

따라서 한반도가 통일돼 북한 지역에서 대규모 발전설비 공사가 이뤄지지 않는 한 내수만 바라보면, 두산중공업은 경영이 힘들어질 수밖에 없다. 물론 가동되던 발전소의 장비가 수명이 다해 교체할 때 발생하는 물량이야 나오겠지만, 기존 발전소의 개보수는 신규 발전소 건설만큼 매력적이지 못하다. 과학과 기술의 발달은 기존 발전소의 수명을 더욱 연장시키고 있는데, 이러한 발전도 두산중공업의 미래를 위협하는 요소가 될 수 있다.

생존을 위해서는 수출에 전념해야 한다. 남북통일로 인한 북한 특수가 생기기 전까지는 수출을 통해 기술력과 자본력을 축적하고 시장을 만들어가야 하는 것이다.

이러한 수출 주력 상품이 OPR-1000과 APR-1400 원자로이다. 그러나 막상 해외 수출 시장을 두드리자 국내에서 영업할 때와는 다른 장벽이 나타났다. 그러나 APR-1400은 미국의 허가 없이 수출이 가능하다.

첫째는 OPR-1000등에 사용되는 일부 기술에 미국 컴버스천 엔지니어링의 특허가 포함돼 있다는 점이다. 프랑스의 아레바(과거의 프라마톰)처럼 독자적인 기술을 갖고 있어야 한국은 특허 시비에 휘말리지 않고 해외에 진출할 수 있는데 한국은 아직 이 단계에 도달하지 못했다. 그러나 APR-1400은 미국의 허가 없이 수출이 가능하다.

해외시장 진출로 활로 모색해야

둘째는 한국 컨소시엄 형성 문제이다. 웨스팅하우스를 비롯한 외국의 원자력회사들은 원자력 설비만 판매하는 것이 아니라 발전소의 운영까지도 도맡아 한다. 풀 서비스를 제공하는 것이다.

그러나 한국은 원자력 발전소와 원자로의 종합설계는 한국전력기술이, 원자로 제작은 두산중공업이, 원전 운영은 한국수력원자력이 나눠 맡고 있다. 한국원자력연구원은 연구용원자로와 미래 원자로 개발을 맡는다.

국내에서 원전을 건설할 때는 이렇게 나누어져 있는 것이 조직간에 감시와 경쟁을 일으켜 효과적이지만, 해외에 나가면 오히려 손해를 보게 된다. 해외 진출은 여러 개로 쪼개서 할 것이 아니라 하나로 뭉쳐 나

신고리 3·4호기 건설현장
지난 2009년 12월 27일 수출이 성사된 UAE 원전과 동일로형인 APR-1400 원자로를 가동시킬
신고리 3·4호기 건설현장이다.

가야 이익을 극대화할 수 있다.

새로운 원전 시장을 창출하기 위해서는 이 회사들을 묶는 '한국 컨소시엄'이 필요하다. 이러한 컨소시엄으로 이룬 최초의 성공이 2009년 말 UAE 원전 수출이다.

두산중공업은 한국형 원자로는 물론이고 웨스팅하우스 등 미국 원자력업체가 수주한 원자로를 제작해줄 수도 있다. 두산중공업은 해외에서도 한국 원자력을 세우는 공장이 되어야 한다. 한국 원자력의 공장은 펄펄 뛰어야 한다.

SECTION 6

1. 동일본 대지진 "정녕 인류 최후의 모습이란 말인가?"
2. 매뉴얼 사회의 한계, 과학을 너무 믿었다.
3. 일본의 한계가 가져온 돌이킬 수 없는 수소 폭발
4. 사고 후 대처를 잘 한 일본
5. '원전제로' 정부 방침으로 선택하지 않아

그래도 원자력이다

– '후쿠시마 사고 방사능 사망자 단 한 명도 없다'

2011년 3월 일본 후쿠시마 제1발전소 폭발 후 전경

한국은 세계원자력계의 3강이다

후쿠시마 사고 1년 반이 지난 2012년 여름 일본은 2030년대 원전 없는 사회를 만들겠다며 '혁신적 에너지 환경 전략안'을 내놓았다. 이 안은 2030년대 모든 원전을 가동하지 않겠다는 것이라 '원전제로' 안으로 불렀으며 내각회의에 상정돼 일본 공식 방침으로 결정할 예정이었는데 경제계와 미국 등의 반발로 참고문서로 논의하는 것으로 선회했다.

일본의 산업계에서는 원전을 제로화하면 산업경쟁력이 저하된다며 반대했다. 정치권에서도 '민주당이 임박한 총선을 겨냥해 무리수를 뒀다'는 의견이 제기됐다. 자민당에서는 반대로 총재선거 후보자 전원이 원전제로 방침에 반대한다는 의견을 내놓았다. 일본은 원전제로를 채택하지 못했다. 후쿠시마 사고에도 불구하고 원자력은 해야 한다는 결론을 내린 것이다. 원폭을 맞고 패망한 나라, '그래도 원자력이다'로 돌아선 것이다. 돌이켜보면 후쿠시마 원전은 너무 약하게 만들었고 노후화됐다. 안전시설도 미비했다. 일본이라고 해서 모든 것이 완벽하진 않았던 것이다.

세계는 힘든 일본의 선택에 주목했다. 일본은 위험하니 원전을 없애자고 하려다 위험하니 기술을 발전시켜 안전하게 다루며 그 힘을 이용하는 쪽으로 어렵게 돌아섰다. 2000년만 해도 일본의 소니가 한국의 삼성전자에 추월당할 것으로 본 이는 거의 없었다. 그러나 지금 일본의 모든 전자업체가 모여도 삼성전자를 따라 잡지 못한다. 원전제로 정책을 채택하지 않았지만 후쿠시마 사고를 계기로 일본 원자력계는 한국 원자력에 밀리게 됐다는 이야기가 나올지도 모른다. 우리는 또하나의 극일(克日) 역사를 써야 한다.

Chapter 1

동일본 대지진

"정녕 인류 최후의 모습이란 말인가?"

    2011년 3월 11일 오후 2시 46분 28초에서부터 46초까지의 18초 사이 일본은 크게 흔들렸다. 이 지진은 '도호쿠(東北)'로 불리는 일본 본토 동북 지역에서 강하게 감지됐다. 피해 또한 이 지역에 집중됐다. 도쿄를 비롯한 여타 지역도 흔들렸지만, 이 지역만큼 심한 피해를 낳진 않았다.

    이 날 일본이 당한 지진은 인류가 지진 관측을 시작한 이래 네 번째로 강한 것이었다고 한다. 도호쿠 지방은 여섯 개 현으로 구성되는데, 중심 도시는 태평양에 면해 있는 미야기(宮城)현의 현청 소재지인 센다이(仙台) 시이다. 진앙은 센다이 시에서 동쪽으로 130킬로미터쯤 떨어진 태평양 해저의 24킬로미터 깊이쯤이었다. 좌표로 말하면 북위 38도 32분 2초, 동경 142도 36분 9초 2쯤이었다.

    천만 다행인 것은 규모 9.0의 강진이 바다에서 일어났다는 사실이

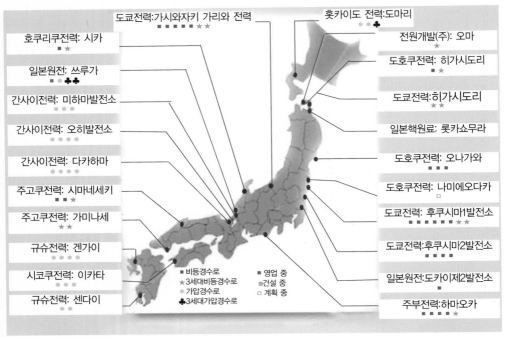

도쿄전력:가시와자키 가리와 전력
■ ■ ■ ■ ■ ★ ★

홋카이도 전력:도마리
♣

호쿠리쿠전력: 시카
■ ★

전원개발(주): 오마

일본원전: 쓰루가
♣ ♣

도호쿠전력: 히가시도리
■ ★

간사이전력: 미하마발전소

도쿄전력:히가시도리
★ ★

간사이전력: 오히발전소

일본핵원료: 롯카쇼무라

간사이전력: 다카하마

도호쿠전력: 오나가와
■ ■ ■

주고쿠전력: 시마네세키
■ ★

도호쿠전력: 나미에오다카
□

주고쿠전력: 가미나세
★ ★

도쿄전력: 후쿠시마1발전소
■ ■ ■ ■ ■ ■

규슈전력: 겐가이

도쿄전력:후쿠시마2발전소
■ ■ ■ ■

시코쿠전력: 이카타
● ● ●

일본원전:도카이제2발전소

규슈전력: 센다이

주부전력:하마오카
■ ■ ■ ■ ★

■ 비등경수로   ■ 영업 중
★3세대비등경수로   ■건설 중
● 가압경수로   □ 계획 중
♣3세대가압경수로

일본 원자력 발전소 분포도(2011년 3월 11일 현재)

다. 이렇게 강한 지진이 땅에서 일어났다면 일본은 상상할 수도 없는 피해를 입었을 것이다. 제2차 세계대전 때 인류 최초로 원자폭탄을 맞아 잿더미가 된 히로시마(廣島)와 같은 처지가 되는 것이다.

진앙에서부터 130여 킬로미터 떨어져 있다 보니 도호쿠 지방은 규모 8.0 내외의 지진을 맞은 것으로 추정됐다. 당시 도쿄에 있던 주일한국 대사는 권철현 씨였다. 일본에서는 크고 작은 지진을 1년에 수십 차례 경험한다. 권 대사는 2008년 4월 주일대사로 부임해 만 3년을 보내고 있었으니 지진에는 익숙한 사람이었다고 할 수 있다. 그런 그도 그날 2시 46분에 일어난 지진에는 아찔한 공포를 느꼈다고 한다.

3·11대지진이 18초간만 진행된 것으로 보는 것은 오해다. 18초는 가장 강력한 지진이 일어난 시각이다. 이후 버금가는 여진(餘震)이 이어졌다. 이 여진은 여진이라고 할 수 없는 여진이었다. 혼자 일어났다면

강진으로 표현할 수 있는 강력한 여진들이었다. 대사 퇴임 후 그는 『간 큰 대사, 당당한 외교』라는 제목의 회고록을 냈는데, 그는 이 책 1장 1절의 제목을 '3·11 대지진, 정녕 이것이 인류 최후의 모습인가'라고 달았다.

그날 도쿄의 상징인 도쿄타워 꼭대기의 철탑이 이 지진으로 약간 꺾어졌다. 2011년 8월 도쿄를 갔던 필자는 여전히 꺾어진 채로 있는 이 철탑을 보았다. 그날 도쿄의 통신과 교통망은 대부분 두절됐다. 아시아 최고의 도시라는 도쿄의 문명이 중단된 것이다. 권 대사는 이렇게 적어놓았다.

'버스나 지하철 등 모든 교통수단이 끊겼기에 사람들은 모두 도로에 나와, 걸어서 피난을 하기 시작했다. 세계적인 대도시이자 경제대국 일본의 심장부인 도쿄, 이 자본주의의 최첨단을 자랑하는 휘황찬란한 도시에서 사람들이 하염없이 걸어가고 있었다.

대사관 앞 8차선 도로 역시 어디론가 향하고 있는 인파로 가득 뒤덮였다. 수만 명에 달하는 사람들이 입을 꽉 다문 채 조용히 앞만 보고 걸어가는 모습이라니…. 옆 사람과 대화를 나누거나 휴대전화로 떠들거나 우왕좌왕하는 사람은 한 사람도 없었다. 나는 이들을 바라보면 섬뜩한 기운을 느꼈다. 소름이 확 끼쳤다. 아, 정녕 이것이 인류 최후의 모습인가?'

거대한 너울을 만드는 섭입대 지진

일본의 대지진은 태평양 쪽에서 자주 일어난다. 그 이유 가운데 하나로 꼽을 수 있는 것이 '일본 해구(海溝)'의 존재다. 해구의 구(溝)자는 '도랑 구'자이니, 해구는 바다 속에 있는 도랑, 즉 깊은 계곡인 것이다. 영어로는 'oceaninc trench'이다. 대양(大洋) 속에 띠처럼 형성된 깊이

함몰된 골짜기로 보면 된다. 백과사전은 해구를 '해저 7,300~1만 1,000
미터에 나타나는 좁고 길며 가파른 저지'라고 정의하고 있다.

지구는 표면에 거대한 몇 개의 지각을 띄워놓고 있다. '판'으로 불
리는 지각은 서로 맞닿아 있다. 일본 동쪽의 태평양은 태평양판과 유
라시아판, 필리핀판, 북미판이 교차한다. 판은 높낮이가 서로 다른 상
태에서 조금씩 이동한다. 거대한 판이 이동하면 판의 끝은 충격을 받
는다. 그때 밑에 있던 판이 파고 들어가면 위에 있던 판은 들리면서 충
격이 발생한다.

대체로 해저의 판은 대륙의 판보다 낮은 곳에 있다. 따라서 대륙의
판과 대양의 판이 만나는 곳에선 대양의 판이 대륙의 판 밑으로 들어가
는 모습을 한다. 대양의 판이 대륙의 판 밑으로 들어가는 곳에서 해구
라고 하는 깊은 주름이 만들어진다.

해구에 지진이 많다. 세계 최대의 바다인 태평양은 원형으로 대륙과
만나기에 '환태평양 지진대'를 만들었다. 세계 지진의 80퍼센트가 이
지진대에서 일어나기에 '불의 고리(Ring of Fire)'로 불리기도 한다. 일본
은 환태평양지진대에 속한다.

1923년 이후 일본 열도 동쪽의 태평양에서는 아홉 번이나 규모 8.0
이상의 지진이 일어났다. 그 중 가장 강력한 것이 2011년 3월 11일 발
생한 9.0의 지진이었다. 훗날 일본은 3·11 대지진을 '동일본 대지진'
으로 명명했다. 동일본 대지진은 북미판과 태평양판 사이에 위치한 길
이 400여 킬로미터 이상, 폭 200킬로미터 이상의 섭입대(攝入帶, subductio-
n zone) 지역이 파열되면서 일어난 것으로 추정됐다. 섭입대는 '흡수돼
들어가는 일대'라는 뜻이다.

해저지진은 바닷물을 출렁이게 만들어 거대한 2차 피해를 유발한
다. 바다쪽 지각이 대륙쪽 지각 밑으로 들어가 해저가 크게 흔들린 것
을 비유해 본다면 물을 담고 있는 대야의 바닥을 흔들어준것과 같다.

사람들은 대부분 해안에 산다. 세계적인 대도시들은 대개 해안에서

100킬로미터 안쪽에 있다.

따라서 대양의 흔들린 물이 해안에 인접해 있는 도시나 촌락을 덮치면서 큰 피해를 일으킨다. 지진으로 1차 충격을 받은 후 '물 폭탄'을 맞으니 지구 최후의 날을 떠 올릴 수밖에 없다.

해저 지진으로 일어나는 물결이 너울이다. 바람에 의해 톱날처럼 일어나 달려오는 것이 파도라면, 너울은 울렁울렁하는 거대한 물결이라고 할 수 있다. 큰 파도를 맞으면 배는 '꽝' 하는 충격을 받는다. 그러나 너울은 훨씬 큰 물결이기에 충격을 받지 않고 물을 타고 넘는다. 너울을 만나면 배는 오르락내리락할 뿐이다.

파도는 너울에 비해 폭이 좁은 물결이기에 육지로 올라오는 높이가 낮다. 그러나 너울은 폭이 아주 넓은 물결이기에 육지로 올라오는 높이가 월등히 높아진다. 너울이 올라오면 바다가 넘쳤다고 하여 '해일(海溢)'이 일어났다고 한다.

한국은 해저지진으로 일어난 너울을 '지진해일'로 부르고 있다. 일본은 피해에 주목했다. 지진해일이 일어나면 사람이 몰려 있는 나루터로 거대한 '물더미'가 몰려와 배를 언덕으로 올려버리는 피해를 일으킨다. 옛날의 일본인들은 나루터(津)에서 일어난 물결(波)에 의한 피해에 주목해 '진파(津波)'로 적고 '쓰나미'로 발음했다. 일본은 쓰나미 피해를 자주 입기에 연구를 많이 했다. 그에 따라 쓰나미를 영어로 옮긴 Tsunami(쓰나미)가 세계적인 통용어가 되었다.

일본은 쓰나미 피해가 잦기에 해저 지진이 일어나면 바로 쓰나미에 대한 대비를 한다. 일본 동쪽 태평양에서 강력한 지진이 발생하자 일본 기상청은 즉각 쓰나미 경보를 발령했다. 첫 번째 경보는 지진 발생 3분 뒤인 오후 2시 49분에 내렸는데, 일본 기상청은 미야기 현에는 6미터, 후쿠시마 현에는 3미터의 쓰나미가 몰려올 것으로 발표했다.

이 발표에 따라 사람들은 대응에 들어간다. 해안에 있는 소방대나 의용소방대원들은 급히 방조제로 달려가 방조제 사이의 수문을 닫는

후쿠시마 원전 사고시 보도됐던 지진 현장모습
물바다 불바다가 된 참혹한 게센누마

것이다. 그러나 해저지진 직후에 발표하는 쓰나미 경보는 정확할 수가 없다. 지진의 규모를 토대로 추정해서 발표하는 것이라 현실과는 다를 수 밖에 없는 것이다.

쓰나미의 크기는 해저 지진의 규모에 의해서만 결정되지 않는다. 큰 여진이 계속되면 쓰나미는 더욱 높아진다. 일본 기상청은 지진 발생 28분 뒤인 오후 3시 14분 이와테 현에는 6미터, 미야기 현에는 10미터 이상, 후쿠시마 현에는 6미터의 쓰나미가 올 것으로 수정 발표했다. 이 발표 직후 1차 쓰나미가 몰아쳤다.

그로부터 4~7분 뒤 이와테 현의 미야고(宮古) 시와 가마이시(釜石) 시, 오후나도(大船渡) 시가 8미터가 넘는 쓰나미를 맞았다. 쓰나미의 높이는 지형에 따라서도 크게 달라진다. 12분 뒤에는 미야기 현 이시노마키(石卷) 시의 아유카와(鮎川) 항구 지역은 8.6미터의 쓰나미를 맞았다. 덮쳐오는 쓰나미의 속도는 시속 100킬로미터 정도이니 보면서도 피할 수 없었다.

물지옥, 불지옥

쓰나미는 큰 너울이기에 한 번만 오고 끝나지 않는다. 바다 쪽으로 쑥 물러났다가 크게 부풀면서 육지로 덮쳐오고 다시 바다로 쑥 물러났다가 다시 부풀어 덮쳐 오는 현상을 반복한다. 통상적으로 1차 쓰나미보다는 2차 쓰나미, 3차 쓰나미가 더 높은 편이다. 일본 기상청의 3차 발표는 지진 발생 44분 뒤인 3시 30분에 나왔다. 이때는 도호쿠 지역의 태평양 해안은 1차 쓰나미를 맞고 난 다음이었다. 기상청은 쓰나미의 최고 높이가 8~10미터일 것이라고 발표했다.

이와테 현 미야코(宮古) 시의 아네요시(姉吉) 마을은 지형 조건 때문에 무려 38.9미터까지 물이 치솟았다. 아네요시 마을은 쓰나미와 관련해 남다른 역사를 갖고 있는데, 이에 대해서는 미국의 〈뉴욕 타임스〉가 별도 기사로 다룬 바 있으니 뒤에서 다시 살펴보기로 한다.

미야기 현의 오나가와 정(町)도 하천을 따라 역류해온 '물 폭탄'이 둑을 파괴해, 천변(川邊) 마을 전부가 휩쓸려 가는 큰 피해를 입었다. 7만 4000여 명이 거주하는 미야기 현의 게센누마(氣仙沼) 시에서는 수마(水魔)로 넘어진 어선용 연료탱크에서 발생한 불이 물을 타고 내륙으로 흘러가 전 시가지를 불바다로 만들었다. 순식간에 물지옥 불지옥이 되었다.

이 쓰나미로 일본에서는 1만 5,719명이 사망했다. 이는 시신이 확인된 숫자다. 시신이 발견되지 않아 쓰나미에 휩쓸려 간 것으로 보이는 실종자는 4,616명 이었으니, 도합 2만 335명이 희생된 것이다. 2011년 6월 24일 기준으로 재산 피해는 16조 7,000억 엔(한화 약 215조 원)으로 추산됐다. 1995년 한신 대지진 때 피해액이 9조 6,000억 엔이었는데 2011년 3월 11일 대지진의 피해는 한신(阪神) 대지진의 1.8배에 달했다.

2만 335명을 쓰나미로 인해 희생된 사람 숫자라고 단정할 수는 없다. 쓰나미에 앞서 일어난 동일본 대지진으로 희생된 사람도 있으니까. 동일본 대지진으로 무너진 건물에 깔려 숨졌는데 30여 분후 들이닥친 쓰나미로 쓸려가 시신을 찾을 수 없게 된 사람도 있을 것이다.

일본 경찰과 소방대, 자위대는 오랜시간 동안 피해 지역을 뒤져 시신을 찾아냈다. 시신을 발견했을 때는 이미 너무 많이 부패돼 있어 사망 원인을 찾을 수 없는 경우가 많았다. 지진으로 무너진 건물에 깔려 숨졌는데, 쓰나미로 떠밀려 다닌 시신이 오랜 시간 지나 발견되면 압사(壓死)를 당한 것인지 익사(溺死)를 한 것인지 구분하기 어려워진다.

2011년 4월 19일 일본 신문들은 대지진과 쓰나미가 발생한 3월 11일부터 4월 11일 사이 이와테(岩手), 미야기(宮城), 후쿠시마(福島)의 세 개 현 사망자의 사인을 검시(檢屍)한 결과 1만 3,135구의 대상 시신 가운데 1만 2,143구(92.4퍼센트)가 익사한 것으로 판명됐다고 밝혔다. 불에 타서 숨진 시신은 148구(1.1퍼센트), 압사 등 기타 원인으로 숨진 것으로 판단된 시신은 578구(4.4퍼센트)였고, 나머지 266구(2.0퍼센트)는 사인이 분명하지 않았다.

세 현에서 연령이 확인된 시신은 1만 1,108구였다. 이 중 60세 이상의 노인층 희생자는 7,241구로, 신원이 확인된 전체 시신 수의 65.2퍼센트에 이르렀다. 60~69세가 2,124구(19.1퍼센트), 70~79세가 2,663구(24.0퍼센트), 80세 이상이 2,454구(22.1퍼센트)였다. 9세 이하와 10대, 20대는 각각 4퍼센트 이하로 조사됐다. 희생자는 노년층에서 많았던 것이다.

2011년 3월 11일 일본은 덮친 것은 거대한 공포였다. 그러나 공포는 시간이 지나면 언제 그런 일이 있었느냐는 듯 빠르게 희석된다. 그렇게 사람들은 역사를 이어왔다.

Chapter 2

매뉴얼 사회의 한계, 과학을 너무 믿었다

    쓰나미를 정면으로 맞은 태평양의 도호쿠 지방에는 당시 15기의 원자력발전소가 있었다. 한국은 원전 두 기를 묶어 원자력발전소로 명명한다. 두 기 이상의 원자력발전소가 있는 곳은 원자력발전본부로 부르고 있다. 여섯 기의 원전이 있는 울진원전을 예로 들면 1 ·2호기를 묶어 제1발전소 3 ·4호기를 묶어 제2발전소 5 ·6호기를 묶어 제3발전소로 부르고, 전체는 울진원자력본부로 명명했다.

    일본은 다르다. 일본은 우리의 원자력발전본부를 '원자력발전소' 혹은 그냥 '발전소'로 부른다. 각각의 원전은 1호기, 2호기 식으로 숫자를 붙여 부른다. 2011년 3월 12일부터 수소폭발 사고를 낸 후쿠시마 제1발전소는 여섯 기의 원전을 갖고 있었다. 일본은 이 단지를 그냥 '후쿠시마 제1발전소', 줄여서 '후쿠시마 1발'로 부르고, 그 안에 1호기~6호기가 있는 식으로 분류했다.

15기의 원전은 다섯 개 발전소에 흩어져 있었다. 제일 북쪽에 있는 것이 세 기가 있는 도호쿠(東北)전력의 '오나가와(女川)원자력발전소'이다. 그 바로 남쪽에 역시 도호쿠전력이 세운 '히가시도리(東通)원자력발전소'가 있는데, 이 발전소는 한 기의 원자력발전소를 갖고 있다. 그리고 남쪽으로 내려와 도쿄(東京)전력이 운영하는 여섯 기의 '후쿠시마(福島) 제1원자력발전소'와 네 기의 '후쿠시마 제2원자력발전소'가 있고, 더 남쪽에는 한 기의 원전만 있는 일본원자력발전(주)의 '도카이(東海) 2발전소'가 있었다(464쪽 그림 1 참조).

일본원자력발전(주)가 운영하는 도카이 2발전소는 도호쿠 지방이 아니라 간토(關東)지방에 속하는 이바라키(茨城) 현에 있다. 그러나 이 지역도 쓰나미를 맞았기에 이 글에서는 도호쿠 지방의 원전인 것으로 정리한다.

15기 가운데 동일본 대지진이 일어났을 때 가동하고 있던 것은 11기였다. 도호쿠전력의 히가시도리 원자력발전소의 한 기와 도쿄전력의 후쿠시마 제1발전소의 4·5·6호기는 핵연료 교체 등을 위한 정기점검을 위해 정지하고 있었다.

원전, 동일본 대지진 때 자동정지

모든 원자력발전소는 지진이 발생하면 자동으로 정지하게 설계돼 있다. 2011년 3월 11일 오후 2시 46분 동일본 대지진이 일어났을 때 일본에서 가동되고 있던 모든 원전에서는 자동으로 제어봉이 삽입돼, 2~3분 뒤 가동 중이던 모든 원전이 멈춰졌다.

원전 가동이 멈췄다고 해서 핵연료의 열이 식었다고 생각한다면 큰 오산이다. 원자로 안으로 들어간 제어봉은 모든 중성자를 흡수해 더 이상 핵분열이 일어나지 않게 할 뿐이지, 그 동안의 핵분열로 달아오를 대로 달은 핵연료를 바로 식혀주진 못한다. 시동을 끈 자동차의 엔진은 빨리 식지만, 핵분열을 멈춘 핵연료는 수십 년이 지나야 식는다. 10년 이상은 물을 펄펄 끓일 수 있는 에너지를 내는 것이다.

따라서 핵연료는 항상 물에 잠겨 있어야 한다. 정지한 원자로에서도 핵연료는 물을 계속 끓여 증기로 바꿔준다. 따라서 물이 줄어들어 핵연료가 물 밖으로 나올 수 있으므로 정지한 원자로에서도 계속 물은 공급되어야 한다. 비상 정지를 했더라도 원자로 안으로는 계속 물을 공급해 핵연료가 물에 잠겨 있게 해야 하는 것이다.

원전을 멈춰도 노심 용융이 일어날 수 있다

물이 공급되지 않아 물 밖으로 나오게 된 핵연료 상단은 열을 식히지 못해 녹아내리게 되는데, 이것이 바로 원전 사고 가운데 가장 위험한 '노심 용융'이다. 자동정지한 원자로 안으로 계속 물을 공급하려면 강력한 펌프를 돌려야 한다. 강력한 펌프를 돌려야 하는 이유는 원자로 안의 증기압이 매우 높기 때문이다. 후쿠시마 원전은 비등경수로인데, 가동 중인 비등경수로의 내부 압력은 80기압 정도다.

이렇게 압력을 뚫고 물을 넣어주려면 강력한 에너지로 펌프를 돌려주어야 한다. 강력한 에너지가 전기인데 이 전기는 외부에서 공급받는다. 원자력발전소가 원전 가동을 위해 외부로부터 공급받는 전기를 '소외(所外)전기'라고 한다. 소외전기는 변전소로 연결돼 있는 철탑을 이용해 받는다.

변전소와 원전이 주고받는 전기는 고압이다. 고압 전기는 사고 등을 당하면 큰 피해를 일으킬 수 있기에 큰 충격을 받으면 자동으로 차단하는 시설을 해놓는다. 변전소에도 해놓고 원전에도 해놓는다.

3월 11일 일본을 뒤 흔든 동일본 대지진은 워낙 강력했기에 후쿠시마 제1발전소의 소외전기는 그냥 차단된 게 아니라, 철탑이 쓰러지면서 차단됐다. 철탑을 다시 세우지 않는 한 복구가 불가능하게 된 것이다. 이것이 후쿠시마 제1발전소가 당한 1차적인 비극이다.

이 경우에 대비해 원전은 디젤엔진을 돌려 전기를 생산하는 비상발전기를 준비해놓는다. 후쿠시마 제1발전소는 원전 한 기당 두 기의 비상발전기를 배치해놓았다. 후쿠시마 제1발전소에는 여섯 기의 원전이 있으니 12기의 비상발전기가 배치돼 있었다. 한 기의 원전에서 필요한 전기는 한 대의 비상발전기로 충분히 생산할 수 있는데도 두 대를 배치한 것은 한 대가 고장 났을 때를 대비해놓은 것이다.

그리고도 부족했는지 후쿠시마 제1발전소의 모든 원전을 지원해 줄 수 있는 비상발전기 두 대를 추가로 배치해 놓았다. 이 두 기의 비상발전기는 각 호기마다 두 기씩 배치해놓은 비상발전기가 고장 났을 경우 지원해주는 역할을 한다. 후쿠시마 제1발전소에는 도합 14기의 비상발전기가 있었던 것이다.

소외전기가 끊어진 2~5분 뒤 후쿠시마 제1발전소에서는 모두 비상발전기가 가동돼 필요한 전기를 공급했다. 도호쿠지방에 있는 15기의 원전은 규모 6.4의 지진까지 견디는 2세대인데, 규모 7이상의 지진을 맞고 건재했다. 내진 설계치를 이겨낸 것이다. 그러자 진짜 위기는 40여 분 후 쓰나미가 달려오면서 벌어졌다.

후쿠시마 제1발전소는 거대한 쓰나미를 두 번 맞았다. 원전은 거대한 철근 콘크리트 구조물이기에 쓰나미의 물살에 쓸려가지 않았다. 그날 세상은 후쿠시마 제1발전소를 주목하지 않았다. 대지진에 이어 쓰나미 피해를 입고 초토화된 도호쿠지방의 해안도시에 주목했다. TV는 물바다+불바다가 된 게센누마 시 등의 모습을 주로 비쳐주었다.

〈표 6-1〉은 도호쿠 지역의 다섯 개 발전소를 지을 때 그곳으로 닥칠 것으로 예상했던 최대 쓰나미 높이와 그 높이를 고려해 원전을 지은 해발고도, 그리고 2011년 3월 11일 그곳으로 몰려온 쓰나미의 최고 높이

발 전 회 사	발 전 소	예상 쓰나미	원자력 발전소 부지 해발고도		발생 쓰나미 높이	결과
토호쿠 전력 (東北電力)	오나가와(女川)	9.1m	13.8m		13m	−0.8m
	히가시도리(東通)					
도쿄 전력 (東京電力)	후쿠시마(福島) 제1발전소	5.7m	1~4호기	10m	15m	+5m침수(사고발생)
			5~6호기	13m		+2m 침수
	후쿠시마(福島) 제2발전소	5.2m	12m		6.7m(부분적으로 15m)	−5.3 (부분적으로 +3m 침수)
일본원전 (日本原電)	후도카(東海) 제2발전소	5.7m	8m (방파벽은 6.1m 인데 구멍)		5.4m	방파벽 구멍으로 물이 들어와 해수펌프 1대 정지

필자 주: 히기사도리 원자력발전소 자료는 입수하지 못했음. 히가시도리 원전은 정기점검을 위해 정지 중 지진을 당해 외부전원이 끊어졌으나 비상발전기를 정상 가동했음. 쓰나미 피해를 전혀 입지 않았음.

를 정리한 것이다. 이 표를 보면 원전설계시 상정한 쓰나미 높이가 2011년 3월 11일 발생한 쓰나미 높이보다 훨씬 낮았다는 것을 알 수 있다.

사고를 당한 후쿠시마 제1발전소를 운영하는 도쿄전력은 그곳에서 일어날 수 있는 쓰나미의 최고 높이를 5.7미터로 보고, 1~4호기는 해발 10미터에, 5~6호기는 해발 13미터에 건설했다. 그런데 2011년 3월 11일 그곳으로 몰아친 쓰나미의 최고 높이는 15미터였다. 이러니 1~4호기 부지는 5미터 두께의 물에 덮이고, 5~6호기는 2미터 깊이의 물에 잠길 수밖에 없었다. 다른 원전들은 쓰나미에도 불구하고 비상발전기가 살아 있었으나 후쿠시마 1발전소는 그렇지 못했다. 이것이 후쿠시마 1발전소가 당한 두 번째 불행이었다.

과학을 너무 믿었다

원전은 24시간 돌아가야 하기에 근무조를 짜서 운영한다. 대지진이 일어난 시각, 1·2호기에서는 A조가 근무를 하고 있었다. A조 직원들이 대지진과 쓰나미를 겪은 일을 정리해 놓은 것을 보면 흥미롭다.

2시 46분 동일본 대지진이 일어나 크게 흔들렸을 때 A조 직원들은 지진이 이렇게 클 수 있다는 것을 생각하지 못한 듯 했다. 발전소에서는 거대한 쇠뭉치인 터빈이 고장나면 충격이 발생한다. A조 직원들은 터빈 등이 고장 났기에 강력한 진동이 일어난 것으로 생각했다. 그런데 여진이 이어지자, 큰 지진이라고 판단해 매뉴얼대로 건물을 빠져나와 언덕으로 피신했다.

언덕으로 피신한 다음에도 여진은 계속됐다. 일본은 자연재해에 대한 훈련이 아주 잘 돼 있다. 큰 자연재해에 대한 매뉴얼이 많이 작성돼 있다. 일본은 한 마디로 '매뉴얼 사회'다. 그러나 매뉴얼이 없는 사건이 일어나면 어떻게 해야 할 줄 모르고 우두커니 있다가 큰 피해를 당한다.

언덕에 있던 A조 직원들은 후쿠시마 제1발전소 앞의 바다가 뒤로 쑥 물러났다가 잠시 후 확 몰려오는 것을 목격했다. 그렇게 몰려온 1차 쓰나미의 높이는 4미터였다. 1차 쓰나미는 방파제에 부딪쳐 물러났다. 쓰나미를 본 직원들은 더더욱 근무지로 돌아갈 수 없었다.

8분 뒤 훨씬 큰 2차 쓰나미가 몰려왔다. 2차 쓰나미의 높이는 무려 15미터였으니 간단히 방파제를 넘어 해발 10미터와 13미터인 후쿠시마 제1발전소 부지 위로 몰려왔다. 순식간에 물바다를 만든 것이다. 원전은 워낙 단단하게 짓는 건물이기에 지진이 났다고 모두가 대피하지 않는다. 원전 안전에 관여하는 사람들은 제자리를 지키고 있었다.

쓰나미로 인한 후쿠시마 제1발전소 사망자는 단 두 명

1호기 조종실에 있던 직원들은 두 번째 쓰나미가 덮친 2분 뒤인 3시 37분, 1호기에서 비상발전기 전원이 나갔다는 신호가 들어온 것을 보았다. 그리고 4분 뒤 2호기에서도 비상발전기 전원이 나갔다는 신호가 들어왔다. 그러나 조종실에 있던 사람들은 현장 요원이 아니었기에 어디에서 어떻게 손을 써야 하는지 몰랐다. 이 일은 지진에 놀라 언덕으로 대피한 현장 요원들이 잘한다.

피신했던 현장 직원들은 쓰나미가 사라진 3시 52분부터 다시 근무지로 되돌아왔다. 그때 그들은 몰랐지만 1·2호기의 터빈건물에 직원 두 명이 숨겨 있었다. 이들은 쓰나미가 몰려올 때 건물 밖으로 나오지 못한 현장 요원이었다. 지진이 일어났을 때 떨어지거나 쓰러진 무엇인가에 맞아 숨졌거나 정신을 잃고 있다가, 쓰나미를 맞아 돌아올 수 없는 다리를 건넌 것으로 보였다.

이들이 후쿠시마 제1발전소에서 숨진 유이(唯二)한 사람이다. 후쿠시마 제1발전소는 전 세계를 놀라게 하는 폭발을 일으켰지만 대지진과 쓰나미가 일어난 시각에 숨진 이 두 사람을 제외하곤 누구도 죽지 않았다. 이는 방사선에 과대 피폭돼 숨진 사람이 전무하다는 뜻이다.

근무처로 돌아온 도쿄전력 직원들은 곧 비상발전기들이 멈춰선 이유 파악에 나섰다. 비상발전기가 멈춰선 이유는 간단했다. 원전에서 사용하는 비상발전기는 20피트 컨테이너만큼이나 크다. 도쿄전력은 이러한 비상발전기를 터빈건물 지하에 설치해놓았다. 비상발전기가 나갔으니 전기가 없어 창이 적은 터빈 건물 안은 암흑천지였다.

그러한 어둠을 뚫고 비상발전기를 찾아간 도쿄전력 직원들은 비상발전기를 놓아둔 지하실이 원전 부지를 덮친 바닷물에 완전 침수돼 있는 것을 발견했다. 비상발전기를 넣어둔 넓은 지하실은 쓰나미의 기운이 남아서인지 아직도 물이 출렁대고 있었다.

비상발전기를 가동하려면 바닷물부터 뽑아내야 하는데 이를 위해서는 양수기(揚水機)를 돌려야 한다. 양수기를 돌리려면 전기가 있어야 하는데, 전기를 생산할 비상발전기가 물에 잠겨 있으니 아무것도 할 수가 없었다. 후쿠시마 제1발전소는 원전 운영자들이 가장 두려워하는 '원자력 발전소의 완전 전원상실(SBO:Station Black Out)'에 직면한 것이다. 아뿔싸!

해발 15미터의 쓰나미가 몰려왔다는 점에서 후쿠시마 제1발전소 사고는 천재(天災)다. 과학적인 관측의 한계 때문에 피해를 보았으니 천재가 아니라고 할 수도 있겠지만, 15미터의 쓰나미가 오는 것은 누구도 예측하기 어렵다.

그러나 후쿠시마 제1발전소가 물바다가 되지 않으리라고 생각하고 설계한 것은 인재(人災)다. 최초 설계자가 1호기의 비상발전기를 터빈건물 1층에 놓도록 설계했다면 후쿠시마 제1발전소 사고는 일어나지 않았을 가능성이 높았다. 1호기가 비상발전기를 지하에 설치했기에 나머지 호기도 모두 비상발전기를 지하에 설치했다. 그렇다면 한국은 어떨까. 한국은 1층에 비상발전기를 설치해 놓았다. 따라서 쓰나미를 당해도 물이 빠져나가면 비상발전기를 수리해 돌릴 수 있다.

후쿠시마 제1발전소 사고 이후 세계의 원자력발전회사들은 대지진과 쓰나미가 겹쳤을 때 원전이 SBO 상황에 빠지는 것을 피하기 위한 아이디어를 짜냈다. 그 결과 많이 채택한 것 중의 하나가 트레일러를 이용하는 것이다. 비상발전기는 트레일러에 달아 끌고 다닐 수 있다. 원전에는 사고 시에 대비해 긴급 차량을 배치한 곳이 있다. 그러한 곳에 비상발전기를 달아 놓은 트레일러도 배치해 놓았다가 큰 지진이 일어나면 지진과 쓰나미 피해를 입지 않는 높은 개활자로 이동한다. 그리고 지진과 쓰나미가 끝난 뒤 원전으로 돌아와 전기를 생산해 대처하는 것이다.

테러와 전쟁, 자연재해에 대처하는 일을 하는 사람들 사이에서는 '상상할 수도 없는 일을 상상하고 생각할 수도 없는 일을 생각하라' 는 'Imagine the Unimaginable. Think the Unthinkable' 이라는 말이 회자된다. 후쿠시마 1발전소의 완전 정전은 이것을 떠올리게 한다.

일본은 아시아 최고의 선진국이다. 아시아 나라 가운데에서는 제일 먼저 개화를 했고, 제일 앞서 과학을 받아들였다. 일본은 태풍과 지진 등 자연재해가 많기에 기상 관측에 많은 노력을 기울여왔다. 그러나 일본이 과학을 받아들인 역사는 200년을 넘지 못한다. 지구의 나이는 45억 년이 넘는다. 45억 년의 역사 속에는 조족지혈(鳥足之血)인 200년 사이에는 도저히 감지할 수 없는 숱한 사건들이 숨어 있다.

과학을 너무 믿은 일본

일본은 좀 더 현명했어야 한다. 일본 최고(最古)의 역사서는 지금으로부터 1300년 전인 712년에 나왔다는 『고사기(古事記)』이다. 고사기는 한국 최고의 역사서인 『삼국사기(三國史記, 1145년 편찬)』보다 먼저 나왔다. 이러한 옛 사서들은 나름의 방법으로 천재지변을 기록해 놓았다. 차이는 과학적인 측정이 아니라는 것뿐이었다.

쓰나미 발생 9일 뒤인 3월 20일자 〈뉴욕타임스〉가 흥미로운 보도를 내놓았다. 쓰나미 피해를 크게 입은 이와테 현 등 일본 동북부 해안에는 쓰나미에 대한 위험을 적어 놓은 비석이 수백 개 있다고 보도한 것이다.

▌ 아네요시 마을 앞의 쓰나미 경고 비
이 비석 밑으로는 '집을 짓지 마라'는 글귀가 새겨진 아네요시 마을 앞의 쓰나미 경고 비석(작은사진)
오른쪽은 쓰나미 피해를 잊지 말라는 뜻에서 큰 비석을 세운 경우다.

대지진 당일 이와테 현 미야코(宮古) 시의 아네요시(姉吉) 마을은 지형 조건 때문에 무려 38.9미터까지 물이 치솟아 주목을 끌었다. 그런데도 큰 인명 피해를 입지 않았다. 뉴욕타임스는 '아네요시 마을 어귀에는 이 비석 아래로는 집을 짓지 말라는 내용의 비석이 서 있었는데, 3월 11일 몰려온 쓰나미는 이 비석에서 40미터 떨어진 지점까지 물을 몰고 왔다. 이 마을의 타미시게 기무라 촌장은 "선조들이 쓰나미의 공포를 알았기에 후손에게 경고하기 위해 이 비석을 세웠다"라고 말했다'고 보도했다.

뉴욕타임스의 보도에 따르면 쓰나미를 경고한 비석 중에는 600년이 넘은 것이 있고, 경고의 강도를 높이기 위해서인지 높이가 3미터에 달하는 거대한 것도 있었다고 한다. 아네요시 마을의 비석은 '집을 어느 높이에 지어야 할지'를 적시한 거의 유일한 경우라고 했다.

『고사기(古事記)』를 비롯한 일본 역사서들은 쓰나미에 대한 기록을 많이 갖고 있다. 이러한 자료를 참고했다면 그들은 그렇게 낮은 곳에 원전을 짓지 않았을 것이다. 200년도 안 된 현대 과학만 믿고 역사를 무시한 것이 후쿠시마 제1발전소의 세 번째 비극이었다.

일본인들은 태평양을 나눠 동북쪽은 동해, 남동쪽은 남해로 부른다. 동해에서 지각 변동이 일어나면 그 충격으로 남해에서도 바로 지각 변동이 일어날 수 있다. 이렇게 되면 물은 더욱 출렁거려 쓰나미는 더욱 높아진다. 이를 일본인들은 '난카이(南海)·도카이(東海) 지진'이라 한다. 두 개의 지진이 연동해서 일어난 것이라 '연동(聯動)지진'이라고도 한다.

그리고 또 하나의 지각이 흔들려 3연동 지진이 일어나면 피해는 더욱 커진다. 도호쿠 대지진이 3연동 지진으로 판단됐다. 근대 일본 역사상 최대의 쓰나미를 당한 것이다. 이것이 후쿠시마 제1발전소에 돌이킬 수 없는 완전정전(SBO)을 초래했다.

Chapter 3

일본의 한계가 가져온
돌이킬수 없는 수소 폭발

전기가 끊어짐으로써 물을 공급받지 못하게 된 원자로는 자동정지 했더라도 금방 물이 줄어들어 핵연료 상단부터 빠르게 물 밖으로 나온 다. 이것을 원전 세계에서는 '냉각수 상실 사고', 영어로는 'LOCA(Loss Of Coolant Accident)'라고 한다.

LOCA는 모든 전원을 상실한 SBO 상황이 아니어도 맞을 수 있다. 그럴 때는 전원이 있으니 원자로 안으로 물을 공급하는 다른 방법을 찾 아볼 수 있다. 그러나 SBO로 완전 전기를 상실했다면 LOCA는 해결하 기 어려워진다.

LOCA 상황을 맞아 물 밖으로 나온 핵연료가 핵분열을 하고 있다면 더 빨리 녹아내린다. 그러나 핵분열을 하지 않아도 자체 열이 워낙 높 기에 핵연료는 녹아내린다. 녹아내린 핵연료는 원자로 바닥으로 떨어 지는데, 높은 열로 30센티미터쯤 되는 특수강으로 만든 원자로 바닥이

후쿠시마 제1발전소 전경
수소폭발을 일으켜 두 줄기의 흰 연기가 올라오는 후쿠시마 제1발전소 전경

녹아 구멍이 생기기 시작한다. 마침내 바닥이 뚫리면, 그때까지 원자로 안에 남아 있던 물도 순식간에 이 구멍으로 빠져나가 버린다.

"원자로가 뚫렸다"

원자로는 구멍이 났다 하면 내부의 높은 압력 때문에 증기와 물이 바로 빠져나가 버리고 안에는 물 밖으로 완전 노출돼 더욱 빨리 녹는 핵연료만 남는다. 원자로가 뚫리지 않은 상태에서 노심이 녹는 것도 위험한데 원자로가 뚫리면서 노심이 녹았다면 7등급 가운데에서도 가장 위험한 7등급이 되는 것이다.

SBO 상황을 맞은 후쿠시마 제1발전소에서 가동하다 비상정지한 네 기의 원전들은 이러한 상황을 향해 치닫고 있었다. 노심용융으로 원자로도 뚫리는 사고가 일어나면 믿을 것은 원자로를 둘러싸고 있는 격납건물뿐이다. 그러나 원자로를 녹이고 나온 핵연료는 격납건물 바닥도 녹여 버린다. 그리고 함께 빠져나온 물을 끓여 증기로 만들기에 컨테이너 안의 증기압도 높아진다.

스리마일 섬-2호기 사고는 이 단계에서 직원들이 격납건물 안으로 대량의 물을 집어넣어 핵연료를 냉각시켜 더 이상의 사고를 막은 경우였다. 스리마일 섬-2호기는 전기가 있었기에 컨테이너 용기 안으로 신속히 물을 넣을수 있었다. 체르노빌-4호기도 같은 사고인데 격납건물이 없었기에 물을 넣을수 없었다. 후쿠시마 제1발전소는 격납건물은 있었으나 모든 전기가 나가 격납건물 안으로 물을 넣을수 없는 경우였다.

3월 11일 밤 8시 50분쯤 도쿄전력은 1호기 사고를 피할 수 없다고 보고 1호기 반경 2킬로미터 안에 있던 인원 1,864명을 건물 안으로 들어가라고 지시했다. 이 소식이 알려지자 쓰나미 피해 보도에 정신이 없던 일본 언론들이 고개를 돌렸다. '쓰나미 피해만 해도 엄청난데 더 큰 사고가 일어나느냐' 란 의문을 품고서.

그날 밤 9시 40분 1호기에서 경보가 발생했다. 원자로가 훼손된 것이 분명해진 것이다. 9시 23분 도쿄전력은 '원자력재해특별조치법'에 따라 1호기 반경 3킬로미터 밖으로 대피하라는 지시를 내렸다. 그러나 그 날 밤에는 사건이 일어나지 않았다. 수소 폭발이라고 하는 사건이.

노심용융이 일어난 원자로에서는 수소폭발이 일어난다. 핵연료를 감싸고 있는 봉은 '지르코늄(Zirconium)' 이라는 금속으로 만든다. 지르코늄은 지르콘(Zircon)이라는 광물로 만든다. 원자로는 물을 끓여 증기를 만드는, 특수강으로 만든 거대한 물통이다. 따라서 원자로 안에 들어갈 물질은 고온(高溫)의 물에 오래 담겨 있어도 부식되지 않아야 한다. 지르코늄은 물에 잘 부식되지 않는 성질을 갖고 있다.

핵연료를 핵 분열시키려면 인위적으로 중성자를 쏴줘야 한다. 따라서 핵연료를 감싸고 있는 물질은 외부에서 쏴준 중성자를 잘 통과시켜야 한다. 지르코늄은 중성자를 잘 통과시키는 성질을 갖고 있다. 핵분열 중인 핵연료는 상당히 뜨거워지므로, 핵연료를 감싸고 있는 물질은 높은 온도에서도 물성(物性) 변화를 일으키지 말아야 한다. 지르코늄은 높은 온도에서도 강도를 유지하는 특성이 있다.

핵분열을 하는 핵연료에는 강한 방사선이 나오는데 지르코늄은 방사선을 쐬도 끄덕하지 않는다. 방사선을 쏘인 물질 가운데 일부는 방사성 동위원소를 생성하는데, 지르코늄은 그러한 일도 하지 않는다. 핵연료를 담는 재료로는 최고인 것이다. 하지만 지르코늄에도 한계가 있다.

원자로 안의 물이 줄어들어, 핵연료가 물 밖으로 드러나 과열됐을 때 내는 열은 견디지 못해 녹는 것이다. 물이 공급되지 않는 원자로에서는 줄어든 물은 증기로 변모하므로 원자로 안은 증기로 자욱해진다. 이러한 수증기가 녹아내린 지르코늄을 만나면 이산화지르코늄을 만들면서 수소를 발생시킨다. 이를 화학식으로 정리하면 Zr(지르코늄)+$2H_2O$ (지르코늄)+$2H_2O$(물)$\Longrightarrow ZrO_2$(이산화지르코늄)+$2H_2$(수소)가 된다.

지르코늄이 이산화지르코늄이 되는 과정은 열이 나는 발열(發熱) 반응이다. 열이 나면 반응 속도는 더욱 빨라지니 지르코늄은 더 빨리 이산화지르코늄으로 변한다. 발생하는 수소의 양도 급증한다.

수소는 세상에서 가장 가벼운 기체다. 가벼운 수소는 격납건물 안에서 가장 높은 곳으로 떠오른다. 이렇게 해서 생겨난 수소의 농도가 4퍼센트 이상이 되면 주변에 있는 산소와 결합해 연소할 수 있다. 수소의 농도가 10퍼센트를 넘기면 연소가 아니라 강력한 폭발을 일으킨다(수소폭발).

원자로가 뚫린 후쿠시마 제1발전소 1호기는 수소폭발을 향해 나가고 있었다. 믿을 것은 격납건물이 견뎌주는 것뿐이다. 그런데 격납건물 바닥도 녹은 핵연료로 구멍이 뚫리고 있었다. 마지막으로 남은 방법이 하나 있었다. 격납건물의 밸브를 열어 가득 찬 증기를 빼내고 소방차 등을 이용해 주변에 무진장으로 있는 바닷물을 격납건물 안으로 넣어 전체를 냉각시키는 것이다.

후쿠시마 제1발전소 소장은 요시다 마사오(吉田昌郎, 당시 56세) 씨였다. 요시다 소장은 원자로가 훼손됐다는 것을 확인한 때부터 격납건물의 밸브를 열어 증기를 빼내고 해수를 주입하는 것 외에는 사고를 막을 방법이 없다고 보았다. 그러나 해수를 넣은 것은 명목상으로는 1조 원이 넘는 원자로를 버리는 것이라 결심하지 못했다. 이 결심은 도쿄전력의 CEO가 해주어야 한다. 가츠마타 쓰네히사 회장이나 시미즈 마사타카(清水正孝) 사장이 용단을 내려주어야 한다.

혼자서 독배를 마실 수는 없다

그러나 모두가 침묵했다. 원자로 안에 해수를 넣어 원자로를 못 쓰게 하는 것은 혼자서 독배(毒杯)를 마시는 일이 될 수 있기 때문이었다. 해수를 주입한 후 추가 사고 없이 마무리를 했다. 그런데 누군가가 "해수를 넣지 않아도 됐는데 무리해서 넣어, 1조 원이 넘는 자산을 날렸다"고 비난하면 이를 막을 방법이 없기 때문이다. 일본은 자본주의 사회고, 도쿄전력은 주식회사다. 주주의 힘이 막강한 기업인 것이다.

해수 주입을 결정한 사람은 큰 사고와 큰 피해를 막았지만 1조 원을 날려버린 것에 대해 책임을 져야 한다. 당시 도쿄전력은 가시와자키 카리와 망령에 젖어 있었다. 가시와자키 카리와 발전소는 도쿄전력이 운영한 세 개의 원자력발전소(후쿠시마 1발과 2발, 가시와자키 카리와) 가운데 가장 신형이고 가장 큰 단지였다. 가시와자키 카리와 발전소에는 일곱 기의 원전이 있었다.

이 발전소는 동해쪽인 니가타 현에 있다. 2007년 7월 16일 니가타 현 앞바다에서 규모 6.8의 강진이 일어났다. 2·3·4·7호기는 가동하고 있었고 1·5·6호기는 정비를 위해 정지 중에 있었다. 1·5·6호기가 받은 충격은 이 원전의 내진(耐震) 설계치를 약간 초과한 것으로 조사됐다. 그리고 지진 이전부터 정지하고 있던 3호기의 주(主) 변압기에서 화재가 일어났다.

지진 직전까지 가동하고 있던 6호기에서는 정해진 관로로 흘러야 하는 계통수(水) 1.2톤이 누설돼 바다로 흘러들었다. 계통수의 오염 정도는 규제치 이하였지만, 지진으로 인해 원전에서 화재가 나고 방사능이 섞인 물이 바다로 흘러갔다는 사실은 주변 지방자치단체를 긴장시켰다.

니가타 현을 비롯한 자치단체들은 가시와자키 카리와 원전 재가동을 허용하지 않으면서 도쿄전력에 확실한 안전 검사를 하라고 요구했다. 도쿄전력은 안전검사를 하고 재가동을 해도 좋다는 판정을 받았지만 지방자치단체들은 내진 부문 등이 약하다며 안전장치 추가를 요구하며 재가동을 승인하지 않았다.

전력회사는 전기를 생산해야 이윤을 얻는다. 따라서 지방자치단체들이 요구하는 안전검사에 응하고, 필요한 보강조치를 했다. 그런데도 지방자치단체들은 더 큰 지진이 일어났을 때는 어떻게 할 것이냐며 그에 대한 대책 마련을 요구하며 재가동 승인을 미뤘다. 지방자치단체들은 한 호기마다 정밀한 검사를 한 후 재가동을 허용했다.

가시와자키 카리와 발전소의 일곱 기 원전은 2010년에야 모두 가동할 수 있었다. 지방자치단체장들은 선거권을 쥔 주민들을 의식하지 않을 수 없었을 것이다. 자신이 주민 안전을 위해 노력한다는 것을 보여주고 싶었을 것이다.

그 결과 도쿄전력은 매출과 이익에서 큰 손해를 보았다. 이러한 기억이 있으니 도쿄전력은 후쿠시마 제1발전소의 원전에 해수를 주입해 더 큰 사고를 막고 원자로를 버린다는 결정을 내리지 못했다. 핵연료가 녹아내리는 1호기에 해수를 넣어야 한다는 것은 원자력을 하는 사람들은 다 아는 상식이다. 그런데도 누구도 결심하지 못하고 있는 사이 1호기에서 수소폭발이 일어났다.

12일 날이 밝고 정오까지 넘긴 오후 3시 36분 1호기에 강력한 폭발이 일어나며 흰 증기가 격납건물 밖으로 올라왔다. 격납건물이 깨진 것이다. 그 순간 '어, 어~' 하고 있던 전 언론이 후쿠시마 제1발전소로 방향을 돌렸다. 세상은 쓰나미가 아닌 원전 사고에 주목하기 시작한 것이다.

쓰나미에서 후쿠시마로 관심 이동

1호기에서는 계속 수소가 발생하니 다시 폭발할 수가 있다. 수소 폭발이 계속되면 격납건물은 더욱 많이 깨져 피해가 커지니 수소 폭발을 막아야 한다. 격납건물이 완전 훼손되면 체르노빌-4호기와 같은 사고가 된다. 이를 막으려면 해수를 주입해야 한다. 그러나 도쿄전력의 지도부는 침묵했다. 그러자 요시다 마사오 소장이 독단으로 1호기에 해수 주입을 지시했다.

후쿠시마 제1발전소 직원들은 12일 오후 7시 4분부터 자동차 엔진으로도 돌릴 수 있는 소화(消火)펌프를 이용해 바닷물을 1호기 원자로 안과 격납건물 안으로 보내기 시작했다. 요시다 소장은 이를 본사에 보고했다. 본사에는 가타부타 말이 없었다고 한다. 따라서 요시다 소장의 결정을 추인해준 것으로 이해됐다. 그런데 엉뚱한 일이 일어났다. 도쿄전력은 엄청난 사고를 일으킨 만큼 직원을 총리실에 보내 상황 보고를 하고 있었다. 도쿄전력 측은 이 직원을 통해 추가 수소폭발을 막기 위해 1호기에 해수를 주입하고 있다는 것을 간 나오토(菅直人)

일본 총리에게 보고하게 했다. 간 나오토 총리는 도쿄(東京)대학 이학부 응용물리학과를 졸업했다. 물리학은 원자력공학과 연결되니 그는 원자력에 대한 이해가 많았을 것이다. 그러나 후쿠시마 제1발전소 1호기 폭발에 대해 그릇된 정보를 갖고 있다면 잘못된 판단을 할 수 있다.

후쿠시마 제1발전소 1호기가 수소폭발을 한 후 도처에서 해수를 주입해 추가 폭발을 막아야 한다고 하자, 간 나오토 총리는 도쿄대학 교수로 내각의 원자력안전위원회 위원장을 맡고 있는 마다라메 하루키(班目春樹) 위원장에게 "1호기에 해수를 주입하는 것이 재임계(再臨界)를 일으킬 수 있느냐"고 물었고, 마다라메 위원장은 "그럴 수 있다"고 대답했다(2011년 5월 22일 도쿄전력 발표한 것을 요미우리신문 보도한 것 근거).

해수를 주입할 경우 핵분열을 멈춘 핵연료가 다시 핵분열(재임계)할 가능성은 제로에 수렴하는 쪽으로 존재한다. 반면 과열된 핵연료를 식혀 추가 수소폭발을 막는 가능성은 100퍼센트에 수렴하는 쪽으로 존재한다. 마다라메 위원장은 과학자이기에 제로에 수렴하지만 가능성은 있다고 대답한 것 같은데, 간 나오토 총리는 해수를 넣으면 무조건 핵연료가 다시 핵분열 하는 것으로 이해했다.

물러난 간 나오토 총리

이러한 때 총리실에 나와 있는 도쿄전력 직원이 "해수를 주입했다"는 보고를 하자, 간 나오토 총리실은 "1호기가 재임계(再臨界, 다시 핵분열 하는 것) 하는 것 아니냐"며 "왜 해수를 넣어야 하는가?"라고 반문했다. 총리 관저에 파견돼 있던 도쿄전력 관계자는 본사에 "총리의 판단이 없으면 해수 주입은 실시하기 어려운 분위기"라고 에둘러 전했다. 일본은 분명하게 표현하지 않는 사회다. '그럴 것이다'라고만 해도 그렇게 하는 사회다.

연락을 받은 도쿄전력 본사는 후쿠시마 제1발전소와 연결된 화상회의 통신망을 통해 오후 7시 25분 후쿠시마 제1발전소에 1호기에 대한 해수 주입을 중단하라고 지시했다(강력한 지진에도 불구하고 본사와 발전소 사이의 화상통신망이 살아 있었다는 것이 신기하다. 화상통신을 하는 전원은 가동됐던 모양이다). 이 지시를 받은 요시다 소장은 무시하기로 했다.

그러나 본사의 지시이니 직원들에게 전달은 해야 한다. 직원들을 부른 그는 "지금부터 하는 말은 듣지 말라"고 전제한 뒤, "본사에서 해수 주입을 중단하라는 지시를 내렸다"라고 말했다. '지금부터 하는 말은 듣지 말라'고 전제한 뒤 본사가 내린 '해수 주입 중단 지시'를 작업요원들에게 전파한 것이니, 본사의 지시를 어기고 해수 주입을 계속하라고 지시한 것이 된다.

직원들은 본사와 현장 사이에 혼선이 있다는 것을 알아챘다. 그들은 급히 추진하던 해수 주입을 천천히 추진했다. 그 사이 간 나오토 총리실은 해수를 넣을 경우 1호기가 재임계 할 가능성은 얼마인지 알아보게 했다. 저녁 7시 40분 전문가들은 해수를 넣을 경우 1호기가 재임계 할 가능성은 제로에 가깝다고 정확히 보고했다.

이 보고를 받은 간 나오토 총리가 7시 55분쯤 도쿄전력 직원에게 "1호기에 해수를 주입해도 좋을 것 같다"는 이야기를 했다. 직원으로부터 이 보고를 받은 도쿄전력 본사는 요시다 소장에게 즉각 해수 주입 재개를 지시하지 않았다. 총리 뜻을 정확히 파악하기 위해 시간을 보낸 후 총리가 생각을 바꿨다는 것이 확인되자 비로소 요시다 소장에게 해수 주입 재개를 지시했다. 그때가 저녁 8시 20분이었다. 도쿄전력은 25분이라고 하는 시간을 허비한 것이다.

8시 20분 본사에서 해수 주입 재개 지시가 내려오자 요시다 소장은 담담하게 본사 지시를 직원들에게 전파했다. 직원들은 본사와 소장 간의 문제가 풀렸구나 하면서 하던 해수 주입을 계속했다. 얼마 후 본사는 요시다 소장이 본사의 지시를 묵살하고 계속 해수를 주입시켰다는 것을 알고 구두 주의조치를 주었다. 묵살한 것은 사실이기에 요시다 소장은 항거하지 않았다. 전형적인 매뉴얼 사회의 모습을 보인 것이다.

그런데 얼마 후 도쿄전력 본사가 요시다 소장에게 해수 주입 중단을 지시한 것은 총리실 의견 때문이라는 사실이 확인되자 정치권이 관심을 기울였다. 일본 국회에서 간 나오토 총리가 그때 "해수 주입을 중단하라"고 말했는지를 놓고 논란이 벌어진 것이다. 그러나 거기까지였다. 일본 국회는 더 이상 총리의 실수를 따지지 않았다. 일본 언론도 총리의 판단 미스를 집요하게 물고 늘어지지 않았다.

이유는 더 큰 사고가 났기 때문일 수 있다. 1호기에 이어, 3호기 2호기, 4호기에서 같은 폭발이 일어났다. 네 개 호기에서 방출된 방사성 물질에 의한 피해를 막는 것이 급선무가 됐기에 총리실의 허접한 개입을 따질 개재가 아니었다.

중요한 순간에 소심한 결정과 엉뚱한 판단을 한 지도자는 오래가지 못한다. 간다고 해도 지도력을 상실한다. 간 나오토 총리는 동일본 대지진과 쓰나미, 후쿠시마 제1발전소 사고 5개월 뒤인 2011년 8월 말 사임하고, 같은 민주당의 노다 요시히코(野田佳彦)가 새 총리대신이 되었다.

Chapter 4

사고 후 대처를 잘 한 일본

후쿠시마 제1발전소에서 연이어 일어난 수소 폭발 사고는 원전을 운영하는 모든 나라를 긴장시켰다. 세계 6위의 원자력 발전설비를 갖추고 있던 한국도 긴장하지 않을 수 없었다. 다행히도 한국은 수소 폭발에 대해 일찍 대비를 했다. 한국 최초의 상업용 원전인 고리 1호기는 2008년 설계수명 30년을 맞아, 더 사용해도 되는지 검사를 받게 되었다. 고리 1호기는 이 검사를 통과해 2009년부터 10년간 더 계속운전을 해도 좋다는 허가를 받았다. 고리 1호기를 상대로 검사를 하기 전 대한민국 정부는 고리 1호기 운영자인 한국수력원자력(주)에 원자로 노심이 녹아 수소폭발이 일어나는 상황에 대한 대책을 세우라고 요구했다. 2007년 과학기술부는 2007-18이란 고시를 통해 '계속운전에 들어간 원전에서 원자로 노심이 녹는 용융사고가 일어났을 때 발생하는 수소가 산소와 결합해 폭발하는 문제를 없애는 방안을 만들라'고 요구한 것.

수소제거기 설치한 한국원전

그에 따라 한국수력원자력이 2009년 고리 원전1호기에 설치한 것이 '무전원(無電源)수소제거기'이다. 이 기기는 외부전원과 비상발전기 전원 등 모든 전원이 끊어졌을 때도 녹은 핵연료에서 발생하는 수소를 제거하는 기능을 한다. 작동 원리는 매우 간단하다. 촉매를 이용해 수소와 산소를 결합시켜 물로 만듦으로써 수소농도를 떨어뜨리는 것이다.

약간의 에너지를 가해 수소 분자 두 개와 산소 분자 한 개를 만나게 해주면 물이 된다는 것은 상식이다. 이를 화학식으로 표현하면 $2H_2+O_2=2H_2O$(수증기)가 된다. 이 결합기는 에너지 없이 촉매를 이용해 수소를 물로 바꿔주는 것이라 과거에는 '피동 촉매형 재결합기(Passive Auto-catalytic Recombiner: PAR)'로 불렸다.

한국수력원자력(주)은 격납건물 안에 두 종류의 무전원수소제거기를 설치했다. 첫째는 '설계기준 사고용 제거기'이고 둘째는 '중대 사고용 제거기'이다. 설계기준 사고용 제거기는 격납건물 안의 수소 농도를 4퍼센트 이하로 유지하는데 사용된다. 정상가동하는 원자로를 품고 있는 격납건물 안에서 수소 농도가 4퍼센트까지 올라가는 경우는 매우 드물다. 원자로 안에 있는 핵연료가 녹아 원자로 바닥을 녹이고 나와 수소를 발생시켜야 이 정도의 수소가 발생한다.

격납건물에서 수소 폭발이 일어나는 것은 위험하기에 원전을 설계할 때는 격납건물 안의 수소 농도가 4퍼센트 이하가 되도록 설계한다. 이러한 설계기준치를 맞추기 위해 여

▌ 원자로에 발생하는 수소를 촉매로 태워 없애는 수소제거기.
한국은 이 시설을 모든 원전에 설치한다.

러 이유로 발생한 수소의 농도를 4퍼센트 이하로 낮춰주는 것이 '설계기준 사고용 제거기'이다. 그러나 이 제거기는 격납건물이 녹지 않았을 때부터 가동한다. 격납건물 안의 수소 농도가 2퍼센트가 되면 자동으로 가동해 수소 농도를 낮춘다.

격납건물 안의 수소 농도가 10퍼센트가 되면 수소는 산소와 결합해 수소 폭발을 일으킨다. 격납건물 안의 수소 농도가 10퍼센트까지 치솟는 것은 원자로 안의 핵연료가 원자로를 바닥을 녹이고 격납건물 바닥에 떨어졌을 때이다. 이는 원자로 안의 핵연료가 녹는 것이라 중대사고(重大事故)로 불린다. 중대사고용 제거기는 원자로가 녹아 다량의 수소를 발생시킬 때 작동하는 것이 원칙이다.

그러나 이 제거기도 수소 농도가 2퍼센트가 되면 바로 가동한다. 격납건물 안의 수소 농도가 2퍼센트에 이르면 설계기준 사고용 제거기와 중대사고용 제거기가 모두 가동하는 것이다. 2009년 한국수력원자력은 두 종류의 제거기를 계속운전에 들어간 고리1호기에 설치했다.

그런데 후쿠시마 제1발전소에서 수소폭발이 일어나자 과학기술처의 후신인 교육과학부는 모든 원전에 이것을 설치할 것을 요구했다. 그에 따라 조만간 계속운전에 들어가기 위해 안전성 검사를 받으려고 하는 월성1호기에 먼저 설치하고 이어 2013년까지 가동 중인 모든 원전에 설치하기로 했다.

한국은 비상 발전기 실이 쓰나미로 침수되지 않도록 밀봉 처리하고, 컨테이너 차량으로 옮길 수 있는 비상발전기도 준비했다. 후쿠시마 사고의 교훈을 단단히 배운 것이다.

소외(所外)전원 복구로 간신히 사태 진정

해수 주입을 했지만 1호기에서는 계속 작은 수소폭발이 있었다. 2호기, 3호기, 4호기도 수소폭발이 일어났다. 이는 해수가 격납건물 안으로 제대로 들어가지 못했다는 뜻이다. 1호기의 수소폭발로 격납건물이 깨져 방사능이 누출됐으니 멀리서 물을 넣어야 했다. 그러니 제대로 물이 격납건물 안으로 들어가지 못했다. 고압소방차로 물을 쏴 격납건물 안으로 물이 들어가게 하고, 헬기로 물 폭탄을 떨어뜨려 깨진 격납건물 틈으로 물이 들어가게도 해보았다. 그러나 모두 효과가 없었다. 일본 자위대와 미군도 달려와 협조했으나 성과는 미미했다. 사태는 3월 19일 외부전원을 복구함으로써 반전했다.

전기가 들어오자 펌프를 돌려 격납건물 안으로 대량의 해수를 넣어 바로 냉각시킬 수 있었다. 그러나 격납건물이 훼손됐기에 격납건물 안으로 집어넣은 물이 새 나왔다. 그 물은 방사선에 오염돼 있으니 따로 모아 제염처리를 해야 했다. 격납건물 전체가 냉각된 후 도쿄전력은 본격적으로 후쿠시마 1발전소 수습에 들어갔다. 일본 국민들은 훼손된 격납건물로 빠져나간 방사성 물질에 자신과 가족들이 오염되지 않을까 하는 두려움에 빠져들었다.

도쿄전력은 깨진 격납건물 틈 사이로 방사성 물질이 나가는 것을 막기 위해 7월부터 9월 사이 원자로 건물 외부를 벽으로 둘러싸는 공사를 해 후쿠시마 사태는 일단락됐다. 후쿠시마 제1발전소 사고는 원자로가 훼손돼 핵연료가 밖으로 나왔고 격납건물까지 훼손됐기에 국제원자력기구가 규정한 사고 등급에 따르면 가장 위험한 7등급에 해당한다. 그러나 격납건물이 훼손만 되고 버티고 있었기에 체르노빌-4호기처럼 큰 피해를 일으키진 않았다.

도쿄전력은 수소폭발이 일어난 후 오히려 잘 대처했다. 7등급 사고시의 매뉴얼대로 행동한 것이다. 때문에 7등급 사고를 당했음에도 단한 명도 희생되지 않았다. 쓰나미 때 희생된 두 사람이 유일한 희생자였다. 도쿄전력은 직원을 투입할 때도 나름대로의 기준으로 방사선에 대한 방호를 철저히 했다.

일본 후생노동성은 원전 작업자는 연간 100밀리시버트 이하의 방사선만 쬘 수 있다고 규정해 놓았다. 이는 일본만이 아니라 한국을 비롯한 전세계 대부분의 나라들이 채택한 규정이다. 그러나 500밀리시버트까지는 별 문제가 없다. 수소폭발을 한 후쿠시마 제1발전소를 수습해야 하는 직원들은 더 많은 방사선을 쬘 수밖에 없다. 일본 후생성은 후쿠시마 사고를 계기로 일시적으로 원전 종사자들은 연간 250밀리시버트 이하까지 노출 되도 좋다고 완화했다.

방사선 피폭 문제와 관련해 요시다 마사오 소장이 언론의 주목을 받은 일이 있었다. 후쿠시마 제1발전소 사고를 수습하면서 요시다 마사오 소장은 70밀리시버트의 방사선을 쬔 것으로 조사됐다. 그런데 후쿠시마 사고가 어느 정도 수습된 2011년 11월 치른 건강검진에서 그의 몸에 식도암이 있다는 진단이 나왔다.

요시다 소장이 식도암에 걸렸다는 사실이 알려지자 후쿠시마 제1발전소 사고를 수습하다 쬔 방사선 피폭 때문이 아닌가란 의문이 제기됐다. 70밀리시버트의 방사선을 쬐고 식도암에 걸린 경우는 없다. 도쿄전력 측은 즉각 "식도암은 잠복기간이 5년이기에 요시다 소장이 방사선을 많이 쬐 식도암에 걸렸을 가능성은 지극히 낮다"며 냉정히 정리해 버렸다. 과학적인 설명이었던 만큼 일본 언론들은 요시다 소장의 식도암 문제를 더 이상 거론하지 않았다. 일본은 한국 보다 쿨(cool)한 사회임이 틀림없다.

Chapter 5

재후(災後)시대, 그래도 원자력이다
'원전 제로' 정부방침으로 선택하지 않아

사고를 당한 후쿠시마 제1발전소는 도대체 어떤 모습일까. 도쿄전력은 쓰나미 8개월 만인 2011년 11월 12일 호소노고시(細野豪志) 원전사고 담당 장관의 현장 시찰에 기자들을 불러 함께 후쿠시마 제1발전소 내부를 보게 했다. 사고 후 언론에 최초로 현장 모습을 보인 것이다. 현장 관람 후 기자들이 쓴 것을 정리하면 이렇다.

오전 10시쯤 기자들은 'J빌리지'라고 하는 건물에서 방호복과 마스크를 착용하고 피폭되는 방사선량을 측정하는 선량계 두 개를 방호복에 부착하고 버스를 탔다. '마스크까지 착용하니 매우 더웠다. 11월이었지만 땀이 흘렀다. 한 여름에 이 마스크를 쓰고 작업하던 현장 요원 40여 명이 열사병 증세를 호소했다는 사실이 이해됐다'라고 적었다.

J빌리지에서는 시간당 1.5 마이크로시버트를 가리키던 방사선 선량계가 버스가 후쿠시마 제1발전소로 접근해 감에 따라 금방 10마이크로시버트를 가리켰다.

급격히 수치가 높아지는 방사선 선량계

1밀리시버트는 1000마이크로시버트다. 일반인이 1년간 쬐게 되는 자연 방사선이 2.4밀리시버트, 즉 2400마이크로시버트이니, 기자들이 쬔 시간당 10마이크로시버트는 그리 높은 수치는 아니다. 그러나 4밀리시버트(2400마이크로시버트)는 1년간 쬔 총 방사선량이니, 10마이크로시버트일지라도 1년간 쬐고 있으면 건강에 좋지 않을 수 있다.

1~4호기를 바라 볼 수 있는 언덕에 도착한 취재진들은 '3호기는 누군가가 건물을 밟고 지나간 것처럼 건물 윗부분이 날아가 있었다'고 적었다. 4호기도 외벽이 날아간 상태였는데, 그 틈으로 격납건물의 윗부분인 노란색 뚜껑이 보였다고 한다.

1호기는 10월 14일 외부에 덮개를 덧씌웠기에 내부를 볼 수 없었다. 1호기 덮개에는 외부로 내보내는 공기에서 방사성 물질을 걸러내는 필터가 설치돼 있다. 1호기는 격납건물과 원자로 안에 물을 채운 데다 덮개까지 씌웠기에 방사성 물질의 대기 방출이 크게 줄어들었다. 그러나 1호기 건물 1층의 바닥 배관에서는 시간당 4000밀리시버트의 방사선이 검출되고 있었다. 이는 배관 지하에 방사능에 오염된 물이 고여 있기 때문이라고 했다.

기자들은 3호기 원자로 건물 쪽으로 향했다. 그러자 방사선량이 시간당 200마이크로시버트로 높아졌다. 기자단을 안내하던 도쿄전력 직원은 "부지 안은 대체로 10마이크로시버트를 기록하고 있는데 3호기 근처에서 특히 방사선량이 높게 검출된다"고 말했다. 동행한 도쿄전력 직원들은 선량계를 보고 있다가 높은 수치가 나오면 "800마이크로시버트" "1000마이크로시버트, 즉 1밀리시버트입니다"라고 외쳤다.

이는 J빌리지에 있을 때보나 600배 이상 방사선량이 높아진 것이라 기자단 사이에서는 강한 긴장감이 돌았다. 그러나 이 수치는 지나가면서 잠시 쬔 것이라 큰 문제는 안 된다. 원자로 건물을 둘러본 기자단이 바다 쪽으로 내려가자 방사선량도 큰 폭으로 줄어들었다.

해안에는 15미터까지 치솟았던 쓰나미가 할퀸 흔적이 도처에 남아 있었다. 콘크리트로 만든 흰색의 원통형 탱크의 밑부분은 뭔가로 강하게 치인 듯 움푹 패여 있었다. 해변에는 방사성 물질이 바다로 가는 것을 막기 위해 도처에 방사성 물질 방지제를 덮어 놓았는데, 방지제는 녹색으로 물들어 있었다.

오전 11시쯤 기자단은 긴급대책본부가 차려진 면진동(免震棟)에 도착했다. 면진동은 지진에도 견딜 수 있게 만든 건물이다. 요시다 마사오 소장이 화상으로 본사와 대화하며 현장 지휘를 한 곳이기도 하다.

마스크와 방호복을 벗고 선량계를 살피니 한 개 선량계는 77마이크로시버트, 또 다른 선량계는 52마이크로시버트(교토통신 기자의 것)를 기록하고 있었다. 이 정도 수치는 X레이를 한 번 촬영했을 때 받는 방사선량과 비슷하다. 도쿄전력 직원은 "전혀 염려할 수치는 아니다"라고 했지만 기자들은 불안감을 느꼈다고 한다.

도쿄전력, 후쿠시마 제1발전소 폐쇄 로드맵 발표

2011년 12월 21일 도쿄전력은 후쿠시마 제1발전소 폐쇄 로드맵을 발표했다. 도쿄전력과 경제산업성 에너지자원청, 산업안전청이 공동으로 작성한 이 로드맵에 따르면 사고를 낸 후쿠시마 제1발전소의 네 개 호기는 2011년 12월 16일부로 상온정지 상태에 도달했다고 보고, 이후로는 안전상태 유지관리에 노력하는 것으로 되어 있었다.

가장 피해가 작은 4호기에서는 2년 안에 4호기 사용후핵연료 저장수조에 있는 모든 사용후핵연료를 인출하고, 이어 3호기의 사용후핵연료도 꺼내 보다 안전한 곳으로 옮긴다. 1호기와 2호기에서는 3·4호기에서의 사용후핵연료를 인출한 경험을 토대로 다시 계획을 짜 그후에 사용후핵연료를 꺼내 안전한 곳으로 옮기기로 했다. 네 개 원전에서 사용후핵연료를 꺼내 옮기는 일이 끝나면 용융사고를 낸 1~3호기의 원자로에서 녹은 핵연료를 꺼낸다. 그리고 세 원자로를 해체하기로 했다. 정기점검을 위해 정지하고 있었음에도 4호기는 폭발사고를 일으켰는데 이 사고는 4호기 원자로 훼손으로 이어지진 않았었다.

그러나 핵연료를 꺼내고 원자로를 해체하는 것은 먼 훗날의 일이다. 1979년에 노심 용융 사고를 일으킨 스리마일 섬−2호기가 아직도 '물통' 상태로 있다는 것을 기억한다면 후쿠시마 제1발전소의 사고 원전들은 앞으로 30년 이상 그대로 서 있어야 한다. 그 사이 다시 대지진과 쓰나미 피해를 입으면 안 된다.

제2차 세계대전 패전 후의 일본 사회를 '전후(戰後)시대'라고 한다. 일본은 히로시마와 나가사키에 투하한 원자폭탄을 맞고 패망했으니 원폭은 일본은 전전(戰前)시대와 전후시대로 나누는 기준이 된다. 히로시마에는 세계 최초로 투하된 원자폭탄을 맞고 희생된 사람들을 영원히 기리기 위한 '히로시마 돔'이 세워져 있다.

패전 이후 일본은 많은 노력을 해 세계 2위의 경제대국으로 올라섰다. 이 과정에서 이를 악물고 노력한 것이 원자력계였다. 그 결과 세계 3위의 원자력발전 대국이 되고, UN 안보리 상임이사국(P−5)이 아니면서도 재처리 공장을 가진 유일한 나라가 되었다.

동일본 대지진과 쓰나미에 이어 후쿠시마 제1발전소 사고가 겹쳐진 시기를 작가이자 도쿄도 부지사로 활동하던 이노세 나오키(猪瀬直樹) 씨는 일본인들이 전후만큼 고통을 받고 있다며, 다시 용기를 내 일어나자는 뜻으로 '재후(災後)시대'로 명명했다.

재후시대는 고통으로 시작한다. 고통은 분규를 일으킨다. 일본은 원자폭탄을 맞고 패망했기에 핵무기에 대한 거부감이 강하다. 그런데도 원전을 건설할 때 반핵 목소리가 한국보다 높게 나오지 않았다. 일본에도 히로세 다카시 씨 등 유명한 반핵 운동가가 있지만 이들은 한국에서만큼 많은 국민에게 호응을 얻지 못했었다.

反원전 시위 일어나다

후쿠시마 제1발전소 사고는 일본에서 반핵시위를 일으키게 하는 기폭제가 되었다. 2011년 11월 13일 후쿠오카(福岡)시 주오(中央)구 마이즈루(舞鶴)공원에서는 일본 전역에서 참가한 1만 5000여 명(주최 측 추산)이 모여 모든 원전 폐쇄와 원전 재가동에 반대하는 집회를 가졌다. 이 집회를 주도한 아오야기 유키노부(青柳行信) 씨는 "대지가 방사능에 오염되는 일이 없도록 같이 열심히 하자"고 이야기했다.

후쿠시마 사고가 있을 때까지 일본은 원전 안전 업무는 경제산업성 산하의 원자력안전보안원(安全保安院)이 담당했다. 경제산업성은 한국의 지식경제부와 비슷한 부처로 산업 진작을 주 임무로 한다. 원자력을 진작하는 부처의 외청으로 원자력안전보안원을 뒀으니 원자력 안전을 제대로 하겠느냐는 지적이 많았다.

문부과학성에도 원자력안전을 다루는 부서가 있었다. 또 내각에는 원자력안전위원회가 있었다. 일본의 원전안전은 내각의 원자력안전위원회와 경제산업성의 원자력안전보안원 그리고 문부과학성이 균점하고 있었던 것이다. 이렇게 복잡한 구조로는 제대로 된 안전규제를 할 수 없다. 일본은 세 기관을 합쳐 환경성 산하에 외청으로 원자력안전청을 두기로 했다.

후쿠시마 사고는 한국의 원자력안전 체계에도 영향을 끼쳤다. 2011년 10월 한국도 원자력안전을 다루는 장관급 기구로 원자력안전위원회를 출범시켰다. 원자력안전위원회는 연구기관으로 원자력안전기술원과 원자력통제기술원을 두게 했다. 원전을 운영하는 한국수력원자력도 안전기술본부를 만들고 이 본부 안에 위기관리실을 설치했다.

무산된 '원전제로'

후쿠시마 사고 1년 반이 지난 2012년 여름 일본은 2030년대 원전 없는 사회를 만들겠다며 '혁신적 에너지 환경 전략안'을 내놓았다. 이 안은 내각회의에 상정돼 일본 공식 방침으로 결정할 예정이었는데, 경제계와 미국 등의 반발로 참고문서로 논의하는 것으로 선회했다.

일본의 산업계에서는 원전을 제로화하면 산업경쟁력이 저하된다며 반대했다. 정치권에서도 '민주당이 임박한 총선을 겨냥해 무리수를 뒀다'는 의견이 제기됐다. 자민당에서는 반대로 총재선거 후보자 전원이 원전제로 방침에 반대한다는 의견을 내놓았다. 결국 일본은 '원전제로'를 채택하지 못했다. 후쿠시마 사고에도 불구하고 원자력은 해야 한다는 결론을 내린 것이다. 원폭을 맞고 패망한 나라, 후쿠시마 사고로 재후시대를 맞은 나라는 원전제로를 선택하지 않았다. '그래도 원자력이다'로 돌아선 것이다.

대통령을 위한 안보론 ④

이야기로 쉽게 풀어 쓴 원자력

한국의 핵 주권

지은이 | 이정훈
만든이 | 하경숙

2009년 9월 25일 1판 1쇄
2014년 6월 5일 3판 4쇄

만든곳 | 글마당
등 록 | 제02-1-253호(1995. 6. 23)

주소 | 서울 강남우체국사서함 1253호
전화 | 02) 451-1227
팩스 | 02) 6280-9003
페북 | www.facebook/gulmadang
E-mail | 12him@naver.com
홈페이지 | www.gulmadang.com

값 25,000원

ISBN 978-89-87669-86-1(93910)

국립중앙도서관 출판사 도서목록 (CIP)

한국의 핵주권:그래도 원자력이다/이정훈 지음
-- 서울, 글마당, 2014
지은이:이정훈 서울 : 글마당, 2014. 6. 5

ISBN 978-89-87669-86-1(93910) 값 25,000원

원자력[原子力]
559.1-KDCA
621.4837-DDC21   CIP 2009002898
이 도서의 국립중앙도서관 출판시도서목록(CIP)은
e-CIP홈페이지 (http://www.nl.go.kr/ecip)에서 이용하실 수 있습니다.